D1927198

Kathrin Leineweber

KÖNNEN SIE MAL KURZ FLIEGEN KOMMEN?

Happy Airways Verlag

Über dieses Buch

Das Leben einer Chefstewardess und das Dasein eines Butterblümchens vom Land ergänzen sich hervorragend: Beim Zwiegespräch mit Krabbelkäfer, Regenwurm und Co im heimischen Garten kann man sich hervorragend vom *Jetlag* erholen, Stallausmisten baut Stress ab und beim Eiersuchen im Hühnerstall lassen sich auch mal neue Ideen finden. Im Gegensatz dazu ist es wunderbar, den dicken Zeh irgendwo weit weg ins Meer zu tunken, sich die Sonne auf den Bauch scheinen zu lassen, wenn in Deutschland wild der Winter wütet oder in einer Weltmetropole shoppen zu gehen. Es lässt den heimischen Himalaya an Wäsche, die nicht gemachten Hausaufgaben, sowie die endlosen Diskussionen mit den lieben ‚Kleinen' kurzfristig vergessen und neue Energien generieren. Zum Beispiel für den täglichen Wahnsinn von verschwundenen Socken, pubertären Gefühlsausbrüchen, einer adäquaten Kinderbetreuung und der täglichen Frage: „Was koche ich heute?"

„Können Sie mal kurz fliegen kommen?" erzählt farbenfroh aus dem Leben an Bord und in der großen Welt, sowie dem Mikro-Universum auf dem platten Land nebst Kind und Kegel. Es beschreibt mit Witz und Charme, teilweise ironisch und oft mit einem Lächeln im Knopfloch die Herausforderungen des täglichen Wahnsinns – die gegensätzlicher nicht sein könnten.

Verwendete Anglizismen, ohne die die Fliegerei einfach nicht funktioniert, habe ich im Text *kursiv* geschrieben und im letzten Kapitel ‚Fliegerchinesisch' erklärt.

Für Hannah, Henry, Helen und Hardy

Die in diesem Buch beschriebenen Erlebnisse und Erfahrungen entsprechen allesamt den Tatsachen. Zum Schutze der Anonymität sind Namen und Orte verändert worden. Dialoge und Äußerungen Dritter im Text sind nicht zitiert, sondern ihrem Sinn und Inhalt nach wiedergegeben.
Alle Informationen in diesem Buch sind mit größter Sorgfalt gesammelt und geprüft worden. Da Fehler nicht ausgeschlossen werden können, erfolgen Angaben im Sinne einer Produkthaftung nur ohne Garantie und ohne Verantwortungs- oder Haftungsübernahme für inhaltliche oder sachliche Fehler.
Die Nennung von Firmen und Produkten sowie ihre Reihenfolge sind als Beispiel ohne Wertung zu sehen. Qualitäts- und Quantitätsangaben sind rein subjektive Einschätzungen der Autorin – es sein denn, die Quellen sind explizit genannt - und dienen keinesfalls der Bewertung von Firmen oder Produkten.

1. Auflage Juni 2011
© Happy-Airways Verlag, Inh. Kathrin Leineweber, Nottuln-Darup 2011
Umschlagfoto: Jürgen Leineweber
Internet: www.happy-airways.de Email: info@happy-airways.de
Layout, Satz: Agentur Widmann www.agentur-widmann.de
Printed in Germany
ISBN 978-3-9814402-1-8

Kopien jedweder Art, auch auszugsweise, bedürfen der Genehmigung der Autorin.

Können Sie mal kurz fliegen kommen?

Kathrin Leineweber

Abflug

Destination	Gate	Terminal
Herzlich willkommen	9	Inland
Fliegen macht süchtig	10	Inland
Indianer und andere Wilde unterwegs	12	Asien
Contenance – eine göttliche Gabe	19	Europa
Toilettengeister an Bord	30	Karibik
Gastgeber gesucht	37	Europa
Ein kurzer Trip nach Kuba	49	Karibik
Morgenland	63	Afrika
Thema Einkaufen	69	Inland
Hurricane Season	74	Amerika
Packliste	89	Intercontinental
Können Sie mal kurz fliegen kommen?	91	Asien
Jetlag	98	Intercontinental
Frau und Pferd	100	Hangar
Zeitzonenkater Kontinental	111	Europa
Seramis, Hydrokultur oder lieber Kakteen?	123	Inland
Wer passt auf die Kinder auf?!	125	Hangar
Der ‚König von Ungarn'	138	Hangar
Der letzte und der allerletzte Au Pair Mann	149	Hangar
Bangkok – Stadt der Engel	163	Asien
11. September	172	Intercontinental
Olympiafeuer	177	Inland
Kreuzfahrer	181	Amerika/Karibik
Filet für die Katze	207	Karibik/Amerika
Kulinarische Erlebnisse	226	Intercontinental

Destination	Gate	Terminal
Der Chef und 143jährige Flugbegleiter	232	Intercontinental
Urlaub wider Willen	234	Europa
Verschiedene Vögel	250	Intercontinental
Chickeria	254	Hangar
Wolkentrolle	259	Inland
Aviophobie	265	Interkontinental
Willi das Reiseschwein	276	Hangar
Fernweh	284	Inland
Fliegerchinesisch	285	Intercontinental

Herzlich willkommen an Bord !

Im Namen von ‚Happy Airways' möchte ich Sie ganz herzlich begrüßen. Ich lade Sie hier ein, mich ein Stück durch mein buntes Leben zu begleiten. Wir reisen gemeinsam zu den verschiedensten Destinationen: neben Flügen nach Asien, Amerika, Europa und in die Karibik stehen auch noch kurze Abstecher aufs platte Land auf dem Programm, zu Kind, Au Pair und dem lieben Vieh. Chefstewardess, vierfache Mutter und Landleben - passt alles nicht zusammen? Stimmt absolut. Aber es sind gerade die Gegensätze, die diese Symbiose wunderbar funktionieren lassen.

Begleiten Sie mich beim täglichen Leben an Bord, besuchen Sie mit mir ferne Länder und spielen Sie Mäuschen bei kurzen Besuchen im Abenteuer Großfamilie.

Bitte nehmen Sie nun Platz, wir sind in Kürze startbereit. Bonusmeilen gibt es leider nicht, dafür ist dieser Flug für Sie gänzlich frei von Jetlag, Kindergeschrei, stinkendem Stallmist oder nervigen Diskussionen. Stattdessen bieten wir jede Menge Reiselust, Kurzweil, Amüsement und Einblicke in eine ganz normale, turbulente und verrückte Welt.

Machen Sie es sich jetzt bequem, um die Getränke beim Lesen müssen Sie sich leider selbst kümmern, dafür dürfen Sie selbstverständlich jederzeit dabei rauchen... Und sollten wir uns einmal in einem Flugzeug treffen, lade ich Sie gerne auf einen Kaffee ein, versprochen.

In diesem Sinne wünsche ich Ihnen einen schönen Flug!

Fliegen macht süchtig

Langstreckenflüge beginnen in unserer Businessklasse stets mit der persönlichen Vorstellung beim Gast:
„Schönen guten Tag und herzlich willkommen bei uns an Bord! Mein Name ist Kathrin Leineweber und ich bin die verantwortliche Flugbegleiterin auf der heutigen Reise. Dies ist unsere Menükarte, bitte suchen Sie sich in Ruhe etwas aus. Kann ich Ihnen unsere Videoanlage erklären, oder ist Ihnen die Bedienung bereits bekannt? Wenn Sie Fragen oder Wünsche haben, bitte zögern Sie nicht, uns anzusprechen…“

So, oder so ähnlich würde das Gespräch stattfinden, bei dem erste Wünsche, Probleme und Bedürfnisse schon individuell in Angriff genommen werden könnten. Da wir uns ebenfalls auf eine längere, gemeinsame Reise begeben, möchte ich es nicht versäumen, mich auch bei Ihnen kurz vorzustellen:

Also, mein Name ist Kathrin Leineweber, ich bin Jahrgang 1967 und komme ursprünglich aus Hamburg. Dort lernte ich nach dem Abitur in einem Grandhotel an der Alster den wunderbaren Beruf der Hotelfachfrau, der höchste Befriedigung verschaffte, wenn man sich mit einem klitzekleinen Problem – viel Arbeit und wenig Geld – gut arrangieren konnte. Da Reisende nebst Gepäck bei mir stets Fernweh auslösten, beschloss ich, nach der Ausbildung für ein Jahr selbst aus dem Koffer zu leben, um mir vor dem Studium von Hotelmanagement in den USA die Welt anzusehen.
Fliegen macht süchtig, dass habe ich bei meiner Lebensplanung absolut unterschätzt. Inzwischen bin ich seit mehr als 21 Jahren bei einer deutschen Airline beschäftigt und begleite als Chefstewardess in Teilzeit Passagiere auf innerdeutschen, innereuropäischen und weltweiten Flugreisen, mal auf einem Großraumjet, dem A 330, mal auf der Rennsemmel, dem A 320. Von der Hansestadt musste ich mich dafür leider verabschieden, mein Einsatzort ist seitdem Düsseldorf.

Bin ich nicht in der Luft, kümmere ich mich um die Familie: vier Kinder zwischen zwölf und sechzehn bespaßen mich täglich mit neuen pubertären Ideen, dazu kommt ein quirliger Kapitänsgatte, der mit drei eigenen Wundertüten die Großfamilie vor zehn Jahren schlagartig komplettierte. Um dieser gerecht zu werden, leben wir auf dem Land, auf einem alten Bauerhof in Westfalen. Es ließ sich in diesem Ambiente nicht vermeiden, dass sich spontan das eine oder andere Tier und ein dschungelartiges Gartenbiotop dazugesellte. Inzwischen sind die sieben Kinder allesamt aus dem ‚Gröbsten' raus und unser Zoo, der auch schon Schweine, Ziegen, Schafe, Enten, Gänse und ein schillerndes Pfauenpärchen beherbergte, hat sich auf ein gesundes, gut pflegbares Maß reduziert. Zu unserem heutigen Haushalt zählen aktuell noch zwei Esel, zwei Pferde, zwei Neufundländer, sechs Katzen, fünfzehn Hühner und eine wuselige Bande Rennmäuse, deren Anzahl ich momentan nicht konkret beziffern kann, da uns bei der Geschlechterbestimmung offenbar ein kleiner Fehler unterlaufen ist : Freddy und Paul sind zur Zeit schwanger.

Schreiben ist meine Leidenschaft, seit dem ich einen Stift halten kann. Früher habe ich mir Geschichten für meine Kinder ausgedacht, da ich sie für wertvollere Mitbringsel von meinen Langstrecken hielt, als die Standard-Souvenirs. Inzwischen lesen die Kekse alle selbst und haben ihre eigenen Vorstellungen von Literatur – für Gespenster, Drachen und Zaubertintenkleckse sind sie leider schon zu alt.
Vor einiger Zeit habe ich begonnen, Erlebnisse und Erfahrungen über das Fliegen zu sammeln und aufzuschreiben. Jenseits der magischen vierzig Kerzen auf der Geburtstagstorte, musste ich feststellen, dass man doch viel im Leben vergaß, manchmal weitaus schneller, als einem lieb war. Und es wäre doch jammerschade, wenn all die schrägen, aufregenden und teilweise unglaublichen Geschichten aus dem Flieger in Vergessenheit geraten würden.
Während meine Kinderbücher fast alle noch unveröffentlicht in einer dunklen Schublade meines Schreibtisches geduldig auf die - hoffentlich zahlreichen - Enkelkinder warten, habe ich 2010 ein erstes Buch über die Fliegerei publiziert. Im Epilog hatte ich es dort schon angekündigt: ich würde nach einem kurzen Flug Richtung Thailand weiterschreiben, weil es noch so viel zu erzählen gab. Hätte ich gewusst, was auf diesem Bangkokflug wieder alles passierte, hätte ich ihn direkt noch mit in das Buch hineingenommen! Aber bitte, lesen Sie selbst…

Indianer und andere Wilde unterwegs

Über die Jahre lernte man einen Großteil der Kolleginnen und Kollegen kennen, bei gut 2000 Mitarbeitern dauerte das schon ein Weilchen. Die Crews wurden zu jedem Umlauf neu gemischt, die einen mochte man auf Anhieb, andere erst mit der Zeit, manche auch gar nicht. Für mich waren ‚Flieger' alles Verrückte! Davon sollte sich jetzt keiner beleidigt fühlen, sondern es eher als Kompliment auffassen. Es gehörte schon eine große Portion Optimismus, Spontanität, Stressresistenz, Leidensfähigkeit, Flexibilität, Humor und Selbstbewusstsein dazu, um in der Fliegerei Erfüllung zu finden. Nicht zu vergessen, die Liebe zur Dienstleistung? Keine Frage! Die wurde uns doch mit in die Wiege gelegt, oder nicht? Wie sonst wäre es zu erklären, dass man nach einem ausgebuchten Flug etwa nach Hurgada in Ägypten und einer Arbeitszeit von vierzehn Stunden auch noch dem 700. Gast freundlich lächelnd „Auf Wiedersehen" sagen konnte?

Das allerwichtigste für einen arbeitsreichen Tag war immer eine funktionierende Crew - nicht in Bezug auf das Fachwissen, sondern die Chemie. Wenn die stimmte, konnte kommen, was da wolle, es war unmöglich, einen aus den Socken hauen. Viele neue Kollegen konnten das kaum glauben, sie sahen die Notwenigkeit, auf kurze Zeit zusammen zu wachsen, nicht so sehr, wie wir ‚Alten' das noch von früher kannten. Okay, die Firma war etwas übersichtlicher, man lernte sich schneller kennen als heutzutage, aber die Fluktuation war immer schon groß. Kein Wunder, bei einer Jobsparte, in der hauptsächlich Frauen arbeiten. Irgendwann erwischte es die meisten, sie wurden Mutter und dann war es mit der Fliegerkarriere erst einmal vorbei. Manche kamen wieder, andere hingen den Job komplett an den Nagel. Aber auch ohne Nachwuchs zu produzieren gingen viele, nicht jeder war für den täglichen Wahnsinn gebacken. Und bei Wahnsinn übertreibe ich bestimmt nicht. Wie sonst würde man zum Beispiel dieses Erlebnis beschreiben:

Wir düsten mal wieder nach Bangkok. Die Maschine war voll ausgebucht und wir *boardeten* emsig unsere Gäste. Die weite Reise nach Thailand war immer ein zeitkritischer Flug, da es von Düsseldorf aus durch die Nacht ging und die maximale Dienstzeit nur dreizehn Stunden betragen durfte. Da musste jeder Handgriff sitzen und jedes *Delay* riskierte das planmäßige Erreichen des gewünschten Zieles.

Uns fiel direkt ein Ehepaar auf, für einen Flug nach Thailand viel zu schick gekleidet und von äußerst einnehmenden Wesen. Während die Ehefrau noch relativ moderat auftrat, teilte ihr Mann jedem anderen Gast in der Businessklasse mit, dass bei ‚White-Air' doch alles viel besser, schöner, neuer, sauberer und bequemer sei. Der Service wäre ein Traum, mindestens sechs hübsche, wohlgeformte Stewardessen hätten sich um sein leibliches Wohl gekümmert, die Flugsessel würden einen wie auf Wolken sitzen bzw. liegen lassen und das Essen hätte locker sieben Sterne verdient, wenn nicht noch mehr. Hier hingegen … der weißhaarige Herr blickte sich missbilligend in unserem Flugzeug um, warf meiner Kollegin kommentarlos seine Jacke zu, riss mir unwirsch zwei Prosecco und einen O-Saft vom Tablett und orderte dazu einen Bommerlunder auf Eis. Auf drei Eiswürfeln, um genau zu sein. „Oder haben Sie so was nicht?“ brummte er mit hochgezogener Augenbraue. Nein, tat mir schrecklich leid, so etwas führten wir in der Tat nicht. Von den angebotenen Alternativen unserer klaren Schnäpse oder gar einem anderen Aperitif kam selbstverständlich nichts als Ersatz für eisgekühlten Bommerlunder in Frage - er wischte mich mit einer wedelnden Handbewegung und genervten Augenrollen beiseite. In der *Galley* musste ich erstmal tief Luft holen. Halleluja, dieser Gast würde uns auf diesem Flug gut beschäftigen. Kein Mensch hatte je von ‚White-Air' gehört, aber wir ahnten schon vor dem *Take-Off*, dass diese Airline nur in das Land fliegen konnte, wo Milch und Honig flossen.

So ging uns dieses Ehepaar in Reihe eins wirklich mächtig auf den Keks. Jedes Mal, wirklich jedes Mal, wenn meine Kollegin oder ich an ihnen vorbei ging, wollten sie etwas. Zumeist hatte der Herr ein Begehr und er war sehr kreativ mit seinen Wünschen. Er verlangte nacheinander nach einem Kissen, einer Decke, noch einer Decke für seine Frau, ein paar Puschen, einer Schlafbrille, einer Flasche Wasser, nein, nicht so einer kleinen, einer großen, bitte schön, ein paar Ohrstöpseln, Handcreme, den Flugplan von ‚White-Air' – „wie, die kennen Sie nicht? Da will ich Ihnen aber mal was zu sagen …“ Er verlangte auch nach anständigen Kopfhörern – diese pisseligen Dinger wären eine Beleidigung für sein Hörorgan! – und den Rest habe ich ehrlich gesagt vergessen - oder erfolgreich verdrängt? Ich kann mich noch genau daran erinnern, dass wir nie an Reihe eins vorbei gekommen sind, ohne ein Bedürfnis dort zu befriedigen – oder die Erwartungen zu enttäuschen, weil ja eben bei ‚White-Air', dieser ominösen und wahrscheinlich gar nicht existenten Airline sowieso alles besser war. Eigentlich flog er immer nur mit denen, nur heute musste er ausnahmsweise an einem Mittwoch nach Bangkok und daher notgedrungen auf diese Airline ausweichen. Unseren Firmennamen spuckte er fast angeekelt aus und sabberte sich dabei ein bisschen auf sein himmelblaues Oberhemd.

Als diese re-inkarnierte Nervensäge dann merkte, dass wir auf diesem Ohr taub waren und ihm trotzdem alles mit einem Lächeln anreichten – natürlich bis auf den Flugplan von ‚White-Air' – beschloss er, sich durch unser Getränkeangebot durchzukosten. Und das Ganze bitte schön „zack, zack“. Die Bloody Mary hätte er gerne mit Pfeffer, Salz, Tabasco, einem Eiswürfel, zwei Schnitzern Zitrone und einem Zweiglein Petersilie. Tja, er hatte wohl nicht damit gerechnet, dass wir für die Garnitur unserer Hauptgänge stets frische Kräuter mit uns führten, und der liebe Gott wollte es, dass es an diesem Tag Petersilie und Rosmarin waren! Wir stopften ihm einen kleinen, dicken Puschel dieses Vitamin C reichen Krautes in seinen Drink und beömmelten uns über sein verblüfftes Gesicht in der Bordküche.

Natürlich wurde das Grünzeug lieblos aus dem Getränk gerissen, auf das blütenweiße Leinentischset geschmissen und wir ernteten einen missbilligenden Blick, aber es stand doch irgendwie 1:0 für uns.

Nach dem Abendbrot war unser Ehepaar auf einmal verschwunden. Meine Kollegin und ich räumten die *Galley* auf, verteilten an die Gäste Decken, Kissen und Wasserflaschen für die Nacht und fragten nach ihren Wünschen für den zollfreien Verkauf. Das Ehepaar von Reihe eins blieb verschwunden. Wir richteten die Snackbox mit Chips, Erdnüssen und Schokolade her, räumten die benutzte Tischwäsche in einen Wäschesack, verstauten das abgeräumte Porzellan wieder in den Wagen und ich legte gerade die erste Staffel Spielfilme ein, als meine Kollegin Doris aus der *Aft-Cabin* atemlos um die Ecke schoss:
„Kathrin, ich muss mit Dir reden - einer Deiner Gäste hat sie nicht alle!"
Kaum hatte sie dies ausgesprochen, riss jemand ungehalten den Vorhang auf und unser spezieller Freund stampfte um die andere Ecke.
„Das will ich Ihnen mal sagen!", brüllte er aus dem Stand los, in einer Lautstärke, die Tote zum Leben wieder hätte erwecken können. „So hat mich noch keiner behandelt! So eine Unverschämtheit!"
Leider hatte ich immer noch keine Ahnung, worum es eigentlich ging, aber dieser Mensch ließ mich überhaupt nicht zu Wort kommen. Inzwischen war er puterrot im Gesicht, fuchtelte mir mit dem ausgestreckten Zeigefinger vor der Nase herum – dagegen war ich besonders allergisch - und wetterte weiter:
„Ihre unverschämte Kollegin sollte man sofort entlassen. Dass man sich hier so was von so einer überhaupt bieten lassen muss?!"
„Worum geht es hier eigentlich? Und könnten Sie bitte etwas leiser sein, die anderen Gäste..."
Er fiel mir unbeherrscht ins Wort: „Die sind mir scheißegal, die anderen Gäste! Jetzt fangen Sie auch noch an, mich zu belehren! Aber Sie sind ja auch nichts Besseres, das war ja zu erwarten bei dieser Airline hier! Unglaublich, was man sich als zahlender Gast hier alles gefallen lassen muss!"
Er polterte noch das eine oder andere, schob meine Kollegin dann einfach zu Seite, verschwand in der Toilette und knallte die Tür so laut zu, dass nun mit Sicherheit alle Gäste in der Businessklasse von diesem Auftritte in Kenntnis gesetzt worden waren.

Doris und ich sahen uns ungläubig an. Was war denn in den gefahren? Nun hatte sie endlich die Möglichkeit, mir zu erzählen, was vorgefallen war - eigentlich gar nichts Weltbewegendes: Herr und Frau ‚White-Air' beschlossen nach dem Abendessen einen kleinen Verdauungsspaziergang zu machen. Darum waren sie auch in der *Business* nicht mehr zu sehen, sie gingen den rechten Gang der Maschine hinunter bis zur hinteren Küche der *Economy*. Ein A 330 hatte keine spezielle Verbindung der beiden Mittelgänge, lediglich durch die drei Küchen im vorderen, mittleren und hinteren Kabinenteil konnte man auf die andere Seite wechseln. Eigentlich war dies auch nicht nötig, jede Seite verfügte über eigene Waschräume, aber in der Regel sagte niemand etwas, wenn ein Gast einmal durch die Küche wollte. Es sei denn, sie wurde gerade mit Wagen blockiert, etwa zum Service oder zum *Pre-* oder *Re-Check*, der Warenbestandsaufnahme. Aus Sicherheitsgründen war die Küche beim Einräumen der heißen Essen für Gäste tabu und wenn man gerade bäuchlings vor einem *Trolley* lag, um Schnapsfläschchen im Miniaturformat zu zählen oder vollgestopfte Schubladen mit Modeschmuck auf Vollständigkeit zu prüfen, war das Durchqueren der schmalen Räumlichkeiten nicht gerne gesehen. Passagiere verstanden dies oft nicht – sie wollten ja „nur mal kurz durch". Allerdings passierte dies bei 300 Gästen an Bord ja nicht nur einmal „eben kurz". Und wenn man dann zum zwölften Mal in die Hocke ging und von vorne zu zählen anfing, konnte es schon nervig sein. In so einer Situation traf Ehepaar ‚White-Air' gerade die vier Kolleginnen der hinteren Küche an, zwei große Wagen mit Zollverkaufsartikeln wurden gerade gecheckt, die anderen beiden räumten die Reste des Abendessens weg, entleerten Kannen mit Heißgetränken, räumten Container hin und her und konnten selber in der engen Küche kaum treten. Herr ‚White-Air' riss nun den Vorhang dort auf und begehrte sofortigen Durchlass – den meine Kollegin Doris ihm prompt, nett und freundlich, aber bestimmt, verweigerte. Die Küche sei ein Sicherheitsbereich und für die Gäste weder Aufenthaltsort noch Durchgang. Vielleicht hätte man es etwas moderater formulieren können, im Prinzip hatte sie aber Recht. Natürlich stieß sie mit ihrem Argument auf keinerlei Verständnis bei unserem Gast, er insistierte auf seinen Rundgang und wollte sich an Doris vorbeiquetschen, die sich ihm aber weiter in den Weg stellte. Sie hätte ruhig beiseite treten können, auf Grund der beiden großen Verkaufswagen, die immer noch mittig in der Küche standen, wäre er sowieso nicht auf die andere Seite gekommen.

Durch die Verweigerung der Kollegin war er aber nun so erbost, dass er andere Passagiere lautstark aufwiegelte, was es sich hier doch um einen Gäste-feindlichen Schlampladen handelte und ob sie nicht auch seiner Meinung wären.

Doris bat ihn eindringlichst, die anderen Herrschaften in Ruhe zu lassen, die sich durch diesen merkwürdigen, meckernden Kauz bereits belästigt fühlten, woraufhin er nur noch mehr tobte und stichelte. Als sie dann nach vorne lief, um mir von der Geschichte zu erzählen, nahm er sofort die Verfolgung auf der gegenüberliegenden Seite auf, den Rest kannte ich ja schon. Noch bevor ich einen Kommentar dazu abgeben oder mir eine weitere Strategie für unseren Giftpilz überlegen konnte, schoss dieser schon wieder aus der Toilette. Er zeterte sofort weiter, ähnlich unverschämt und konfus wie zuvor und ließ keinen von uns zu Wort kommen. Als ihm offenbar die Luft ausgegangen war, gipfelten seine Schimpftiraden in einem Vogel, den er mir zeigte.

Nun war das Fass voll.

„Haben Sie mir jetzt gerade einen Vogel gezeigt?", fragte ich ihn leise, mit wütendem Blick.

„Ich?“ Ja, stand denn noch jemand hinter ihm? Ich merkte, wie es trotz der gesammelten alkoholischen Getränke in seinem Hirn arbeitete und setzte noch einen nach:
„Über Ihr unverschämtes Auftreten könnte ich ja noch gerade so hinweg sehen, allerdings lasse ich mich von Ihnen nicht beleidigen. Im Straßenverkehr kostet ‚Vogel zeigen‘ 1000 €, im Flugzeug ist das übrigens nicht anders. Ich hätte jetzt gerne mal ihren Reisepass.“

Er schaute mich einen Moment fassungslos an und brabbelte dann:
„Warum unterhalte ich mich eigentlich mit Ihnen?“ und verschwand dann ohne weiteren Kommentar hinter dem Vorhang. Doris und ich sahen uns ungläubig an. Noch bevor wir ein weiteres Wort wechseln konnten, riss Herr ‚White-Air‘ den Vorhang erneut auf und brüllte in die Küche:
„Den Vogel habe ich mir übrigens selber gezeigt, weil ich so bescheuert war, mit dieser Fluggesellschaft zu fliegen! Jawohl!! Sie sehen mich nie wieder!“ Das konnte ich nur hoffen…Er riss den Vorhang wieder zu, der Gardinenstopper quittierte mit einem leisen Seufzer seinen Dienst und kullerte in die *Galley*. Unser Meckerbolzen warf sich schmollend in seinen Sitz. Offenbar war für ihn die Diskussion nun endlich beendet.

Doris schüttelte den Kopf, als wenn sie damit das Erlebnis hätte loswerden können und ging wieder nach hinten. Ich kochte mir erst einmal einen Kaffee. Eigentlich hätte ich einen Schnaps gebraucht, es gehörte schon viel Contenance dazu, sich so derbe beschimpfen zu lassen, auch wenn man wusste, dass sein Gegenüber von Haus aus ein notorischer Nörgler und obendrein noch ziemlich angeschickert war. Der Kapitän empfahl mir, direkt das Formular für *Unruly Passenger* heraus zuholen – ich hielt dies aber für übertrieben. Ich würde den Zorn des Meckerfritzen damit nur noch einmal heraufbeschwören und im Moment tat er das einzig richtige: Schlafen. Ich war froh, dass er seinen Mund hielt, nun kehrte endlich Ruhe ein. Wir würden sehen, wie er sich nach seinem Nickerchen verhalten würde. Dann war immer noch Gelegenheit, entsprechende Maßnahmen zu ergreifen.

Pünktlich zum Frühstück wachte er wieder auf – und war stinkenfreundlich. Seiner Gattin war die vorhergehendes Szene und das Auftreten ihres Mannes äußerst peinlich, wie man unschwer erkennen konnte. Unser neuer Freund war jedoch wie ausgewechselt. Auf einmal gehörten sogar die Wörtchen „Bitte“ und „Danke“ zu seinem Wortschatz – welch Verwandlung! Den Grund dafür würden wir wohl nie erfahren; aber ich verabschiedete dieses Ehepaar in Bangkok prophylaktisch nur mit einem „Schönen Aufenthalt“ – wiedersehen wollte ich diese Gäste nicht freiwillig.

*

Bangkokflüge waren immer für eine Überraschung gut. Auf dem Rückflug hatten wir eine Frau an Bord, die im Flughafengebäude ihren Mann ‚verloren' hatte. Das ominöse an der Geschichte: Sie war im Besitz beider Tickets und hatte sowohl ihr Handy, als auch das ihres Mannes einstecken. Er hatte dafür das gesamte Handgepäck und alle Kreditkarten. Nach einem kurzen Gang zur Toilette, war ihr Mann aus dem davorliegenden Wartebereich verschwunden. Leider sprach er weder Thai noch Englisch und nur ganz gebrochen Deutsch. Die Dame stand in Tränen aufgelöst bei uns in der Küche und wusste nicht, ob sie nun bleiben oder fliegen sollte. Was hätte hinter dieser Geschichte stecken können? Hatte sie ihren Mann auf der Toilette gemeuchelt und schwindelte uns einen vor? Oder hatte sich der Göttergatte mit einer knackigen Thai aus dem Staub gemacht und ließ Mutti allein nach Berlin zurückfliegen? Konnte man wirklich in einem Flughafengebäude einfach sein Flugzeug nicht finden? Nach zwanzig Minuten und diversen Ausrufen in allen möglichen Sprachen, inklusive der Heimatsprache des Verschollenen, hoben wir ab – mit Gattin und ohne ihn. Zuhause warteten drei minderjährige Kinder…

*

Auf einem meiner nächsten Rückflüge kam ein ‚Indianer' an Bord. Ein weißer Mann, etwa Ende vierzig, mit fettigen, langen, blonden Haaren, verziert mit Perlenstirnband und Adlerfeder, kam in einer kurzen Lederfransenjacke an Bord. Darunter trug er lediglich nackte Brust und um die Hüften ein winziges Stück Waschleder, als eine Art Lendenschurz, ansonsten war er unbekleidet. Nur die Füße waren ebenfalls in Lederstücke gewickelt und mit Schnur zusammen gebunden. Als Handgepäck besaß der Mann lediglich einen kleinen, schmuddeligen Fellbeutel und er roch äußerst streng. Der diensthabende Kapitän legte viel Wert auf die äußere Erscheinung seiner Gäste, Muskel-T-Shirts und Netzhemden waren bei ihm verpönt. Als er von dem spärlich geschürzten Indianer hörte, kam er aus dem Cockpit, beäugte ihn an der *Boarding*tür und forderte ihn dann an, sich wenigstens eine Hose anzuziehen und die Jacke zu schließen. ‚Winnetou' hatte natürlich keine Hose dabei und sah es auch überhaupt nicht ein, warum er nur auf Wunsch des Kapitäns freiheitsliebende Körperteile irgendwo hinein sperren sollte. Als der Kapitän hartnäckig auf seiner Forderung beharrte, wurde der Häuptling böse und grub das Kriegsbeil aus. Er rief den Gästen, die bereits Platz genommen hatten, zu, sie sollten ihm eine Hose leihen, er dürfte sonst nicht mitfliegen. Darauf hin grölten die Gäste, der Kapitän solle doch gefälligst seine Beinkleider zur Verfügung stellen, wenn er unbedingt wollte, dass der Häuptling etwas anzog. Die Situation drohte zu eskalieren. Da man es keinem Gast zumuten konnte, zwölf Stunden neben einem halbnackten, stinkenden Wilden zu sitzen, musste er leider in Bangkok bleiben.

Gemein? Hätten Sie gerne so einen Sitznachbarn für geschlagene zwölfeinhalb Stunden auf engstem Raum neben sich sitzen gehabt? Die persönliche Freiheit endete genau da, wo sie die anderer beeinträchtigte, dazu gehörte auch das freiheitsliebende Auftreten einer selbsternannten weißen Rothaut. Ein Flugzeug war nun einmal kein Theater, sondern eine erzwungene, temporäre Gemeinschaft auf engstem Raum - obwohl es immer wieder bühnenreife Auftritte gab.

Contenance – eine göttliche Gabe

An einem verregneten und stürmischen Sonntag, der förmlich danach schrie, vor dem Kamin mit Kuscheldecke und dampfendem Heißgetränk verbracht zu werden, hatte ich Bereitschaft. Derweil der Wind draußen klagend ums Haus heulte, schrillte das Telefon in der Diele energisch. Das Display offenbarte den Namen der Firma und leider wusste ich, dass es zu dem faulen Nachmittag bei Tee und Keksen nun nicht mehr kommen würde. Aber der Winter fing ja gerade erst an.

Der Crewplaner offenbarte mir meine Reiseroute: DUS-IBZ-DUS-SZG-DUS. Hieß übersetzt erst einen Hopser auf die Baleareninsel Ibiza und danach noch eine Stippvisite nach Salzburg. Die Flüge waren für sich betrachtet recht kurz, etwas über zwei Stunden nach Spanien und eine gute Stunde nach Österreich, insgesamt betrachtet frohlockte allerdings ein Arbeitstag mit runden zwölf Stunden Dienstzeit und – bei ausgebuchter Maschine – 696 mal „Guten Tag“ und genauso oft „Auf Wiedersehen“. *Check In* sollte um 11.40 lokaler Zeit in Düsseldorf sein, in etwa eineinhalb Stunden.

Da ich die wichtigsten *Briefings*fragen schon am Vorabend aus dem Intranet der Firma herausgelesen hatte – an einen freien Sonntag hatte ich sowieso nicht geglaubt, aber man wird ja mal träumen dürfen – brauchte ich mich nur noch kurz über die flugspezifischen Details der beiden Destinationen im Netz zu informieren und konnte dann in die Uniform springen. Viel Zeit blieb nicht und draußen regnete es inzwischen wie aus Eimern.

Am Airport angekommen, erwartete mich eine komplette *Cabin-Crew* inklusive Cockpit aus dem *Standby*, irgendwie hatte die Firma Flugzeuge und Flüge untereinander getauscht und unser Flieger, ein kleiner A 320, war dabei unbemannt geblieben. Ein gemeinsames ‚Schicksal’ verband ad hoc und wir beschlossen, uns einen ‚netten Nachmittag’ an Bord zu machen. Immerhin kamen uns die Passagierzahlen sehr entgegen, die vollste Strecke von Ibiza nach Hause hatte immer noch dreißig freie Plätze, die anderen Flüge waren gerade mal zu fünfzig Prozent belegt.

Irgendwann werde ich bei „Wetten, dass …?“ mitmachen. Und zwar wette ich, dass ich beim bloßen Anblick der Gäste sagen kann, wo die Maschine herkommt: Gäste mit Zöpfchen und Palmflechthut aus Punta Cana, Passagiere mit Rucksack und Sandalen aus Kos, braungebrannte Herrschaften mit Golftaschen aus Fort Meyers oder Zobelbehangene Damen mit platzenden Dutyfree - Tüten aus St.Petersburg … Sicher war es möglich für jede unserer Destinationen so einen Tipp abzugeben, mit der Zeit (er-)kannte man sie alle.

Bei Ibiza handelte es sich um eine Destination, die für ihr ‚schickes’ Publikum bekannt und gefürchtet war. Während nach Malaga, auf das spanische Festland, oftmals ganz elitäre Menschen zu ihren Ferienhäusern oder einem kleinen Golfwochenende reisten, die man am besten mit schnöden Sandwiches und Getränken in Plastikgläsern gar nicht erst belästigte, war das Publikum auf die drittgrößte Baleareninsel stets sehr gemischt. Es flogen die Reichen und die Schönen, die Verrückten, die Durchgeknallten, die Mehr-Schein-als Sein-Menschen, rüstige Rentner und ... ja, doch - auch ein paar ‚ganz normale' Gäste, die im November einfach dem ekeligen Wetter in Deutschland entfliehen wollten. Diese bunte Mischung verlangte ein Höchstmass an Flexibilität vom Flugbegleiter, die Wünsche an Bord waren mannigfaltig, differenziert und bei zwei Stunden Flugzeit oftmals weit mehr, als wir in der Lage waren, zu befriedigen. Unser Flug mit halbleerer Maschine (!) stellte sich an diesem Tag etwa so dar:

Wir *boardeten* über zwei Treppen, da die Gäste per Bus vom Terminal kamen. Ich habe bis heute nicht verstanden, warum es so ist, aber es stiegen fast alle Gäste vorne ein – absolut unabhängig vom vergebenen Sitzplatz. Während die hintere Treppe verwaiste, knubbelten sich unsere Passagiere auf der vorderen Gangway, der Rest stand wartend im Regen. Ins Flugzeug hineinzukommen war etwa so einfach, wie einen ausgewachsenen Elefanten durch ein Nadelöhr zu fädeln, zumindest, wenn man das voluminöse Handgepäck mit in Betracht zog, rechts hing zumeist eine Handtasche, in die eine Enzyklopädie der Neuzeit (16 Bände, 9600 Seiten) passen würde, links zerrte man einen Hartschalen ‚Bordtrolley' in lackschwarz, rot oder modischem Türkis hinter sich her, in dem sich problemlos ein blinder Passagier verstecken könnte. Erstaunlich, was für Koffermonster die Industrie so alles als Kabinengepäck verkaufte. Wahrscheinlich wurde die erste Klasse als Maßgrundlage genommen, preislich konnten die meisten dieser Gepäckstücke da ja sicher mithalten. Über dem Arm hing dann die winterliche Oberbekleidung, manchmal zusätzlich noch ein Laptoptäschen; da man so bepackt nicht die Zeitschriftenstapel inspizieren konnte, wurde mit Schwung das große Gepäck in der Küche erst einmal fallen gelassen. Gut, wenn man als *FB* seine Füße vorausschauend schon in Sicherheit gebracht hatte. Unsere *Forward-Galley* war sagenhafte 3,80 Meter breit und etwa 1,50 m tief. Auf diesem Großraumareal standen zwei *Trolleys* mit Zeitungen; ein breites Ausziehtablett, sowie unsere Küchenablage waren mit weiteren Stapeln bunter Illustrierten gepflastert. Meine Kollegin stand eingekeilt zwischen der Lektüre vor der rechten Tür, auf dieser Position war es klar von Vorteil, wenn man nicht länger als 1,60 m war, denn die Krümmung der Kabinenzelle begann dort schon etwa ab Scheitelhöhe. Ich stand mit meinem Kamelle-Körbchen im Türrahmen zwischen Waschraum und Cockpit, immer geflissentlich darauf bedacht, mit den Extremitäten oder dem Magen nicht mit dem Gepäck der Gäste zu kollidieren. Umfallen war ausgeschlossen, höchstens ins Cockpit, wenn die Tür dort offen war. Nun war es eigentlich egal, welche Zeitungen und Zeitschriften wir anboten, es waren immer die falschen. Heute boten wir fünf verschiedenen Frauenzeitschriften, zwei Mal Modell Sport, drei Mal etwas für Herren, zwei Mal Innenarchitektur, vier ‚Frisörblättchen' und nicht weniger als sieben verschiedene Tageszeitungen an, von der ‚Bild' bis zur ‚Financial Times' war alles dabei. Bei gerade mal achtzig Gästen konnte eigentlich jeder drei Zeitungen mitnehmen und es würde dennoch reichen. Denkste. Wir hatten schon wieder nicht genügend ‚intellektuelle' Schriften dabei, (Wie, nur ‚Stern' und ‚Focus'? Haben Sie denn keinen ‚Spiegel'??), den ‚Playboy' gab es leider auch nur auf der Langstrecke und den ‚Readers Digest' nie an Bord. Mensch, zwei Stunden Flugzeit waren ja mit dem falschen Lesematerial auch kaum auszuhalten…

*

Problem unseres Baby-Airbusses - nein, er brauchte keine Milch mehr, er nahm tatsächlich schon Kerosin - er hatte aber in den vorderen Gepäckfächern leider kaum Stauplatz für die Gäste. Auf der linken Seite blockierte die Videoanlage ganze zwei Staufächer und danach parkte dort auch noch firmeneigene Ausrüstung, wie zum Beispiel Computer für den Bordverkauf, ein Safe, Absperrbänder, falls mal eine Tür ‚unbrauchbar' sein sollte, ein Megaphon und ein kleiner schwarzer Koffer mit allen Videokassetten, die man während des Fluges gebrauchen könnte. Versäumte man als *Purser*, die notwenigen Filme vor dem Einsteigen der Passagiere zu entnehmen, dann gab es entweder ein karges Unterhaltungsprogramm auf dem Flug oder man musste sämtliches, sorgsam hinein gepfriemeltes Gepäck wieder heraus pulen. Der schwarze Koffer wurde meist zuerst unter allem Handgepäck begraben. Auf der rechten Seite sah es leider auch nicht viel besser aus, hier verweilten in pummeligen Jutesäcken so unverzichtbare Dinge wie Verlängerungs- und Babygurte, das ‚*Demopack*' für das Wasserballett, Ersatzschwimmwesten und natürlich unsere komplette medizinische Ausrüstung. Das Gemeine an der ganzen Situation war, dass die Gäste in Reihe eins, also unmittelbar hinter der ersten Trennwand zu unserer Kombüse, angehalten waren, zu Start und Landung sämtliches Handgepäck in den oberen Fächern zu verstauen, da es sich hier um den direkten Zugang zu den Notausgängen handelte. Die erste Reihe hatte sechs Sitzplätze und zumeist war nach der Ankunft von einem oder zweien der Stauplatz im danebenliegenden *Hatrack* erschöpft. Nun galt es entweder sein Gepäck weiter hinten in den Gepäckablagen zu verstauen, um sich dann in Wrestlingmanier wieder gegen den Strom der noch einsteigenden Gäste zurück auf Reihe eins zu kämpfen, oder man wartete einfach ganz pragmatisch, bis die freundliche Stewardess einen dazu aufforderte, die Dinge wegzuräumen, zuckte dann hilflos mit einem Blick auf überquellende Gepäckfächer mit den Schultern und überließ es dann dem Flugbegleiter, ein Plätzchen für die mitgebrachten Habseligkeiten zu finden.
„Aber bitte nicht zu weit hinten, Fräulein! Ich habe einen Anschlussflug / Kostbarkeiten / sehr Zerbrechliches dabei!"
Nun konnte man zähneknirschend den zwanzig Kilo Rollenkoffer mit dem aufblas-

baren Elefanten weiter hinten ins das Gepäckfach hieven, ihn auf einem (hoffentlich freien) Fensterplatz anschnallen, oder gleich ausladen lassen, damit er nach unten in den Frachtraum gebracht werden konnte. Bei voller Maschine war dies oft die einzige Alternative, für die damit verbundenen Diskussionen konnte man sich im Vorfeld schon mal warm anziehen, kaum ein Gast gab seine Habe kampflos her. Aber heute hatten wir ja Glück, viel Platz und kaum Probleme – natürlich bis auf Reihe eins.

Hier zogen heute ganz elitäre Menschen ein, mit Gepäck, das zum Auswandern sicher gereicht hätte. Ein sperriger Alukoffer köpfte bei einem dilettantischen Verstauversuch – er war ja soo schwer und unhandlich - fast einen Mitreisenden, ein großer Kleidersack wurde in Fach eins deponiert, indem man unsere Sicherheitsausrüstung pfiffig geschwind heraus räumte und mit dem Fuß diskret in die *Galley* schob. Hier fing der Spaß also an ...

Ohne große Kommentare und viel Federlesen verstauten wir den ganzen Krempel, denn es pressierte uns wieder einmal an der Zeit. Die Erfahrung hatte gezeigt, dass gewisse Diskussionen nur zu grauen Haaren führten – und zwar ausnahmslos auf der Seite des Dienstleisters. (Zum Glück fand mein Gatte graue Haare sexy. Allerdings hatte ich nie erforscht, ob er das sagte, um mich von teuren Friseurbesuchen abzuhalten, oder es auch der Realität entsprach.) Aber Reihe eins hatte noch mehr Überraschungen für uns – der Flug würde nicht langweilig werden. Zunächst kam jedoch noch ein rüstiger Rentner in einer nachempfundenen Admiralsjacke an Bord, das gute Dutzend Goldknöpfe blinkerte mit seinen Kronen um die Wette, die nicht ganz dazu passende Jeanshose in Karottenform hatte er bis knapp unter die Achseln gezogen und seine Füße zierten eine Art Lackschuhe, ebenfalls mit güldener Schnalle verziert. Er hatte auch einen zünftigen Seesack dabei, mit dem er mit Schwung den Stapel ‚Welt am Sonntag' und ‚Financial Times' vom *Trolley* wischte. Er quetschte sich ohne Kommentar aber mit breitem Grinsen neben meine Kollegin in ihren Zeitungskiosk und zwängte ihr ein Gespräch auf. Den genauen Inhalt bekam ich nicht mit, da andere Gäste nach Zeitungen oder ihrem Sitzplatz fragten und der *Rampagent* die Treppe mit den Papieren hoch gehastet kam. Allerdings machte dieser Herr so gar keine Anstalten, seinen Platz aufzusuchen und blieb hartnäckig samt Seesack in der Küche stehen, bis auch die letzten Passagiere eingestiegen waren, die noch draußen auf der Treppe gewartet hatten. Kurze Zeit später hieß es „*Boarding completed*" – alle Gäste an Bord. Meine Frage an ihn, wie wir ihm denn nun helfen könnten, wurde komplett ignoriert, er schulterte salopp seinen Sack, ging drei Schritte bis zu Reihe drei, wo der Gangplatz noch frei war und proklamierte laut:
„So, dann sitze ich heut mal da!"
Die Gäste auf den Plätzen 3A und B kuckten etwas konsterniert, sagten aber nichts und ich beobachtete mit Spannung, wo der Herr Admiral a.D. nun wohl sein Ge-

päck verstauen würde. Auch das war für den alten Seebären offenbar kein Problem, er wischte die sorgfältig zusammengefaltete Oberbekleidung seiner neuen Sitznachbarn forsch beiseite und stemmte den Sack nach oben und fing an zu drücken. Er schaffte es tatsächlich, das Ungetüm da hineinzuquetschen und die Klappe wurde sodann lautstark zugeknallt. Eigentlich müsste der Flieger damit eine Beule in der Außenhaut haben. Das konnte ja noch spaßig werden.

*

Nachdem wir die vorläufige Reiseflughöhe fast erreicht hatten und das ‚Vorflugprogramm' abgehakt war – (Serviceansage machen, heiße Essen anpreisen, Film für die Sonderessen einlegen, Bestellungen derselbigen aufnehmen, Kopfhörer verkaufen, Videomagazin einlegen und die Jungs im Cockpit füttern) – konnten wir mit unseren fertig aufgebauten Wagen in die Kabine rollern. Ich musste nur noch einmal kurz an das zweite Gepäckfach, um dort unsere Baranhänger mit Milch, Zucker, Zitrone, Rührstäbchen, usw. heraus zufischen. Diese waren genau über dem Kopf von Herrn Admiral geparkt. Jener rief laut:
„Die Musik eben war aber schön! Warum ist die jetzt wieder aus?"
„Das war nur die Hintergrund-Musik von unserem Informationsfilm über die heißen Essen, die wir heute an Bord haben", erklärte ich ihm.
„Schade!", grunzte er. „Die Musik war schön. Der Rest ist echt schlecht. Dieser komische Schauspieler, den Sie da immer zeigen, dieser Brian Dingsda Bumsda da ...Der ist wirklich nicht zum Aushalten!"
Inzwischen hatte ich die Schublade aus dem Gepäckfach ziehen können und schloss sie wieder.
„Tut mir leid, da kann ich Ihnen leider nicht ganz folgen. Aber wir haben ganz verschiedene Musikkanäle, vielleicht ist ja da etwas für Ihren Geschmack dabei...?"
„Ach was", winkte er ab, „das ist doch alles totaler Mist! Wollen Sie mich vielleicht auf den Arm nehmen? Das kann man doch keinem Menschen zumuten, das Gedudel! Ich fliege sonst sowieso immer mit ‚Kranich-Air'!"
Na, warum zum Teufel konnte der Herr Seemann das nicht heute auch tun? Flogen die nicht nach Ibiza? Ich sah mich leider gezwungen, das Gespräch an dieser Stelle abzubrechen.
„Sie entschuldigen mich, meine Kollegin wartet auf die Zuckertüten..." und ließ den Seebären weiter vor sich hinbrabbeln. In der *Galley* klemmte ich die beiden Baranhänger an unsere Wagen und schüttelte mit dem Kopf.
„Was war den das für ein Diskussion?", fragte meine Kollegin, die durch den Vorhangspalt meinen Dialog mit 3 C beobachtet hatte.
„Frag nicht, lass uns einfach anfangen ..."

Meine Kollegin ging rückwärts mit einem Getränkewagen, ich folgte ihr vis-a-vis mit einem Sandwich*trolley*, auf dem oben die Standardgetränke wie Kaffee, Tee,

Cola, Wasser und Saft in einer Schublade aufgebaut waren. Praktischerweise ließ sie mir die ersten Reihen frei, fragte schon einmal in Reihe drei nach Getränken, das Essen würden die Passagiere dann etwas später von mir bekommen, wenn ich mit Reihe eins und zwei fertig war. Ich begann auf der linken Seite:
„Was möchten Sie gerne trinken?"
Dame auf 1C :
„Ich hätte gerne, ich hätte gerne, ja, was hätte ich denn gerne? Ilse, was nimmst Du denn?" Ilse auf 1B erhielt einen herzhaften Knuff in die Seite.
„Hä?" Ilse, nicht mehr ganz jung an Jahren, hatte nichts verstanden. Das war in der Steigflugphase nicht ganz ungewöhnlich, der Flieger war noch recht laut, nicht umsonst waren wir alle Profis im ‚Lippen lesen'. Ilse überlegte angestrengt und brüllte dann:
„Ich krich Teeh!"
Dame 1 C:
„Gut, nehm' ich dann auch!"
Ich nahm zwei Pappbecher in die Hand und fing an, in einen davon schwarzen Tee einzuschenken.
„Leichten Kaffee haben Sie ja wohl nicht? Darboven?"
„Ich kann Ihnen Kaffee Hag anbieten, der ist koffein-frei."
„Keinen Darboven?"
„Nein, leider, Kaffee Hag."
„Mmmh." Dame 1 C überlegte, wartete bis ich den Tee auf das Tischchen von 1 B gestellt hatte und sagte dann bestimmt:
„Dann nehm' ich den leichten Kaffee, aber mit viel heißem Wasser."
„Einen Moment bitte."
Ich stellte die Teekanne wieder auf den Wagen, öffnete den Vorhang und verschwand ich der Küche, um ein Tütchen Kaffee Hag aus dem Ausrüstungswagen zu kramen. Etwas später stellte ich den dampfenden Becher auf ihrem Tischchen ab.
„Das ist Kaffee Hag?" Sie äugte erst skeptisch in den Becher, dann zu mir hoch. Ich fand an der Optik eines Kaffees im Pappbecher nichts auszusetzen und bejahte diese Frage.
„Möchten Sie Milch und Zucker dazu?"
„Ja, und heißes Wasser!"
Ich legte ihr ein Döschen Milch und eine Tüte Zucker nebst Rührstengel neben den Kaffee, verschwand für das begehrte Glas Wasser wieder hinter den Vorhang und zapfte es aus dem *Coffeemaker*. Als ich es neben den Kaffee stellte, sagte 1 C: „**Zwei** Mich, **einen** Zucker!" und schaute mich strafend an. Wie konnte ich das auch nicht vorher wissen. Derweil schaute Ilse neugierig auf den Kaffeebecher ihrer Nachbarin und fragte:
„Was ist denn das?"
„Da ist leichter Kaffee, aber nur von Hag. Willst Du auch einen?"

Und ob Ilse wollte.
„Den können Sie wieder mitnehmen!", sagte 1 C zu mir und deutete forsch auf den Teebecher.
„Ich kriech auch so was!" quäkte Ilse und zeigte diesmal auf den Kaffee Hag.
Sehr gerne. Ich verschwand zum dritten Mal hinter dem Vorhang. Der widerspenstige *Trolley* ließ sich nicht gleich öffnen und ich half mit einem beherzten Tritt nach.
1 A nahm ganz unspektakulär einen O-Saft ohne Sandwich. Dafür bekamen Ilse und ihre Freundin noch jeweils ein Mineralwasser, mit Blubber natürlich, dekoriert mit einem Schnitzer Zitrone und überlegten mindestens zwanzig Flugkilometer lang, ob sie sich für das Modell ‚Käse' oder ‚Putenwurst' entscheiden sollten. Geduld zählte ohnehin nicht zu meinen Kernkompetenzen, inzwischen war ich kurz davor, in der Küche noch einmal gegen irgendeinen einen *Trolley* treten zu müssen. Contenance war alles und meine Kollegin bereits in Reihe vier.

Auf der anderen Seite von Reihe eins erging es mir nicht viel besser, hier begehrte man einen Früchtetee – wieder zurück in die *Galley* – eine Cola Light mit Zitrone und einem klitzekleinen Eiswürfel – aber bitte nur einen ganz kleinen, sonst verwässert er den Geschmack!- und ein Bitter Lemon. Da meine Kollegin mittlerweile meterweit von mir entfernt war, hatte ich die Option, mit meinem Wagen ihr hinterher zu fahren, und sie um ein Bitter Lemon zu bitten - was zweifelfrei ein „Kriegen wir hier auch mal was zu trinken?" den Gästen, an denen ich vorbeifuhr, entlocken würde. Alternativ konnte ich es auch aus der Küche holen. Ich entschied mich für letzteres, verschwand zum vierten Mal hinterm Vorhang und fummelte die Dose Bitter Lemon aus dem zweiten Getränkewagen. Endlich stand ich mit meinem Wagen in Reihe zwei. Hier saß eine junge Familie mit einem ziemlich groß geratenen Kleinkind. Ich hätte den Bengel mindestens auf drei oder vier geschätzt, anstatt auf unter zwei.
„Wir nehmen zwei Mineralwasser und einen Champagner ..."
Ich hätte schreien können, an diesem Tag wäre ich mit einem Getränkewagen und zwei Schubladen mit Sandwiches weitaus besser bedient gewesen, denn natürlich musste ich auch den Champagner wieder aus der Küche organisieren. Ich flötete lächelnd:
„Ein Augenblickchen" und verschwand wieder hinter meinem Freund, dem Vorhang. Warum ich ihn nicht einfach aufgelassen habe? Ging leider nicht, große Dienstanweisung, der Vorhang hat immer geschlossen zu sein, falls das Cockpit gerne einmal austreten wollte.

Nun, denn - ich holte den Champagner, knotete eine Serviette um den Flaschenhals von ‚Herrn Heidsiek' und angelte nach der dazugehörigen Champagnerflöte aus Kristallplastik. Als ich die bestellten Getränke anreichte, sah ich aus dem Augenwinkel, wie mein *Trolley*, dessen Bremse ich schon gelöst hatte, ins Wanken geriet.

Turbulenzen hatten wir keine, der Herr Admiral auf 3 C, also genau auf Höhe meines dort geparkten Wagens, war aufgestanden und quetschte sich einfach an dem Barwagen vorbei, Gast 3 B musste offenbar mal zur Toilette. Ohne ein Wort oder einen Blick zu mir, schob dieser Mensch sich in den Gang, bog den Wagen einfach zur Seite, so dass er eine ungesunde Schräglage einnahm und Kaffee, Tee und Softdrinks bereits begannen aus ihren Behältnissen zu hüpfen. Ich konnte wegen der gelösten Bremse den Wagen nicht loslassen, balancierte in der linken Hand noch ein Glas Wasser und stand nun ungewollt mit direkter Tuchfühlung neben unserem grantigen Seebären mittig im Gang. Zur Krönung versuchte noch der Gast von 3 B, übrigens eine Dame mit recht fülligem Umfang, sich an uns vorbeizuquetschen.
„Entschuldigung, das funktioniert so nicht!"
Beide starrten mich verständnislos an – und setzten kommentarlos ihren Weg fort – der eine zur Toilette, der andere fummelte sich wieder zurück auf den Sitz.

Die Mutter des Kleinkindes hielt die Champagnerflasche noch in der Hand und beobachtete mit Spannung mein Mienenspiel, offenbar wartete sie auf irgendeine Schimpftirade oder wenigsten eine Zurechtweisung. Innerlich hatte ich sicher einen weitaus höheren Druck als ihr Piccolo, aber ich verkniff mir einen Kommentar. Was hätte es gebracht? Meine Kollegin war inzwischen fast an den Tragflächen angekommen, ich hing immer noch in der zweiten Reihe. Gut, dass die Flugzeit für dieses Servicekonzept verhältnismäßig lang war.

Als wir die Wagen zurückzogen, blieben wir wieder in Reihe drei stecken.
„Ich hätte gerne eine Flasche Bier!", orderte der Admiral mit donnernder Stimme.
„Tut mir sehr leid, ich kann Ihnen nur eine Dose Bier anbieten…"
„Dosenbier? Bah, das können Sie selber trinken! Ich verzichte!"
Na gut, dann halt nicht. In Reihe zwei konnten wir noch einen Kaffee servieren, und Ilse und ihre Freundin bestellten noch einen ‚leichten Kaffee'. Damit waren wir aus dem ersten Servicedurchgang entlassen. Ach, nein, halt, Reihe 1 F wollte gerne noch eine Cola Light, Sie wissen schon, der mit dem einen, klitzekleinen Eiswürfel. Aber das Eis könnte ich jetzt auch gerne weglassen, er wollte ja nicht zuviel Mühe machen …
Ich suchte den süßesten, kleinsten Eiswürfel heraus und servierte die Cola mit dem dazugehörigen Lächeln. Insgeheim dachte ich: „nur noch drei Flüge und neun Stunden Dienst und >schwupp<, dann hast Du Feierabend …"

*

Während meine Kollegin das Chaos in der Küche bezwang, den übrig geblieben Kaffee und Tee in der Toilette entsorgte und die leeren Flaschen wieder in die Wagen räumte, verteilte ich schon einmal die heißen Essen, die die Gäste vorhin

bestellt hatten. Heute waren dies vier Currywürste, zwei Chili-Hähnchen und zwei Mal das Pilzgericht. Diese heißen Essen hatten es teilweise in sich, die Plastikteller waren glühend heiß, wenn sie aus dem Ofen kamen und von ihnen musste noch eine nicht minder heiße, widerspenstige Alufolie abgefrickelt werden. Zur Currywurst gesellte sich dann ein aufgebackenes, störrisches Brötchen, ein Wurstpieker und ein Tüte mit extra Currypulver. Eigentlich sollte die Metallfolie vor dem Gast abmontiert werden. Nachdem mir einmal bei Turbulenzen so ein Fleischteil entglitten war, ohne Umschweife senkrecht auf den Boden fiel und mit Schwung die gesamte Sauce großzügig auf meiner Uniform verteilt hatte, zog ich es vor, die heißen Essen in der Küche auszuwickeln. Das Gefühl von extrascharfer Currysauce im Auge treibt mir heute noch die Tränen ins selbige; der Flug war damals gelaufen, zumindest in punkto kunstvollem Lidstrich...
Also balancierte ich zwei Bestellungen in die Kabine, eine ‚Wurst' saß auf 4 F, eine auf 6 D und zwei auf 13 A und B. Die Dame auf 4 F winkte mir hektisch, offenbar war sie bereits am Verhungern. Oder traute sie mir es nicht zu, den Zettel meiner Kollegin richtig interpretieren zu können? Ich brachte die Würste in Reihe 13, das war so eine alte Hotelkrankheit: Den weitesten Weg ging man immer zuerst. Direkt danach servierte ich Wurst Nummer drei und vier, allerdings war die Dame auf 4 F nun beleidigt – weil ich zuvor ja mit dem gewünschten Gericht an ihr vorbei gelaufen war. Ja, Potzblitz, ich konnte aber auch gemein sein! Mit gerümpfter Nase und ohne „Dankeschön" ließ sie sich die Currywurst auf ihren Tisch am Fenster schieben. Gut, dass ich 1,81 m groß war und lange Arme hatte. Auf mein „Guten Appetit" reagierte sie nur mit einem giftigen Blick – hoffentlich blieb ihr die Wurst nicht im Hals stecken.

In Reihe zwei, bei dem Elternpärchen nebst Baby, servierte ich zwei Mal die Pilze. Nach einem kurzen Blick auf das Essen sagte die Mutter:
„Können Sie meins wieder mitnehmen? Ich esse das später! Sie können es irgendwo hinstellen, es muss nicht zurück in den Ofen, es ist sowieso immer viel zu heiß. Und ich hätte gerne noch einen Champagner."
An dem leeren Champagnerpiccolo lutschte unterdessen ausgiebig der Nachwuchs, der auf dem Sitz zwischen ihnen saß. Verträumt nuckelnd schaute er mich dabei an. Der Vater zog derweil das andere Essen zu sich, drückte mir seinen leeren Plastikbecher in die Hand und fragte:
„Können Sie das mitnehmen? Ich hätte auch gerne noch ein Wasser. Dann brauchen Sie nicht zwei Mal zu Laufen..."

Nachdem die heißen Essen ausgeteilt waren, galt es den Müll wieder einzusammeln. Meine Kollegin bereitete die Wagen und die Küche schon einmal für den Rückflug vor, also schnappte ich mir das Müllauto und rollerte wieder in die Kabine. Weit kam ich nicht, die Dame von 1 C blaffte mich an, kaum dass ich den Vorhang beiseite schob:

„Sagen Sie mal, das ist ja eine Unzumutbarkeit! Das ist ja hier kaum zum Aushalten!!“
„Was meinen Sie bitte?“, fragte ich. Ich konnte mir in der Tat keinen Reim auf diese Beschwerde machen.
„Dieser Gestank von ihrem Ofen da, der ist ja wi-der-lich!“
„So? Das tut mir leid ...“ Warum musste man sich als Flugbegleiter eigentlich für jeden Scheiß entschuldigen? Mir tat es überhaupt nicht leid, im Gegenteil, der Geruch der Currywurst verursachte höchstens ein Bauchgrummeln, das in Richtung Hungergefühl ging, denn zum Frühstücken war ich an diesem Tag noch gar nicht gekommen. Aber der Dame auf 1 C war es auch völlig egal, was ich antwortete, sie stellte ihre Füße etwa auf meiner Bauchnabelhöhe an die hellgraue Trennwand und lamentierte weiter:
„Dieser Essensgeruch ist wirklich un-er-träglich. Eine Zumutung! Aber Sie kennen das ja nicht anders ...“
Doch, kannte ich. Ich kannte durchaus Flüge ohne Currywurst. Ich kannte aber auch Flüge mit Knoblauchnudeln, Flüge mit Käsefüßen, Flüge mit Verdauungsschwierigkeiten und Flüge mit Gästen, die offenbar zu arm für ein Deodorant waren. Ich kannte sie alle, wünschte mir schon 1000 Mal ein zu öffnendes Fenster ins Flugzeug oder wenigstens eine Air-Condition, die den Mief endlich mal gescheit umquirlte. Dass sich aber jemand über den Geruch der Currywurst beschwerte und mir zeitgleich seine Stinkefüße in Schuhen mit schwarzer Kreppsohle an einer blütenreinen Kunststofftrennwand entgegenstreckte, war schon etwas Neues. Fliegen konnte so spannend sein!

Nachdem ich den Abfall eingesammelt hatte, zog ich das Müllauto zurück und fing mir dabei noch einen gehässigen Kommentar von ‚der Wurst‘ auf 4 F ein:
„Das Brötchen war ungenießbar! Viel zu lange in der Mikrowelle! Knüppelhart!!“
Von dem erwähnten Teigteilchen war noch ein guter Quadratzentimeter übrig, der freudlos in dem Rest der scharfen Sauce dümpelte. Ganz so schlimm konnte es also nicht gewesen sein – oder die Dame hatte es sich tapfer weich gelutscht. Konnte man in einer Mikrowelle überhaupt backen? Ich lächelte die Passageuse bedauernd an, nahm das Tablett mit den sterblichen Resten ihrer Currywurst nebst Zubehör wieder an mich und beförderte es mit Schwung in den Schlund meines *Trolleys*.

*

Uns blieb eine kurze Pause bis zum Bordverkauf. Diese Zeit nutzte unsere Happy-Family in Reihe zwei zu einem Windelwechsel des Juniors. Dies ging vonstatten mit lautem Gebrüll, auf Grund der Körpermaße von Papa und Sohn war es offenbar auch nicht möglich, die Tür der Toilette bei dieser Aktion zu schließen. Wir ertrugen es mit Fassung: unsere Flugbegleitersitze, auf denen wir uns gerade etwas Essbares in den freien fünf Minuten einverleiben wollten, befanden sich direkt neben

dem Klo. Dass man uns dann aber eine erschöpfend ausgenutzte Windel unter die Nase hielt, mit den zuckersüßen Worten:
„Guten Appetit! Kann ich die hier mal eben bei Ihnen loswerden?“, ließ einem prompt den Bissen im Hals versteinern. Na, immerhin hatte der Gute uns die Pampers nicht einfach auf den Tisch neben das Schnittchen gelegt.
Fliegen machte dankbar – schon für die kleinen Dinge im Leben.
Wir flogen noch eine knappe Stunde, die Kolleginnen kamen von hinten mit unserem Bordshopangebot angefahren und begannen mit dem Verkauf in Reihe eins. Ich sah, wie Ilse sich ausgiebigst über eine Feuchtigkeitscreme beraten ließ und flüchtete nach vorne ins Cockpit. Fünf Minuten mal Luftholen – ein Highlight an diesem Tag. Und er hatte doch gerade erst begonnen.

*

Nach der Landung in Ibiza öffnete ich die Tür. Die Sonne schien, aber es fegte ein stürmischer Wind, der wenig zum Verweilen einlud. Die Passagiere wuchteten ihr Gepäck aus den Ablagen und defilierten an uns vorbei. Die Mutter aus Reihe zwei fragte beim Aussteigen:
„Dopen Sie sich eigentlich?“
Ich hatte sie auf Grund des im Wind klappernden Triebwerkes nicht richtig verstanden und fragte nach.
„Ich wollte, wissen, ob Sie sich dopen“, wiederholte sie mit einem Grinsen. „Weil Sie immer so ruhig bleiben.“

Gut, dass Du nicht in mich hinein sehen kannst. Das Geheimnis war nicht Doping, sondern die komplette Abkopplung des inneren Gemütszustandes von der äußeren Fassade. Ich konnte denken „Du blöde Kuh!“ und im Gesicht so freudig aussehen, wie im Sommerschlussverkauf bei Chanel. So etwas nannte man „Contenance“- jeden Flug auf’s Neue.

Lieber Gott, ich danke Dir! Schönen Urlaub!

Toilettengeister an Bord

Vor kurzem lernte ich jemanden kennen, nennen wir sie einfach Anna. Anna war eigentlich sehr reiselustig, litt aber leider seit kurzer Zeit unter extremer Flugangst. Eine vergangene Reise nach Griechenland war wohl der Auslöser; die Qualität des Kabineninterieurs ließ zu wünschen übrig, die Ansagen des Kapitäns waren weder annähernd verständlich noch sonderlich Vertrauen erweckend und neben ihr saß eine pensionierte Stewardess, die ihr in epischer Breite von den schönsten selbst erlebten Katastrophen ihrer Fliegerkarriere erzählte. Die diensthabende *Purserette* empfahl Anna wegen des zu erwartenden, unruhigen Flugwetters sich besonders gut anzuschnallen und als die eigene Tochter - damals etwa zwei Jahre alt - sich auf Grund des präzise prognostizierten Reisewetters dann mehrfach in das Decolltée der Mutter erbrach, war es vorerst aus mit der Option, per Flugzeug irgendwohin zu reisen. Ich bemühte mich nach Leibeskräften, bei Anna mit spaßigen Anekdoten wieder die Sehnsucht nach Fernreisen zu wecken, offenbar wählte ich aber immer die falschen Geschichten. Als ich einmal nebenbei erwähnte, dass ich auf einer Beförderungsreise leider nur einen fensterlosen Platz an einer ‚Sollbruchstelle' erwischt hatte, und enttäuscht war, nicht den fantastischen Ausblick genießen zu können, waren ihre Augen angstgeweitet. Anna erkundigte sich sofort, wo diese Plätze seien und warum überhaupt ein Flugzeug ‚Sollbruchstellen' hatte. Waren Katastrophen denn vorprogrammiert? Es grenzte doch wohl nahezu an Selbstmord, an ‚Sollbruchstellen' Platz zunehmen? Wären diese Sitze wenigstens reduziert im Preis? Auch als ich ihr aufzeigte, dass ein Platz in dieser Reihe doch ganz praktisch wäre, weil man sich den langen Weg durch den engen Gang im Notfall sparen könnte, blieb Anna skeptisch.

Einen weiteren Fauxpas beging ich, als ich Anna beiläufig erzählte, wie wir mit einer leeren MD11 einmal in München gestartet sind. An Bord war nur die zehnköpfige Besatzung, weil es sich um einen Überführungsflug nach Düsseldorf handelte; unsere Piloten wollten mal austesten, was der Flieger so auf der Pfanne hatte – mal nicht standardmäßig voll gestopft mit 409 Passagieren, Gepäck, Fracht und Kerosin bis in die Tragflächenzipfel. Einfach mal nur die Gase reinschieben, über die Startbahn brettern und zack – mit einem riesigen Satz in den Orbit Richtung Mond schießen. Ging nicht? Doch, sogar hervorragend. Ich habe in der ersten Reihe gesessen – weil keine Gäste an Bord waren, war dies erlaubt- und ich sah meine Kollegin im rückwärtigen Teil der Kabine nicht sechzig Meter weiter hinter mir, sondern UNTER mir. Die MD11 – hundertunddreißig Tonnen leichter als bei voller Beladung - schoss nach wenigen Sekunden Anlauf fast senkrecht in den Himmel. Anna wurde blass.

Ungeignet war auch die Erwähnung einer automatischen Landung auf dem A 320. Eigentlich war dies gar nichts Spektakuläres, nach jedem Check des Flugzeuges

wurde eine automatische Landung ausprobiert, die man unter gewissen Umständen mal gebrauchen könnte, zum Beispiel bei widrigen Sichtverhältnissen. Leider war das Flugzeug noch nicht optimal eingestellt und unser 320er hopste wie ein hungriges Känguru über die Landebahn. Meine Ansage:
„Bitte bleiben Sie noch so lange angeschnallt sitzen, bis wir sicher zum Terminal gehüpft sind“, entspannte zwar die gestauchten Wirbel der Gäste relativ zügig – Anna fand das gar nicht witzig.

Inzwischen traute ich mich kaum noch etwas zu erzählen. Wollte jemand etwas Besorgnis erregendes hinein interpretieren, fand er sicherlich bei jedem Flug etwas. Ja, bei jedem. Deshalb musste man ja noch lange nicht eine Katastrophe wittern, nur weil etwas anders lief als erwartet. Manchmal regte man sich auch über Dinge und Gefahren auf, die es gar nicht gab. Ein schönes Beispiel dafür war ein Flug von Jamaika aus nach Düsseldorf mit unserem ‚Klogeist'.

Natürlich gab es an Bord keine Geister. Obwohl das so eigentlich nicht korrekt war. Geister gab es immer dann, wenn man fest genug an sie glaubte. Immerhin hat der Geist eines verstorbenen Flugingenieurs einmal eine Lockheed-Tristar in den Everglades vor dem totalen Desaster bewahrt - aber das ist nun eine ganz andere Geschichte. Übersinnliches behandeln wir später. Hier ging es schlicht um eine defekte Toilette. Aber Klogeist klang irgendwie doch viel schöner.

Wir hatten die Maschine in Montego Bay auf Jamaika übernommen. Insgesamt waren wir schon drei Tage unterwegs, unser Umlauf führte uns erst von Düsseldorf nach Miami, von dort sind wir mit einer amerikanischen Airline nach Jamaika mehr geritten als geflogen und – da das Wetter immer noch nicht berauschend war, viel Wind und Regen – freuten wir uns alle auf zuhause. Die Maschine kam aus Puerto Plata in der Dominikanischen Republik und mit den Gästen, die hier auf Jamaika zustiegen, waren wir für den Heimweg voll ausgebucht.

Der Rundgang durch den Flieger war nicht ganz einfach, überall wuselten noch Reinigungsfachkräfte, Caterer und Techniker durch das Flugzeug. Techniker? War denn was kaputt? An der 3er Tür, also im mittleren Drittel der Kabine, war eine Toilette fast komplett zerlegt worden. Die Verkleidung der ‚Schüssel' lag im Gang vor der Tür, und zwei hiesige Mechaniker mühten sich in dem Kabelgewirr des engen Häuschens ab und schraubten an irgendetwas herum. Auf meine Frage, ob es sich um ein größeres Problem handelte, tauchte einer der Techniker aus den tiefen Tiefen des WCs wieder auf, grinste mich mit einer Reihe perlweißer Zähne an und meinte in bestem Oxfordenglisch: „Nein, Madam, gar kein Problem, alles schon fast fertig.“

Nun denn. Wir schenkten ihm Glauben, nach einer Weile kam der Cheftechniker nach vorne und erstattete Bericht: Alles wäre repariert und in bester Ordnung, auch die Toilette Nummer 62. (Das war die, die vor zehn Minuten noch in Einzelteilen im Gang lag). Die Toiletten im Flugzeug waren mit Nummern versehen. Dies hatte als Hintergrund die schnelle Ortung im Falle eines Notfalles - jeder Flugbegleiter würde anhand der Nummer, die zum Beispiel bei einem Brand im Display unseres Bordcomputers angezeigt werden würde, sofort wissen, um welchen Waschraum es sich handelte. So etwas dürfte ich Anna gar nicht mehr erzählen.

Nun brannte das Klo ja nicht, sondern war repariert, das Putzpersonal hatte aus einem fliegenden Tohuwabohu wieder ein schmuckes Flugzeug gezaubert und die Mahlzeiten bis Düsseldorf waren ordnungsgemäß in den *Trolleys* und Containern verstaut. Wir begannen zu *Boarden* und eine gute halbe Stunde später waren wir bereits in der Luft, auf geradem Weg nach Düsseldorf.

Kurz nachdem die Anschnallzeichen ausgegangen waren und ich für Kapitän und Copilot den ersten Kaffee für den bevorstehenden Nachtflug kochte, fiel mir - schräg über den *Coffeemakern* hängend - das Übergabeformular ins Auge. Au Backe, das hatte ich ja total verpennt! Auf dem Übergabeformular wurde von dem *Purser* der vorhergehenden Crew alles Wichtige notiert, zum Beispiel Besonderheiten, Getränke oder Verpflegung, die nachbestellt werden mussten und ... technische Defekte in der Kabine. Normalerweise wäre dieses Formular Bestandteil meines *Briefings* gewesen - ich hatte es in dem ganzen Trubel übersehen. Schnell überflog ich die Zeilen; es war sogar ein doppeltes Übergabeformular, da die Maschine aus Düsseldorf kam, aber über Puerto Plata und Jamaika wieder nach Hause flog. Es waren einige Dinge notiert, eines sprang mir aber direkt ins Auge: Der erste *Purser* schrieb folgendes:
Düsseldorf - Puerto Plata:
„Probleme mit Toilette 62. Dauerflush! Schwierigkeiten sie abzustellen! Auf keinen Fall mehr in Betrieb nehmen, da der Motor sonst heiß läuft!"
Offenbar bekam man das Problem auf der Karibikinsel nicht in den Griff. Auch der zweite *Purser* schrieb:
Puerto Plata - Montego Bay:
„62 nicht reparabel. Auf keinen Fall in Betrieb nehmen, Toilettenmotor läuft sonst heiß!!!"

Es standen wirklich nicht weniger als drei Ausrufezeichen hinter dieser Bemerkung und ich ließ sie mir noch einmal durchs Hirn kreisen. Dauerflush. Flush heißt auf Deutsch: Klospülung. Jeder, der schon einmal seine Notdurft an Bord verrichtet hat, wird es kennen: Dieses unglaublich laute Schlürfgeräusch, welches kleine Kinder dazu verleitet schreiend und ohne Hände gewaschen zu haben, mit Hose auf halb acht aus dem Klo gerannt zu kommen, aus Angst, das Klomonster könnte sie fressen - oder wegsaugen. Eine Dauer-Klospülung wäre nicht nur eine Beleidigung

fürs Ohr, vor allem der Gäste, die in unmittelbarer Nähe der 62 saßen, sondern auch … eine potentielle Gefahr für die Flugsicherheit. Heißgelaufener Motor! Was bedeutete dies für einen transkontinentalen Flug, der nachts stundenlang über den wilden Atlantik schipperte? Nichts Gutes, soviel war sicher. Aber hatte der Cheftechniker nicht erzählt, alles wäre in Ordnung? Auch die Toilette Nr. 62? Ich vertraute den Fachkräften, auch wenn ich mir insgeheim in den Hintern biss, weil ich auf diesen Zettel nicht vorher ein Auge geworfen hatte und brachte den Kaffee ins Cockpit. Alles war ruhig. Ich überlegt kurz, die 62 zu sperren, aber sie war bereits besetzt. Draußen war es mittlerweile dunkel, die Nacht war sternenklar, und uns trennten nur noch knappe neun Stunden Flug von Düsseldorf.
Wir begannen mit dem Abendessenservice, kurz vor dem Dessert blinkte die Anzeigentafel des *Masterpanels* dann das erste Mal:

„Shut off watersupply in lav 62!“ blinkte es mir wütend entgegen. Der Bordcomputer sprach nur im Befehlston, keine Zeit für Höflichkeitsfloskeln. Nun, diese Fehlermeldung war an sich aber nicht dramatisch, meistens ließ sich das sensible System durch ein bloßes Spülen der betroffenen Toilette davon überzeugen, dass doch alles in Ordnung war. Ich rief die Kollegen an, die gerade auf Höhe der 3er Tür Getränke ausschenkten, doch mal die 62 zu spülen – und die Anzeige verschwand.

Etwa fünfzehn Minuten später blinkte die gleiche Fehlermeldung auf der Anzeigentafel. Sie erlosch von selbst - offenbar hatte ein Passagier die Toilette planmäßig genutzt.

Weitere zehn Minuten später meckerte das System zum dritten Mal über die Nummer 62 und als ich Kaffee Nummer drei und vier ins Cockpit brachte, erwähnte ich den zickigen Abort an Bord.
„Sag uns Bescheid, wenn Du Hilfe brauchst“, war dann der wohlwollende Kommentar und „gibt es eigentlich noch was zu Essen an Bord?“

Offenbar machte sich unser Fachpersonal keine großartigen Sorgen über einen eventuell heißlaufenden Toilettenmotor und so verdrängte auch ich erfolgreich temporär das Problem. Schon kurze Zeit später sollte sich dies als Fehler erweisen: Die Anzeige sprang wieder in den bekannten Modus, doch diesmal half auch kein Spülen: Der ‚Dauerflush' war wieder da! Die Toilettenspülung von Modell Nummer 62 saugte also ohne Unterlass vor sich hin, in Ohren betörender Lautstärke, als wenn es galt, einen Elefanten hinunter zu spülen. Wasser abstellen? Negativ. Die Toilette spülte eh nicht mit Wasser, sondern hauptsächlich mit Luft. Man hätte vielleicht einen korpulenten Gast auf die Schüssel setzen können, um den Dauersog zu stoppen, aber die Gäste, die dafür in Frage gekommen wären, schliefen schon alle. Nein - das war natürlich ein Witz. Die Passagiere auf den umliegenden Plätzen taten mir wegen des Lärmes zwar leid, aber viel schlimmer fand ich das Risiko des

heißlaufenden Klomotors. Was assoziierte man mit einem heißlaufenden Motor unter einer schicken, grau-blauen Plastikverkleidung? Richtig: Feuer. Brennendes Klo. Nicht schön, vor allem nicht bei einem Flug über den Atlantik. Wo war gleich die Notaxt? Wie und wo hackte man damit am strategisch günstigsten die Verkleidung der Schüssel auf, damit der Feuerlöscher auch optimal zum Einsatz kam? Aber noch brannte ja nichts, es schlürfte nur permanent in einer höllischen Lautstärke. Nachdem wir das Problem vor Ort beäugt und keine konkrete Lösung gefunden hatten, ging ich wieder ins Cockpit:
„Houston, wir haben ein Problem."

Unsere erste Idee war die Sicherung der betreffenden Toilette zu ziehen. Sicherungen waren an Bord mit äußerster Vorsicht zu behandeln und nur in Absprache mit dem Kapitän anzufassen. Eine raus geplöppte Sicherung durfte nur ein einziges Mal wieder hineingedrückt werden – die Gefahr und das Risiko eines überhitzten, technischen Gerätes wurde im Flieger - fern von der Möglichkeit mal eben 112 anzurufen - immer sehr respektvoll betrachtet. Im hinteren Teil des Flugzeuges hing in der Deckenverkleidung ein großer Kasten mit diesen Zauberknöpfen. Hier fand man die Sicherungen für das gesamte Entertainmentsystem der Kabine, zuständig für die Bordmusik, den Film-Ton und die Leselämpchen, sowie eine Menge anderer wichtiger Knöpfe - unter anderem auch die für die Waschräume an Bord. Die Toiletten waren paarweise an eine Sicherung angeschlossen, die 62 gehörte zur 54. In Absprache mit dem Cockpit zog ich das kleine, etwa zwei Zentimeter große, schwarze Knöpfchen heraus. Nun befanden sich die beiden Toiletten auf Höhe der Reihe 35, der zuständige Sicherungskasten war in der hinteren Küche aber in Reihe 50 und die Kollegen waren in der *Economy* noch mit dem Service beschäftigt. Damit ich mich nicht immer an den *Trolleys* vorbeiquetschen musste, rief ich mit dem Bordtelefon den Kollegen an, der gerade in der Nähe der betroffenen Toiletten arbeitete und bat ihn, die Toilettenspülung zu kontrollieren. Die 54 war erwartungsgemäß ‚tot', das Betätigen der Spülung blieb erfolglos. Die 62 jedoch spülte munter weiter, ununterbrochen, in stoischer Missachtung der gezogenen Sicherung.
Ich rief vorne beim Kapitän an und erstattete Bericht. Auf die Schnelle fiel ihm auch keine Lösung ein, also schloss ich den Sicherungskasten vorerst wieder und kletterte um vier *Trolleys* herum zurück ins Cockpit. Auch wenn das Telefon in der Küche positioniert war: Probleme besprach man am besten hinter verschlossener Tür. (Passagiere, besonders Passagiere mit latenter oder potentieller Flugangst, neigten zu Ohren groß wie Rhabarberblätter, wenn es um technische Details ging. So etwas konnte dann schnell mal zum Selbstläufer im negativen Sinne werden, auch wenn das ‚Problem' ganz harmlos war. Also wurde der Kriegsrat besser im Cockpit gehalten, die Panzertür hielt durchaus auch Lauschalarmen stand.)

*

Inzwischen kamen unsere Piloten zu dem Konsens, dass ein Anruf bei der Technik in Düsseldorf nicht schaden würde. Zu jeder Tages- und Nachtzeit konnte man während des Fluges die Technik erreichen und darauf hoffen, dass ihnen spontan eine Lösung einfiel, die man im Eifer des Gefechtes vielleicht nicht gesehen hatte – oder schlichtweg nicht wusste. So ein Flugzeug hatte schließlich doch ein paar mehr Schrauben, Kabel und Sicherungen als ein Mittelklassewagen. Selbst versierte Piloten kannten da nicht jedes Geheimnis. Aber ein Formel-1-Rennfahrer war ja auch selten zugleich ein Kfz-Mechaniker und solange man auf fachkundige Unterstützung hoffen konnte, war so eine Funkverbindung zur Technik ja sehr tröstlich. In Deutschland war es etwa 2 Uhr morgens und der Dienst habende Nachtschichttechniker schlug uns vor, die Sicherung 62/54 im Sicherungskasten in der hinteren Küche zu ziehen. Auf die Aussage des Kapitäns, dass wir dieses schon versucht hatten und erfolglos geblieben sind - die Toilette spülte ja immer noch wie wild - kam erstmal nur Knacken und Schweigen über den Äther.
„Hallo? Düsseldorf?"
Es knackte noch ein, zwei Mal und dann kam die Lösung aus dem kleinen Lautsprecher am Panel des Kapitäns:
„Dann müsst ihr die gesamte Toilettenanlage an Bord für fünf Minuten ausstellen. Danach sollte es wieder gehen."
Oje. Alle Waschräume außer Betrieb setzen und das nach dem Abendessen, wo sich jeder noch einmal vor der Nachtruhe erleichtern wollte? Sollte ich diesbezüglich eine Ansage machen? Viele unserer Gäste schliefen aber schon. In Anbetracht der Tatsache, dass wir mit nicht unerheblicher Verspätung in Montego Bay gestartet waren, und die Stimmung bei einem Großteil der Gäste daher etwas angesäuert war, sparte ich mir die Ansage und informierte lediglich die Crew. Das ewige Telefongebimmel war schon störend genug, aber anders ging es leider nicht. Ich wuselte also wieder an den *Trolleys* vorbei nach hinten, erklärte leise in jeder Küche was ich vorhatte und zog dann im Sicherungskasten alle Sicherungen, die für die Waschräume zuständig waren. Nach fünf Minuten drückte ich sie wieder hinein und checkte die 62. Schon vier Reihen davor hörte ich, dass unsere Aktion leider erfolglos blieb. Immerhin nahmen die übrigen Toiletten wieder willig ihren Dienst auf. Hätten sie es nicht getan, wäre dies jetzt definitiv ein Grund zur Zwischenlandung gewesen.

Nun waren wir immer noch keinen Millimeter weiter, die Spülung gab immer noch alles, rauschte weiterhin wild vor sich hin und in meinem Kopf rotierte immer noch der Ausdruck ‚heiß laufender Toilettenmotor'. Wie viele Spülvorgänge waren wohl nötig, um so ein Ding heiß werden zu lassen? Hundert? Tausend? Ich stellte mir kurzfristig das Möbeltestlabor bei einem großen schwedischen Möbelhaus vor. Wurden bei Airbus die Toiletten auf gleiche Weise dauerbelastet?
Inzwischen hatte ich mich wieder nach Vorne durchgekämpft und wir überlegten, was nun zu tun sei. Genauer, die Jungs überlegten und ich kochte Kaffee Nummer

fünf und sechs für sie, offenbar konnte man(n) bei einem Heißgetränk in der Hand besser nachdenken. Als ich den Kaffee ins Cockpit bringen wollte, kam mir der Copilot gerade entgegen. Er öffnete die Toilettentür der Business-Toilette, schaute die Schüssel an, als würde er sie das erste Mal in seinem Leben sehen und drückte dann entschlossen die Spülung. Es gab den üblichen Lärm, etwa fünf Sekunden lang und mit einem zischenden Pfeifgeräusch schloss der Spülvorgang ab. Klappe zu, Affe tot. Klappe zu. Heureka! Das Klo hatte gar keinen Motor, sondern ein Ventil. Schloss sich die Ventilklappe, war der Spülvorgang beendet. Schloss sich die Klappe nicht … dann hat man eine hysterische Toilette, sowie unsere 62. Eine nicht schließende Toilettenventilklappe konnte viele Gründe habe. Der Phantasie des Lesers seien die Details überlassen, was da jetzt konkret in der Leitung sitzen mochte …
Die Gefahr des Feuers an Bord, ausgelöst durch eine wild gewordene Klospülung auf Grund eines heiß gelaufenen - aber zum Glück gar nicht vorhandenen - Toilettenmotors, war nun durch den Geistesblitz des Copiloten gebannt. Nun blieb noch zu klären, wie man den Krach abstellen konnte. Die Landung war erst in gut acht Stunden, bis dahin würden die Gäste in unmittelbarer Nähe der Toilette ertaubt sein. Hier hatte ich nun eine praktische Lösung: Eine simple Rolle Klopapier, durch viel Wasser geschmeidig gemacht und beherzt der Toilette in den röhrenden Schlund gestopft, verringerte den Lärm auf ein leises Schlürfgeräusch. Bei geschlossener Klotür im Summen der Triebwerke war es fast gar nicht mehr zu hören.

Blieb anschließend noch die Frage, wie auf das Übergabeprotokoll die Formulierung ‚heiß laufender Toilettenmotor' gekommen ist. Die damit zusammenhängenden Assoziationen haben uns immerhin eine gute Stunde in Trab gehalten und trugen sehr zur Kurzweil dieses Nachtfluges bei, wenn auch nicht gerade im positiven Sinne. Im Nachhinein betrachtet kann man sich nur an den Kopf fassen und fragen, wie man etwas suchen und ‚bekämpfen' konnte, was es gar nicht gab. Da wäre ein echter Klogeist doch viel amüsanter gewesen – oder nicht?

Gastgeber gesucht

Zukünftige Kolleginnen und Kollegen absolvierten seit neuestem bei uns einen ‚Erfahrungsflug', bevor sie eine Ausbildung in der Firma beginnen konnten. Sie checkten ganz normal als Passagiere ein, outeten sich aber bei der diensthabenden Crew als ‚Schnupperflieger' und hatten während des Hin- und Rückfluges zu einer beliebigen, europäischen Destination eine Reihe von Fragen zu beantworten oder kleinere Aufgaben zu lösen. Die Ergebnisse sollten schriftlich auf entsprechenden Formularen festgehalten werden, die Beantwortung geschah entweder frei oder per multiple choice zum Ankreuzen. Die letzte Frage lautete sinnigerweise:
„Möchten Sie immer noch Flugbegleiter(in) werden?"
Die möglichen Antworten waren hier vorgegeben:

A) Ja, auf jeden Fall! – oder B) Nein, danke, das ist doch nichts für mich.

Diese Unterlagen wurden dann zurück an unseren Kabinenchef geleitet und wanderten in die Personalakte des jeweiligen Bewerbers.

Eigentlich waren diese *Observer*-Flüge keine schlechte Sache. Es bewarben sich auch heute noch Menschen, die noch nie in ihrem Leben geflogen waren, für ihren mutmaßlichen Traumjob. Auch wenn unser Berufstand seit dem Ersteinsatz von Ellen Church 1930 inzwischen zweifelsfrei viel von Glanz und Glamour verloren hatte, es gab auch heute noch junge Leute, die unbedingt in die Luft gehen wollen, vorzugsweise in einer schicken Uniform. Wohl oft auch zum Verdruss der sich sorgenden Eltern: Kind, lerne doch lieber was Vernünftiges. FlugbegleiterIn ist noch nicht einmal ein anerkannter Beruf, sondern lediglich eine Tätigkeit. Warum? Weil „Mindestausbildungsdauer, ökonomischer Nutzen und Zukunftsperspektiven in der betriebsinternen Ausbildung der jeweiligen Fluggesellschaft nicht erfüllt werden", wie ein großes Internetlexikon weiß.

Während unsere Cockpitkollegen für ihre Tätigkeit (‚Pilot' ist genauso wenig ein anerkannter Ausbildungsberuf, sondern lediglich ein ‚Job') auch heute noch vielfach angeschmachtet und bewundert werden, hat sich für uns leider eine recht despektierliche Beschreibung durchgesetzt. Aber wie heißt es weiter in der Quelle im worldwideweb:
„Attraktives, gepflegtes, selbstsicheres Auftreten, interkulturelle Kommunikation, soziale Kompetenz, emotionale Intelligenz, hohe Leistungsbereitschaft, Diplomatie und Umgangsgeschick, Flexibilität, sowie körperliche und psychische Belastbarkeit sind für FlugbegleiterInnen unabdingbar."
Na, immerhin.
Ich würde an dieser Stelle noch eine überdurchschnittlich große Ausprägung von Humor, Fähigkeit zur Selbstironie und Empathie für alle mitreisenden Individuen

hinzufügen. Aber nun zurück zu unseren Schnupperfliegern.

Durch den Erfahrungsflug konnten unsere Bewerber wenigstens einen allerersten, klitzekleinen Eindruck vom Leben an Bord gewinnen. Ungemein wichtig war, auch einmal die Seite des Passagiers kennenzulernen. Wie fühlte sich ein Gast an Bord, morgens um sechs Uhr? Er hatte mit Sicherheit wenig bis gar nicht geschlafen, eine nervige Fahrt zum unübersichtlichen Flughafen bereits hinter sich gebracht, tonnenschweres Gepäck rein und raus gewuchtet, bereits mehrfach Schlange gestanden – am Schalter, an der Sicherheitskontrolle, an der Toilette, am *Gate* - konnte trotz früher Anreise weder Gang- noch Fensterplatz ergattern und wurde nun mit 200 bis 300 anderen Mitreisenden - je nach Flugzeugtyp - auf engstem Raum zusammengepfercht. Die Luft an Bord war schlecht, zu dünn, zu kalt, zu trocken, der Sitznachbar links roch merkwürdig, also verzichtete man auf diese Armlehne freiwillig, der Sitznachbar rechts las ausladend in der Zeitung und hielt einem das raschelnde Papier ständig ins Gesicht. In dem spärlichen Fußraum quetschte man seine Füße irgendwie am eigenen Handgepäck vorbei - die Gepäckfächer waren natürlich schon längst überfüllt - so dass innerhalb von Minuten die Füße anfingen zu kribbeln und kurz danach die Beine komplett taub wurden. Der Gedanke an eine entspannende Zigarette wurde von der energischen Ansage der Stewardess: „Dies ist ein Nichtraucherflug!“ zunichte gemacht und die Hoffnung auf ein Getränk brauchte bei einem Sitzplatz in Reihe 35 wahrscheinlich auch viel Geduld ...

Man hatte als Fluggast heutzutage kein leichtes Leben. Behandelte man zuhause so seine Gäste? Wohl kaum. Aber Fluggesellschaften hatten noch andere Ziele, Nöte und Verpflichtungen; nichtsdestotrotz: heutzutage in der Touristenklasse zu reisen - liebevoll Holzklasse oder englisch ‚cattleclass' /Viehklasse genannt – verlangte schon eine recht ordentliche Bereitschaft zum Abenteuer.

Noch bevor Sie – sich vielleicht an ihren letzten Flug erinnernd – nun in Selbstmitleid schwelgen und sich freuen, dass ich Ihre Probleme und Bedürfnisse so gut erkannt habe, liebe Fluggäste, gestatten Sie mir noch eine kleine Anmerkung: Auch mein Part war nicht immer so ganz der, wie es in der Jobbeschreibung eines Flugbegleiters hieß: ‚Gastgeber'.

Würden die gesetzlichen Bestimmungen es zulassen, es gäbe ganz sicher Passagierflüge ohne jegliches, menschliches Personal an Bord. Die Flugstrecke ließ sich von A nach B problemlos in die High-Tech-Maschine einspeichern und der Autopilot würde auch noch fehlerfrei den Weg über C nach D finden. Eine irische Airline war unlängst der Meinung, man bräuchte im Cockpit eigentlich nur noch einen Piloten. Sollte er während der Reise unpässlich werden, könnte sicher auch eine versierte Flugbegleiterin die Maschine notlanden. Man, respektive in diesem Fall ‚frau', bräuchte dazu nur eine Checkliste lesen und die darauf stehenden Anweisungen zu befolgen. Nichts einfacher als das! Zahlreiche Kinofilme belegen diese These. Aber wozu eigentlich überhaupt noch Flugbegleiter in den Flieger setzen? Ging es nicht auch ganz ohne? Dieses zusätzliche Gewicht war sicher einsparbar, Snacks und lauwarmen Kaffee konnte man auch am *Gate* anbieten und die Zeitungsstapel einfach direkt daneben legen.

Die Airlines waren trotz aller Widrigkeiten danach bestrebt, dass sich die Passagiere an Bord wohlfühlten. Sicher kein leichtes Unterfangen, wie die vorangegangenen Zeilen erklärt haben. Also bedurfte es einen Vermittler, den Flugbegleiter, kurz FB. Der Gesetzgeber schrieb FBs lediglich vor, um ein Passagierflugzeug, egal welcher Sitzplatzkapazität, innerhalb von neunzig Sekunden komplett zu evakuieren. Wir wurden jedes Jahr in allen Evakuierungstechniken so eindringlich geschult (Tür aufreißen, Rutsche schießen, Kommandos brüllen) dass ich in den Tagen frisch nach den Übungen jedes Mal Angst hatte, die Balkontür zu öffnen, ohne mit einer sofortigen Evakuierung von Kindern, Katzen und Topfpflanzen zu beginnen. Aber dieser Sicherheitsaspekt war ja eigentlich etwas, was der Fluggast im Standardtagesgeschäft gar nicht mitbekam. Hier zählten andere Werte: Ein Platz am Gang oder am Fenster, in der Nähe der Küche, der Toilette (aber bitte nicht neben dem schreienden Kind), ein fluffiges, weißes Kopfkissen, ein Vordermann, der einem nicht die Sitzlehne direkt nach dem Start auf die Kniescheiben donnerte, angenehme Luft und – ein ‚Spiegel', ein ‚Stern' oder wenigstens ein ‚Focus'.

Leider waren im Flugzeug, egal welcher Baugröße, immer mehr Wünsche und Erwartungen vorhanden, als Möglichkeiten, diese auch alle zu erfüllen und damit ging der Frust sozusagen vorprogrammiert schon los - jeden Flug aufs Neue. Manche Dinge ließen sich einfach nicht darstellen. Weder Boeing noch Airbus würden je ein Flugzeug bauen, an dem jeder Gast einen Fensterplatz bekam und dennoch mit seiner fünfköpfigen Familie in einer Reihe sitzen konnte, und eine komplette Kissenbeladung für jeden Passagier würde auf den kleinen Maschinen den ohnehin knappen Platz in den Gepäckfächern auf Taschentuchgröße minimieren. Aber man konnte als FB wenigstens die Grundbedürfnisse der Gäste befriedigen: Essen und Trinken. Die Kabinentemperatur ließ sich mit dem Cockpit noch verhandeln, bei der Luftfeuchtigkeit und dem windigen Luftzug der *Air-Condition* waren dem Spielraum leider schon wieder Grenzen gesetzt. Und das der FB seinen fünften Dienstag in Folge hatte, an dem er um drei Uhr aufstehen musste, innerhalb dieser Zeit knapp 1500 Mal „Guten Tag“ und „Auf Wiedersehen“ gesagt hatte, etwa 700 Sandwiches mit einem Lächeln und der Frage „Wurst oder Käse?“ serviert hatte, weder Kontakt zu Familie noch zu Freunden hatte und auch in dieser Nacht mal wieder nicht in seinem eigenen Bett schlafen würde – das sah der Fluggast ja nicht.

Als Gastgeber würde man sich wahrscheinlich nie so einen Tag aussuchen, um sich 387 Gäste zum Frühstück einzuladen...

Nun half langes Lamentieren nicht, weder auf der einen, noch auf der anderen Seite. Helfen könnte stattdessen wohl eine möglichst niedrige Erwartungshaltung, auch wenn sich das radikal anhörte, eine positive Grundeinstellung allen Widrigkeiten zum Trotz und - eine gesunde Portion Humor. Wie viel Spaß man auch am 5. Tag mit ,mitten-in-der-Nacht-Aufstehen' haben konnte, bewies dieser Flug nach Karpathos:

Wir flogen wieder mit unserer Rennsemmel, dem A 320, und der Flug war hin- und rückfliegend ausgebucht. Das Wetter zuhause war für Mitte September grottenschlecht, nur sechs Grad um vier Uhr morgens und dazu gesellte sich noch ein unangenehmer Nieselregen, der überall rein zu krabbeln schien. Unsere Flugzeit zu der griechischen Insel sollte genau drei Stunden betragen, unser Dienstauftrag sah insgesamt folgende Flüge vor: Düsseldorf-Karpathos-München-Düsseldorf. In der Kabine waren wir zu viert, zwei erfahrene Kolleginnen im hinteren Teil und eine Neue bei mir vorne. Sie sollte an diesem Tag eine Beurteilung bekommen. Wir hatten noch etwa zehn Minuten Zeit bis zum offiziellen *Check-In* als unser Kapitän zur Tür hereinschneite, 1,90 m groß, grau gelocktes Haar, kecke Hornbrille, Jacke lässig unter den Arm geklemmt, mit kleinem Laptopköfferchen. Er war der Typ Pilot, bei dem Mütter ihre Tochter energisch auf dem Sofa ein Stück in seine Richtung schubsten würden, in der blanken Hoffnung auf genau so einen Schwiegersohn! Kaum hatte sich unser Chef im Pilotenbereich unserer Firma sortiert und sein Laptop zum Update eingestöpselt, sprintete er mit zackigen Schritten zu uns in den Wartebereich und raunte in butterweichen Bariton meinen dort wartenden Kolleginnen zu:
„Seid Ihr zufällig die Reisegruppe nach Karpathos?"
Da außer uns gerade niemand in der Firma war - der erste Schwung mit *Check-In* um 5 Uhr war schon lange unterwegs - war es nicht weiter schwierig, uns als ,Mitreisende' zu identifizieren. Unser Kapitän tat überschwänglich entzückt:
„Schön, dass ich Euch gefunden habe!" Dann plinkerte er mit seinen braunen Augen und schnurrte:
„Hat einer mal ein Taschentuch für mich?"

Das schien ja ein Spaßvogel zu sein. Nun, ich konnte ein amüsantes Cockpit an diesem Morgen gut gebrauchen, ich war so müde wie schon lange nicht mehr, mein Biorhythmus und ich sprachen durch das ewige frühe Aufstehen schon seit Tagen kein Wort mehr miteinander und, ehrlich gesagt, ich freute mich beim Aufstehen schon auf den Feierabend, auch wenn er erst in sechszehn Stunden zu erwarten war. Unter diesen Umständen konnte so ein bisschen Spaß bei der Arbeit nicht schaden. Mit der Crew stand und fiel jeder Flug. Verstand man sich untereinander gut und konnte sich blind vertrauen, fluppte die Arbeit wie von allein, egal, welche Widrigkeiten einen im Laufe der Reise so aus dem Hinterhalt ansprangen. War die Stimmung eher spröde und gereizt, weil die Chemie einfach nicht stimmte, reichten oftmals auch ein ‚Höchstmass an Sozialkompetenz und psychischer Belastbarkeit' nicht, um dem Tag noch etwas auffallend Positives abzugewinnen.

Aber dies schien ein unterhaltsamer Tag zu werden, meine neue Kollegin auf der L1 Position war hoch motiviert und unsere Gäste freuten sich, dem useligen Wetter in Deutschland baldmöglichst entfliehen zu können. Auf Grund der frühen Stunde waren nicht nur die Crew, sondern auch die Gäste noch sehr müde. Nach dem ersten Servicedurchgang konnten wir eine kurze Frühstückspause einlegen und dimmten das Licht in der Kabine wieder. Kurz darauf ging die Sonne auf, färbte die oberste Wolkenschicht erst zaghaft pink und himmelblau und wenig später strahlte sie schon in leuchtendem Gold am Horizont. Das Cockpit klingelte per *Interphone*:
„Hallo, Katharina, hättest Du mal eine Zeitung für mich?“ gurrte der Chef.
„Welche möchtest Du denn gerne?“
„Such mir einfach was aus…“
Als ich mit den Zeitungen ins Cockpit kam – ich hatte die ‚Bild', die ‚Welt' und die ‚Financial Times' in der Hand, da ich den persönlichen Geschmack vom Kapitän nicht kannte – bedankte er sich mit großer Gestik:
„Vielen Dank, das ist total nett von Dir!“, strahlte er mich an und stopfte die Zeitungen zusammengefaltet mit geübten Handgriffen zwischen das orangefarbene Sonnenrollo und die Fensterscheibe auf seiner Cockpitseite.
„Der Lorenz brezelt hier heute wieder rein, das ist unglaublich. Ich war schon fast gar!“
Ich musste Lachen –mit dieser Art der Lektürenutzung hatte ich gerade nicht gerechnet. Obwohl ich das Problem im Cockpit durchaus kannte: Der Pilot, der auf der wahrhaftigen Sonnenseite saß, schmorte schon nach kurzer Zeit durch die Wärmeeinstrahlung im eigenen Saft, während der Kollege auf der sonnenabgewandten Seite schon Eiszapfen an den Zehen hatte, egal wie warm man die Heizung in der Kanzel hochdrehte. Da halfen die dünnen Rollrollos aus transparenter Folie dann auch nicht viel. Durch die ‚Financial Times' konnte man zwar nun nicht mehr hinaussehen, saß aber im angenehmen Schatten und wozu hatte das Flugzeug eigentlich Radar …?

Die Sonne weckte auch den Großteil unserer Gäste wieder auf und so begannen die Kolleginnen mit dem Bordverkauf. Ich nutzte die Zeit, um durch die aktuelle Tagespresse zu blättern, in meine Küche schien Tante Klara leider nur sparsam, lediglich die beiden Türen verfügten über jeweils ein kleines, rundes Bullauge etwa auf Bauchnabelhöhe. Die frostigen Temperaturen, die dadurch besonders im Türbereich herrschten, konnte man etwa zum Kühlen von Getränken oder zum Frischhalten des Crewessens nutzten. War dies nicht gewünscht, gab es die Option einen schweren, gesteppten Ledervorhang beidseitig vor den Türausschnitt zu pfriemeln. So konnte die Temperatur immerhin auf normalem ***-Kühlschrankniveau gehalten werden und verhinderte haarscharf eingefrorene Zehen. Leider waren diese

Vorhänge in Reihe sechs im Gepäckfach verstaut und in Reihe vier bahnte sich ein anscheinend längeres Verkaufsgespräch über blumig-frische Kopfnoten und romantisch-schwere Herznoten beim Kauf eines Parfums an. Da wollte ich auf keinen Fall stören.

In der Zwischenzeit kam unser Kapitän aus dem Heiligtum, mit dem Becher Weintrauben in der Hand, die ich kurz zuvor hineingebracht hatte.

„In Deiner unendlichen Fürsorge für uns hast Du die doch sicher vorher abgespült, oder?“, fragte er mit schelmischen Blick über den Brillenrand und hielt mir das hellgrüne Obst unter die Nase.

„Nein, habe ich nicht…“ Ich hatte noch nicht zu Ende gesprochen, da riss er bereits die Toilettentür auf und hielt die Trauben unter den Wasserhahn im Handwaschbecken.

„Nun sind sie erst recht kontaminiert“, grinste ich, „Du weißt doch, dass das kein Trinkwasser ist …“

„Dann muss der Richard halt zur Not alleine fliegen.“

Sprachs, grinste und steckte sich die tropfnassen Trauben in den Mund. Na ja, es würde ihn schon nicht gleich umhauen, und wer den ganzen Flug tapfer nur furztrockene Reiswaffeln knusperte und ein wenig Flugzeugwasser bespültes Obst zu sich nahm, in dem irrtümlichen Glauben, er müsse abnehmen, vertrug sicherlich auch noch anderes mehr. Eine Wurst im Schlafrock vielleicht? Sie zählte zu den neuesten Errungenschaften in punkto Crewverpflegung an Bord.

Hierbei handelte es sich um ein kleines, faltenreiches Würstchen, vergleichbar mit einem schrumpeligen Mini-Aal, etwa zwölf Zentimeter lang, gnädig von einer Art Blätterteigmantel umhüllt. Auf der Verpackung stand unter Haltbarkeitsdatum >mindestes bis Oktober 2011<, also noch ein ganzes Jahr, was schon zu viel Aufregung unter den Besatzungen geführt hatte. Von was für einem Tier könnte diese Wurst abstammen? Einem Dinosaurier? War es in seinem Leben vor der Wurst überhaupt ein Tier? Im Dunkeln leuchten tat sie nicht, dass hatten wir schon getestet. Kaum einer von uns las aber auch das Kleingedruckte, dann hätte sich dieser Wurst-Irrtum schnell geklärt. In drei Millimeter großen, dunkelbraunen Buchstaben stand auf hellbraunem Einwickelpapier, kaum lesbar, genau unter dem Haltbarkeitsdatum: >tiefgekühlt bei -18 Grad Celsius<. Also bestand doch keine Gefahr für Leib und Leben. Trotzdem mussten wir über den aufgeregten Kommentar einer entrüsteten *Purserette* letztens sehr lachen:

„Das ist doch unglaublich, ich schreibe darüber sofort einen Bericht! Da haben wir heutzutage Sicherheitsvorkehrungen wie in Fort Knox, mit Ausweiskontrollen, Bodycheck, Panzertüren im Cockpit und Codeworten und die eigentliche Gefahr für die Piloten lauert in einer kleinen, schrumpeligen Wurst!“

Unser Flug nach Karpathos verlief auch weiterhin ruhig, die Gäste bekamen noch ein letztes Getränk und wir bereiteten die Kabine zur Landung vor. Als die annoncierten drei Stunden Flugzeit schon um fünf Minuten überschritten waren und vom Fahrwerk immer noch nichts zu hören war, meldete sich der Copilot aus dem Cockpit. Ich weiß nicht mehr, was ich zu diesem Zeitpunkt für eine Ansage erwartet hatte, wahrscheinlich eine über Stau im Landeanflug, das kam häufig vor, wenn vielleicht auch nicht unbedingt bei einer kleinen, griechischen Insel als Ziel. Wir hörten in etwa dieses hier:
„Ja, schönen guten Morgen meine Damen und Herren, ich möchte es nicht versäumen, mich auch bei Ihnen vorzustellen: Mein Name ist Richard Birk und ich bin heute Ihr Copilot auf dieser fantastischen Reise nach Karpathos!"
Wir schauten uns ungläubig an: Seit wann stellte man sich kurz vor der Landung noch bei den Gästen vor? Hatten die Jungs zu dieser Zeit nicht ganz andere Dinge zu tun? Aber Richard plauderte auch schon munter weiter:
„Ja, meine Damen und Herren, sie haben es sicher längst an den vielen Links- und Rechtskurven dieses geschmeidigen Fluggerätes gemerkt, wir schauen uns hier so ein bisschen die Gegend an. Unter uns ist nämlich weit und breit kein anderes Flugzeug, über uns und neben uns auch nicht, und da wir über zehn Minuten vor der geplanten Ankunftszeit sind, haben mein Kollege, der Herr Liebig, und ich uns zu diesem kleinen Rundflug hinreißen lassen. So haben Sie die Gelegenheit, Ihr Urlaubsziel schon einmal ausgiebigst von oben zu betrachten. Lehnen Sie sich bequem zurück und genießen Sie den Flug!"

Dass wir so viele Kurven geflogen waren, ist mir in den Landevorbereitungen entgangen, außerdem gab es durchaus Anflugrouten, die sich mit dem Streckennetz einer Achterbahn vergleichen ließen – dies natürlich ohne Looping und eher im Anflug auf Metropolen mit sehr viel Verkehr. Ich schnallte mich wieder ab und schaute aus den Fenstern auf der rechten Seite. Unsere Maschine ging gerade in eine butterweiche Rechtskurve und gab den weitläufigen Blick auf türkisblaues Wasser, zerklüftete Felsen und ein paar kleine, weiße Jachten frei. Es sah bei dem strahlenden Sonnenschein wirklich traumhaft schön aus. Unsere Gäste waren da leider geteilter Meinung. Die Flug erfahrenen, unerschrockenen, zumeist deutschen Urlauber fanden den Ausblick durchaus spannend und lohnenswert, die Gäste mit latenter Flugangst, zu denen wohl auch die meisten der Griechen gehörten, mochten den Anblick der immer näherkommenden Küste gar nicht gerne. Solange ein Flugzeug in der Horizontalen flog, konnte in der Regel mit Flugangst noch ganz gut umgegangen werden, bei schneidigen Kurven, bei denen eine Tragfläche steil in den Himmel kippte und die andere sich dynamisch Richtung Erde senkte, wurde es vielen doch recht komisch im Magen. Unsere Helden im Cockpit konnten sich in diese Gäste offenbar nicht hineinfühlen, sie reizten die verfügbare Zeit bis zur letzten Minute aus und drehten fröhlich ihre Kringel weiter.

Nach der Landung ertönte jubelnder Applaus: die einen klatschten fröhlich auf Grund der unerwarteten Zugabe und die anderen waren einfach nur erleichtert, dass der Rundflug endlich ein sicheres Ende genommen hatte.

*

In der Bodenzeit konnten wir ein paar Minuten auf der Gangway sitzen und die griechische Sonne genießen. Gerne wären wir für ein paar Tage hiergeblieben, das Wetter war herrlich und das Meer lockte mit salzigem Wind an den Strand. Aber leider stand nach einer guten halben Stunde der *Rampagent* schon wieder auf der Treppe und fragte nach der Zeit fürs *Boarden*. Schade eigentlich, aber so war das bei Flügen durch Europa - der Aufenthalt währte leider immer nur kurz. Also klopften wir uns den Staub der Treppenstufen von der Uniform und gingen wieder hinein.

Die dritte oder vierte Dame, die unseren Flieger betrat, wollte wissen, ob wir wohl noch Platz im Frachtraum hätten? Blauäugig wie ich war, fragte ich sie, ob sie ihn denn für ihr doch recht voluminöses Handgepäck bräuchte, sicher könnte man den zwanzig Kilo Wanderrucksack noch nach unten laden lassen. Aber nein, weit gefehlt, die Dame wollte noch ein wenig ‚griechischen Sonnenschein' mit nach Deutschland nehmen - wie witzig. Aber in Anbetracht der luftigen Bekleidung unserer Gäste – sie trugen fast alle kurzärmelige Shirts, hatten kurzbehoste Beine und nackte Füße in Sandalen – machten wir uns im Laufe des *Boardens* doch Gedanken über klimatische Empfindungen und die daraus entstehenden, möglichen Folgen. Wusste denn niemand von diesen bajuwarischen, sonnigen Gemütern, dass in München nur sechs Grad auf sie warteten? Mir lief schon bei dem Gedanken daran ein Schauer durch die synthetische Uniform, in derart luftiger Bekleidung dem kalten Alpenwind trotzen zu müssen. Aber vielleicht war ich ja auch verwöhnt. In kurzer Zeit waren alle Gäste an Bord, der *Rampagent* meldete: „*Boarding completed*" und flitzte ins Cockpit, um sich dort seine Papiere abzuholen. Er huschte kurze Zeit später an mir vorbei, rief: „Antio!" (Auf Wiedersehen!) und entschwand über die Gangway. Aus dem Cockpit rief der Chef: „Tür zu!", offenbar hatten wir es nun eilig, die griechischen Gefilde wieder zu verlassen.

Gerne hätte ich seinem Wunsch entsprochen, leider waren die Seitenteile der Treppe an den Flieger geklemmt, so dass ich die Tür nicht schließen konnte und teilte dies dem Kapitän mit. Ein Treppenfahrer, der das Problem buchstäblich hätte lösen können, war weit und breit nicht in Sicht, also war hier Geduld gefragt. Eine ganze Weile tat sich nichts, die Piloten hatten zwar Kontakt zum Flughafen aufgenommen, aber die Treppe hing nach fünf Minuten immer noch am Flieger. Um unsere Gäste nicht länger warten zu lassen, begann ich schon einmal mit einer Begrüßungsansage:

„Meiner Damen und Herren, herzlich willkommen an Bord. Im Prinzip wären wir jetzt startbereit, leider müssen wir vor dem Abflug noch diese Treppe hier loswerden. Ich bitte Sie daher noch um etwas Geduld, es kann sich dabei sicher nur um eine griechische Minute handeln, Sie kennen das ja …“
Unsere Gäste waren amüsiert und spähten einheitlich gespannt zum vorderen, immer noch sperrangelweit offenen Ausgang. Inzwischen ertönte es wieder aus dem Cockpit:
„Kriegst Du die Treppe denn nicht los? Wir müssen weg hier, sonst verlieren wir unseren *Slot*!“
Dazu sah ich mich leider nicht in der Lage. Mal ganz abgesehen davon, dass es nicht zu meinen Aufgabenbereichen gehörte, die verschiedenen Treppen der Flughäfen dieser Welt zu bedienen, machte dieses Uralt -Modell einen nicht sehr vertrauenerweckenden Eindruck und ich wagte stark zu bezweifeln, dass ich die verrosteten Seitenteile auch nur einen Millimeter würde verschieben können, ohne dabei entweder von derselbigen zu fallen, mir eine Zerrung zu holen oder wenigstens den Nagellack zu ruinieren. Sorry, Chef! Aber unser Kapitän war ein Mann der Tat und gab sich mit einem schnöden „kann ich nicht“ nicht zu frieden. Er hechtete sportiv aus seinem Sitz, schob mich freundlich, aber energisch beiseite und verließ den Flieger. Draußen auf der Plattform nahm er das Problem höchstselbst in Augenschein. Ich hatte das Bordmikrophon noch in der Hand und während die Gäste mutmaßten, was nun als nächstes passieren würde, klärte ich sie mit verschmitztem Grinsen auf:
„Ja, meine Damen und Herren, dieser attraktive Mann, der da gerade an mir vorbeigesprungen ist, ist heute unser Kapitän, der Herr Liebig. Er wird sich unserem kleinen Problem nun höchstpersönlich annehmen …“
Die Gäste verrenkten sich den Hals, um einen Blick auf dem Chef zu ergattern. Dieser stand auf der Treppe, beäugte das störrische Seitenteil und zog die Stirn in Falten. Dann schob er entschlossen die blütenweißen Hemdsärmel hoch und zerrte energisch an dem widerstrebenden Metallteil. Ein kurzes, lautes Quietschen später gab die bockige Treppe auf und ließ den Flieger knarzend frei.
„Meine Damen und Herren, wir haben heute aber auch wirklich Glück! Unser Herr Liebig ist nicht nur in der Lage, dieses technische Wunderwerk zu fliegen, er kann es auch problemlos mit zickigen Gangways aufzunehmen. Bitte einen Applaus für unseren Kapitän!“

Auf der Treppe konnte der Chef auf Grund eines gerade startenden Fliegers nicht hören, was ich zu unseren Gästen gesagt hatte und so wurde er ein ganz kleines bisschen rot, als er mit donnerndem Applaus wieder im Flugzeug von unseren gutgelaunten Gästen empfangen wurde. Oder vielleicht hatte ich mir das auch nur eingebildet? Herr Liebig verschwand mit einem triumphierenden Grinsen im Cockpit und ich konnte die Flugzeugtür endlich schließen. Da nun augenscheinlich alles startbereit und die Stimmung an Bord selten so ausgelassen fröhlich war, beschloss

ich noch einen drauf zusetzten:
„Meine Damen und Herren, wir werden nun in Kürze unsere Triebwerke anlassen. Aber ehrlich gesagt mache ich mir sehr große Sorgen um Sie…“
Unsere Gäste bekamen große Augen und lauschten andächtig, was denn nun wohl kommen würde. Soviel Aufmerksamkeit hatte man selten bei einer Ansage. Todernst fuhr ich fort:
„Mir ist beim Einsteigen aufgefallen, dass sie heute alle nur sehr leicht bekleidet sind. Ist es Ihnen eigentlich bewusst, dass in München zur Zeit nur sechs Grad herrschen? Oder haben Sie alle soviel griechische Sonne in Ihren Koffer geschmuggelt, dass es für einen bayrischen Spätsommer reicht…?“
Ich war eigentlich kein Freund von Spaßansagen. Oftmals kamen sie flapsig-dümmlich rüber und leider war ich auch nicht immer so spontan-kreativ, wie ich es der Situation vielleicht angemessen wäre. An diesem Tag waren die Gäste aber so gutgelaunt, da lief irgendwie alles ganz von selbst. Wenn auch nicht ganz so, wie erwartet. Als ich zu der Stelle der Ansage kam, in der es hieß:
„Wir sind nun startbereit und ich möchte Sie daher bitten, die Sitzgurte zu schließen…“, klopfte es an unserer Tür - von außen!

Ich schaute ungläubig zu meiner Kollegin, um zu prüfen, ob ich schon Gespenster hörte, zu lange in der Pause in der Sonne gesessen hatte oder ob wirklich jemand draußen vor dem Flugzeug stand. Aber auch sie hatte das Klopfen gehört und sowohl Personal wie Gäste waren ganz gespannt, wer denn da nun wohl Einlass begehrte. Es war wieder der kleine, griechische *Rampagent*:
„Sorry to disturb you, but we have one passenger more…“
(Entschuldigen Sie die Störung, aber wir haben noch einen Passagier mehr…)

Sollte das ein Witz sein? Wo kam denn jetzt noch ein Passagier her? Es dauerte gar nicht lange, da kam eine Dame mittleren Alters, ebenfalls in Shorts und Flipflops, die Treppe hoch gehastet und hielt mir atemlos ihre Bordkarte unter die Nase. Sie war sich der Tatsache noch nicht bewusst, dass nur die verklemmte Treppe es ihr ermöglicht hatte, dieses Flugzeug noch zu erreichen. Wäre der Treppenfahrer pünktlich vor Ort gewesen, wären wir jetzt schon längst über alle Berge – oder vielmehr über den Wolken. Auch diese Dame wurde mit herzlichem Applaus und Gelächter begrüßt, vielleicht vermuteten unsere Gäste inzwischen die versteckte Kamera bei uns an Bord? Im späteren Gespräch während des Fluges stellte sich dann heraus, dass angeblich niemand eine Ansage zum Abflug der Maschine nach München gemacht hätte. Mmmh, ich fragte mich, wie dann die anderen 173 Gäste den Flieger gefunden hatten? Aber egal, wir schafften es dann schließlich doch noch, die Tür zu schließen und unseren Flug in Richtung München zu starten.

Die gute Laune blieb uns während der gesamten Reise erhalten, beim Austeilen der Sandwiches (wahlweise Geflügelwurst oder Gouda-Käse) ergaben sich zum

Beispiel folgende Gespräche:
Flugbegleiter zum Gast:
„Was möchten Sie gerne essen?"
Gast, keck grinsend:
„Ich hätte heute gerne mal ein Thunfischsandwich!"
Flugbegleiter lächelt:
„Oh, tut mir leid, die servieren wir immer nur auf der Terrasse, in der Kabine haben wir Pute oder Käse für Sie im Angebot."
Gast grinst:
„Gut, dann nehme ich die Pute!"
Flugbegleiter gespielt ernst zurück:
„Es ist leider keine ganze Pute, nur ein Stück davon …"
Gast:
„Macht nix, nehme ich trotzdem!"
Nächster Gast ruft bestimmt:
„Ich nehm' den Käse!"
Flugbegleiter:
„Möchten Sie nur den Käse, oder mit Salat und Brot drumherum?"
Gast, kichernd:
„Nee, gerne mit Zubehör…"
Nächster Gast:
„Ich nehm' auch Käse, aber mit alles!"
Flugbegleiter, wühlt angestrengt in der Sandwichschublade:
„Oje, wo ist denn jetzt bloß der Dativ?"
Gast, trocken:
„Zur Not nehme ich auch die Pute…"

Nächste Reihe, Gast:
„Ich möchte nichts essen!"
Flugbegleiter, erstaunt:
„Keines unserer kulinarischen Verlockungen kann sie betören?"
Gast:
„Nee, vielen Dank!"
Flugbegleiter am Sandwichtrolley:
„Ach, kommen Sie, ich brauche auch eine Daseinsberechtigung …"
Gast, grinst:
„Ach so?"
Zweiter Flugbegleiter:
„Hat der Herr keinen Appetit?"
Erster Flugbegleiter, spielt gekränkt:
„Nö, er kann auf meine deliziösen, belegten Brote verzichten, hat er gesagt."
Gast, grinst:

„Ich kann schöne Frauen nicht schmollen sehen, dann geben Sie mir halt eins mit Pute."
Flugbegleiter strahlt:
„Gerne. Hier bitte, guten Appetit!"
Passageuse zum Gast, offenbar ihr Gatte:
„Schatz, das ist doch nicht schon wieder für den Hund?"

Es war ein Spaß - auch das Sandwich für den Hund. (Im Nachhinein hatte es dem Gast übrigens sogar geschmeckt.) Unsere Gäste bewiesen an diesem Nachmittag sehr viel Humor und fühlten sich trotz eines recht ruckeligen Heimfluges sichtlich wohl an Bord. Wir hatten unseren Spaß beim Service und als meine Kolleginnen den Bordverkauf durchführten, dachte ich, schade, dass nicht jeder Flug von so einer Leichtigkeit getragen wurde. Andererseits war es vielleicht ganz gut so, denn nur nicht alltägliches blieb einem so gut in Erinnerung. Ich habe den Flug sehr genossen und mich in meiner Rolle als Gastgeber mehr als wohlgefühlt.

Beim Aussteigen sagte eine Dame zu mir:
„Ich habe noch nie eine Stewardess kennengelernt, die soviel Humor hat wie Sie!"
Und das mir, als spröder Hanseatin! Das Kompliment konnte ich aber nur zurückgeben, es war aber auch noch nie so leicht, lustig zu sein, wie auf diesem Flug. Manchmal war die Mischung einfach perfekt!

Ein kurzer Trip nach Kuba

Unsere Reise begann mit einem *Proceeding*flug von Düsseldorf nach München und das Theater ging schon bei der Sicherheitskontrolle los. Wir reisten in zivil, da wir erst am nächsten Morgen einen A 330 nach Varadero, Kuba, begleiten sollten und benutzten den Mitarbeiter-Ausgang, der direkt neben der Passagierkontrolle lag, nur durch eine Milchglastür getrennt. Sofort wurden wir von der Schichtleiterin angequakt, wir hätten ohne Uniform mit den anderen Gästen durch den *Security-check* gehen müssen, wir wären ja nicht im Dienst. Das sah ich allerdings anders, eine Dienstantrittsreise war auch kein Freizeitvergnügen, sondern eben ein Flugauftrag, ob nun mit Uniform oder ohne. Bei der ganzen Diskussion ging es ja lediglich darum, Flüssigkeiten jeglicher Verpackungsart im Handgepäck belassen zu dürfen und diese nicht, wie die Gäste, in maximal hundert Milliliter fassende Behältnisse in einen durchsichtigen Plastikbeutel packen zu müssen. Für Außenstehende mochte dies eine Lappalie sein, wenn man aber ständig seinen Crewkoffer umgestalten musste, je nachdem welchen Airport man bereiste, konnte das durchaus lästig werden. Irgendein Parfümfläschchen, eine Handcreme oder ein Labello versteckte sich grundsätzlich in einer Ritze oder einer Seitentasche, was bei der Kontrolle dann unbarmherzig schnurstracks in den nächsten Mülleimer flog. Im Übrigen wurden wir von der Firma angehalten, die Uniform stets im Handgepäck dabei zu haben, falls mal ein Koffer verloren ging. Und zur Uniform gehörten nun mal auch Make-up, Haarspray und Lippenstift – zumindest bei den meisten Damen und auch bei einigen Herren. Da die ersten Koffer von uns schon durch den Scanner fuhren, blieben wir bei dieser Kontrollstelle, ließen die wichtige Frau weiter schnattern und beeilten uns, zum *Gate* zu kommen. Wir waren spät dran, *Check-In* vor *Proceeding*flügen war erst eine Stunde vor Abflug, wenn man dann noch großes Gepäck abgeben musste, blieb nicht viel Zeit für unnütze Debatten.

Am *Gate* erfuhren wir dann die erste Ernüchterung: Zwanzig Minuten Verspätung. Gut, dass wir uns so abgehetzt hatten. Der Flieger nach München war anscheinend nicht voll, nur wenige Gäste saßen auf den schwarzen Kunstlederbänken und wir gesellten uns dazu. Wir waren nur zu acht, eine Cockpit-Crew würde am nächsten Morgen am Münchner Flughafen zu uns stoßen - hofften wir zumindest. Auf meinem Flugauftrag war bislang niemand eingetragen. Wohl aber ein paar Besonderheiten für den Flug nach Kuba. In den hinteren drei Reihen würde ein *Stretcher* montiert sein, ein begleitender Arzt wäre dafür schon auf dem Hinflug mit dabei und wir hatten einen *VIP* avisiert: Roberto Blanko. Auf ihn war ich gespannt, er flog, wie ich von Kolleginnen erfahren hatte, wohl öfters mit uns. Ich fand es immer sehr interessant zu sehen, wie sich das Verhalten von Prominenten im ‚normalen Leben' von dem auf der Showbühne unterschied.

Als die eigentliche *Boarding*zeit verstrichen und immer noch kein Flugzeug am

Gate zu sehen war, ertönte eine Ansage: Leider hatte der Flug 6038 nun eineinhalb Stunden Verspätung, man möge doch bitte Verständnis haben. Der Grund für das *Delay* wurde nicht genannt. Schade, eigentlich wollten wir in Landshut auf den Weihnachtsmarkt gehen, es war das erste Adventwochenende, ein Glühwein und eine Bratwurst im Schnee wären durchaus nach unserem Gusto gewesen. Die dafür verfügbare Zeit schrumpfte leider immer mehr zusammen. Nachdem wir eine Stunde erfolgreich abgesessen hatten, ertönte die nette Lautsprecherstimme ein zweites Mal und verschob den Flug auf 17 Uhr – noch einmal neunzig Minuten später. Immerhin bekamen wir jetzt Gutscheine über sechs Euro, die wir komplett in den Restaurationsbetrieben des Flughafens verprassen konnten, hurra! Ich tauschte meinen Gutschein gegen ein Lachsbrötchen und eine Apfelschorle im nahegelegenen Bistro und richtete mich wieder auf der Kunstlederbank ein. Die war wenigstens halbwegs bequem. Direkt gegenüber von uns saß eine Dame mit einer Bulldogge im Miniaturformat. Der Welpe war acht Wochen alt, putzige fünfzehn Zentimeter hoch und hieß Elisabeth. Zuerst dachte ich, sie sei ein Plüschtier, so reglos, wie sie über der Schulter hing. In meinen Augen hatte sie viel Ähnlichkeit mit einem Mops, zerknautschtes Gesicht, kleine, schwarze Knopfaugen und das Fell mindestens drei Nummern zu groß. Elisabeth war allerdings edelster, französischer Abstammung und zudem in der seltenen Farbe blau, ähnlich der Fellfarbe einer Karthäuserkatze. So kostete sie die lächerliche Kleinigkeit von 3000 € und wurde von der Züchterin persönlich ins neue Heim nach Tirol begleitet. Meine Kolleginnen waren von Elisabeth direkt verzaubert, schnappten sich das Pelztier, reichten es hin und her und fotografierten sich gegenseitig mit ihm auf dem Arm. Sie beschmusten und bespaßten den Winzling, bis es der kleinen Lady zu viel wurde: Sie schlief einfach ein, nicht ohne vorher noch lautstark und olfaktorisch recht eindrucksvoll zu pupsen. Ja, so waren sie, die kleinen Kaiserinnen. Ich erinnerte mich beim Anblick der leise schnarchenden Elisabeth an eine Geschichte, die mir unlängst eine Kollegin an Bord erzählte:

Ein Passagier reiste mit einem japanischen Zwerghund, gewandet in einem pinkfarbenen Glitzer-T-Shirt und einem Schottenrock - der Hund, nicht der Gast. Nun muss so ein Vierfüßler eigentlich den gesamten Flug über in seiner Reisebox sitzen bleiben, sehr tierliebe Flugbegleiter drücken aber oftmals mehr als ein Auge zu. Ich war mir sicher, das süße Knautschgesicht von Elisabeth hätte es auf einer Langstrecke problemlos bis ins Cockpit geschafft. Nun, der japanische Zwerghund saß im Ledersessel der *Business* auf seiner eigenen Plüschdecke, wurde von Herrchen mit Lachshäppchen gefüttert und durfte sich einen James Bond-Film anschauen. Irgendwann befand der Gast, dass sich sein Schnuckelputz nun einmal erleichtern müsse, weil er irgendwie so einen verkniffenen Gesichtsausdruck hatte und plötzlich hektisch fiepte. Da das edle Tier offensichtlich nicht in der Lage war, eine menschliche Sanitäreinrichtung ordnungsgemäß zu benutzen (zum Glück für den Hund, die Toilettenspülung hatte den Krümel sicher problemlos durch den Abfluss in den Tank gesogen), legten die Stewardessen die vordere *Galley* mit Zeitungen aus. Nachdem die verwöhnte Töle mehrfach über die ‚Financial Times', die ‚Bild der Frau' und die ‚Welt am Sonntag' stolziert ist, konnte sie sich auf einem ausgewählten Artikel endlich erleichtern. Ob die Kolleginnen diese Option bei einem spitzgedackelten Standard-sechs-Kilo-Köter wohl auch angeboten hätten?

*

Elisabeth pieselte kurz vor dem Fünf-Uhr-Tee einen Minisee ins Flughafengebäude, aber die Züchterin war weise mit einer Packung Einmallappen bewaffnet. So konnten wir dann alle recht entspannt etwa gegen halb sechs das Flugzeug nach München besteigen. Der Kapitän erklärte uns dann endlich den Grund für die Verspätung: Das Flugzeug hatte einen Defekt an einem der Computer, der für die Außentemperaturmessung zuständig war, das fehlende Teil musste erst geliefert und dann eingebaut werden. Nun war alles wieder in bester Ordnung, dafür bekamen wir einen schlechten *Slot* und standen noch einmal eine halbe Stunde an der *Gate*position herum. Weihnachtsmarkt ade, meines Wissens machte dieser im beschaulichen Landshut um 20 Uhr zu.

*

An nächsten Morgen fuhren wir gespannt zum Flughafen München. Wir wussten immer noch nicht, wer unsere ‚Lenker' sein würden und freuten uns sehr, als wir im Crewraum dann auf alte Bekannte trafen. Die Stationen arbeiteten größten Teils getrennt, aber ab und zu wurde die Crew mal bunt gemischt - so wie auf diesem Flug - oder ein Besatzungsmitglied wechselte aus privaten Gründen die Heimatbasis. Der Kapitän war ein alter Bekannter aus Düsseldorf, der nun in München stationiert war und mit dem Copiloten war ich auch schon ein paar Mal unterwegs. Stimmte die Crew, war der Flug schon fast im Sack. Unser Hinflug war recht entspannt, wir hatten in der *Economy* 83 freie Plätze bei einer Sitzplatzkonfiguration von 279, da hatte fast jeder die Möglichkeit, sich auszubreiten, entsprechend locker war die Stimmung unter den Gästen. In der *Business*klasse waren wir auch nur halb besetzt, die Mittelreihe blieb komplett frei. Bei mir vorne arbeitete eine versierte Kollegin aus Schweden, wir hatten einen pünktlichen *Slot*, was sollte denn da noch schief gehen?

Als Herr Blanko die Kabine betrat, ging die Sonne auf. Er bedachte uns mit einem strahlenden, schneeweißen Lächeln und sortierte sich gemütlich in Reihe vier ein. Als meine Kollegin ihm einen Aperitif anbieten wollte – sie hatte O-Saft und Prosecco in kleinen Gläschen auf ihrem Tablett – lehnte er zunächst dankend ab, doch dann bestellte er einen Sekt mit O-Saft, aber bitte in einem richtigen Glas, so einem Wasserglas, Sie verstehen schon? Aber bitte nur, wenn es keine Umstände macht…

Selten habe ich so einen charmanten, authentischen und amüsanten Gast an Bord gehabt. Wenn ich auch nicht unbedingt ein Fan von deutscher Schlagermusik war und man über eine vierzig Jahre jüngere Freundin sicherlich geteilter Meinung sein konnte, ich mutierte auf diesem Flug schlagartig zum Roberto Blanko-Fan. Herr Blanko war äußerst liebenswürdig, humorvoll und völlig natürlich, stets hatte er einen Scherz parat oder flirtete auch mal ganz unverblümt, wenn er einen Wunsch außer der Reihe hatte. Obwohl er eigentlich todmüde war, - er war nur für ein einziges Konzert in Österreich nach Europa geflogen, erst vor drei Tagen kam er aus Kuba und hatte auf Grund des *Jetlags* wenig in der Zwischenzeit schlafen können - erzählte Roberto viel und gern, blieb zu einem Plausch auch mal in der Bordküche und klönte mit uns bei einer Tasse Kaffee.

*

Im Großen und Ganzen verlief der Hinflug reibungslos. Ein paar Passagiere hatten bemerkt, dass ihre Reisepässe nicht mehr die erforderliche Gültigkeit aufwiesen: Mindestens sechs Monate waren ab Einreisedatum seitens der Einreisevorschriften Kubas vorgeschrieben. Allerdings ließ sich daran nun nichts mehr ändern, man konnte nun nur noch auf die Kulanz der kubanischen Behörden hoffen – oder das gnädige Wohlwollen des Stempelführenden am Einreiseschalter.
Einem Passagier nahmen die Kolleginnen eine ein Liter Flasche Wodka aus dem Dutyfree ab, aber es schien ihn nicht weiter zu stören. Entweder hatte er noch eine Zweitflasche in Petto oder schon genug getankt. Er verschlief den Rest des Fluges lautstark unter seinem Cowboyhut.

Bei der Einreise in Kuba sollten wir den Cowboy dann noch einmal wiedersehen. Er blockierte den Schalter, der eigentlich Crews und Diplomaten vorbehalten war. Von den Gästen wurde es oft missmutig betrachtet, dass wir eine separate Einreisemöglichkeit zur Verfügung gestellt bekamen. Allerdings betrug unser Aufenthalt diesmal auch nur zwanzig Stunden und nicht zwei Wochen. Da konnte man schon eine schnellere Abfertigung gebrauchen. Diesmal half es leider nichts, der lallende Cowboy textete die Dame am Schalter gehörig zu, so dass sie ihn auf Herz und Nieren prüfte. Wir standen uns so lange die Beine in den Bauch, bis unser letzter Passagier die Kontrolle schon passierte hatte - und wir waren immer noch nicht durch. So langsam zogen wir im eigenen Saft, auf Kuba war es 28 Grad warm, keine gute Grundvoraussetzung für eine Uniform aus nicht atmungsaktivem Material.

Endlich saßen wir im dem Bus, der uns zum Hotel kutschieren sollte. Unsere Koffer hopsten in einem Anhänger hinterher, es war schon längst dunkel, aber unser Fahrer schien den Weg im Schlaf zu kennen. Er kurvte abenteuerlich um den Gegenverkehr drum herum, kümmerte sich weder um Geschwindigkeitsbegrenzungen, noch ließ er ein Schlagloch aus. Nach der halbstündigen Fahrt wäre ohne

Federlesens eine Tüte Milch in ein Stück Käse verwandelt geworden. Der Versuch, einen Pikkolo während der Fahrt zu Trinken, scheiterte bei der Holperei kläglich, aber wenigstens gab es keine hässlichen Flecken auf der Uniform. Bei einer Vollbremsung aus mir nicht bekannten Gründen kippte ich mir einen Schluck Sekt mit Schwung in die Nase – darauf hin vertagte ich das *Afterlanding* auf später an die Hotelbar. Dort war dann die Hölle los. Wir wohnten in einem all-inclusive Hotel, da floss der Alkohol in Strömen – war ja schließlich alles bezahlt. Nach einem schnellen Absacker freute ich mich aufs Bett – zuhause war es schon wieder vier Uhr früh.

*

Am nächsten Morgen traf ich mich mit meiner schwedischen Kollegin zum Frühstück. Es regnete und aus einem Nickerchen unter Palmen schien nichts zu werden. Nach Orangensaft, kubanischem Westernkaffee (er war so stark, das ein Hufeisen mit Leichtigkeit darauf schwamm) und einem Omelett klarte der Himmel jedoch noch auf. Wir gingen an den Strand, um Muscheln zu sammeln und fanden in der Tat ein paar ganz hübsche Stücke. Ab und zu wurde der Strand mit Sand aus dem Meer aufgefüllt, dann hatte man gute Chancen auf außergewöhnliche Modelle.

Unser *Check In* war erst gegen 15 Uhr Ortszeit, und ich versuchte noch vorher zu schlafen, es war allerdings einfach zu laut. Mein Zimmer lag zum Lieferanteneingang, wo ununterbrochen ein LKW brummte, im Zimmer über mir wurden lautstark Möbel gerückt und auf dem Flur schnatterten fröhlich die Zimmermädchen, die darauf warteten, dass wir endlich die Zimmer räumten. Da nützten auch keine Ohrstöpsel – tagsüber in einem Hotel schlafen zu können, war eine Kunst, die nur wenige von uns beherrschten. Mir gelang es eigentlich nie.

Am Flughafen erwartete uns ein komplett ausgebuchter Flieger, lediglich in der Businessklasse waren wenige Plätze frei. Während wir mit unserem Handgepäck über das Rollfeld zu unserem Flugzeug liefen, schob sich zum Abschied die kubanische Sonne noch einmal durch die Wolken und trieb uns den Schweiß auf die Stirn – zuhause herrschte das erste Winterchaos mit Schneegestöber und Blitz-Eis. Viele Flüge waren gestrichen worden, an den deutschen Flughäfen gab es stundenlange Verspätungen. Wir freuten uns dafür umso mehr über eine pünktlich eingetroffene Maschine. Der Temperaturunterschied in den nächsten zehn Stunden würde enorm sein. Mein extremstes Erlebnis waren einmal +39 Grad auf den Bahamas und -20 Grad in Deutschland, knapp 60 Grad Differenz! In der Karibik sah man mit Wollschal, Handschuhen und Mantel auf dem Arm vielleicht unpassend aus, spätestens wenn in Düsseldorf, Berlin, Frankfurt oder München dann nach einem Nachtflug morgens die Tür des Flugzeuges aufging, konnten wir unsere Gäste, die oft in Flipflops, Shorts und Hemdsärmeln ausstiegen, dann schön warm eingepackt aber ausgiebigst bedauern.

*

Als wir an Bord kamen, sah das Schiff noch aus wie ein fliegender Mülleimer. Auch nach all den Jahren war es mir bis dato unbegreiflich, wie man es schaffen konnte, ein sauberes, aufgeräumtes und schmuckes Flugzeug innerhalb weniger Stunden einen absoluten Misthaufen zu verwandeln. Zeitschriften, zerfledderte Zeitungen, leere Nusstütchen, Schokopapiere und anderer Müll lagen überall auf dem Boden. Am dunkelblauen Teppich ließ sich problemlos das gesamte kulinarische Angebot des Hinfluges ablesen, Kissen und Decken hingen, lagen und steckten in jeder Ritze, bunt verziert mit Fundsachen jeglicher Art, benutzen Babywindeln, leeren Duty-Free-Verpackungen und dem persönlichen Müll unserer Könige. Ob die Leute zuhause auch so hausten? Auf Grund eines Mangels an *Cleaning*-Personal kämpften sich ganze fünf kubanische Reinigungsfachkräfte durch dieses Chaos; eine von ihnen war mit einem röhrendem Staubsauger bewaffnet (immerhin, vor zwei Jahrzehnten war dies noch ein flotter, grüner Palmenwedel) und eine andere war für die Reinigung der Toiletten und der *Galleys* mit einem poppig, pinkfarbenen Wischmopp zuständig. Wenn man nun bedachte, das die übrigen drei Damen 302 Tische abwischen, Gurte zurecht legen, Decken falten und Kissen neu beziehen sollten, konnte man erst einmal in aller Ruhe einen Kaffee trinken und ein *Briefing* machen. Besonderheiten waren für diesen Flug nicht vorgesehen, bis auf zwei oder drei zu kreuzende *Jetstreams* sollte das Flugwetter ruhig bleiben und wir hatten diesmal einen gut passenden *Slot*, denn unsere Flugzeit war mit neun Stunden und zehn Minuten relativ kurz. Einer pünktlichen Ankunft im Schneechaos stand eigentlich nichts im Wege.

Beim *Boarden* war schon erkennen, dass sich in Düsseldorf frostige Szenen abspielen würden: Die Gäste stiegen fast ausnahmslos kurz behost und barfüßig ein, braungebrannt, mit kleinen, geflochtenen Zöpfchen, kunstvoll gewirkten Palmenhüten und ärmellosen T-Shirts. Ob sie im Handgepäck wohl einen Norweger und lange Hosen dabei hatten? Nun, mir war's wurscht, meine Wintergarderobe hatte ich bereits im Garderobenschrank der *Business*klasse aufgehängt. Die Klimaanlage fing bei ihrem Versuch, die tropischen Temperaturen herunter zu kühlen an zu dampfen, weiße Dunstwolken aus Kondensat quollen aus dem Schlitzen über den Gepäckfächern und gaben der Kabine das Aussehen einer Disko im Trockeneis-Nebel. Es fehlten nur noch Schwarzlicht und laute Musik, unsere Bordmusik orgelte gerade melodramatisch die ‚Firmenhymne' – kein Vergleich zu einem wirklichen Tanztempel. Aber Diskotheken konnten ja auch nicht fliegen, wir dagegen schon. Planmäßig verließen wir die karibische Insel und nahmen Kurs quer über den Atlantik zu europäischen Gefilden.

Kaum waren wir unterwegs, riefen die Kolleginnen aus der hinteren Kabine an: Es wäre den Gästen im Flieger zu kalt. Kein Problem, daran ließ sich etwas ändern. Es dauerte leider nur eine Weile, bis die Klimaanlage die Luftmassen entsprechend umgewälzt hatte. Nachdem ich innerhalb einer halben Stunden drei Mal die Temperatur erhöht hatte, rief mich wieder eine Kollegin an:
„Wir haben da eine ganz zickige Dame, die nörgelt schon die ganze Zeit herum. Kannst Du mal kommen? Sie sitzt in Reihe 35."
Eine weitere Ortsbeschreibung war auch nicht nötig, in der mittleren Reihe erkannte ich schon eine Frau, die mit Mütze und Schal über dem Kopf mit absoluter Sauertopfmiene in ihrem Sitz saß und mir sofort wortreich ihr Leid klagte. Sie hätte eine beidseitige Ohrenentzündung und der Zug der Klimaanlage wäre für sie untragbar. Ihre Medikamente wären im großen Koffer, so könnte sie rein gar nichts gegen die schier unerträglichen Schmerzen tun und sie verlangte SOFORT einen anderen Sitzplatz.
Ich hatte Verständnis für Ohrenschmerzen, aber unter Schal und Mütze konnte der Windzug der *Aircondition* wohl bestenfalls noch ein psychologisches sein. Für sie war dies jedoch keine Lösung, denn unter der Wolle würden ihre Ohren schwitzen und der dabei entstehende Schweiß die Schmerzen verschlimmern. Entweder ich würde nun endlich die Klimaanlage abstellen oder sie umsetzen! Einen anderen Sitzplatz konnte ich nicht anbieten – wir hatten keinen. Die Klimaanlage abzustellen war auch keine gute Idee, sie war für die allgemeine Luftversorgung in der Kabine zuständig. Für die technisch Interessierten: Die Luft wurde von den Triebwerken von einem Hochdruckkompressor abgenommen, mehrfach zur Temperaturregelung komprimiert und wieder dekomprimiert, um dann in einer Mischkammer mit kalter Außenluft (-50 bis -65 Grad im Reiseflug) angereichert zu werden. Von dort nahm sie ihren Weg in das Verteilungssystem der Kabine und die *Aircondition* regelte schlussendlich die gefühlte Temperatur. Die Luft wurde an den Lüftungsschlitzen in der Kabinendecke eingeblasen und im Fußraum wieder abgesogen. Durch diesen Vorgang entstand die ständige die Zirkulation und der ständige Luftzug in der Kabine, der sich zum Zwecke eines sorgenfreien Atmens leider nicht abstellen ließ. Ich bot der Dame zum Lindern ihres Leidens ein Schmerzmedikament aus der Bordapotheke an, welches sie kurzzeitig zu besänftigen schien. Einen Platz in der *Business* rückte ich jedoch nicht raus. Würde sich das herum sprechen, würden wir sicher schlagartig einen Invalidenflieger mit lauter „Knie-", „Rücken-", „Kreislauf-" und was weiß ich nicht noch alles für gesundheitlichen Problemen haben. Gäste waren zum Teil sehr erfinderisch, wenn es um ein kostenloses *Upgrade* ging, es dauerte auch gar nicht lange, da probierte es schon der nächste.
Eine Kollegin aus der mittleren *Galley* kam zu mir nach vorne, mit der Bitte, einen aufdringlichen Gast endlich in seine Schranken zu weisen. Er nervte sie bereits seit einiger Zeit mit wirrem Gerede, stand strategisch ungünstig mittig in der Bordküche, hatte sich bereits schon ihre Namen notiert und machte keinerlei Anstalten, seinen ursprünglichen Sitzplatz wieder einzunehmen.

Durch die Dame mit der Mütze hatte ich schon viel Zeit verloren, wir waren mitten im Service des Hauptganges in der *Business*klasse, also rauschte ich mit einer Visitenkarte der Firma in der Hosentasche in die Mitte, um mit dem Küchenbesetzer zu sprechen. Dort eingetroffen, stand vor mir ein junger Mann, Ende zwanzig, etwa 1,65 m klein und teuer, aber ziemlich schmuddelig gekleidet. Ich fragte ihn nach seinem Begehr und er erklärte mir dann ziemlich umständlich, dass er ‚sehr viele' Flugmeilen in der vergangenen Zeit gesammelt hätte, die aber nun Ende des Jahres verfallen würden, und als Kompensierung hätte er sich dafür nun einen Platz in der *Business*klasse vorgestellt - da wäre ja heute eh nix los. Er beäugte mich mit leicht schielendem Blick von unten nach oben und machte auf mich den Eindruck, als wenn er ein paar bunte Pillen gefrühstückt hätte. Ich erklärte ihm freundlich, aber bestimmt, dass ich nicht in der Lage wäre, gesammelte Meilen als Zahlungsmittel zu akzeptieren und drückte ihm die Firmenkarte in die Hand, damit er sich zuhause vertrauensvoll an den Kundenservice wenden könnte. Dort würde man für seine ‚vielen, alten Meilen' sicher eine gute Lösung finden. Ehrlich gesagt hatte ich nicht die Bohne Ahnung, ob an seiner Meilensammlung – sofern er überhaupt eine besaß – noch etwas zu retten war. Einen Platz in der *Business* gab es für so eine Show allerdings nicht. Er notierte versuchsweise meinen Namen auf der Visitenkarte, ich buchstabierte ihm den Rest, augenscheinlich hatte er doch Probleme mit der Fokussierung der kleinen Buchstaben auf meinem Namenschild. Immerhin zog er mit dem Pappkärtchen bewaffnet ab und ging zurück in die Kabine.

Keine zwanzig Minuten später stand eine Kollegin aus der hinteren Küche wütend bei mir vorne im Büro. Sie hätte einen ganz komischen Gast, der sich ständig über alles aufregte, dabei aber irgendwie einen merkwürdig verwirrten Eindruck machte. So meckerte er zum Beispiel über krümelige, abgelaufene Milch auf, ohne zu merken, dass er mit Zuckertütchen kämpfte. Diese würden den Kaffee natürlich beim besten Willen nicht weiß kriegen. Als sie mir weiterhin berichtete, dass der Mann sich ihren Namen notiert und ein Foto von ihr gemacht hatte, schwante es mir, dass es sich hierbei um einen alten Bekannten handeln könnte. Eine kurze Rückfrage nach Größe und Garderobe verschaffte Klarheit: Unser Küchenbesetzer rumorte nun in der *Aft-Cabin* herum. Ich empfahl der Kollegin, den Herrn weitestgehend zu ignorieren, von einer erneuten Diskussion versprach ich mir keinen Erfolg. In etwa einer halben Stunde würden wir für die Nachtruhe das Licht in der Kabine ausschalten – sollte er dann immer noch herumkrakeelen, Flugbegleiterinnen knipsen und weiter Nörgeln, würde ich noch einmal mit ihm reden. Die Erfahrung hatte aber gezeigt, dass sich manche Probleme mit einem Nickerchen von selbst auflösten.
In der *Business*klasse waren wir nun trotz der Unterbrechungen fast fertig mit dem Service, als unsere Gäste in Reihe zwei fragten, ob sie mal ihre Freunde für einen Kaffee nach vorne holen könnten. Bedauernd lehnte ich dies ab und sah aus dem Augenwinkel, wie neben der Dame auf Platz 3C auf einmal ein drei jähriges Kind

saß. Eigentlich lag es mehr quer über dem grauen Ledersitz geflegelt, die Turnschuhe gegen die weiße Kunststoffwand unter dem Fenster gestemmt. Es rührte mit dem Finger in dem noch übrig gebliebenen Dessertschälchen und brabbelte fröhlich vor sich hin, mit Blick auf einen Videofilm, der für Kindergartenkinder sicher völlig ungeeignet war. Ich beobachtete die Situation eine Weile und ging dann zu Reihe drei. Noch bevor ich etwas sagen konnte, wurde ich angeblafft:
„Ich bringe sie gleich zurück!“

Also drehte ich ohne ein Wort auf dem Absatz um und wartete ‚gleich' in der *Galley* ab. Ich versuchte derweil die Computer für die Abrechnung zu aktivieren. Einer ließ sich klaglos programmieren, ein zweiter nahm zwar die Daten, aber ging dann aus. Ein neuer Akku konnte ihn auch nicht wiederbeleben, er verweigerte standhaft den Dienst. Dann eben nicht! Ein dritter Satellit war zwar willig, zeigte aber nur einen halben Bildschirm und war damit auch nutzlos. Ich liebte hochwertiges, stets gut funktionierendes Arbeitsmaterial! Nachdem ich mit diversen Papierrollen, Akkus und den ganzen Formularen die Abrechung schon einmal grob vorbereitet hatte, schaute ich noch einmal zu Reihe drei. Das Kind befand sich nach wie vor auf dem Fensterplatz, stand nun mit den Schuhen auf dem Sitz und warf kleine Papiertuchbällchen über die Rückenlehne in Reihe vier.

„Entschuldigung, ist das Ihr Kind?“
„Ja. Wieso?“ Gnädige Frau sah mich schnippisch von unten an.
„Soweit ich das weiß, hat ihre Tochter keinen Platz in der Businessklasse und sie wollten sie zurückbringen.“
Die Dame ignorierte mich völlig und wandte sich ihrer Tochter zu. Da ich keine Anstalten machte, zu gehen, drehte sie sich gequält zu mir um und zischte:
„Ja und? Ist das etwa jetzt ein Problem oder was?“
Wie war das noch mit dem Ton und dem Wald? Auf ‚wohlwollendes-Auge-zudrücken' war ich schlagartig nicht mehr programmiert.
„Es tut mir sehr leid, aber die *Business*klasse ist lediglich Gästen mit einer entsprechenden Platzreservierung vorbehalten. Bitte bringen Sie ihre Tochter zurück in die *Economy*.“
„Das geht aber nicht, die wollen da jetzt schlafen.“ Mir kamen die Tränen. Unverblümt sah ich sie an:
„Meine Gäste hier vorne wünschen das Gleiche.“
Der folgende Blick hätte töten können.
„Sie können gerne ein *Upgrade* für Ihre Tochter erwerben, wenn sie in der Lage ist, sich entsprechend ruhig zu verhalten. Andernfalls darf ich sie bitten, sie jetzt wieder zurück in die *Economy* zu begleiten.“
Gnädige Frau kochte innerlich, wie ich unschwer an ihrer pulsierenden Halsschlagader erkennen konnte. Da sie mir von Beginn des Fluges an durch Arroganz und stilloses Benehmen unangenehm aufgefallen war, kannte ich kein Mitleid.

„Da werde ich jetzt fünf Minuten drüber Nachdenken“, verkündete sie und wedelte mit einer Hand in der Luft, als ob sie ein lästiges Insekt verscheuchen wollte. Ich blickte demonstrativ auf meine Armbanduhr, bedachte die Dame mit einem strahlenden Lächeln – weil ich wusste, dass es sie ärgerte – und schwebte zurück hinter meinen Vorhang. Dort hätte ich am liebsten gegen etwas getreten, die stumpfe Arroganz und Blasiertheit dieser blondierten Ziege ging mir mächtig gegen den Strich. Wer ließ sich schon gerne so von oben herab behandeln? Aber insgeheim wusste ich, dass sie den kürzeren ziehen würde – so oder so.

Nach genau sechs Minuten stand ich wieder vor ihrem Platz und sie hielt mir mit zwei Fingern eine goldenen Kreditkarte unter die Nase: Frau Doktor Kleinmüller. Leider war die Karte rückwärtig nicht unterschrieben. Normalerweise hätte ich sie so gar nicht akzeptieren dürfen. Ich wies Frau Doktor darauf hin und sie erklärte mir in pampigem Ton, dass sie das extra nicht gemacht hätte, falls man ihr die Karte mal stehlen würde. Offenbar hatte sie gehofft, mich schnell los zu werden, ich bat sie allerdings um einen Ausweis oder ihren Reisepass, um sich zu legitimieren, andernfalls könnte ich die Karte nicht akzeptieren. Nun flippte sie völlig aus, es sei ein Zumutung und eine Frechheit, wie ich denn jetzt nach ihren Papieren fragen könnte, und seit wann man sich für die Zahlung mit einer Kreditkarte ausweisen müsste.
„Dann erzählen Sie mir doch bitte, wie ich Ihre Unterschrift auf Echtheit prüfen soll, wenn mir kein offizielles Dokument mit ihrer Unterschrift vorliegt? Woher weiß ich denn, dass Sie Frau Doktor Kleinmüller sind?“
Daraufhin fiel ihr dann nichts mehr ein. War diese Dame vor dem *Upgrade* schon anstrengend, danach war sie ungenießbar! Ihre Tochter schlief innerhalb der nächsten Stunde ein und wurde zurück in die *Economy* verfrachtet. Stattdessen nahm ihre Freundin nun vorne Platz. Mir war es egal, der Platz war ja nun bezahlt.

*

Meine schwedische Kollegin kam wenig später von einem Rundgang durch die abgedunkelte Kabine zurück und schimpfte wie ein Rohrspatz:
„Du glaubst gar nicht, was ich gerade gesehen habe! Da sitzt jemand zwischen dem Rutschenkasten und dem Flugbegleitersitz und tut so, als wenn er schläft. Und wenn du daran vorbei gehen willst, stellt er dir Beinchen!“
Ich zog ungläubig eine Augenbraue hoch. Der Platz zwischen Notrutsche und Sitz war etwa so üppig wie das Platzangebot in einem mittleren Postpaket, noch nicht einmal einen Wasserkasten würde dort hinein passen. Schwer vorstellbar, dass sich jemand in diese Ecke hineingequetscht haben könnte, um dort zu schlafen. Meine Kollegin schimpfte weiter:
„Ich habe gesagt, dass das nicht geht, weil der Flugbegleitersitz und der Notausgangsbereich freigehalten werden müssen, aber der Gast regiert überhaupt gar

nicht, sondern zieht sich einfach weiter die Mütze über den Kopf!"
Mütze? War das vielleicht Frau Ohrenschmerz? Ich ging nach hinten, um mir die Situation anzusehen. Mir stellte sie kein Beinchen, aber sie stellte sich tot, eingequetscht wie ein Kinderklappfahrrad saß unsere Zugluft-gequälte Patientin mit Mütze und Schal in der Ecke und tat so, als wenn sie schliefe. Ich marschierte in die hintere Küche, um mit der Flugbegleiterin zu sprechen, die für diesen Sitz und diese Tür im Notfall zuständig war.
Wir hatten meines Erachtens zwei Optionen: Entweder ich machte der Dame unmissverständlich klar, dass sie in dieser Ecke nichts zu suchen hatte, dass es liederlich bis grob fahrlässig war, jemanden aus dem Hinterhalt Beinchen zu stellen und dass sie ihren Sitzplatz sofort wieder einnehmen musste – zudem seit geraumer Zeit auch noch die Anschnallzeichen an waren. Es wackelte allerdings kaum und diente nur zur Vorsicht. Das damit vorprogrammierte Gezeter konnte ich mir allerdings schon jetzt bildhaft vorstellen, die rundherum schlafenden Gäste wären bestimmt nicht begeistert und in Ermangelung eines alternativen Schlafplatzes plädierte ich für Möglichkeit Nummer zwei: die Frau einfach in ihrer Ecke sitzen zu lassen. Im Falle eines Notfalles würde man ihr beim Herunterklappen des Flugbegleitersitzes vielleicht das eine oder andere Bein brechen. Dieses Risiko würden wir dann in dieser akuten Situation eben eingehen, schließlich hatte niemand diese dickköpfige Dame in diese spezielle Ecke eingeladen, im Gegenteil, sie war mehrfach an ihren Platz verwiesen worden - und die Wahrscheinlichkeit war ja Gott sei Dank sehr gering.
Ich besprach meine Ideen mit der Kollegin und sie stimmte mir zu; im Falle eines rapiden Druckabfalls oder sonstigen Notfalles hätte die Dame durch energisches Eingreifen den Kürzeren gezogen. Sicherheitsbestimmungen gut und schön – manchmal musste man eben eine Situation mit gesundem Menschenverstand betrachten. Wir hatten eine Fürsorgepflicht für jeden Passagier an Bord, aber sie hatte auch Grenzen.

Als ich die Geschichte wenig später im Cockpit erzählte, amüsierten sich unsere Jungs. Sie sahen die Situation genauso wie ich: Warum unnötig schlafende Hunde wecken? Der Großteil unserer Gäste schlief nun tatsächlich. Wir tranken zusammen einen Kaffee im Heiligtum und klönten über dies und das. Natürlich landeten wir wie immer bei unserem Lieblingsthema „Hast Du schon gehört?" und „Kennst Du eigentlich die Geschichte von..."
Diesmal erzählte der Kapitän etwas aus seiner Schatzkiste. Wir unterhielten uns über Uniformen, Garderobe und Stoppklamotten und irgendwie kamen wir darauf, dass es ganz pfiffig sei, auf Grund von unvorhergesehenen Feueralarmen im Hotel nicht nackt zu schlafen. So sparte man sich die Verlegenheit, eventuell im Adam- oder Evakostüm in der Hotellobby zu stehen. Unserem Kapitän war etwas ganz anderes passiert: Er wollte des Nachts zur Toilette, huschte im Halbschlaf durch die vermeintliche Badtür, zog diese - ordentlich wie er war - hinter sich zu und erwach-

te schlagartig durch das laute Klicken des Schnappschlosses in seiner Zimmertür. Er hatte sich ausgesperrt und stand nun im sexy Schlüpper im Hotelflur. Da die hartnäckige Tür weder durch Bitten, Wünsche oder Telepathie, noch durch angewandte Manneskraft zum Öffnen zu überreden war, fühlte er in seiner Not an allen Zimmertüren des Hotels, bis er eine fand, die tatsächlich offen war. Dieser Raum wurde derzeit renoviert, verfügte aber über eine eingerichtete Bettstatt und so verbrachte er die Nacht dort. Am nächsten Morgen wickelte er sich in das Plumeau um die Hüften und trippelte damit zum Empfang, um sich einen Ersatzschlüssel für sein verschlossenes Zimmer zu besorgen. Ihm war das Ganze ziemlich peinlich, die Rezeptionistin aber schmunzelte und erzählte, dass sie schon Gäste mit weit spärlicherer Bekleidung vor sich stehen hatte. Vielleicht sollte dieses Hotel doch einmal über eine innen liegende Absperrkette nachdenken.
Ein anderer Kollege, so wusste unser Chef zu berichten, hatte nicht ganz so viel Glück. Er bestellte sich *Roomservice* aufs Zimmer und sprang vor dem Essen noch schnell unter die Dusche. Duschen macht hungrig, also sprang er frisch abgerubbelt und noch nackig ins Bett und genoss mit Wonne sein bestelltes Clubsandwich. Als er das leere Tablett anschließend in den Hotelflur schob, ertönte das gleiche fatale klickende Geräusch – auch seine Zimmertür war zu. Und er hatte immer noch gar nichts an. Ob der Kollege nun entweder mit der Blumenvase vom Service-Tablett oder der Leinenserviette bekleidet an der Rezeption um Hilfe bat oder doch vielleicht lieber bei einer Kollegin geklopft hatte, war leider nicht genau überliefert. Aber allein die Vorstellung war herrlich…

*

Ansonsten passierte auf diesem Flug nicht mehr viel Spektakuläres. Eine Dame wollte auf dem Rutschenkasten der hinteren Tür eine ätherische Kerze anzünden, damit sie dort ihre Morgen-Yogaübungen abturnen könnte. Zur Not würde sie auch auf die Toilette damit gehen …
Einer unserer *Business*gäste putzte sich aus Versehen vor dem Frühstück mit Handcreme seine Zähne und wunderte sich über den schlechten Geschmack. Entrüstet hielt er mir die Tube hin und ich konnte mir ein Grinsen nicht verkneifen. Zum Glück hatten wir noch genug ‚richtige' Zahnpasta in Reserve und er blockierte damit für eine geschlagene viertel Stunde das ‚Bad'. Immerhin war der Geschmack der Zahnpasta nun in Ordnung.
Frau Dr. Kleinmüller verschlief das Frühstück, überließ das Essen ihrer Freundin und stellte sich weiterhin tot. Ihre Tochter war inzwischen ausgeschlafen und unterhielt die ersten zehn Reihen der *Economy* Klasse mit deutschen Weihnachtsliedern.
Auf meinem Rundgang kurz vor der Landung kam mir eine Kollegin entgegen und erzählte mir, dass sich in Reihe 20 ein Kind nicht anschnallen lassen würde. Als ich an dem Vater vorbei ging, bat ich ihn, seinen Sohn doch nun anzuschnallen. Aus dem Stand blaffte er mich an:

„Können Sie mich nicht endlich mal in Ruhe lassen?? Andauernd kommt hier jemand vorbei und macht sich wichtig! Da kann sich das Kind ja nicht beruhigen!"
Ich hatte mit diesem Mann während des gesamten Fluges noch nicht ein einziges Word gewechselt. Schön, dass ich jetzt als Blitzableiter für seinen gesammelten Frust herhalten durfte. Da ich die Kabine nur klar melden konnte, wenn alle angeschnallt waren, versuchte ich es dem aufgebrachten Vater zu erklären, während sein Sohn weiter auf seinem Schoß quengelte.
„Entschuldigung (warum musste man sich eigentlich immer entschuldigen?), ich bin hier verantwortlich für die Sicherheit an Bord und dazu gehören auch unangeschnallte Kleinkinder..."
„Haben Sie mich mal angesehen?", brüllte der Mann, so laut und wüst, dass seine Stimme überschnappte. „Ich bin bekotzt von oben bis unten. Kucken Sie mal, wie ich aussehe! Meinen Sie, ich finde das witzig?!"
Der Mann hielt seinen heulenden Sohn auf Armeslänge von sich, in der Tat waren beide von oben bis unten mit bunten Bröckchen bedeckt.
„Hören Sie, das Fahrwerk fährt gleich aus und wir werden nur Landen, wenn alle angeschnallt sitzen. An dem Zustand ihrer Garderobe ändert das jetzt auch nichts mehr."
Was tun? Einen Kringel fliegen – wegen eines göbelnden Kleinkindes?
Ich musste ehrlich zugeben, kurz vor der Landung, nach einem zwölf stündigem Dienst, waren solche Diskussionen ziemlich mühsam.

Etwa fünf Minuten vor der Landung drückte ich den kleinen grünen Knopf: *Cabin o.k.* Diese Anzeige leuchtete im Cockpit auf und teilte den Jungs mit, dass die Kabine klar zur Landung war. Wir hatten unsere Positionen an den Türen schon eingenommen, da klickte ein Gurt: Frau Doktor Kleinmüller musste auf die Toilette. Bisschen spät, wie? Sie quetschte sich mit absolut verkniffenem Gesicht an mir vorbei und knallte die Klotür zu. Insgeheim bedauerte ich, dass wir so ordentlich waren und zur Landung keinen Riesensack Müll in der Toilette deponiert hatten. Ja, auch ich konnte gehässig sein. Kurz bevor das Fahrwerk ausfuhr kam sie wieder zum Vorschein, drängte sich wieder an meinen Platz vorbei und versäumte nicht, mir in ihrer trampeligen Art noch einmal kräftig auf den Fuß zu treten. Lieber Gott, ich danke Dir, dass Du mir auf jedem Flug neue Gäste schenkst!

*

In Düsseldorf erwartete uns moderater Schneefall. Nach nur zehn Minuten hatte ich mein Auto ausgegraben, der Heimweg betrug jedoch zweieinhalb Stunden – die Straßen NRWs waren mal wieder völlig mit dem Verkehr und den Allüren des Winter überlastet. Ich hatte Zeit genug, mich von meinem Flug wieder abzureagieren. Als ich auf der A 52 im stop and go herum rutschte, flog gerade eine Boing 767 über die Autobahn. Wohin mochte sie wohl fliegen? Irgendwo in die Sonne? Mein

Bedarf an karibischen Ausflügen war für diesen Monat gedeckt, aber erfreulicherweise hieß es ja jedes Mal: ein neues Spiel ein neues Glück. Und bis ich zuhause war, würde ich Frau Doktor Kleinmüller, Frau Ohrenschmerz, den begöbelten Vater, den ‚ganz-viele Meilen-Junkie' und die ätherische Kerze längst vergessen haben - oder zumindest beinahe.

Morgenland

Seit etwa einem Jahr hatten wir Dubai im Programm. Da man nach einer gewissen Zeit das firmeneigene Streckennetz abgeklappert hatte, freute sich das Flugbegleiterherz über jede neue Destination, die es noch zu entdecken galt. Manche Flüge fanden sich ständig und drei Tage, hartnäckig, immer wieder und ganz von selbst auf dem Dienstplan – zumeist rief dort die Karibik in allen Variationen: als simpler *Nightstop*, als Wochenstop, gekoppelt als ‚Lumpensammler' über mehrere Orte oder nonstop – der Phantasie der Einsatzplaner waren kaum Grenzen gesetzt. (Was wir so salopp als ‚Lumpensammler' bezeichneten, verkaufte die Airline-Branche übrigens als Direkt-Flug. So stand es dann in den Reiseunterlagen. Dies wurde schnell verwechselt mit einem Nonstop-Flug, der ohne Zwischenlandung von A nach B flog. Ein Direkt-Flug brachte einen auf ‚direktem' Wege zum Ziel, aber von A über B nach C. Unbedarfte Gäste stiegen auch schon mal nach der ersten Landung aus und wunderten sich dann, wenn sie ihr gebuchtes Hotel nicht finden konnten…)

Wenn man nicht ein ausgesprochener Strandfloh und Sonnenanbeter war, konnte das Ambiente unter den Kokosnusspalmen schnell langweilig werden. Andere Ziele musste man sich zumeist mühsam herbei *requesten*, bei vielen hundert Mitarbeitern waren die Wünsche leider größer, als das Angebot des Streckennetzes. Hier hieß es nun pokern, wer die meisten Punkte für einen bestimmten Flug bot, hatte gewonnen. Für Flugbegleiter standen die Chancen nach einer gewissen Betriebszugehörigkeit – mit ihrer Dauer stieg die Menge der verfügbaren Punkte – einen bestimmten Flug zu bekommen, nicht schlecht. Schließlich brauchten sie nur einen Platz von sieben verfügbaren in der Crew zu ergattern. Bei *Pursern*, Copiloten und Kapitänen war es schon schwieriger, galt es doch, den einen Sitz zu erkämpfen, der für die jeweilige Position im Flugzeug bzw. in der Crew vorgesehen war. Hier kam nur der an das gewünschte Ziel, der die meisten Punkte in seinem Dienstgrad opferte.

Nach drei Versuchen hatte ich Glück und einen Flug nach Dubai bekommen. Muss an dem geplanten Umlauf gelegen haben, der Aufenthalt betrug knapp zwei Tage vor Ort und die Rückreise war über Berlin, Köln und Düsseldorf geplant – sehr kreativ. Immerhin hatte ich so ein Schnäppchen gemacht und Gelegenheit in die Stadt der Superlative der Vereinigten Arabischen Emirate zu fliegen. Das Burji Al Arab, eines der teuersten und luxuriösesten Hotels der Welt, die Dubai-Palme, das angeblich achte Weltwunder und den Burj Khalifa, mit 828 Meter das derzeit höchste Gebäude unseres Globus - all das könnte man sich einmal persönlich anschauen. Ob es nach dem Nachtflug auch dazu kommen würde, sah ich ganz entspannt. Nach zwei Jahrzehnten in der Fliegerei war der Druck, unbedingt Sightseeing machen zu müssen, weil man sonst Angst hatte, etwas zu verpassen, nicht mehr vorhanden.

Erstens kam man mit Sicherheit noch einmal wieder und zweitens ging persönliche Entspannung erst mal vor – Stress gab es auch so schon genug.

Wir flogen flotte sechs Stunden und erreichten Dubai morgens um fünf Uhr Ortszeit – in Deutschland war es drei Stunden früher. Der erste Mensch, der mir nach dem Öffnen der vorderen Tür begegnete, war der *Rampagent*, ein kleiner Araber im hellen Anzug und mit stechendem Blick. Aus dem Stand pflaumte er mich an, warum auf unserem ‚Gen Dec' kein Stempel prangte. Das ‚Gen Dec' – general declaration -war das allmächtige Einreise-Papier, sozusagen ein temporärer Reisepass für das Flugzeug und den betreffenden Flug. Neben der Registrierung der Maschine und der aktuellen Flugnummer waren alle Crewmitglieder mit Namen und Rang aufgelistet, sowie die Anzahl der ein- und ausreisenden Passagiere. Des Weiteren bestätigte dieses Schriftstück, dass alle Menschen an Bord frei von ansteckenden Krankheiten waren, sowie eine Des-Insektierung der Maschine durchgeführt worden war. Nun fehlte dort ein Stempel – welcher auch immer das sein mochte, das ‚Gen Dec' sah aus wie immer – und er nahm es missmutig entgegen, zusammen mit den Frachtunterlagen, der Passagierliste und dem *Load-sheet*. Trotzdem durften unsere Gäste schon das Flugzeug verlassen, offenbar war der Stempel nicht lebensnotwendig. Als wir nach zwanzig Minuten ebenfalls ausstiegen, drückte er mir zwei der insgesamt fünf Kopien unseres ‚Gen Dec' wieder in die Hand, mit der barschen Anweisung, diese nun bei der Einreise stempeln zu lassen, sonst würden wir in zwei Tagen nicht ausreisen können. Charmanter Umgangston war hier offenbar nicht gefragt, aber das habe ich in einem arabischen Land auch nicht großartig erwartet.

Natürlich waren nicht alle Araber so unfreundlich, gerade als Frau hatte man hier jedoch nicht immer einen leichten Stand. Vor Jahren sind wir nach Abu Dhabi und Jeddah geflogen, daher war mir die hiesige Mentalität nicht unvertraut. Während man sich in Abu Dhabi noch recht frei als weibliches Wesen bewegen wollte, war ein Aufenthalt in Jeddah der pure Albtraum. Die Firma karrte Flugzeugladungen voller Mitbürger moslemischen Glaubens auf sogenannten Haddsch-Flügen von Deutschland in diese Saudi-Arabische Stadt, damit von dort aus die ersehnte Pilgerreise nach Mekka beginnen konnte. Das Drama begann schon im Flugzeug: Die Gäste hatten keine Platzkarten, aus welchen Gründen auch immer. Nun versuchten über dreihundert Reisende einen adäquaten Platz zu finden, natürlich die Herren auf keinen Fall getrennt von den dazugehörigen Damen. Dass dieses Puzzlespiel spätestens bei den letzten fünfzig Gästen nicht mehr klappte, verstand sich fast von selbst. Nicht nur einmal hätte es an Bord fast eine Prügelei deswegen gegeben. Die Firma versuchte möglichst männliche Kollegen für diese Flüge einzuteilen, aber es erwischte uns Damen natürlich trotzdem. Als Uniform waren auf diesen Flügen Röcke und kurzärmelige Blusen verboten, es gab keine Zeitungen und keine Magazine an Bord – sie hätten anstößige Bilder enthalten können. Weibliche

Passagiere brauchte man nach ihren Wünschen gar nicht zu fragen, der Mann bestellte sowieso für sie. Man konnte sich schon glücklich schätzen, wenn mit einem selbst überhaupt gesprochen wurde. Umso mehr kommunizierte ein mitfliegender Reiseleiter, der schnappte sich in regelmäßigen Abständen das Bordmikrophon und leierte begleitende Gebete hinunter – natürlich im O-Ton und so laut wie ein Muezzin vom Minarett. Da Beten auf den Knien gen Mekka aus Platzgründen an Bord nicht praktikabel war, versuchte man diesen Umstand offenbar im Massengebet mit Lautstärke wieder gut zu machen. Ganz geflissentliche Herren rollten ihren Teppich trotz der Enge in der *Galley*, vor den Türen oder den Waschräumen aus. Im Prinzip war so schon ein Durchkommen – egal in welche Richtung – nicht mehr möglich. Den letzten Schliff erhielt das Chaos im Flieger allerdings durch die heiligen Waschungen in unseren Toiletten. Jeder Gläubige musste sich während des Fluges großzügig feucht reinigen und seine Straßenkleidung gegen die weiße Pilger-Tracht tauschen. Schon nach dem ersten Dutzend dieser Rituale schwamm der Teppichboden meterweit in jede Richtung. Leider war auch die sinngemäße Benutzung der Toilettenschüssel trotz speziell angebrachter, arabischer Beschriftung nicht für jeden Gast an Bord ersichtlich und schon nach kurzer Zeit waren alle gnadenlos verstopft. Was niemanden davon abhielt, sie weiterhin zu benutzten, Notdurft war schließlich Notdurft. Zum Glück war es uns gestattet, eine Toilette für die Crew absperren!

Bei der Landung bot unsere Maschine stets ein bizarres Bild – alle Gäste weißgewandet und absolut euphorisch für die bevorstehende Wanderschaft zum heiligen, schwarzen Stein, der Kaaba. Dies war das Ziel der Pilgerreise, das höchste islamische Heiligtum. Jeder gläubige Moslem sollte einmal in seinem Leben dort hingereist sein, so es in seinen Möglichkeiten stand.

Wenn der Flug schon nicht einfach war, bei der Einreise war der Spaß endgültig zu Ende. Unseren Pass bekamen wir abgenommen, man tat gut daran, nicht den mit dem Amerika-Visum mitzuführen. (Als Crewmitglied waren wir berechtig zwei Reisepässe zu haben, da man bei Verlust desselben quasi ‚arbeitsunfähig' war. Manchmal nahm die Beantragung spezieller Visa mehrere Wochen in Anspruch, auch dafür war ein Zweitpass unverzichtbar.) Im Hotel bekamen wir Frauen direkt beim Check-In einen schwarzen Tschador in die Hand gedrückt: eine Art schwarzes, bodenlanges Nachthemd mit langen Ärmeln und ein großes schwarzes Kopftuch. Arme, Beine und Haare hatten von diesem Moment an in der Öffentlichkeit bedeckt zu sein, das galt auch für den Aufenthalt im Hotelrestaurant oder in der Lobby. Ich habe diesen Fummel gehasst, erstens war er an Saum und Ärmeln stets viel zu kurz – 1,81m war anscheinend kein übliches Körpermaß vor Ort – und sie rochen furchtbar muffig. Wurden sie überhaupt mal zwischendurch gereinigt? Besser nicht darüber nachdenken. Fortan galt es, sich den staatlich auferlegten ‚Benimm-Regeln' für Frauen in der öffentlichen, saudi-arabischen Welt zu beugen:

Erwähnte Verkleidung, nicht rauchen, keinen Alkohol trinken und am besten nicht ohne Mann auf der Straße unterwegs sein. Hielt ‚frau' sich nicht daran, riskierte man nicht nur böse Blicke; es flogen relativ schnell Plastikbecher oder anderer Müll, benutzte Taschentücher oder wohl gezielte Spucke an den unbedeckten Kopf. Einmal trafen wir uns abends mit unseren Cockpit-Kollegen, um zu Fuß zu einem Restaurant zugehen. Beide Herren schick in sommerlichen Hosen und kurzärmeligen Hemden – wir schwitzen unter unserem Polyacryl-Tschador und dem Kopftuch. Auf dem Weg machten wir an einer Bank halt, wo der Kapitän sich am Automaten das nötige Kleingeld in Landeswährung zog. Als wir aus dem Vorraum der Bank traten, rannte ein etwa fünfjähriges Kind von der anderen Straßenseite auf uns zu, schnappte sich mein rechtes Bein und setzte sich auf meinen Fuß. Offenbar hatte es unseren Gang zum Geldinstitut beobachtet und wollte betteln – wir waren ja wirklich unschwer als Nichteinheimische zu erkennen. Ich versuchte das Kind mit freundlichem, aber bestimmten Kopfschütteln und englischen Worten dazu zu bewegen, mein Bein wieder freizugeben – negativ. Der Kleine hing fest wie ein Klammeräffchen an seiner Mutti und brabbelte unentwegt vor sich hin. Mir wurde die Sache langsam unheimlich. Auf der anderen Straßenseite standen einige Frauen, die mich beobachteten, unsere Jungs waren schon meterweit vorgegangen und ich hatte immer noch dieses Kind wie einen Sack Kartoffeln am Bein kleben – Laufen war so auch nicht drin. Ich rief nach dem Kapitän, der von meinem unverhofften Zuwachs gar nichts mitbekommen hatte. Zu zweit pulten sie die kleine Nervensäge von mir ab. Erst einige energische Wörter des Chefs veranlassten das Kind endlich, sich zu trollen. Wir beschlossen spontan, uns in zwei Taxis zu setzten und in einen nahegelegen Souk zu fahren. Der Taxifahrer war offenbar entzückt über unserem blonden Kapitän mit seinen drei Haremsdamen und schlug ihm ein spannendes Abendprogramm vor. Nicht unweit von hier würde in Kürze eine öffentliche Steinigung stattfinden, das wäre für uns Europäer doch wohl mal was Neues? Du lieber Himmel, ich wünschte mir augenblicklich, Jeannie aus der Flasche zu sein und mich sofort dorthin zurück zu beamen. Was war das nur für ein Land?

Manchmal blieben wir nur eine Nacht, manchmal zwei oder drei. Ich freute mich jedes Mal wie ein Schneekönig, wenn ich wieder im Flieger saß. Obwohl das bei weitem noch keine Garantie für einen baldigen Heimflug war. Stundenlange Verspätungen waren die Regel, oft erreichten wir durch die Warterei auf fehlende Gäste die maximale Dienstzeit von damals sechzehn Stunden. Eine Pilgerreise nach Mekka war kein Zuckerschlecken, die Gäste waren am Ende ihrer Energien, zwar geistig glücklich aber körperlich am Ende. Neunzig Prozent waren krank, Husten, Fieber, Durchfall – alles war dabei. Für die Menschenmassen war die Pilgerstrecke nicht ausgelegt, die hygienischen Zustände eine Katastrophe und die sengende Hitze gab den Menschen den Rest. Auf dem Rückflug war es den meisten völlig egal, wo sie saßen, Hauptsache sie konnten überhaupt sitzen und sie hatten ihr heiliges Zam-Zam-Wasser dabei – Heilwasser aus einer Quelle neben der Kaaba, als Geschenk für die Daheimgebliebenen. Fünf Liter im handlichen Plastikkanister waren pro Person maximal erlaubt, viele versuchten mehr mitzunehmen. Nicht selten blieben aber ganze Paletten Zam-Zam-Wasser am King Abdulaziz Airport in Jeddah stehen, weil das zulässige Gesamtgewicht unseres Airbusses schon mit dem vollgestopften Gepäck der Haddschreisenden erreicht war. Ein weiterer Renner als Mitbringsel waren nämlich besonders schön verzierte Koran-Bücher – auch nicht gerade ein Federgewicht, wenn man sie gleich dutzendfach mit sich führte.

Zurück in Deutschland wurden Pilger gefeiert wie Helden. Bei einer Landung in Frankfurt waren wir einmal als Crew vor allen Gästen durch die Einreise und den Zoll gekommen, weil es offenbar Probleme mit einem streikenden Gepäckband gab, das Crewgepäck konnte aber schon separat entladen werden. Wir schritten quasi durch ein Spalier von mehreren hundert Abholern und die fröhliche Menge war sich nicht zu schade, uns laut zu bejubeln. Dem Kapitän wurde mehrfach freundlich auf die Schulter geschlagen, schließlich hatte er es geschafft, die Pilger gesund wieder nach Hause zu bringen. Allah sei mit ihm! Auch er war in ihren Augen ein Held. Als dann die ersten Gäste durch die Glasschiebetür des Zolls kamen, brach ein unglaublicher Freudentaumel aus. Die wartende Menge johlte, lachte, klatschte, pfiff und jubelte. Tosender Applaus und Fußgetrampel hallte durch den ganzen Flughafen. Solche Emotionalität habe ich wirklich selten erlebt. Die Pilger selber waren fix und fertig, konnten kaum noch Laufen und schienen doch einen ganzen Meter über dem Erdboden zu schweben. Sie waren die wahren Helden und wurden nun gebührend gefeiert. Zugleich lachend und weinend und vor allem stolz fielen sie sich mit ihren Familien und Freunden in die Arme. Was für ein Wiedersehen!

*

Nun, unsere Ankunft in Dubai war mit den dramatischen Umständen in Jeddah zum Glück nicht vergleichbar, wenn es auch niemand für nötig hielt, uns vom *Gate* abzuholen. Aber als Vielflieger waren wir durchaus in der Lage Schilder zu lesen, wir kämpften uns an den langen Warteschlangen mit unseren Gästen vorbei und entdeckten einen Crew-Einreiseschalter. Hier kam wieder das ‚Gen Dec' in Spiel. Normalerweise war ein Reispass das Dokument der ersten Wahl – hier zählte nur unser Zettel. Die Namen auf den Crewausweisen wurden mit denen auf dem ‚Gen Dec' verglichen, man winkte uns mit einer unwirschen Handbewegung durch und schwups, knallte ein arabischer Stempel auf die Fotokopie. Na, Gott sei Dank – die Heimreise war gesichert. Nun musste ich nur noch wieder an das Papier kommen. Ich fragte den Stempelführenden danach, da er keine Anstalten machte, es mir wieder zu geben. Er bewegte sich keinen Meter, wedelte mich aber zu sich heran. Wie konnte ich auch annehmen, dass er drei Schritte auf mich zugehen würde?

Im Hotel dauerte es eine gefühlte Ewigkeit bis die Zimmer endlich zugeteilt werden konnten. Es waren insgesamt vier Crews vor Ort, zwei abreisende und zwei ankommende und irgendwie waren die Namen vertauscht worden. Da jeder Pass akribisch eingescannt wurde und das Entziffern von europäischen Namen der Fachkraft am Tresen etwas schwer fiel, dauerte das Ganze eine Weile. Meine Kolleginnen und Kollegen nutzen die Zeit, sich zu verabreden: zum Sightseeing und zum Shoppen auf dem Fake-Market (hier gab es günstige Plagiate aller Art) und in der Dubai-Mall, dem zweitgrößten Einkaufszentrum der Welt. Mein Bedarf an Shopping war gedeckt. Ich hatte sowieso kein sehr ausgeprägtes ‚Einkaufsgen' – viele Flugbegleiter konnten das überhaupt nicht nachvollziehen. ‚Shop until you drop', ‚born to shop' und ‚kein Stop ohne Tüte' waren ihre Leitsätze. Manche wurden schon nervös, wenn der Flieger auf dem Weg nach Bangkok eine Stunde Verspätung hatte und sie mit ihrem ‚Programm' ins Schleudern kamen. Bei einem Minimum Aufenthalt von 23 Stunden war es halt schwierig, die Termine für Massage, Pediküre, Maniküre, einen Trip zum Einkauftempel, zum Nachtmarkt und zum Blumenmädchen (für billige Orchideen) alle unter einen Hut zu bekommen. Was für eine Hetzerei!
Manche gingen auch zum Friseur, zum Tätowierer – neue Augenbrauen standen ganz oben auf der Liste von Permant-Make-up – zum Optiker oder zum Zahnarzt. Die Dienstleistungen in Asien waren zumeist sehr gut und preislich mit denen in Deutschland nicht zu vergleichen. Die USA waren auf Grund des günstigen Dollarkurses im Vergleich zum Euro das westliche Einkaufsparadies. Hier konnte man günstig Markenjeans kaufen, zurzeit standen Converse-Turnschuhe, Ugg-Boots, iPhones und iPads hoch im Kurs. Aber das mochte sich auch schon wieder geändert haben, aktuelle Trends und sogenannte ‚must-haves' rauschten stets rasant an mir vorbei. Vielleicht kam da die sparsame Ader von meiner väterlichen Erblinie zum Tragen? Es war allerdings ein saugutes Gefühl, durch ein Einkaufseldorado schlendern zu können, mit dem befriedigenden Wissen, einfach überhaupt nichts zu brauchen. Räucherstäbchen lagen tonnenweise im Vorratsschrank, Markenklamotten brauchte ich nicht und aus dem Hause Apple konnte und wollte ich mir nichts leisten. Als Mutter von vier Kindern musste man die Prioritäten zwangsweise anders verteilen, wenn man nicht gerade zufälligerweise einen Goldesel im Stall hatte. Meine Esel dachten leider noch nicht einmal daran…

Für jemanden, der ganz entspannt nur für sich selbst einzukaufen braucht, sei im nächsten Kapitel ein kleiner Einblick gewährt, wie abenteuerlich so eine Aktion bei mir aussieht.

Thema Einkaufen

Es gab zwei Termine im Jahr, die mir immer bleischwer im Magen lagen. Nein, kein Zahnarztbesuch und auch kein Termin für die Steuererklärung, sondern das halbjährliche Einkleiden der Kinder. Die Nachwüchse hatten wie Pflanzen die Tendenz im Frühjahr in die Höhe zu sprießen – ab einem gewissen Alter dann auch noch in die Breite – und zum Winterhalbjahr war dann auch wieder der Schuh- und Jackenwechsel fällig. Henry schien gegen wärmende Oberbekleidung allergisch zu sein, stand das Thermometer nicht mindestens fünf Grad im Frostbereich, rannte er nur im T-Shirt oder dünnem Pullover durch die Gegend, Jacken fielen ihm dort von seinem Körper, wo es ihm gerade zu warm war – im Schulbus, in der Turnhalle, vor oder im Klassenzimmer – und da die armen Dinger keine Beine hatten und nicht laut schreien konnten, blieben sie dann auch meistens dort liegen. Manche Stücke konnte man an den einschlägigen Stellen wieder absammeln, auf diese Weise hielt ich schon so manch netten Klönschnack mit dem Hausmeister der Schule, der auch Meister des dortigen Fundbüros war. Im ungünstigsten Fall waren die Klamotten jedoch auf Nimmerwiedersehen verschwunden. Henry kam regelmäßig mit weniger Garderobe nach Hause, als er am Morgen das Haus verlassen hat, Kleinteile wie Schals, Mützen und Handschuhe fanden dabei noch gar keine Berücksichtigung. Wollte ich die im Bestand halten, musste ich sie am besten am Kind antackern.

Im Frühjahr war es mal wieder soweit, ich orderte alle vier ins Auto und fuhr mit meiner Brut nach Münster. Hier sollten alle Wünsche nach neuen Schuhen, Hosen, Sportkleidung und was man sonst noch so brauchte, befriedigt werden können. Hannah, mit knapp sechzehn, hatte ziemlich genaue Vorstellungen, wie denn die neue Garderobe auszusehen hatte. Mit den herkömmlichen Kaufhäusern und ihrer großen, praktischen Kinderabteilung wie zum Beispiel bei ‚Chic und Adrett' musste ich ihr nicht mehr kommen. Sie shoppte in kleinen Boutiquen, die in der Einkaufsmeile von Münster zahlreich mit phantasievollen Namen vertreten waren. Preismäßig wurden diese Etablissements ihrem Namen zum Glück nicht gerecht, die Kleidung war durchaus erschwinglich. Allein, was mich ziemlich störte, war die ohrenbetäubende Musik, mit der man in diesen Lädchen aus allen Ecken dauerbeschallt wurde. Immerhin wurde man nicht von Verkäuferinnen belästigt, die einzigen zwei oder drei standen zumeist gelangweilt hinterm Tresen und unterhielten sich über neue Apps fürs iPhone oder die aktuellen Charts. Manchmal räumten sie aber in Windeseile gerade die Klamotten wieder zurück, die man zuvor mühsam aus den unübersichtlichen Sammelsurien der einzelnen Ständer herausgesucht hatte. Hier hieß es dann wachsam sein. Hannah verschwand also in einer Umkleidekabine, Helen wühlte weiter in Mickey-Mouse-T-Shirts und Rüschentops, Hardy probierte nacheinander alle verfügbaren Sonnenbrillen auf und beäugte sich fachmännisch im Spiegel. Henry langweilte sich in dem ‚Zickenladen'. Nach einer gefühlten Ewigkeit, drei weiteren Boutiquen und 101 Dezibel Techno-Stampf-Musik hatten wir die erste Beute, hurra!

Weiter ging es in einen Schuhladen. Jahrelang war Hannah nicht zu sprechen auf jede Art von Absätzen, drei Millimeter Profilsohle betrug das tolerierte Maximum! Nun konnten die Stelzen auf einmal nicht hoch genug sein. Das musste auch an der Pubertät liegen, noch vor kurzem konnte ihre Garderobe jede Farbe haben, Hauptsache sie war schwarz - als Alternative bot sich höchstens hellschwarz oder dunkelschwarz an. Heutzutage rannte sie streckenweise herum wie ein Papagei und ihre Klamotten waren entsprechend farbenfroh: Ein Pullover war grasgrün, einer neongelb und in einer ihrer Einkaufstüten befand sich sogar eine knallrote Jeans. Gleiches Phänomen konnte ich bei der Verwendung von Nagellack beobachten: Letztes Jahr war so etwas noch für ‚Tussis', inzwischen machte ihre Nagellacksammlung einer mittelständischen Drogerie mit Leichtigkeit Konkurrenz, zumindest was die Farbauswahl anging. Nun denn, es gab schlimmere Krankheiten. Trotzalledem hat es mich reichlich Nerven und Überredung gekostet, meinem Teenie klarzumachen, dass die ins Auge gefassten zwölf Zentimeter Highheelbooties für den Weg zur Schule, der zur Hälfte aus einem matschigen Schotterweg bestand, doch eher ungeeignet waren.

Als nächstes stand die Einkleidung von Helen auf dem Programm. Problem hierbei: Dieses Modell war zwölf Jahre alt, fast 1,70 m groß, allerdings dünn wie ein Spargel, ohne die kleinste Kurve. Dafür hatte sie schon Schuhgröße 41 und absolut konkrete Vorstellungen, wie denn die neue Bekleidung auszusehen hatte. In der Kinderabteilung gab es zwar Größe 170 als Äquivalent für die Körpergröße, allerdings war dies ‚nicht mehr ihr Stil'. Bei Damengrößen brauchten wir aber nicht zu schauen, selbst Size Zero flatterte wie das Segel eines Dreimasters an ihr und mit der üblichen Kindergarderobe kamen wir hier nicht weiter. Flache, kindgerechte Treter in 41 standen auch wenig in der Damenabteilung, hier galt es, massiv Kompromisse zu schließen. Derweil wir über die Tragbarkeit von Röhrenjeans und Daumenlochpullis diskutierten, simste Hannah schon mal über ihre neuen Errungenschaften mit ihren Freunden, Hardy fuhr mit der Rolltreppe rauf und runter und Henry? Er langweilte sich.

Eine schweißtreibende Stunde später war Helen mit den wichtigsten Teilen bestückt. Irgendwie schaffte ich es schließlich noch, die Jungs mit allem notwendigen zu versorgen, allerdings war auch dies kein leichtes Unterfangen. Hardy fuhr die ganze Zeit Fahrstuhl oder Rolltreppe, je nachdem in welchem Kaufhaus wir uns befanden, alternativ probierte er Schals, Mützen, Sonnenbrillen oder Gürtel an. Henry langweilte sich ununterbrochen, abgesehen von der Zeit, in dem sich meine Aufmerksamkeit zu hundert Prozent auf ihn richtete. Allerdings waren seine Wünsche mehr als schwierig zu befriedigen: Bei ihm waren die Merkmale lang, dünn, Schuhgröße 45 und Bart Simpson-Fan mit in Betracht zu ziehen. Ich hasse die

Simpsons, meine Meinung war jedoch hierbei nicht gefragt. Aber wenn ich mir schon unbedingt dieses gelbes Glotzgesicht in mein Haus holen musste, dann bitte nur auf den Schlüpfern! Wir erstanden poppig bunte Satin-Boxershorts mit Barts Konterfei, die leider den Trend ‚ich trage meine Jeans halt anders als normal' durch ihre naturbedingte Schlüpfrigkeit noch mächtig unterstützten. Ich hatte den Sinn nie verstanden, warum es schick war, den Zwickel der Hose auf Kniehöhe zu tragen. Bei jedem Bücken stand man(n) komplett rückwärtig im Freien, Laufen konnten die Jungs nur noch im Geishatrippelschritt und wenn sie dabei ihre Hose vorne und hinten mit den Händen festhielten. Wenn es nur darum ging, zwanzig Zentimeter der Unterhose preiszugeben, konnte man den Schlüpper nicht einfach über die Hose ziehen? Diskutieren half hier leider nicht, und irgendwie schafften wir es, auch für Henry passende Garderobe noch knapp vor Ladenschluss zu finden.

Hardy war am einfachsten zu beglücken. Die größte Schwierigkeit bei ihm bestand darin, ihn nicht irgendwo zu verlieren. Dieses Kind hatte eine Tendenz zum selbstvergessenen Spielen, was mich in der Vergangenheit schon öfter überlegen ließ, dem Kind einen Peilsender umzuhängen, anbinden konnte ich es ja schließlich nicht. Aber heutzutage, dem Handy sei dank, konnte man seinen Flüchtling ja zur Not wieder herbeiklingeln, vorausgesetzt im jeweiligen Fahrstuhl funktionierte es auch mit dem Empfang. Hatte man den Ausreißer dann vor Ort, war das Einkleiden recht einfach. Für Hardy zählten folgende Kriterien: ‚ist weich', ‚ist bequem' und ‚passt' – und zwar in genau dieser Reihenfolge, alles andere war nebensächlich. Dieser Einstellung hatte ich es zu verdanken, nach fünf Stunden in Münster mit vollen Tüten, leerem Portemonnaie und ziemlichen Plattfüßen erschöpft, doch halbwegs zufrieden, den Rückzug antreten zu können. Dabei bezog sich das Zufriedensein eher auf den Nachwuchs, ich hatte nach dieser Aktion etliche graue Haare mehr und schwor mir, nie wieder mit dem kompletten Kleeblatt in die Stadt zu fahren!

*

Auch wenn es bei den heutigen Benzinpreisen Sinn gemacht hätte, wenigstens mit zwei Kindern gleichzeitig zu fahren, verarztete ich sie in dieser Saison alle einzeln. Hannah eröffnete wieder unseren Shopping-Marathon. Sie brauchte eine Winterjacke, Schuhe, neue Hosen und den einen oder anderen Pullover. Gnädiges Fräulein war in zwischen bei einer normalen Damengröße angekommen und ich hatte die Hoffnung aufgegeben, dass sie noch in die Länge wachsen würde. Nun denn, 1,70 m und Schuhgröße 40 waren ja gesundes Mittelmaß. Allein für die Jacke jagten wir durch in sieben (!) Geschäfte, bis sie endlich eine nach ihrem Gusto entdeckte. Die Hosen fanden wir erstaunlicherweise schnell, Pullover leider nur einen, aber immerhin. Für die Fußbekleidung brauchte es dann wieder fünf Läden, um dann doch die zu kaufen, die sie als allererstes anhatte. Fazit: wieder vier Stunden in der

Stadt, aber immerhin mit einem glücklichen Teenager, keinem genervten Henry, keinen schlauen Sprüchen von Helen und keine Angst, Hardy irgendwo aus Versehen stehen zu lassen. Na, bitte, es ging doch.

*

Als nächstes kam Henry dran. Inzwischen vierzehn, hatte er mich an Körpergröße eingeholt, war also irgendwas über 1,81 m. Seine Füße eigneten sich inzwischen zum Waldbrandaustreten bei der Kanadischen Feuerwehr, Größe 47. Da für ihn nur noch die Herrenabteilung in Frage kam, denn schmal war dieses Kerlchen auch nicht mehr, galt es, die neuen Kleidergrößen zu eruieren. Henry brauchte eine neue Winterjacke, Hosen, Pullover und Schuhe, also das Übliche. Die ‚alten' Sachen waren schlichtweg zu klein, Henry wuchs in der letzten Zeit wie ein Hefewürfel auf der Heizung, man konnte förmlich dabei zu sehen.
Im ersten Geschäft sah ich einen gelben Pullover hängen, der mit braunem Teddyfell gefüttert war.
„Schau mal, Henry, wie findest Du denn den?"
„Cool, schön weich. Den nehm' ich!"
„Welche Größe brauchst Du denn?"
„Keine Ahnung, ich probier ihn mal." Größe XXL – er passte! Daneben hing noch ein Pulli in knallblau, passte auch. Während ich mich mit der unverhofft schnellen Beute an die Kasse stellte, an der sich eine lange Schlange gebildet hatte, schickte ich meinen Sohn schon einmal ins gegenüberliegende Schuhgeschäft, um das Angebot in Größe 47 zu erkunden. Ich war noch keine drei Kunden vorgerückt, da kam er schon mit breitem Grinsen wieder, offenbar erfolgreich. Nachdem er letztes Jahr auch im tiefsten Winter nur mit Turnschuhen herumgeschlappt war – Winterstiefel sind ja sooo uncool, Mama! – kaufte er dieses Jahr freiwillig schwarze Boots. Und schwarze Schnürschuhe. Am längsten dauerte eigentlich das Bezahlen, Henry beschaute sich kurz das Angebot im jeweiligen Geschäft, probierte an und nickte dann. Innerhalb von zwei Stunden waren wir wieder zuhause. Ich war beeindruckt, wenn ich auch von den Ausmaßen meines Filius etwas überrumpelt war: Jackengröße 54 und Jeansgröße 34. Mit Kind hatte das nicht mehr viel zu tun.

*

Am nächsten Tag kam Helen an die Reihe. Wir hatten bei den Hosen einen relativ leichten Einstieg, auch ihr passte inzwischen Damengröße 36/38. Pullover fanden sich auch, neongelb, hummerrot und grasgrün, nun, bunte Kinder wurde nicht so leicht übersehen, ansonsten war auch bei ihr die Trendfarbe schwarz. Was bei hellblonden Haaren und himmelblauen Augen zu schneeweißem Teint leider immer ein wenig in die Grufti-Abteilung rutschte. Aber wir konnten die Situation mit bunten Accessoires retten, nur Jacke und Stiefel waren natürlich wieder schwarz.

Sie zu finden, war zwar eine schwere Geburt – aber nach vier Stunden auch das vollbracht.

*

Nun fehlte nur noch Hardy. Er sagte trocken:
„Ich bin gar nicht gewachsen in der letzten Zeit, ich brauche keine neuen Sachen.“
Was für ein praktisches Kind! Da er für sein Alter schon überdurchschnittlich groß war, brauchte ich mir keine Sorgen machen, sondern konnte es einfach genießen, mit ihm so einen Tag in der Stadt zu verbummeln. Statt nach Garderobe zu jagen, haben wir Ton und Glasuren gekauft und sind nun in die Massenproduktion von Weihnachtsmännern und Vogelhäuschen eingestiegen.

Mal sehen, was das nächste Frühjahr so bringt. Auf jeden Fall gehe ich wieder mit jeder Wundertüte einzeln in die Stadt. Man musste ja nicht schneller graue Haare kriegen, als unbedingt nötig.

Hurricane Season

Eigentlich sollte man bei dem Blick aus dem Fenster des 7. Stockes ein Stück Himmel und das Meer sehen können. Momentan war dort nur ein einziges Grau in Grau und die Tropfen klatschten unermüdlich an die Scheibe. Es regnete bereits herein, die amerikanischen Schiebefenster waren den Wassermassen nicht gewachsen.
Vor drei Stunden schien noch die Sonne über Miami Beach, als vorwitzige Regentropfen den Blick zum Himmel lenkten. Strahlender Sonnenschein, dreißig Grad im Schatten und ein laues Lüftchen verwöhnten uns. Doch es zogen Wolken in der Ferne auf und ich beschloss, im nahegelegenen Supermarkt noch ein wenig Reiseproviant für den Flug nach Hause zu besorgen. Unsere Maschine sollte um 18 Uhr lokaler Zeit aus Düsseldorf landen, für 17 Uhr war unser Weckruf bestellt.
Ich brachte schnell mein Buch aufs Zimmer, schnappte mir mein Portemonnaie und ging los. Auf der Collins Avenue war es drückend heiß und der Verkehr näherte sich der Rush hour. Bei Publix kaufte ich Sushi, Gemüse zum Dippen und ein Pfund Kirschen. An der Kasse sah ich schon, wie es draußen plötzlich dunkel wurde. Ein erster Donner war zu hören, der die Kassiererin erschrocken zusammen fahren ließ. Sie fluchte leise, gab mir meinen Beleg zusammen mit dem obligatorischen „Have a nice day“ und wandte sich dem nächsten Kunden zu. Draußen regnete es nun bereits ordentlich, aber das Hotel war nur einen Block entfernt. Also stopfte ich die Tüte mit meinen Einkäufen in meine Tasche, klemmte sie mir unter den Arm und stiefelte los.

Der Regen wurde stärker, auf einmal öffneten sich alle Schleusen und das Gewitter tobte sich richtig aus. Es blitzte unaufhörlich, ein Donnergrollen jagte das nächste und die Collins Ave stand bereits knöchelhoch unter Wasser. Es gab kaum Möglichkeiten sich unterzustellen, das Wasser platschte überall von den Markisen und Hausdächern auf den Bürgersteig und die vorbeifahrenden Autos spritzten meterhohe Fontänen von der Straße zu mir. Mein Kleid klebte mir schon am Körper wie bei einem Miss-Wet-T-Shirt-Contest, der Regen war kalt und der Wind wurde stärker. Noch eine Fußgängerampel und ich hatte das Hotel erreicht. Der Regen legte auf den letzten Metern noch einmal zu, als wollte er alles in Reichweite ertränken. Triefend nass, ohne eine einzige trockene Faser am Leib, betrat ich die unterkühlte Hotellobby. Warum herrschten in den Vereinigten Staaten in allen geschlossenen Gebäuden diese wahnwitzigen Kühlschranktemperaturen? So musste sich Schock gefrorenes Gemüse fühlen: aus der Sonne Floridas gepflückt und zack – in riesigen Tiefkühltruhen versenkt. Mit zitternden Fingern steckte ich den Schlüssel in den Schlitz, damit der Fahrstuhl kam und sehnte mich nach einer heißen Dusche. Wasser tropfte aus meinen Haaren und meinem Kleid, obwohl ich es vorher noch ausgewrungen hatte. Es bildete sich bereits eine Pfütze auf dem grünen Teppich.

In Zimmer 716 angelangt, rettete ich zuerst das Handy aus der durchweichten Tasche, schälte mich aus dem nassen Stoff und drehte das heiße Wasser auf. Während ich duschte und den Dreck und die plötzliche Kälte versuchte wegzuspülen, braute sich draußen eine Sintflut zusammen. Der Himmel war auf einmal rabenschwarz, im Osten waren noch winzige Löcher mit Sonnenschein und blauem Himmel zu sehen, im Westen walzte das Unwetter heran. Ein Blitz nach dem anderen schlug in den Atlantik und gewaltiger Donnerhall ließ mich jedes Mal zusammen zucken. Ich rubbelte mir mit dem Handtuch die Haare trocken und starrte beeindruckt aus dem Fenster. Nun war der gesamte Himmel eine einzige, dunkelgraue Masse, es war kaum noch ein Unterschied zwischen Himmel und Wasser auszumachen. Der Wind nahm zu, er peitschte die Kronen der Palmen, die sich fast bis zum Boden beugten. Einzelne, mächtige Wedel waren bereits abgerissen und lagen am Pool. Stühle und Tische kippten um, Sonnenschirme wurden einfach weggepustet. Die Wellen brachen nicht mehr parallel zum Strand, sondern im neunzig Grad Winkel dazu, der Wind schob die Kraft des Ozeans einfach beiseite.

Unwetter in Florida kamen oft unerwartet und verschwanden auch genauso schnell. An diesem Tag schien es sich allerdings einzuregnen. Fasziniert betrachtete ich die Blitze, die unaufhörlich alle paar Sekunden ins Meer einschlugen und die graue, wogende Masse aus Wolken und Wasser durch Helligkeit kurzfristig trennte. Bei dem Gedanken an den Heimflug durch dieses Wetter war mir allerdings gar nicht mehr wohl - es war gerade zwei Wochen her, als die AirFrance ihren Airbus bei Unwetter verloren hatte. Mein persönlich gefühlter Obergau: nachts mit dem Flieger ins Wasser zu fallen, vielleicht zwischendurch vor Angst ohnmächtig zu werden und mit den Fischen vor dem Fenster (vorausgesetzt der Flieger blieb ganz) wieder auf zu wachen. Was für ein Albtraum!

Um mich in diese unerquicklichen Gedanken nicht weiter hineinzusteigern, überlegte ich, wie ich mich ablenken konnte. Fernsehen ging nicht, die Satellitenschüsseln waren mit dem Unwetter völlig überfordert. Lesen? Bei dem Krach des Donners konnte man sich schon auf einzelne Buchstaben nicht konzentrieren, geschweige denn auf ganze Sätze. Ich beschloss, mich anziehen und in der Cafeteria einen Kaffee zu holen, vielleicht traf ich ja jemanden aus der Crew. Im ganzen Hotel wohnten nur Airliner, die meisten von amerikanischen Gesellschaften, aber neben uns Deutschen waren auch ein paar Holländer, Schweizer und Österreicher vertreten. Zu sehen war im Moment niemand, die Tische auf der Terrasse waren hastig verlassen worden, ein paar Pappbecher und eine einsame Dose Mr. Pepper waren Zeugen, dass bis vor kurzem hier noch buntes Geschnatter am Pool stattgefunden hatte. Ich holte mir einen Kaffee - dünn wie Tee und ähnlich vom Geschmack, aber wenigstens heiß - und ging in die Lobby. An einem der niedrigen Tische saß auf einem zerschlissenen Sofa ein junger Mann in Jeans und Lederjacke und fummelte an seinem Laptop herum. Vielleicht war er Pilot einer Cargo-Airline? Wir kamen ins Gespräch und ich fragte ihn, ob der Flughafen Miami denn überhaupt noch offen sei. Bei diesem Wetter schien mir dies doch eher unwahrscheinlich. Jeff - so hieß der charmante Mensch - befragte seine Zauberkiste, und stellte fest, Miami Airport war geschlossen. Na, bravo. Wann sollte unsere Maschine aus Düsseldorf kommen? In einer Stunde? So oder so würde das für Verspätung sorgen.

Ich bedankte mich bei Jeff, der mir wiederum ein zahnpastaweißes Lächeln schenkte und ging zurück auf mein Zimmer, um eventuelle Informationen über eine Verspätung nicht zu verpassen. Bis zum geplanten Weckruf tat sich nichts. Gut, dann schien wohl doch alles planmäßig zu laufen. Etwa eine Stunde später stand ich wieder in der Lobby, diesmal fertig in Uniform und mit dem gesamten Gepäck. Auf dem Zimmer lief ich trotz der Lage im 7. Stock inzwischen Gefahr zu ertrinken, so sehr regnete es auf der Schlagseite des Fensters herein. Als ich in einem erneuten Kaffee-Imitat herumrührte, erschien eine meiner Kolleginnen in der Hotelhalle und teilte mir mit, der Kapitän würde mich suchen. Hmmm, komisch, wo konnte man schon groß zwischen Weckruf und Abholzeit sein? Ich versuchte, den Kapitän von der Rezeption aus anzurufen, da ich meinen Zimmerschlüssel schon abgegeben hatte, erhielt aber keine Antwort. Nun, vielleicht duschte er gerade? Ich probierte es noch ein paar Mal, inzwischen trudelten auch die anderen Kollegen der Crew ein.

Nach etwa einer halben Stunde erschien der Chef mit leicht gequältem Gesichtsausdruck. Der Flughafen Miami war immer noch gesperrt, unsere Maschine war bereits im Anflug und kreiste mit vielen anderen Fliegern, um buchstäblich auf schönes Wetter, bzw. die Wiedereröffnung des Airports zu warten. Da dies schon eine Weile so ging, hatten sie nur noch Sprit, um weitere dreißig Minuten Kringel fliegen, sollte sich bis dahin nichts getan haben, würde man Fort Meyers anfliegen und dort aussteigen. Ein weiterer Anflug zu einem späteren Zeitpunkt wäre auf Grund der vorangeschrittenen Dienstzeit nicht mehr möglich.
Was hieß das für uns? Da wir noch nicht offiziell eingecheckt waren, sondern ja noch ganz entspannt bei amerikanischem Heißgetränken in der Hotelhalle saßen, hätten wir an diesem Abend auch noch locker mit dem Bus nach Fort Meyers fahren können, um den Heimflug dann von dort anzutreten. Diese Reise hätte bei dem aktuellen Wetter mit Sicherheit gut drei Stunden in Anspruch genommen. Mit dem Flugzeug war es nur ein Hopser von Miami nach Fort Meyers, auf der Interstate 75 aber satte 160 Meilen, etwa 270 km – da war natürlich niemand scharf drauf. Und so warteten wir gespannt. Der Kapitän telefonierte derweil mit der Firma.

Knapp vor Ablauf der halben Stunde war Miami-Airport wieder auf, das Unwetter hatte sich offenbar noch mehr in unsere Richtung verlagert, denn draußen knallten unaufhörlich Donner und Blitz, als wir in den Crewbus einstiegen. Die Straßen von Miami-Beach waren noch halbwegs frei und befahrbar, aber je näher wir dem Flughafen kamen, umso tiefer stand alles unter Wasser. Streckenweise waren die Straßen knietief überspült, die wenigen Fußgänger, die wir sahen, hatten ihre Schuhe in der Hand und wateten vorsichtig durch schlammfarbene Fluten. In einigen Straßen standen Autos fast bis zum Türgriff in den Fluten, Vorgärten waren nur noch zu erahnen und einige silberne Mülltonnen schwammen als skurrile Boote herum. Unser Fahrer schaffte es trotzdem, sich den Weg zum Flughafen zu bahnen, in unserer Fahrtrichtung war zum Glück kaum Verkehr, mittig auf der Straße konnte man - wenn auch nur sehr langsam - fahren. Ein rosa Flamingo hätte uns schwimmend sicher mühelos überholen können. In Richtung Downtown reihte sich Stoßstange an Stoßstange, Rushhour und Wassermassen hatten die Blechlawine fest im Griff.

Durch die lange Fahrt waren wir mehr als eine Stunde zu spät am Airport. Auf den letzten paar hundert Metern hörte der Regen komplett auf. Als wir aus dem Shuttlebus ausstiegen, blinzelte die Abendsonne verschlafen durch kleine Fenster in den Wolkentürmen, als wäre sie erstaunt über das ganze Chaos. Im Moment wirkte alles sehr feucht, aber friedlich. Der Regen verdampfte nun wie in einer Sauna auf dem Asphalt und die Uniform klebte augenblicklich komplett am Körper. Wir retteten uns in das klimatisierte Terminal.

Der Flughafen war wie erwartet überfüllt, in den Staaten mussten Passagiere auf Grund scharfer Sicherheitskontrollen noch früher am Schalter erscheinen, als bei uns in Europa - empfohlen wurden drei (!) Stunden vor Abflug. Nun war es nicht schwer, sich vorzustellen, wie viele Gäste während des über dem Flughafen tobenden Unwetters hier gestrandet waren. Die Zeit der Sperrung währte nur etwa eineinhalb Stunden, aber wer überschlug, das täglich über 1000 Flugbewegungen dort abgefertigt wurden, konnte sich lebhaft die Masse der Menschen vorstellen, die an diesem Freitagabend nunmehr sehnsüchtig auf ihre Beförderung warteten.

Wenn wir zuhause ein Flugzeug übernahmen, waren wir in der Regel vor den Gästen an Bord, bereiteten alles schön vor und konnten dann in einer angenehmen Atmosphäre unsere Passagiere begrüßen. Auf einer Außenstation führte der Weg zum Flieger meist durch die wartenden Gäste am *Gate*. Solange alles pünktlich von statten ging, war dieses Schaulaufen noch gut auszuhalten. Freundlich in die Runde lächeln oder geschäftig wahlweise auf die Anzeigentafel, die Uhr oder den Vordermann kucken und – schwups - war man mit der ganzen Besatzung hinter der Absperrung verschwunden. Immerhin konnten die Gäste so auch einmal einen Blick auf die ‚geheimnisvollen Stimmen' aus dem Cockpit erhaschen oder sich vielleicht mal Gedanken machen, warum die Currywurst so lange zu Ihnen an den Platz brauchte, wenn sie sahen, dass für einen Flieger mit 304 Sitzplätzen gerade mal acht Flugbegleiter die heiligen Hallen betraten. Taten sie natürlich nicht. Machte ja auch nichts. Manch einer von uns stolzierte ja auch ganz gerne mal auf High-heels mit gekonntem Hüftschwung durch die Menge oder präsentierte stolz die goldenen ‚Pommes' auf dem Jackenärmel. Die zu ergattern hatte ja auch einigen Schweiß gekostet. Ein wenig Extrovertiertheit konnte in dem Business bestimmt nicht schaden. Unangenehm wurde dieser Paradelauf mitten durch die wartenden Gäste aber immer dann, wenn der Flieger Verspätung hatte – egal aus welchen Gründen. Die Crew war ja doch immer Schuld. Und wenn sie mal keine unmittelbare Schuld hatte – auf das Wetter haben wir leider bis heute noch keinen direkten Einfluss – dann wurde es uns geneidet, dass wir schick in Schale, topp ausgeschlafen, gut genährt und erst auf die vermeintlich letzte Minute am Ort des Geschehens erschienen.

Liebe Gäste, es sei Ihnen verziehen: Sie konnten ja nicht sehen, dass auch wir eine schlaflose Nacht hinter uns hatten, weil der Bio-Rhythmus noch auf deutscher Zeit stand, wir vor Dienstbeginn schon ewiglang geschniegelt und gebügelt - wie bestellt und nicht abgeholt - bei Schlabberkaffee in der Hotellobby gesessen haben, uns unseren Weg im Schneckentempo durch Stau und Pfützen bahnen mussten und schließlich noch die Haarnadeln aus der kunstvollen Turmfrisur beim *Security-check* ziehen mussten, weil das metallene, 3 mm breite Spängchen mörderisch piepte. So reiste man dann gerne als ‚feucht gewordene, ondulierte Flugente', über eine Verspätung von drei Stunden konnte man auch nur müde lächeln, denn wir arbeiteten gerne die Nacht durch und auf uns wartete zuhause ja sowieso niemand...

Genug der Ironie und zurück zu unserem Flug 9192 von Miami nach Düsseldorf: Uns erwarteten also 304 mehr oder weniger müde, erschöpfte, mürrische und genervte Gäste, auf Grund der Überfüllung an den *Gates* hatten viele keinen Sitzplatz mehr bekommen, sondern saßen auf ihrem Handgepäck oder dem nicht sehr einladenden Teppichboden. Ein paar Gesichter schauten entspannt, als sie die Crew sahen, es gab aber auch Gäste, die uns feindselig anstarrten. Ein paar applaudierten und grölten Nettigkeiten wie: „Na, ausgeschlafen?" oder „Schön, dass ihr auch schon kommt!". Die meisten schienen jedoch erleichtert, dass es nun in absehbarer Zeit losgehen würde.

An Bord kämpfte noch das Reinigungspersonal mit den Müllbergen und die letzten Cateringswagen wurden in den Küchen verstaut. Der Betankungsvorgang war noch nicht abgeschlossen – die übernehmende Cockpitcrew bestimmte die Menge des erforderlichen Kerosins für den Heimflug - und dann musste neben der normalen Kabinenvorbereitung auch an Bord noch der *Security-Check* durchgeführt werden. Dies geschah erst, wenn kein Fremdpersonal mehr an Bord war. In den USA wurde dies von einer Firma übernommen, so dass wir uns auf unser *Briefing* und die notwendigen Vorflugarbeiten konzentrieren konnten. Der Kapitän informierte uns über die Rückflugzeit – satte neun Stunden, da im ersten Teil der Reise noch mit Turbulenzen zu rechnen war – und wir besprachen den Service dieses Nachtfluges. Nach etwa zwanzig Minuten waren fünfundvierzig Tonnen Kerosin in den Tanks und wir bereit zum *Boarden.*

Unsere Gäste bestiegen das Flugzeug über zwei Fluggastbrücken und wir beeilten uns so gut es ging, das Finden der Sitzplätze, das Verstauen des Gepäckes und das Verteilen von Zeitschriften, Zeitungen und Kinderspielzeug zu beschleunigen. Um 22 Uhr Ortzeit rollten wir von unserer Parkposition los und reihten uns ein, in die Schlange der wartenden Flugzeuge zum Abflug. Eine weitere halbe Stunde später hoben wir endlich ab, draußen war es schon lange stockfinstere Nacht und die Lichter von Miami verschwanden schnell unter einer dicken Wolkendecke. Zuhause in Deutschland war es bereits vier Uhr morgens, lange würde es in dieser Nacht nicht dunkel bleiben. Zu diesem Zeitpunkt ahnte aber noch niemand an Bord, wie lang dieser Flug noch werden würde.

*

Fast alle Gäste waren – endlich an Bord und auf dem Weg in die Heimat – relativ ruhig, um nicht zu sagen schläfrig. Hunger und Durst hatten jedoch alle wie Wüstenwanderer. Auf Grund des unruhigen Wetters musste die Kabinencrew noch ziemlich lange unverrichteter Dinge angeschnallt sitzen bleiben. Als wir endlich anfangen konnten, aus den Bordküchen das Abendessen zu zaubern, klingelten schon etliche Passagiere nach Getränken oder kamen direkt in die *Galley*, um sich etwas zu holen. Die bretthart gefrorenen *hot meals* benötigten vierzig Minuten im Ofen, um ihrem Namen gerecht zu werden und einen verzehrbaren Zustand zu erreichen. Wir nutzen diese Zeit für einen Aperitifdurchgang vor dem Abendessen.

In der *Business*klasse baute meine Kollegin gerade den Getränkewagen auf und sortierte die weiße Tischwäsche aus dem *Trolley*, während ich an unsere Gäste Kopfhörer, Hausschuhe, Kosmetiktäschchen und Menükarten verteilte. Als ich in Reihe drei die gewünschten Essen abfragte, klingelte in unserer Sektion die *Pinkline*, das Bordtelefon. Eine Kollegin aus der *Aft-Cabin* informierte mich über einen kranken Gast an Bord. Es handelte sich um einen jungen Mann mit Bauchschmerzen, nur damit ich Bescheid wüsste. Ich dankte der Kollegin für die Information und beschloss, gleich nach dem Abfragen der Essen nach hinten zu gehen, um mir den Gast einmal anzusehen. Bauchschmerzen – das konnte vom simplen, quer sitzenden Pups bis zur inneren Blutung so ziemlich alles sein, hoffentlich war es nichts Ernstes. Bei einem mehrstündigen Flug über den Atlantik waren undefinierbare Bauchschmerzen eine sehr diffuse Diagnose, die vor Verlassen der Küstenregion so gut wie möglich differenziert werden musste.

Noch bevor ich die letzten Gäste nach ihren Essenswünschen fragen konnte, wurde in der Kabine ein Arzt ausgerufen. Also drückte ich meiner Kollegin meinen Notizzettel in die Hand, fummelte aus dem Schrank im Cockpit den verplombten Arztkoffer und informierte den Kapitän über unseren Kranken. Eine genaue Diagnose würde – hoffentlich - bald folgen. Meine Kollegen in der *Economy* waren noch beim Getränkeservice. Also hievte ich den gefühlte fünfzehn Kilo schweren Alukoffer an drei *Trolleys* vorbei ans hintere Ende der Kabine. Leider konnten und durften wir Flugbegleiter mit unserem jährlichen 1. Hilfe Kurs die Möglichkeiten des Arztkoffers nicht ausschöpfen. Aber es gab ja Hoffnung, einen Arzt an Bord zu haben, der sich an dem Inhalt dieses nützlichen Utensils dann auch bedienen durfte. Immerhin konnte sein Innenleben schon viele Leiden an Bord lindern, unsere bordeigene Notfallausstattung zählt mit zu den besten in der weltweiten Fliegerei. In der vorletzten Mittelreihe saß nun unser Patient, ein junger Schwabe, etwa Anfang zwanzig und grinste verlegen in die Runde. Um ihn herum standen seine besorgte Freundin, zwei Flugbegleiter und mehrere Passagiere, anscheinend Mediziner. Ich war erleichtert, denn auf Amerikastrecken war es nicht selten, dass es zwar vor Ärzten an Bord wimmelte, sich aber niemand meldete, aus Angst vor unberechenbaren und nicht selten ruinösen Schadensersatzforderungen, falls etwas schief lief. In den USA gab es keine Bestrafung im Sinne von unterlassener Hilfeleistung – wohl aber empfindliche Ansprüche in Bezug auf Regress – ob berechtigt oder nicht. Wie gut, dass unser Flieger zu jeder Zeit an jedem Ort deutsches Hoheitsgebiet war und hier jeder nach bestem Wissen und Gewissen helfen konnte, ohne Kopf und Kragen zu riskieren. Dies wurde bei uns in einer speziellen Ansage auch immer erwähnt und so hatten wir an diesem Abend gleich drei Ärzte, die bereit waren, uns mit Rat und Tat zu unterstützen. Ein Internist war leider nicht dabei, dafür eine Gynäkologin, eine Neurologin und ein Orthopäde, kein direkter Hauptgewinn, aber alle Mal besser, als gar kein medizinisches Fachpersonal.

Was mich stutzig machte, war das verlegene Grinsen unseres Patienten. Sprach die Kollegin nicht von starken Bauchschmerzen? Oder hatte der Gast bereits eine Sammlung von bunten Pillchen eingeworfen? In Amerika gab es ja vieles frei verkäuflich, für das man bei uns ein Rezept benötigen würde, in allen Farben und Geschmacksrichtungen. Ich stellte mich als Kabinenchefin vor, fragte nach den konkreten Beschwerden und ob Schmerzen dieser Art schon vorher einmal aufgetreten waren. Der junge Mann berichtete, dass er am Nachmittag bereits zwei Buscopan, ein entkrampfendes Schmerzmittel, genommen hatte, Schmerzen dieser Art waren ihm bislang nicht bekannt. Die beiden Damen begannen mit einer Untersuchung, soweit wie das in einem wackelnden Flugzeug möglich war, der Orthopäde, ein großformatiges, bayrisches Urgestein, beobachtete das Geschehen aus etwas Distanz. Man beschloss, dass zwei weitere Buscopan medizinisch vertretbar waren und vorerst Linderung versprechen konnten.

Inzwischen klingelten die Öfen in der *Galley*, die heißen Essen waren fertig zum Einräumen in die Essenswagen. Eine Weile würden wir sie dort noch Aufbewahren können, allerdings waren unsere Gäste mehr als ausgehungert und zu langer Aufenthalt im warmen Ofen würde den Aggregatzustand der Gerichte relativ schnell von ‚ganz heiß' zu ‚fast versteinert' ändern. Also begann in der Küche emsiges

Treiben, die Essen wurden Blechweise heraus und in die *Trolleys* hineingeräumt, die Kollegen füllten noch einmal Getränke auf den Wagen nach, während ich in eine Ecke der Küche gequetscht versuchte, mit den Ärzten eine Lösung für unseren Patienten zu finden. Die Damen waren sich leider nicht sicher, was er haben könnte. Anscheinend kamen die Schmerzen intervallartig, mittlerweile lag der junge Mann quer in der Sitzreihe und das anfängliche Grinsen war einem schmerzverzerrten Gesichtsausdruck gewichen. Ich eilte mit den notdürftigen Informationen nach vorne, gab meiner Kollegin Anweisung, mit dem Service in der Businessklasse schon einmal alleine anzufangen und erstattete dem Kapitän Bericht.
„Müssen wir runter, oder schafft er es bis Düsseldorf?", wollte der Chef verständlicher Weise wissen. Hatte ich Löcher in den Händen? Hieß ich Jesus? Ich war mir keines Wegs sicher, wie sich die Krankheit unseres Gastes entwickeln würde, es schwankte sehr zwischen „Ich muss bestimmt gleich sterben" und „alles halb so wild". Mal lag er in der Reihe leidend darnieder gestreckt, wenig später stand er wieder im Gang und verlangte nach Cola.
„Wie lange fliegen wir noch an der Küste entlang?", fragte ich den Kapitän.
„Bis rauf nach Canada, als noch knapp zwei Stunden. Können wir mal zwei Kaffee bekommen?"
Natürlich, gerne. Das war doch immerhin eine gute Nachricht, so hatten wir wenigstens noch in Bezug auf eine Entscheidung zu einer Zwischenlandung etwas Luft. Ich war gerade dabei, die Pappbecher für die Piloten neu mit Kaffeepulver zu füllen, als die *Pinkline* wieder läutete:
„Dem Gast geht es wieder schlechter. Kannst Du mal schnell kommen?"

Inzwischen waren die Kollegen in der *Eco* damit beschäftigt, das Abendessen zu servieren. Ich kletterte wieder über drei *Trolleys*, bis ich in Reihe 50 angekommen war und in die besorgten, grübelnden Gesichter von Frau Dr.Gyn und Frau Dr.Neuro schaute. Der Gast krümmte sich derweil wieder auf dem Sitz und sah nun in der Kabinenbeleuchtung sehr verschwitzt und leicht grünlich im Gesicht aus.

Eine Zwischenlandung war ärgerlich, teuer und kostete viel Zeit, bei einer Langstrecke mit entsprechender Flugzeit und schon vorhandener Verspätung konnte sogar die Durchführung des ganzen Fluges kippen, weil die Besatzung aus der Dienstzeit fiel. Die Entscheidung dafür oder dagegen machte man sich also nie leicht, aber auf keinen Fall zu Lasten der Gesundheit eines Mitreisenden. Schlussendlich musste der Kapitän einsam diese Entscheidung fällen - dafür war es notwendig, soviel Informationen und fachkompetente Aussagen für ihn zu sammeln, wie es irgendwie ging. Die beiden Damen waren sich sehr unsicher, ob unser Gast den Flug über den großen Teich wohlbehalten überstehen würde und sie weigerten sich, ihm weitere Schmerzmittel zu geben, um Symptome nicht zu überdecken. Der bayrische Orthopäde war etwas rustikaler eingestellt, er meinte mit treuem Augenaufschlag und breitem Dialekt:

„Los ihn halt brüllen, solang wir an der Küste schippern, dann kannst immer noch runter, ihn aussi schmeißen, wanns bis dahin nicht besser is.“
Ich brachte die gesammelten Erkenntnisse wieder nach vorne ins Cockpit. Dort hatten sich die Jungs bereits schon mit dem Gedanken vertraut gemacht, auf Grund eines medizinischen Notfalls zwischenzulanden und so entschied der Kapitän:
„Wir landen in New York und laden ihn aus.“
„Wie viel Zeit haben wir, um die Kabine vorzubereiten?“
Wie aus der Pistole geschossen kam die Antwort:
„Achtzehn Minuten.“
Da musste ich dann doch schlucken. Eine medizinische Notlandung war an sich nichts Schlimmes – abgesehen von dem erkrankten Passagier natürlich. Sie unterschied sich nicht viel von einer normalen Landung, abgesehen von einem Faktor: Der Zeit. Egal, ob Herzinfarkt, Entbindung, innere Verletzung: War die Entscheidung, runter zu gehen einmal gefällt, ging es rasant abwärts. Und wenn ich daran erinnern darf: wir waren gerade mitten im Abendessenservice.
Für die normale Vorbereitung einer Kabine auf einem großen Airbus waren mindestens vierzig Minuten notwendig. Nachdem ich die Crew informiert und den Gästen in einer Ansage unser Vorhaben erklärt hatte, blieb uns noch eine knappe Viertel Stunde. Und die meisten Gäste hatten gerade erst ihr Tablett mit dem Essen bekommen, auf das sie so lange sehnsüchtig und geduldig gewartet hatten. Nun konnten wir zusehen, wie wir in Windeseile den Gästen es quasi wieder vom Tisch wegrissen, zurück in die *Trolleys* stopften und alles für die Landung vorbereiteten. Wohin so schnell mit halbvollen Getränketüten, Flaschen, Bechern, den Bergen von Müll, die jeder Servicedurchgang produzierte? ‚Ab in die Waschräume damit' hieß es immer bei der Inszenierung einer vorbereiteten Notlandung in den Schulungsräumen. Unsere Waschräume waren jedoch von Passagieren besetzt, die gar nicht mitbekommen hatten, wie schnell wir handeln mussten. Dazu kam der Umstand, dass die Maschine die Nase nun steil bergab drückte, die *Trolleys* auf einmal ein Vielfaches ihres normalen Gewichtes zu Tage brachten und das Gehen in der Kabine zum artistischen Kunststück wurde. Wie konnte man sich dabei eigentlich noch auf der Kloschüssel halten? Wir schafften es gerade eben, alles rechtzeitig irgendwo reinzustopfen, als auch schon rumpelnd das Fahrwerk ausfuhr. Keine zwei Minuten später waren wir sicher auf dem John F. Kennedy Airport in New York gelandet.

*

Als das Flugzeug in flottem Tempo zum angewiesenen *Gate* rollte, wurden unsere Gäste wieder lebendig. Wir konzentrierten uns erstmal auf das schnelle ‚Ausladen' des Patienten und die Übergabe an die hiesigen Sanitäter. So staunte meine Kollegin an der mittleren Tür dann nicht schlecht, als sie nach dem Öffnen derselbigen in die Gesichter von vier schwerbewaffneten, amerikanischen Uniformierten und

zwei Sicherheitsbeamten sah. Erwartet hatte sie eigentlich einen Notarzt oder zumindest ein, zwei Rettungssanitäter.
Sie rief mich vorne an, aber ich war sowieso schon auf dem Weg zur offenen Tür.
„Where is the *unruly*?“, blaffte einer der Polizisten in sehr forschem Ton, hielt seinen Schlagstock griffbereit an der Hosennaht und äugte, offenbar zu allem bereit, an mir und meiner Kollegin vorbei ins Flugzeuginnere.

Das war ja ein schickes Missverständnis! Statt eines flugunfähigen, leidenden Gastes, erwartete man in New York offenbar einen Randalierer. Was war denn da im Äther schief gelaufen? Ich erklärte den Beamten, dass wir einen kranken Mann an Bord hatten, der dringend medizinische Versorgung benötigte, also eher eine Tragbahre statt einen Gummiknüppel und erntete zunächst verständnislose Mienen. Aber die Amerikaner reagierten professionell, die Sanitäter wurden ruckzuck informiert und waren in kürzester Zeit auf dem Weg zu unserem Flieger.

Während wir auf deren Ankunft nun warteten, rumorten unsere Gäste herum. Es ging wie ein Lauffeuer durch die Kabine, dass vor der Tür ein Trupp bewaffneter Polizisten flanierte. Dies stand natürlich im krassen Missverhältnis zu dem, was wir den Gästen als Grund für die Zwischenlandung genannt hatten und erzeugte Verständnislosigkeit und Unmut. Viele Gäste standen in den Gängen, kamen in die Küchen oder direkt zur Tür, obwohl wir mehrfach per Ansage darum baten, Platz zu behalten. Ich erinnere mich an einen männlichen, hitzigen Gast mit blonder Fönfrisur, der beim *Boarden* in Miami schon lautstark seine schlechte Laune an jeden verteilt hatte, der es hören oder nicht hören wollte, vorzugsweise natürlich an die Crew. Mit so einer verdammten Airline würde er nie wieder reisen – er hätte sie noch niemals pünktlich erlebt. Nun würde dieser unnütze Ausflug dem Fass den Boden ausschlagen, offenbar wären alle Gäste von uns belogen worden: es gab ja gar keinen Kranken an Bord! Wahrscheinlich war das Flugzeug defekt und man hatte nur keinen Schneid es zuzugeben oder die Crew hatte schlichtweg keinen Bock auf den langen Heimflug. Saftladen! – (Das war noch eins der jugendfreien Schimpfwörter, mit denen unsere Firma bedacht wurde.) Aber der Gast sagte noch etwas ganz anderes, weitaus Interessanteres, nämlich:
„Ich will hier sofort aussteigen.“

Meine Kollegin behielt weiterhin den Ausgang im Auge – auf Grund der geltenden Einreisebestimmungen durfte niemand das Flugzeug verlassen – eine Zigarette im Fluggaststeig oder gar auf dem Vorfeld zu Rauchen, kam leider auch absolut nicht in Frage. Ich suchte innerlich wieder den berühmten Reißverschluss, um mindestens vier Dinge gleichzeitig zu tun: Das Cockpit über die Fehlinformation in Kenntnis setzen, eine erklärende Ansage an die Passagiere machen, die wild gewordene Fönwelle in der Küche zum Schweigen oder wenigstens auf Zimmerlautstärke zu bringen, sowie mit den Kollegen in der *Aft-Cabin* Kontakt aufzunehmen, dass es mit den Sanitätern noch etwas dauern könnte. In der Zwischenzeit kam John, unser New Yorker *Rampagent* angehetzt. Es sah etwas derangiert aus, unrasiert, sein schwarzes Haar stand strubbelig vom Kopf und sein Hemd hatte auf der einen Seite irgendwie mehr Knopflöcher als Knöpfe - er schien sich sehr eilig angezogen zu haben. Das verwunderte mich allerdings nicht, immerhin war es kurz vor Mitternacht lokaler Zeit und eigentlich sein freier Tag. Als John mich sah, grinste er gequält, Schweiß rann ihm die Stirn hinab, offenbar war er die weiten Wege zum Flugzeug gerannt. Ohnehin erstaunlich, dass er uns so schnell in Empfang nehmen konnte, wo wir doch mehr als unverhofft aus den Wolken gerauscht sind.

Inzwischen war endlich das medizinische Fachpersonal vor Ort, will heißen, in der Fluggastbrücke vor dem Flugzeug. Sie machten keine Anstalten, die Maschine zu betreten und erkundigten sich zunächst ausgiebigst bei mir über das Krankheitsbild des jungen Mannes. Ich war fassungslos und genervt zugleich. Hätten diese Herren bei einem Herzinfarkt auch erstmal so ein lustiges Frage und Antwortspielchen gespielt? Schließlich waren wir kein verseuchter Flieger voller kranker Ausländer, sondern hatten lediglich einen kranken Mann an Bord – allerdings zunehmend mehr renitente Gäste, die das Flugzeug nun endlich verlassen wollten. Die Stimmung kochte immer weiter hoch, so sehr wir uns auch bemühten, die Gemüter zu beruhigen. Endlich entschied man sich, den Patienten in Augenschein zu nehmen, aber anstatt hineinzukommen, fragte mich der Mann in Weiß ganz unverblümt: „Can he walk?“

Da die Schmerzen bei unserem Patienten ja sehr unterschiedlich stark auftraten, rief ich hinten an, und fragte, ob der Gast wohl laufen könnte. Wenig später kam er nach vorne, sogar relativ forschen Schrittes. Seine Freundin folgte ihm, sichtlich peinlich berührt und einen riesigen Rucksack hinter sich her zerrend. Alle Gäste verfolgten die beiden mit Argusaugen, die ersten Pfiffe wurden hörbar. Vor dem Flugzeug setzte sich unser Patient in den für ihn bereitgestellten Rollstuhl und sollte eine Reihe von Fragen beantworten. Leider sprach unser schwäbisches Pärchen recht wenig Englisch, so dass wir übersetzen mussten. Der Mann wurde also nach seinen Schmerzen gefragt, wie es ihm zurzeit ginge, ob er das Flugzeug auf eigenen Wunsch verlassen würde oder – halten Sie sich fest – ob er nicht doch lieber mit uns nach Deutschland fliegen wollte. Ich glaubte meinen Ohren nicht zutrauen. Vor knapp einer halben Stunde wollte er noch sterben vor Schmerzen und nun wurde ihm die Option vor die Füße gelegt, doch mit uns nach Hause zufliegen? Ich ließ mir die Ärzte an die Tür kommen und gemeinsam erklärten wir den Amerikanern energisch, dass dieser Mann in einem Krankenhaus untersucht werden müsste – und zwar dringend!

Die Druckkabine eines Flugzeuges war nicht zu unterschätzen. Schlussendlich war der menschliche Körper dem Aufblasen und Ablassen des Druckes im Inneren der

Kabine genauso ausgesetzt, wie alles andere auch: Safttüten, Yogurtbecher oder Schokoriegel. Mit dem kleinen Unterschied, dass sie nicht jammerten und schrien, wenn der Druck zu groß wurde, sondern gegebenenfalls einfach platzten. Um keine Missverständnisse zu erzeugen: Ich wollte die Schmerzen unseres Gastes auf keinen Fall ins Lächerliche ziehen oder sogar in Frage stellen. Schon simple Blähungen konnten oben in 12 000 Metern Höhe zu so großen Schmerzen führen, dass man auf der Stelle willig wäre, sein Testament zu schreiben – könnte man vor Schmerz überhaupt noch einen Stift halten. Eine bloße Erkältung mit in Mitleidenschaft gezogenen Stirnhöhlen ließ auch das zahmste Kätzchen zum unberechenbaren Killerkater werden – nur auf Grund des erhöhten Druckes im Landeanflug. An anderer Stelle hatte ich es schon einmal erklärt: Der Druck in der Kabine war im Reiseflug in 12 000 Metern Höhe etwa so hoch, wie auf einem 2000 Meter hohen Berg, also viel niedriger als am Boden. Dies hatte zur Folge, dass sich alles an Bord im Laufe des Steigfluges ausdehnte. Die komplette Zelle der Kabine war so beweglich konstruiert, dass sie sich mit ausdehnen konnte. (Übrigens auch ein Grund, warum ein Flieger immer so schick knirschte und knackte bei Turbulenzen – kein Grund zur Panik, das musste so sein!) Jogurtbecher und Schokoriegel dehnten sich also aus, so gut sie konnten: bei ihnen wölbte die eingeschlossene Luft den Deckel oder blähte das Papier auf.
Hatte nun jemand eine Entzündung im Körper oder einfach zuviel Luft an der falschen Stelle, dehnte sich auch diese während des Reisefluges aus. Konnte man nach oben oder unten entlüften, war das Problem nur ein akustisches oder olfaktorisches für die Mitreisenden. Schaffte man dies nicht, litt man wie ein Hund. Beim Landeanflug verstärkte sich der Druck dann wieder. Viele klagten dann über Ohrenschmerzen, Kopfschmerzen, Bauchschmerzen … die Palette war da breit gefächert. Und oft war der Schmerz bei der Landung dann schlagartig vorbei.

Unser Gast aus Reihe 50 sah in seinem Rollstuhl inzwischen wieder aus wie das blühende Leben. Als die Sanitäter ihn aufforderten, noch einmal zur Toilette im Flieger zu gehen, bevor sie ihn zum Krankenhaus bringen würden, begann die Unruhe in der Kabine förmlich fühlbar zu knistern. Der Schwabe musste dazu durch die Küche auf die andere Seite der Maschine gehen, was unseren Gästen im mittleren Teil der Kabine natürlich nicht entging. Die Fönwelle schrie zuerst in die Runde, was wohl viele andere dachten:
„Der hat ja gar nichts, das ist ja ein Simulant!"

Du lieber Himmel, was war ich froh, als die beiden Gäste unser Flugzeug endlich verlassen hatten und auf dem Weg zum nächsten Hospital waren. Nun konnten wir endlich unsere nächsten Probleme angehen und abarbeiten und derer hatten wir viele. Zunächst mussten die Gäste an Bord beruhigt werden, damit uns die Situation nicht vollends aus den Händen glitt. Das Cockpit bemühte sich bereits seit der Landung um ein Startfenster für den Weiterflug nach Deutschland. Als medizini-

scher Notfall irgendwo zu Landen war die eine Seite und klappte stets problemlos, als unplanmäßige Maschine aber wieder zu Starten und das dazu auf so einem Riesenflughafen wie JFK/New York war die andere Seite. Unzählige Gäste rechneten sich bereits jetzt aus, das sie ihre Anschlussflüge nach Hamburg, Berlin, München, Moskau und wohin auch immer, nicht mehr bekommen würden. Ein Teil der Crew rechnete schon einmal, ob der Flug mit einer normalen Dienstzeit von vierzehn Stunden noch zu bewältigen war. Das kritischste aber waren die Gäste, die hier nun aussteigen wollten, weil ihre Tagung, ihr Date, ihre Termine inzwischen schon unwiederbringlich geplatzt waren. Warum das so ein heikles Thema war? Für US-Bürger, die nur mit Handgepäck reisten, war es nicht so kompliziert, sie würden das Flugzeug verlassen können, wenn der Bundesgrenzschutz, die Einreisebehörde und der Zoll dementsprechend von ihrem Vorhaben unterrichtet worden waren und sich bereit erklärten, diese Gäste auch abzufertigen. Bei Gästen mit anderen Nationalitäten – wie zum Beispiel unserer Fönwelle - sah das schon wieder ganz anders aus. Aber ich möchte mich hier nicht in amerikanischen Einreiseformalitäten verlieren. Zu all dem Ungemach kam dann auch noch das Problem des aufgegebenen Gepäcks, welches in einem der zahlreichen Container im Frachtraum sicher für einen Flug nach Deutschland verstaut war und nicht vorne an zur Ausladung in New York bereit lag. Und schon saßen wir wieder in der Zwickmühle: Einerseits konnten wir niemanden gegen seinen Willen an Bord halten, weil dies dem Tatbestand der Freiheitsberaubung entsprach. Andererseits konnten wir niemanden aus dem Flugzeug gehen lassen, bevor die US-Behörden nicht grünes Licht dazu gegeben hatten. Vor unserem Ausgang standen immer noch die vier nicht sehr charmant wirkenden Polizisten und beobachteten genau, wer an Bord ging und wer das Flugzeug verließ. Während wir versuchten, wenigsten die vier oder fünf Deutschen, die hier aussteigen wollten, zu einer Weiterreise zu überzeugen, damit nicht noch stundenlang ihr Gepäck würde gesucht werden müssen, wurden die ersten Rufe nach Getränken laut:
„Konnte man hier nicht endlich mal ein Bier haben? Was war das hier überhaupt für ein komischer Verein? Ich will sofort Aussteigen oder wenigstens ne Currywurst!"

Um den werten Leser nicht noch weiter mit den streckenweise sehr unerquicklichen Diskussionen zu langweilen, sei der Flug an dieser Stelle ein wenig zusammengekürzt. Wir verbrachten noch eine ganze Weile mit reichlichen Wortwechseln am Boden, bis wir endlich die Startfreigabe für den Heimflug erhalten hatten. Mit der normalen Dienstzeit war das leider nicht mehr zu schaffen, aber der Kapitän hatte ja die Möglichkeit, noch zwei Stunden draufzuschlagen – wenn alle aus der Crew sich körperlich und seelisch dazu in der Lage fühlten und vom Chef persönlich dazu befragt worden waren. Oje, der Chef hatte wirklich keinen leichten Stand in dieser Nacht. Eine Flugbegleiterin glaubte wie die Gäste, die Krankheit des vermeintlichen Patienten wäre nur vorgetäuscht worden und in den Stuttgarter Koffern könnte nun eine potentielle Bombe sein. Das Gepäck unseres Pärchens blieb nämlich definitiv an Bord, für medizinische Notfälle waren keine erneuten Sicherheitskontrollen vorgesehen. Solche menschlichen Vorahnungen sollte man keinesfalls auf die leichte Schulter nehmen, allerdings musste gesunder Menschenverstand, eine handvoll Pragmatismus und eine ausgewogene Mischung aus Wissen, Erfahrung und erwarteter Professionalität die Oberhand behalten. ‚Nur so ein Gefühl', reichte in diesem Fall nicht aus – ein Bombenanschlag schien unter Berücksichtigung des kompletten ‚Theaters' eher unwahrscheinlich.

Endlich war es dann doch so weit, das bereits verbrauchte Kerosin war mit Feuerwehrschutz nachgetankt worden, jeder saß wieder auf seinem Platz und in der Kabine brannte nur die Notbeleuchtung für den Start. Wir waren *ready for take off* und es trennten uns nur noch schlappe sieben Stunden Flugzeit von unserem ursprünglichen Ziel. Nun steckten wir schon seit acht Stunden in der Uniform und konnten mit unserer Arbeit quasi noch einmal von vorne anfangen.

Und leider wussten wir noch nicht einmal so richtig, womit wir das am besten anstellen sollten. Kaum ein Gast hatte Zeit, sein Abendessen zu Ende zu verspeisen. Sollten wir schon die Frühstücke anbieten? Den Zollverkauf hatten wir eigentlich auch noch auf dem Programm. Inzwischen war es aber schon so spät, dass die meisten Passagiere schliefen. Also servierten wir noch einmal Getränke, ich legte einen Spielfilm ein und in der *Economy*klasse kehrte bald Ruhe ein. In der *Business* begannen meine Kollegin und ich noch einmal mit dem Service von vorne. Wir hatten genug Essen und Ausdeckungen zur Verfügung und – die Frau Doktoren hatten ja auf Grund ihrer Hilfeleistung noch gar nichts zu sich nehmen können.

Als auch unsere *Business*gäste endlich satt und halbwegs zufrieden schlummerten, machte ich einen Rundgang durch die Kabine. Inzwischen war es draußen taghell. Schlauerweise hatten wir vor Beginn des Filmes darum gebeten, alle Fensterblenden zu schließen, damit noch ein wenig ‚Nachtruhe' möglich war. Und so wurde das Kabineninnere nur durch einige wenige, vorwitzige Sonnenstrahlen beleuchtet, die sich durch einzelne, nicht ganz geschlossene Jalousien hineinschmuggeln konnten. Es war eine gespenstische, fast bedrückende Atmosphäre. Die Passagiere schliefen alle – ausnahmslos. Manche hingen in den merkwürdigsten Stellungen und Positionen im Sitz, so dass man sich fragen musste, wie in aller Welt ein Mensch so überhaupt Ruhe finden konnte. Das sparsame Sonnenlicht, welches auf meiner Hüfthöhe quer durch den Flieger leuchtete, ließ kleine Staubpartikel glitzern, und beschien hier und da jemanden, der mit offenen Mund schlief und dabei den Anschein erweckte, er sei tot. Es sah in der Kabine aus, wie nach einem Giftgasalarm. Die eine Hälfte der Crew schlief hinter den aufgebauten Vorhängen. Die anderen, die in den Küchen eigentlich ‚Wache' schieben sollten, schliefen auch, auf ihren Klappstühlen, eingerollt in eine Decke gegen die Kälte und mit einer Zeitung auf dem Schoss. Ich konnte es ihnen nicht verdenken – dieser Tag hatte es wirklich in sich.

Auf meinem Rückweg auf der anderen Seite des Fliegers stieg ich so gut es ging über in den Gang ragende Arme und Beine. Vor der mittleren Tür lagen zwei kleine Kinder auf Decken, ihren Teddy jeweils fest ihm Arm. Unser Flieger glitt inzwischen ruhig, mit dem bekannten, monotonen Gebrumm der Pratt & Whitney Triebwerke über den Atlantik.

Zeit für einen Kaffee.

Nachtrag:

Auf meinem nächsten New York Flug, etwa vier Wochen später, erfuhr ich von John, dem *Rampagenten*, dass der Schwabe an Nierensteinen gelitten hat. Dies erklärte natürlich vieles. Bereits am nächsten Tag flog er mit seiner Freundin in unserer planmäßigen New York Maschine zurück nach Deutschland, mit zwei eigens dafür erworbenen Tickets. Wohlbehalten im Schwabenländle angekommen, fiel ihm aber ein, dass die Forderung von zwei neuen Tickets ja eigentlich gar nicht von der Fluggesellschaft berechtigt gewesen war. Für seine Krankheit und die damit verbundene Zwischenlandung für schlappe 20.000 Dollar könne er schließlich ja nichts - und er ließ den dafür ausgestellten Kreditkartenbeleg prompt sperren. Ob die Firma wohl jemals an das Geld gekommen ist?

Auf diesem New York Umlauf, auf dem John mir von dem sparsamen Schwaben erzählte, strandeten übrigens Tausende von Fluggästen am Airport, weil diesmal direkt über JFK ein Unwetter tobte und den Flugverkehr für Stunden komplett zum Erliegen brachte. Nach über vier Stunden auf dem *Taxiway* , wartend auf die Startfreigabe für den Flug nach Düsseldorf, musste unsere Maschine unverrichteter Dinge wieder zum *Gate* zurückkehren und den Flug auf den nächsten Tag verschieben. (Ein ausführlicher Bericht zu diesem Abenteuer lässt sich in Teil 1 Lesen, 387 Könige an Bord.)

Wochen später informierte mich Facebook über einen Eintrag. Er kam von John und es war eine persönliche Nachricht:

„Dear Kathrin, feel welcome to visit New York anytime. But please, next time come Off-Duty. Best regards, John."

(Liebe Kathrin, Du bist in New York jederzeit willkommen. Aber das nächste Mal kommst Du bitte nicht im Dienst. Herzliche Grüße, John)

Packliste

Ich hatte auf den letzten Umläufen soviel vergessen einzupacken, dass ich beschloss, eine Packliste zu schreiben und mir diese entweder in den Koffer zu kleben, im Schlafzimmer hinter den Spiegel zu stecken oder sonst wo zu hinterlegen, damit in Zukunft mir nicht wieder so ein Blödsinn widerfuhr. Man mochte doch annehmen, dass nach 21 Jahren ‚professionellem Außendienst' mit weltweiten Übernachtungen, sich der Koffer innerhalb von fünf Minuten fast von alleine packen würde. Tat er leider nicht. Und je älter ich wurde, desto öfter fehlte etwas in meinem Equipment.

Auf meinem letzten Flug nach Punta Cana hatte ich die gesamte Unterwäsche vergessen. Gott sei dank war es warm und ich hatte wenigsten einen Bikini dabei. Leider lag auch die Tube Whip Express zuhause und so spülte ich drei Tage meinen einzigen Schlüpfer mit dominikanischem Duschgel.

Auf dem letzten Bangkokflug suchte ich vergeblich mein Nachtgewand im Koffer. Dieses lag warm, trocken und frisch gebügelt zuhause im Schrank. Eigentlich kein Drama, auch in Bangkok war es warm genug, um ohne Pyjama zu nächtigen - aber allein der Gedanke, ein nächtlicher Feueralarm würde mich aus der Tiefschlafphase reißen und überstürzt in den Hotelflur rennen lassen, ließ mich all die Jahre immer auf gepflegte Nachtwäsche achten und ich fühlte mich so ohne alles doch irgendwie unwohl.

Unangenehm war auch, wenn man als Hose lediglich eine weiße Jeans eingepackt hatte, dafür jede Menge schwarze Slips. Oder wenn man in privater Garderobe noch nach dem Dienst befördert wurde und gar keine Socken dabei hatte. Die Alternative zu ‚Barfuss in Stiefeln' war dann eine Strumpfhose von der Uniform unter die Jeans zu ziehen. Leider hatten Hüfthosen ohne Gürtel (wegen der Piepserei bei der Sicherheitskontrolle nahm ich selten noch einen mit) die Tendenz, bei jedem Schritt nach unten zu rutschen. Blöd, wenn man dann in jeder Hand einen Koffer hatte …

Nicht eingepackte Ohrstöpsel konnten einen ganzen Rückflug wegen Schlafmangel zum Albtraum werden lassen, fehlende Sonnencreme, Mückenspray oder gar nicht vorhandener Bikini erfüllten einen in der Karibik, trotz strahlend blauen Himmels mit einem Anfall von plötzlichem Heimweh. Ein nicht vorhandenes Buch war genauso unergiebig, wie ein zu schnell ausgelesenes (zu spannend) oder ein zu langweiliges. Es war leider nicht an allen Destinationen möglich, schnell am Kiosk oder im Supermarkt nebenan für Abhilfe zu sorgen.

Natürlich waren die ‚Essentials' Crewausweis, Reisepass und Geld. Aber ab einem gewissen Alter mochte man auf persönliche Annehmlichkeiten einfach nicht mehr verzichten. Oder war man bloß nicht mehr flexibel genug? Nach einer Nacht in New York mit zwei brettharten Kissen, die den Umfang und den gefühlten Härtegrad von zwei Wassermelonen hatten, schwor ich mir, nie wieder ohne eigenes Schmusekissen zu reisen, sollte der Koffer auch aus allen Nähten platzen. Als Bauchschläfer konnte man mit so einem unförmigen Klumpen im Bett einfach keine befriedigende Position finden.

Früher besaß ich immer sogenannte ‚Stoppklamotten', die sich unterschieden in ‚Warmwasser-Ziele' oder ‚Genausoscheißkaltwiezuhause-Ziele' und ausschließlich mit mir reisten. Entweder lagen sie schon bereit im Koffer oder ich brauchte sie nur noch mit Schwung bei einer Aktivierung aus dem *Standby* hineinzuwerfen. Sie waren reiseerprobt, knitterfrei, im Zwiebellook tragbar und alle aus einer Farbfamilie, das hieß, beliebig untereinander zu kombinieren. Heutzutage sah es anders aus; ich mochte auch auf Reisen nicht mehr auf meine Lieblingsstücke verzichten und weil ich mittlerweile ein wenig mehr an den Hacken hatte, als mit Anfang zwanzig, waren die Sachen, die ich mitnehmen wollte, meistens gerade nicht abflugsbereit – sie lümmelten sich in der Wäsche oder waren wenigstens ungebügelt. Immerhin hatte ich aber eine Kulturtasche mit allem Schnick und Schnack, inklusive Ohrstöpsel, Aspirin und Schlafbrille (wer wusste, wozu das gut war? Ein Pröbchen von einem Wellnesstee hatte ich auch mal rein prophylaktisch dazugepackt), die ich bei rotglühendem Telefon nur aus dem Schrank lupfen und in den Koffer werfen musste. Nie wieder ein Stopp ohne Zahnseide, Haarspray, Nagellackentferner oder noch schlimmer: ohne Abschminktücher! Erst neulich stand ich fassungslos in ‚Timbuktu' oder sonst wo vor meinem Kulturbeutel und überlegte, wie zum Teufel ich die wasserfeste Wimperntusche abgespachtelt kriegen sollte. Das Behältnis meiner Abschminktücher war bis auf ein einzelnes, einsames, inzwischen komplett versteinertes Exemplar leer. Es ließ sich leider nicht mehr mit warmem Wasser zum Leben wiedererwecken und ich schmierte als Notlösung eine Extraportion fettige Nachtcreme auf die Augen, um die Tusche damit zum Schwinden zu überreden. Ich sah danach erstmal aus wie ein Zombie. Schade um das teure Zeug.

Um weiteren Pannen dieser Art zu umgehen, entwarf ich mir also eine ‚Packliste'. Was man nicht mehr im Kopf hatte, musste man halt aufschreiben. Im Flugzeug wurde ja auch alles Mögliche an Hand einer *checklist* überprüft, sei es die Notausrüstung in der Kabine oder die Landevorbereitungen im Cockpit: eine Checkliste diente ganz pragmatisch zur Selbstkontrolle. So war das halt, ab einem gewissen Alter …

Können Sie mal kurz fliegen kommen?

Vor drei Stunden aufgewacht, Watte im Kopf. Wo war ich hier eigentlich? Ach ja, mal wieder in Bangkok. Ich wünschte mich nach Hause, in mein eigenes Bett. Obwohl dieses hier nicht schlecht war, 1,40 m breit, mit drei fluffigen Kissen und es roch ganz angenehm. Aber von draußen brummte die zentrale Klimaanlage herein, die Sonne schaffte es mal wieder nicht durch die Dunstschicht des Smogs und obwohl es noch keine 16 Uhr war, schien es bereits zu dämmern. Die Käseglocke, die über der Stadt hing, drückte auch auf mein Hirn, eben noch im Flieger, komplett ausgebuchte Maschine, elf Stunden nett und freundlich sein. Und das Ganze aus der Bereitschaft:
„Frau Leineweber, können Sie mal eben kommen? Wir bräuchten da noch jemanden für Bangkok, in drei Tagen sind Sie wieder da."
Keine Rede davon, dass der Rückflug schon am nächsten Tag stattfand und einen kleinen Hopser mit Übernachtung in Berlin machte.
„Ach, und im Übrigen müssten Sie als Flugbegleiter fliegen, wir haben keine Leute mehr, Sie sind der letzte *Standby*."

Nun, eigentlich habe ich keine Probleme damit, als Flugbegleiter zu reisen, egal ob in der Businessklasse oder in der ‚Bronx'. Aber es gab gewisse Vorschriften, die es einzuhalten galt, die da besagten, dass ein *Purser* nur geplant auf Langstrecke eingesetzt werden durfte und nicht aus der Bereitschaft. Vielleicht war dies nur ein winziges, firmeninternes Detail, aber es war einfach absolut unbefriedigend, wenn man sich stets bemühte, linientreu zu sein und dann versucht wurde, Unstimmigkeiten in der Planung mit Mauscheleien und bewusster Täuschung auszubügeln. Sehr ärgerlich! Ich hatte die Worte von dem Herrn im *Crewkontakt* noch sehr deutlich im Ohr:
„Wenn Sie nicht kommen und als Flugbegleiter fliegen, bleibt die Maschine stehen."

Ich bin mit einer Riesenwut zum Flughafen gefahren und kochte immer noch, als ich dort ankam. Trotzdem ich versucht hatte, mich die hundert Kilometer mit einer HörCD abzulenken, war ich innerlich noch bei weitem nicht im ‚Arbeitsmodus'. Ich zerrte übelst gelaunt meinen großen und meinen kleinen Koffer hinter mir her über den Asphalt und suchte nach einer Möglichkeit, wieder eine normale Betriebstemperatur zu erreichen. Es fiel mir selten so schwer, wie an diesem Tag. In der Firma checkte ich ein, und stellte fest, dass nicht weniger als vier (!) *Purser* auf dem Flug waren. Die ursprünglich geplante Kollegin, die sich hatte breitschlagen lassen, als Flugbegleiter zu fliegen, eine *Purserette* aus dem *Standby*, die den Flug nun übernahm, meine Wenigkeit und ein *Qualitytrainer*, der den Ablauf des Fluges kontrollieren sollte. Im Prinzip waren wir also noch einer mehr als normal. Ich schäumte schon wieder, denn das bedeutete, dass ich ganz klar belogen worden war: Die Maschine wäre auf keinen Fall stehen geblieben, da die Minimumbesatzung auch ohne mich komplett gewesen wäre. Ich hätte zu diesem Zeitpunkt gerne meine Koffer genommen, um wieder nach Hause zu fahren. Andererseits stand ich jetzt da im blauen Frack und zweihundert Kilometer am heiligen Sonntag für ‚Peanuts' zu vergurken, war auch nicht verlockend, von unbekannten, persönlichen Konsequenzen einer solchen Bauchentscheidung ganz zu schweigen.

Der Flug verlief ruhig, trotzdem wir ausgebucht waren. Ich arbeitete vorne in der *Business*, also eigentlich wie immer, nur auf der Flugbegleiterposition R 1 – rechte Tür vorne. Und trotzdem war alles ganz anders. Ich hatte meine schlechte Laune irgendwie in den Griff gekriegt, die Gäste konnten ja nichts für unsortierte Planer – aber mein Universum war weg. Vier *Purser* auf einem Flieger war wirklich des Guten zuviel. Jeder musste zurücktreten, seine Rolle neu finden. Ich hatte meine komplett verloren. Nett und freundlich wie immer, keine Frage, die Gäste waren okay, aber es war einfach ein abgespulter Film, in dem ich eine Rolle spielte. Einerseits war es ganz schön, mal keine Ansagen machen zu müssen, keine Papiere auszufüllen, keinen Cockpitservice, keine Rundgänge usw. Andererseits fehlte mir das auch alles und ich konnte mit der üppigen Freizeit auf diesem Flug nichts anfangen – ja, auf einem Nachtflug gab es die tatsächlich mal. Wir unterhielten uns viel, während unsere Gäste schliefen, dass war das einzige Positive: Man konnte sich als *Purser* austauschen, mal fragen, wie siehst du das so, wie machst du das sonst, was hältst Du hier- oder davon? Im normalen Leben standen wir bis auf einen jährlichen Checkflug ganz alleine da und konnten niemanden fragen, außer unsere ‚schlauen Bücher.'

*

Nach dem Flug war ich völlig platt. Auch ein Vorteil, im Landeanflug konnte ich die Augen zumachen, denn ich saß auf der Flugbegleiterposition in Flugrichtung, vor mir war nur noch das Cockpit, kein Passagier konnte mich sehen. Eine Verabschiedungsansage brauchte ich auch nicht zu machen, quasi hatte ich vor dem Ausfahren des Fahrwerkes schon lange Feierabend – wenn man von der Verabschiedungsarie mal absah. Im Bus zum Hotel bin ich mehrfach eingeschlafen, auch wenn er wieder fürchterlich gequietscht hatte, ruckelig fuhr und diesmal die Temperatur eines fünf Sterne Kühlschrankes hatte. Die Fahrt dauerte eine knappe Stunde und als wir im Hotel ankamen, hätte ich jeden fressen können, so müde und kaputt war ich. Die Kolleginnen saßen auf dem großen Sofa in der Lobby, schnatterten durcheinander, schmiedeten Pläne für Massage, Shoppen und Essen gehen, ich wollte einfach nur in mein Bett. Woher nahmen die bloß die Energie? In Deutschland war es mittlerweile 7 Uhr morgens, wieder 22 Stunden auf den Beinen.

*

Wach geworden bin ich von selbst nach etwa vier Stunden Schlaf und ich schälte mich aus den Laken. Liegenzubleiben hatte keinen Sinn, die thailändische Nacht würde zum Tag werden und der morgige Flug wäre unausgeschlafen ein Albtraum. Diesmal hatten wir nicht - wie sonst üblich - einen Tag Aufenthalt, sondern es ging direkt nach 21 Stunden vor Ort wieder zurück nach Deutschland.

Im Resümee stellte ich fest, dass es einen Riesenunterschied machte, ob man so einen Flug aus der Bereitschaft ‚gewann' oder auf dem Dienstplan stehen hatte. Ich lief ziemlich kopflos durch Bangkoks Straßen und alles und jeder ging mir auf den Keks. Die Hitze, die schlechte Luft, die Straßenköche mit ihren merkwürdigen, gebratenen Dingen – all das drehte mir an diesem Tag schier den Magen um. Das Gequieke der Damen „want a massage?" war unerträglich, die Straßenhändler glotzten mich unverblümt an, weil sie alle nur mein Bestes wollten: mein Geld.

Auf der Rolltreppe hoch zum Hotel sprach mich ein Schwarzer in afrikanisch anmutender, bunt bestickter Gewandung an, der mir hier in Thailand merkwürdig deplaziert vorkam. Ihn schien es nicht zu stören, und er fragte mich fröhlich:
„How are you doing?"
Er zeigte mir mindestens zwanzig schneeweiße Zähne in einem breiten Lächeln und schaute mich erwartungsvoll an. Ich wollte nicht unhöflich sein, quetschte mit Mühe ein „Great, how are you today?" heraus und lächelte gequält. Er wollte wahrscheinlich nur nett sein und ahnte nicht im Traum, wie sehr er mir damit gerade auf den Senkel ging. Ich bekam auch noch den Rest des Gebisses zu sehen und der Mann rief entzückt: „Oh, good! Frania? Frania?" Sollte vielleicht soviel heißen wie „where are you from?"
Was immer er auch meinte, ich grunzte: „Germany!" und entlockte ihm so ein weiteres, noch mächtigeres Grinsen, so dies denn noch möglich war.
„Oh, German, German, very good!" Du lieber Himmel, dieser Mensch konnte sicherlich eine Banane quer essen. Gott sei dank war das Ende der Rolltreppe erreicht und unsere Wege trennten sich, er durchquerte bedauernd winkend die Lobby und ich marschierte in Richtung Fahrstuhl.

Ich drückte den Knopf unter dem Pfeil, der nach oben zeigte und kurze Zeit später machte es laut vernehmlich ‚Ping!'. Warum mussten Fahrstühle auf der ganzen Welt eigentlich klingeln? Man sah es doch, wenn eine Kabine kam und blinde Mitbürger hatten in der Regel ein äußerst sensibles Gehör, für das ein lautes ‚Ping' sowieso eine Beleidigung sein musste. In vielen Fahrstühlen dudelte dann noch zusätzlich ununterbrochen Musik, dieses fantastische Modell beschränkte sich nicht nur aufs Klingeln und Dudeln, es redete auch noch im Inneren mit einem:
„Going up!", verkündete die synthetische Else im Generalbefehlston, sobald die Schiebetüren sich nahezu lautlos geschlossen hatten. Ist nicht wahr – da wäre ich ja nie drauf gekommen. Hatte ich nicht gerade den Knopf für den 17. Stock ge-

drückt? Außerdem raste die Kabine so schnell nach oben, dass die Reiserichtung unverkennbar war - es knackte bereits im Ohr. Selbstverständlich proklamierte der Fahrstuhl beim Stopp in der gewünschten Etage dann auch noch energisch: „17th floor!". Hätte er mir auch noch „Bye, bye and have a nice day!" hinterher gerufen, hätte er damit einen gezielten Tritt vor sein poliertes Messing-Portal riskiert. Musste mir sogar ein Fahrstuhl ein Gespräch aufzwingen? Du meine Güte, war ich müde!

Trotz aller schlechter Laune, beschloss ich noch einmal in den Supermarkt zu gehen. Er lag schräg gegenüber vom Hotel auf der anderen Straßenseite, vielleicht konnte ich dort ein paar Maracujas für den Rückflug bekommen. Ich kannte kaum etwas so deliziöses, was von der Natur so hässlich verpackt worden war. Von außen grau-grün, rund und schrumpelig, von innen sah das Obst aus, wie eine Ansammlung von Froschaugen in orangefarbenem Glibber. Beim Daraufbeißen knackte es merkwürdig zwischen den Zähnen und doch war kaum eine Frucht leckerer und erfrischender als diese kleinen Knubbelkugeln, wenn man erstmal hinter ihr geheimes Versteck gekommen war. Musste ich es erwähnen? Maracujas waren natürlich an diesem Abend ausverkauft. Gemüse konnte ich wie sonst nicht mitnehmen, da wir ja über Berlin zurück reisen würden, eine nahtlose Kühlkette bis in die heimische Küche war also nicht gewährleistet. In der Hauptstadt würden wir wegen einer Messe ein anderes Hotel haben als üblich und ich wusste nicht, ob auf den Zimmern eine Minibar sein würde, die sich zum Gemüsefach umfunktionieren ließ. (Erwischte man ein Zimmer mit automatisch abrechnender Minibar, hatte man leicht fünfzig Euro beim Auschecken auf der Rechnung, auch wenn man alle Drinks unangetastet und sorgfältig wieder an seinen Platz im Kühlschrank zurückräumte - in dem Moment, wo man sie als der Halterung zog, wurden sie nämlich schon berechnet.)

Ich erstand also nur ein paar Pomelos für den Rückflug. In Deutschland gab es diese gigantischen Grapefruits inzwischen auch, mit dem Unterschied, dass es sie in Bangkok fertig geschält, ohne auch nur einen einzigen Fitzel weißer Haut, frisch und appetitlich in Klarsichtfolie verpackt, zu kaufen gab. Und ich konnte mein Gewürzregal zu Hause wieder auffüllen mit fertigen Gewürzmischungen für rotes, gelbes und grünes Curry, sowie für Tom Yum Suppe, Satay Sauce, Kao Soi und Phad Thai. Wer für thailändische Küche etwas übrig hatte, war mit diesen Ingredienzien der König: Einfach Fleisch anbraten, Gewürzmischung und Kokosmilch dazu, dreimal umrühren: lecker! In mein Einkaufskörbchen wanderten außerdem noch schwarze und weiße Sesamkörner, Anissterne und Zimtstangen. All dies war hier recht günstig und von guter Qualität, so dass es sich durchaus lohnte, diese Lebensmittel um die halbe Welt zu schleppen. Ich legte noch eine große Packung Räucherstäbchen dazu, eine Tüte Chips und ein Singha-Bier. Heute Abend war ich nicht gesellschaftskompatibel und ein Abendessen mit den anderen aus der Crew kam nicht in Frage.

Als ich aus dem Supermarkt mit zwei prallgefüllten Plastiktüten auf die Straße trat, war es bereits stockdunkel. Ich fand ein Schlupfloch im Feierabend-Verkehr und huschte auf die gegenüberliegende Seite.

Nach einer weiteren Fahrt mit dem sprechenden Fahrstuhl warf ich meine Beute aufs Bett und stellte schon einmal den Wecker für den nächsten Morgen: Noch neun Stunden bis zum Aufstehen und - müde war ich auf einmal kein bisschen mehr. Mein Biorhythmus redete nicht mehr mit mir, mein Magen war angesichts der Tüte Chips mehr als beleidigt, aber auf Einzelschicksale konnte ich an diesem Abend keine Rücksicht nehmen. Ich nahm eine heiße Dusche, versuchte mit dem Schmutz auch Lärm und Stress mit wegzuspülen und ging ins Bett – mit Laptop, Chips und thailändischem Bier – hey, Traumberuf, ich find Dich so was von toll!

Eingeschlafen bin ich dann doch ziemlich schnell. Leider kam gegen Mitternacht eine zirka zehnköpfige, chinesische Delegation offenbar von einer Party zurück und verabschiedete sich lautstark auf dem Hotelflur mit allen guten Wünschen dieser Welt – ich stand senkrecht im Bett. Kaum war ich wieder eingenickert, duschte der über mir wohnende Hotelgast und ich hatte das Gefühl, das Wasser würde direkt in mein Bett laufen, so laut rauschte das Nass aus der Leitung. Eine Überprüfung des Bettzeugs ergab, dass es trocken war, also offenbar war keine akute Gefahr im Verzug und ich suchte genervt nach einer anderen Schlafposition. Anscheinend gehörte zu der intensiven Körperreinigung dieses Gastes auch noch eine Haarkur, eine Intimrasur und Nägelschneiden, es dauerte eine Ewigkeit. Nach einer gefühlten Stunde mit mehrmaligen Hin- und Herwälzen duschte dann der Zimmernachbar zu meiner Linken, nicht weniger geräuschvoll und er trällerte noch ein fröhliches Liedchen in nicht zu identifizierender Heimatsprache dazu. Dies unterließ er nach einem beherzten, geistigen Hämmern gegen seine Badezimmerwand, aber wahrscheinlich nicht, weil er mein wütendes Trommeln und die damit verbundenen Verwünschungen in seinem Karma gespürt hatte, sondern weil nun etwas für ihn Interessantes im Fernsehen kam. Und das morgens um drei Uhr ... Beim monotonen Brabbeln seines TV- Gerätes bin ich dann doch irgendwann eingedöst. Als der Wecker klingelte, fühlte ich mich, als wenn ein Schwerlaster mit Anhänger kreuz und quer über mein Bett gefahren wäre.

*

Der Rückflug nach Berlin gestaltete sich unkompliziert, um nicht zu sagen: stinklangweilig. In der *Business*klasse saßen sage und schreibe drei Passagiere, von denen zwei Drittel ein frischverliebtes Pärchen Ende zwanzig darstellte, die mehr mit sich selbst beschäftigt waren, als mit allem anderen auf dieser Welt. Ständig steckte er ihr seine Zunge in den Hals und fummelte irgendwo an seiner Perle herum. Hätten wir es nicht besser gewusst, als dilettantische Beatmungsversuche inklusive Herzmassage wäre die Show wohl auch durchgegangen – furchtbar. Der Gast auf der anderen Seite war auch nicht sehr gesprächig, dafür beschäftigte er uns wenigstens ein bisschen mit seiner Trinkfestigkeit. Innerhalb von zwölf Stunden verputzte er knapp zwei Flaschen Weißwein, sieben Bier, drei doppelte Cognac und ungezählte Grappa auf Eis – immer jeweils in Kombination mit einem Glas Chardonnay. Nach dieser Menge Alkohol wäre ein normaler Mensch sicher klinisch tot, zumindest aber sturzbetrunken. Unser Gast verließ ohne zu Wanken oder zu Lallen mit freundlichem Lächeln kerzengerade den Flieger …

Nach dieser unerquicklichen Reise bekamen wir unsere Räumlichkeiten in dem Berliner Ausweich-Hotel zugeteilt: allesamt Raucherzimmer, etwas anderes war leider nicht mehr frei. Mein Stübchen war winzig, stinkig und düster – siebziger Jahre Look, mit schicker Holzvertäfelung in dunkelbraun und orange. Immerhin hatte es einen Holzfussboden, der recht sauber aussah. Hotelteppichböden haben ja mitunter ein geselliges Eigenleben. Dafür ließ sich das Fenster leider nicht öffnen, auf Frischluft würde ich also auch nach zwölf Stunden in der Blechbüchse verzichten müssen. Über dem Bett hing ein riesiges Bild eines Afrikanischen Kriegers mit tellergroßen, metallenen Ohrringen und gespitztem Elfenbeinstab quer durch die Nase. Ich fühlte mich irgendwie beobachtet. Der einzige Platz, um den Koffer komplett aufzuklappen, war auf der einen Seite des Bettes, mit dem Ergebnis, dass ich mir sieben Mal in der Nacht den Kopf oder die Haxen an meinem eigenen Koffer stieß. Das einzige Highlight des Tages waren frischer Flammkuchen, ein Glas Weißwein und jede Menge Fliegergeschichten, die der Kapitän, meine Düsseldorfer Kollegin und ich an diesem Abend im benachbarten Restaurant austauschten. Zum Schlafen waren wir noch nicht kaputt genug und außerdem knurrte uns der Magen. Zurück auf dem Zimmer, versuchte ich möglichst wenig zu Atmen und trotzdem irgendwie schnell einzuschlafen – die Bude stank immer noch erbärmlich nach kaltem Rauch. Der fröhliche Aufzug, in dessen unmittelbarerem Schallbereich sich diese entzückende Kemenate befand, klingelte morgens um zwei Uhr zuletzt und dann erneut etwa gegen fünf.

*

Am nächsten Morgen trafen wir uns schon um halb acht in der Hotellobby um *dead head* nach Hause zu reisen. Gut, dass ich dies noch bevor ich zuhause losfuhr, im Dienstplan gesehen hatte, sonst hätte ich in Flipflops und weißen Shorts fliegen müssen – oder alternativ in blauer Uniform. Der nette Herr von der Crewplanung hatte dieses Detail bei seinem Anruf wohl als nicht weiter wichtig erachtet. Der Kapitän hatte inzwischen unsere Flüge zurück zur *Homebase* umgebucht, damit wir wenigstens früher zuhause waren, ein weiterer Aufenthalt in diesem Hotel schien niemanden erstrebenswert. Unsere Wege würden sich heute nun trennen, der Copilot hatte sich am Abend zuvor schon verabschiedet, weil er sich noch mit Freunden getroffen hatte und danach mit dem Auto heimgereist war. Der Kapitän flog mit vier Kolleginnen nach München, der *Qualitytrainer* war in Berlin beheimatet und schlummerte zu dieser Stunde wahrscheinlich noch wohlig in den eigenen Kissen. Wir blieben noch zu dritt für einen Flug nach Düsseldorf übrig. Auf der Busfahrt zum Airport blinzelte ich verschlafen in die Morgensonne. Draußen war es noch eiskalt, aber die Luft war klar und frisch und der Himmel strahlte veilchenblau, geschmückt von ein paar einzelnen Schäfchenwolken.

Es ging endlich nach Hause. Seit dem Anruf des *Crewkontaktes* waren kaum 72 Stunden vergangen und trotzdem kam es mir vor, als wäre ich seitdem mindestens einmal um den ganzen Globus geflogen. Als ich kurz nach dem Start der Maschine in Reihe 17 aus dem Fenster sah, konnte ich die Wolken von oben sehen. Die Sonne spiegelte sich auf den silbernen Tragflächen, die *Flaps* wurden gerade eingefahren und der Flieger schob sich weiter, ruhig brummend, in den Himmel.

Was konnte es hier oben doch friedlich sein.

Jetlag

Das Leben in der Fliegerei könnte so schön sein, wäre da nicht der *Jetlag*. Was war das eigentlich genau? Auf jeden Fall etwas, was man als ‚junges Gemüse' relativ einfach wegstecken konnte. Je älter man wurde, desto länger schlug man sich damit herum. *Jetlag* ist eine künstlich geschaffene Unpässlichkeit, die es ohne Flugzeuge nicht geben würde, dass sagt ja schon der Name: ‚Jet' – Flugzeug und das englische Verb ‚to lag' – nachhinken, zurückbleiben, verzögern. Unser 24 Stunden–Rhythmus war vom Universum vorgegeben, die Erde brauchte genauso lange, um sich einmal um die Sonne zu drehen, der Mensch hatte sich aus überlebensnotwendigen Gründen diesem Rhythmus angepasst. Ohne Sonnenlicht bildete der Körper kaum Vitamin D, welches unverzichtbar für den Knochenstoffwechsel war und damit zu gravierenden Mangelerscheinungen führen konnte. Dieses ist uns in Fleisch und Blut übergegangen, selbst bei totaler Abschottung von der Außenwelt blieb der Mensch weiterhin auf diesen Wach- und Schlaftakt programmiert. Brachte man nun durch eine Flugreise in eine andere Zeitzone den täglichen Ablauf gravierend durcheinander, stellten sich so unangenehme Nebenwirkungen ein wie Kopfschmerzen, Abgeschlagenheit, Depressionen, Gereiztheit, Verdauungsprobleme und allgemeine Verlangsamung der Reaktionsgeschwindigkeit. Da war es noch relativ harmlos, wenn man nachts um zwei hellwach im Bett saß und überlegte, ob man nun Saugen oder doch lieber Bügeln sollte, oder ob man mittags am Tisch vor lauter Müdigkeit mit dem Kopf in den Teller Spagetti fiel. Schwierig wurde es bei langen Autofahrten, wichtigen Terminen und körperlicher Anstrengung. All dies sollte man versuchen zu vermeiden, da der menschliche Körper durch nichts bestechlich war, um sich früher zu erholen. Eine Stunde Zeitunterschied pro Tag konnte verarbeitet werden, mehr nicht. Das bedeutete eine Langstrecke nach Kalifornien (- 9 Stunden zu deutscher Zeit) beschäftigte einen auch nach einer Woche noch, ein Trip in den Osten (+ 5 Stunden) war immerhin noch für mehrere Tage Unordnung im Biorhythmus zuständig.

Nun gab es zuhauf gute Ratschläge, um *Jetlag* zu lindern oder im Vorfeld gar nicht erst entstehen zu lassen. Fachleute empfahlen eiweißreiche Kost um wach zubleiben, dagegen kohlehydratreiche Nahrung um einzuschlafen. Aufenthalt im Freien sollte helfen, viel Trinken, autogenes Training, Entspannungsübungen sowie intensive Anpassung an den Tageslichtrhythmus und das ‚soziale Leben' vor Ort. Das war aus meiner Erfahrung alles genauso unproduktiv wie der Tipp von Flugmedizinern, pro Stunde im Flugzeug einen ganzen Liter zu Trinken, um Kopfschmerz, Unwohlsein, Müdigkeit und vor allem Dehydrierung während der Reise vorzubeugen. Mal ehrlich: 304 Passagiere plus Crew multipliziert mit einem Liter Wasser pro Nase und Flugstunde machte bei einem Los Angeles Flug laut Adam Riese 3768 Liter Wasser – wo zum Teufel sollten wir denn die parken? Im Anhänger? Und – viel problematischer – wie sollte man diese Menge an Flüssigkeit bei genau sechs Toiletten an Bord wieder der Natur zurückgeben?

Das war genauso unrealistisch wie *Jetlag* wegzuatmen, mit positiven Gedanken zu vertreiben oder mit Schlafpillen zu bekämpfen. Frische Luft mochte helfen, ein Allheilmittel war sie leider nicht. Wenn ich morgens um sieben aus den USA zurückkam, war der Tag für mich gelaufen – egal ob ich zwei Stunden schlief, fünf oder gar nicht. Ich fühlte mich matschig, schlecht gelaunt und konnte jedem aus dem Stand ins Gesicht springen – wahrscheinlich würde sogar eine Dauerberieselung von reinem Sauerstoff mit Goldpartikeln an meiner schlechten Laune nichts ändern. Da half nur Aussitzen und eine möglichst geschickte Planung aller sozialen Verpflichtungen. Leider ließen diese sich selten auf einen Flugplan abstimmen, vor allem wenn dieser in schöner Regelmäßigkeit Langstreckenbereitschaften als Variable in petto hielt. Schwupp, war man in Asien, zack, in Amerika und – kaum zwei Tage später - wieder in der Karibik. Da konnte man schon stolz auf sich sein, wenn man wusste, in welcher Sprache man das Hotelpersonal ansprechen musste.

So wie jeder Flugbegleiter seine eigenen Wege fand, mit dem Problem des ‚Nicht Schlafen Können, wenn es eigentlich nötig wäre' umzugehen, entwickelte auch ich meine persönliche Strategie, um mich abzulenken und den ‚Resttag' zu überstehen. Bei Reisen in den Osten konnte man den Zeitunterschied ja bequem im auswärtigen Hotel vergammeln, bei der Rückkehr aus dem Westen in die heimischen Gefilde lagen manchmal bis zu zwölf Stunden vor einer einigermaßen adäquaten ‚zu-Bett-geh-Zeit' vor einem. Und glauben Sie mir, nach einer durchgemachten Nacht an Bord verging die Zeit gefühlt noch langsamer, als Kontinentalplatten driften.

Mir half es in diesen langen Stunden, mich mit meinem ‚Zoo' zu beschäftigen. Lange Spaziergänge mit dem Hund, kuscheliges Schmusen mit der Katze oder stilles Beobachten der emsig hin- und herhuschenden Rennmäuse – Entspannung pur. Tiere stellten keine nervenden Fragen, wunderten sich nicht über eine derangierte Frisur oder eine Kissenfalte quer im Gesicht und hatten ein verstecktes Potential, verbrauchte Energien durch ihre bloße Anwesenheit wieder aufzufüllen. Ein Pferd striegeln, einen Esel kraulen, im Hühnerstall nach Eiern suchen – das war meine persönliche Medizin gegen ausgehebelte, kosmische Regelmäßigkeiten. Für einen Ausritt in die westfälische Landschaft sollte man sich ausgeschlafenere Zeiten aussuchen; wie gesagt, die Reaktionsfähigkeit war nach einer Langstrecke doch ziemlich beeinträchtigt und ich war mitnichten ein Reitvirtuose, der auch im Schlaf nicht aus dem Sattel fiel. Aber vielleicht sollte ich bei diesem Thema doch von Anfang an berichten.

Frau und Pferd

Es war wohl der Traum von 98% aller jungen Mädchen: Das Reiten. Am allerliebsten noch dazu mit dem eigenen Pferd, wenigstens aber mit einem Pony. Einen Kumpel zu haben, der nicht nur zum Schmusen, sondern auch zum Hegen und Pflegen da war, der sich bunte Bänder und Zöpfchen in die Mähne flechten ließ, den man mit Mohrrüben, Äpfeln und anderen Leckerlis verwöhnen konnte und in der freien Zeit dann ritt - vorzugsweise am menschenleeren Strand in gestrecktem Galopp, die Haare im Wind und natürlich ohne Sattel. Ja, das klang wirklich gut.

Ob es wohl daran lag, dass man in dieser Entwicklungsphase gerne einen Freund gehabt hätte, der einen bedingungslos anerkannte, keine blöden Sprüche abließ oder gar Widerworte gab? Der sich über einen schrumpeligen Apfel, aus dem die Mutter noch nicht mal mehr Kuchenbacken würde, trotzdem furchtbar freute und stoisch dilettantische Reitversuche über sich ergehen ließ, weil es immer noch aufregender war, als den ganzen Tag gelangweilt in der Box zu stehen? Oh ja, Reiten hatte viele Seiten. Sowohl für den Reiter, als auch für das Pferd.

Mich hat das Thema Reiten mein ganzes Leben lang begleitet, wenn auch immer nur in kurzen, energischen Etappen. Meine ersten Reitstunden fanden in Hamburg statt, meine Erinnerung an sie war dunkel; gäbe es nicht ein Beweisfoto - Kathrin, zirka elf Jahre alt, mit einem Dunkelbraunem am Führstrick - würde ich bestreiten, dass sie je stattgefunden hätten. Immerhin musste ihr Einfluss auf meine Freizeitgestaltung so groß gewesen sein, dass ich meine Eltern nach einem Reiterurlaub löcherte. Und so fuhr ich in den Ferien nach Porta Westfalica, auf einen Ponyhof.

Was mir von diesem Aufenthalt blieb, war die Erinnerung an einen Haflinger, einen ganz speziellen. Ich bekam ihn zugeteilt, weil meine Reitkenntnisse wohl die dürftigsten waren und er als sehr ruhig, um nicht zu sagen ‚lahmarschig' galt. Dieses Pferd bzw. Endmaßpony war noch nie vor Zeugen galoppiert, weshalb er auch noch immer nicht seine offizielle Zulassung als Schulreitpony hatte. Also setze ich mich auf, nennen wir ihn Oskar, und war voller freudiger Erwartungen. Die hiesige Reitlehrerin drückte mir von rechts eine Gerte in die Hand, damit ich Oskar überzeugen konnte, an dieser Reitstunde aktiv teilzunehmen. Leider beging ich einen folgenschweren Fehler: Ich wechselte die Gerte von der rechten in die linke Hand, allerdings so ungeschickt durch Oskars Gesichtsfeld, dass er diesen Meinungsverstärker sah, einmal nach Luft schnappte - und aus dem Stand im Galopp davon stürmte. Wie ich es geschafft habe, nicht vom rasenden Oskar herunter zu fallen, schreibe ich nur meiner jugendlichen Beweglichkeit und Unerschrockenheit auf Grund nicht vorhandener, schlechter Erfahrungen zu. Der Haflinger rannte, was das Zeug hielt und anstatt mir zu Hilfe zu eilen, feuerten anwesende Reitlehrerinnen und –lehrer das gute Tier auch noch an, weiter zu laufen, nun könnte man ihn ja gottlob doch endlich zur Reitponyprüfung anmelden. Ich weiß nicht mehr genau, wie viele Kreise Oskar mit mir gedreht hatte, das unangenehme Gefühl des Ausgeliefertseins blieb mir jedoch noch lange in Erinnerung. Das Thema Reiten war nach diesen Ferien erst mal kein Thema mehr für mich.

*

Es vergingen über zehn Jahre, bis ich mich wieder an Pferde heran traute, diesmal auch nicht aus eigenem Antrieb, sondern um nicht aus dem Rahmen zu fallen, genauer gesagt, um den Gruppenanschluss nicht zu verlieren. Im zarten Alter von 23 hatte ich, ganz kurz nach Beginn meiner Tätigkeit als Flugbegleiterin, einen Wochenstopp auf der Isla Margerita vor der malerischen Küste Venezuelas gewonnen. Planerisch war es wohl ein Versehen, vielleicht holte man mich auch aus der Bereitschaft, anders kann ich mir das heute nicht erklären, wie ich damals in den Genuss einer solch langen Reise gekommen bin. Anstatt nun schön entspannt eine Woche am türkisblauen Meer im weißen Sand zu liegen und die Vorteile des Flugbegleiterlebens in vollen Zügen zu genießen, beschloss die diensthabende Kabinenchefin, eine sechstägige Rundreise quer durch Venezuela zu gestalten. Von insgesamt acht Flugbegleiterinnen flog keine weniger als ein Jahrzehnt - außer mir natürlich - was ja quasi schon eine Strandallergie und planmäßige Langeweile auf den Stopps implizierte, also schlossen sich alle der geplanten Tour an. Um kein Spielverderber zu sein, fuhr ich natürlich auch mit. Zahlreiche Fotos dokumentieren noch heute die gemeinsamen Aktivitäten und Abenteuer, die hier zu beschreiben zu weit vom Thema lenken würde. Es sei aber erwähnt, dass eines Nachmittages ein Wanderritt geplant war, dem ich mich natürlich nicht entziehen konnte. Endlich war der Strandgalopp in greifbarer Nähe! Aber schon beim Anblick unserer vierfüßigen Partner bekam ich Mitleid: Auf diese Klappergestelle sollte ich meine damals geschätzten 68 kg hieven? Und ich war noch lange nicht das schwerste Modell von uns Freizeitamazonen…

Die südamerikanischen Pferde waren zäh, die ‚Criollos' haben vielleicht nicht die Hitze und das Temperament eines ‚Arabers', aber bei vierzig Grad Außentemperatur hatte dies auch niemand wirklich erwartet. So trugen diese Pferde uns brav durch fast schon urwaldähnliches Grünland, vorbei an einem klaren Bach, an schattigen Bäumen, in deren langen Zweigen sich Mosquitos ganz besonders gerne versteckten, um sich dann um so gnadenloser auf die Freizeitreiter zu stürzen. Endlich erreichten wir unser Ziel: das karibische Meer! Mir tat zwar schon ganz entsetzlich der Hintern weh, das ständige Reiben an Gurtzeug und Sattel hatte auf Grund der hohen Luftfeuchtigkeit und mangelnder Reitausrüstung bereits erste Tribute gefordert, aber der Anblick von menschenleerem Strand und quietschblauem Wellenschlag ließ alle abgeschubberte Haut und Blasen vergessen. So dachten unsere Pferde wahrscheinlich auch, wenn auch aus anderer Intention, sie wussten genau, dass das Ende des Reitausfluges in greifbarer Nähe war. Den heimatlichen Stall konnten sie quasi schon riechen und, nach kurzem Nüsternblähen, stürmte, nennen wir ihn diesmal ‚El Paso', frisch drauf los. Pferde, auch bekannt als Flucht- und Herdentiere, fackeln nicht lange. Die Verfolgung des Leittieres wurde unverzüglich aufgenommen, Sand flog, Gischt spritzte und wieder einmal hatte ich Mühe, nicht aus dem Sattel zu Rutschen oder schlimmer, mich in den Lederstrapsen zu verheddern und wohlmöglich noch über den Strand gezogen zu werden. Ich hatte keine Ahnung, wie es meinen Kolleginnen erging, ich war viel zu sehr damit beschäftigt, mich am Sattel und der spärlich vorhandenen Mähne meines Tieres festzuklammern. ‚Zügellos am Strand' hatte ich mir ein klitzekleines bisschen anders vorgestellt. Unglaublich, welch Energie auf einmal in den ausgemergelten Kleppern steckte! Im Augenwinkel registrierte ich ein kleines Grüppchen einheimischer Jugendlicher, kaffeebraun, kurzlockig und fast genauso drahtig wie unsere vierbeinigen Freunde, die sich beim Anblick der gut genährten, blassrosa bis hummerrot gebrannten Touristentussis wiehernd auf die Schenkel klopften.

*

Nach diesem Ausritt spielte das Thema Reiten in meinem Leben wieder keine Rolle mehr. Ich konnte mir Pferde problemlos in der Natur oder auch Bilder von Pferden ansehen, ohne ins Schmachten zu geraten. Beim Beobachten eines galoppierenden Paarhufers trieb es mir nicht mehr die Sehnsucht in die Knochen, Pferde kosteten viel Geld, machten viel Arbeit und jede Menge Dreck dazu. Ich war geheilt - dachte ich. Irgendwann holt einen die Vergangenheit dann doch wieder ein, dies musste ich feststellen, als meine beiden Töchter alt genug waren, um Pferde, Kühe und Schweine auseinanderzuhalten und fortan den Wunsch äußerten:
„Mama, ich möchte Reiten."
Praktischerweise lebten wir zu diesem Zeitpunkt schon auf dem Land, genauer gesagt im Münsterland, unweit der Hochburg der Pferdehalter Warendorf. Hierzulande ein Pferd zu besitzen war so normal, wie in der Großstadt einen Wellensittich sein eigen zu nennen. So sah es zumindest für den Außenstehenden aus, jeder zweite Hof schien noch über eine eingezäunte Koppel zu verfügen, auf der friedlich Westfalen, Haflinger oder gar Friesen grasten. Letztere beeindruckten mich ganz gewaltig, waren doch diese glänzenden, lackschwarzen Kaltblüter von solch imposanter Statur, die selbst mich mit 181 cm Körpergröße im Vergleich zierlich und elfenhaft erscheinen ließen. Unser direkter Nachbar Hanjo nannte sich stolzer Besitzer von gleich vier Pferden und zwei Ponys. Auf einem davon, ‚Winnetou', Modell dunkelbraun, bekam Hannah, damals sechs Jahre alt, von nun an Reitunterricht. Für fünf Euro die Stunde bei Hanjos Tochter Karin, war dies finanziell ein noch recht überschaubares Vergnügen.

*

Nun lässt sich das Thema ‚Equide', lateinische Ableitung von ‚Equus/Pferd', ja noch etwas ausdehnen. Dazu gehören nämlich auch noch Maultiere, Mulis, Zebras, Onager und ... Esel. Letztgenannter stand mutterseelenallein auf einer Schafswiese, die dem Opa von Hannahs Klassenkameradin gehörte. Auf der Wiese sollten nun aber die männlichen Enkel des Opas Fußball spielen, also musste der Esel weg - zur Not in die Wurst. Kam natürlich für meine Vegetarierin und Tierliebhaberin Hannah überhaupt nicht in die Tüte, zumal ‚Heinrich', kurz ‚Heini', gerade einmal zehn Lenze zählte. Für so ein Grautier war das gar nichts, bei guter Pflege konnten diese Wüstenbewohner zwischen vierzig und fünfzig Jahre alt werden. Grau war Heini in der Tat, klein noch dazu, er war ja schließlich auch nur ein Zwergesel mit knapp einem Meter Stockmaß, aber seine flauschigen Ohren waren riesig und wie er mich bei unserem ersten Kontakt so mit seinen schwarzen Kulleraugen ansah, hatte er auch schon gewonnen: Heini zog bei uns ein.

Einen Stall hatten wir kurz vorher schon angemietet, eher durch Zufall. Gedacht war er eigentlich nur für zwei Dutzend freilaufende Hühner nebst Gockel, ein unerwartetes Erbe unseres in die Stadt zurück gezogenen Nachbars. Der Stall, ehemals für Schweinehaltung gebaut und direkt angrenzend am Wohnhaus, bot soviel Platz, dass wir seit kurzem auch Besitzer von fünf Schafen, zwei Ziegen und einer kleinen Schweinerei waren, also konnten wir auch gut noch einen Esel unterbringen, viel größer als die Ziegen war er ja kaum. Heini war vielleicht nicht hoch, aber breit - mächtig breit. Eigentlich sah er aus wie ein Steifftier, bei dem der Stopfer es zu gut gemeint hatte, eine runde, graue Fellkugel auf vier ziemlich dünnen Beinchen. Da er auch noch furchtbar ungepflegte Hufe hatte und weder Impf- noch Equidenpass besaß, zogen wir Tierarzt und Hufschmied zu Rate. Beide waren einhellig der Meinung: Heini muss dringend auf Diät!

Bei einem normalen Gewicht von etwa 150 kg hatte unser Modell geschätzte 50 kg zuviel drauf. Der Gute stand Sommer wie Winter auf der fetten grünen Wiese und die Nachbarkinder hatten ihn immer mit reichlich Butterkeksen bedacht, über nicht gegessene und bei Heini heimlich entsorgte Schulbrote konnte ich nur Vermutungen anstellen.
Für ein Tier, das ursprünglich die Wüstenregionen dieses Erdballs sein Zuhause nannte, kam diese eiweiß- und fetthaltige Ernährung fast einem Todesurteil gleich. Mit viel Mühe und Geduld konnten wir mit Hilfe des Hufschmiedes die maroden Hufe in den Griff bekommen, bei der Diät tat sich Heini sichtlich schwer. War ja auch unzumutbar, wenn neunzig Prozent des täglichen Zeitvertreibes aus Fressen bestand und das Futter dann so gekürzt wurde, dass es noch nicht einmal für eine halbe Stunde kauen reichte! Heini fand die Ernährungstipps unseres Tierarztes Dr. Eismann blöd, kaute spröde auf dem ihm dargebotenem Stroh herum und langweilte sich.

Da wir Heini nicht vor dem Abdecker gerettet hatten, damit er sich bei uns nun zu Tode langweilte, versuchten die Kinder, den Esel zu bespaßen. Dies gelang nur in begrenzten Maßen, Sympathie mit Leckerlis erschleichen, durfte man ja nur sehr sparsam und Heini mit Reiten ans Laufen zu bekommen, war mangels vorhandener Ausbildung von Kind und Esel auch nicht einfach. Hannah versuchte es trotzdem und während sie sattel- und zügellos auf Heinis Kreuz herumturnte und sich über jeden Schritt freute, den Heini sich herabließ zu tätigen, las ich mich über Eselhaltung schlau. Was stand da auf einer der ersten Seiten?
„Ein Esel ist ein Herdentier und sollte unter keinen Umständen alleine gehalten werden.“
So ist das also. Weiter war zu lesen:
„Schafe, Ziegen oder gar Schweine sind keine adäquaten Beistelltiere für Esel, da sie sich auf Grund unterschiedlicher Körpersprache nicht austauschen können.“
Aha, Kinder gehörten dann offenbar auch nicht dazu.
„Ein Esel braucht wenigstens einen Partner seiner Art, um glücklich und zufrieden zu sein.“
Das wollte ich, einen glücklichen Heini. Und so kamen wir zu Chantreé, einer schokoladenbraunen Eseldame, mit noch viel längeren Ohren und dem Stimmvolumen einer Operndiva.

*

(Ich könnte jetzt noch seitenweise über das Entstehen unserer Eselherde schreiben, ja richtig gelesen, Eselherde, irgendwann hatten wir nicht nur sieben Kinder, sondern auch sieben leibhaftige Esel, aber das Thema hieß ja nicht Eselsammeln oder die verflixte Sieben, sondern Reiten. Also gestatte man mir an dieser Stelle einen Sprung, kopfüber zurück in die Materie.)

*

Mit dem Umzug auf den eigenen Hof fiel das Reiten für Hannah flach, der Weg zum Stall der ehemaligen Nachbarn war weit, der Kontakt schlief ein, Thema erledigt. Zwar wohnten wir nun direkt an einer Reithalle, mit dazugehörigem aktiven Reit- und Fahrverein, doch Reiten konnte man hier nur, wenn man ein eigenes Pferd besaß, welches man dann zu den Reitstunden mitbrachte. Als Eselbesitzer wurden wir von den ‚richtigen' Reitern und Pferdebesitzern nur belächelt und dass es viel schwieriger war, sich ohne jedes Zaumzeug auf einem fröhlich über die Wiese galoppierenden Esel zu halten, als auf einem müden Schulpferd durch eine Halle zu schlurfen, interessierte dort auch niemanden. (Unser Hengst Konstantin war immerhin so groß, dass sogar ich mit nur minimal angezogenen Füßen dieses Kunststück einmal hinbekommen habe. Allerdings war dieser Ritt im rasenden Galopp auch nicht so ganz freiwillig, er folgte lediglich dem Ruf seiner Freundin

Karla, die zirka 500 Meter entfernt von ihm im Stall weilte. Meine Güte, war der Kerl schnell! Und das Ganze erinnerte mich mal wieder sehr an die Begegnung mit Oskar, der urplötzlich erwachten Haflinger-Schlaftablette aus Porta Westfalica.)

*

Dennoch ließ mich das Thema Pferd und Reiten nicht los. Unser Hof war mit zwei großen Boxen, nebst Paddock und kleiner Wiese ja geradezu prädestiniert für die Haltung eines eigenen Pferdes. (Unsere Vorbesitzer hatten sogar drei.) Innerhalb von sechs Jahren reduzierten wir unseren Eselbestand auf das Minimum, nämlich Heini und Chantrée, die beiden gehörten irgendwie untrennbar zur Familie und schafften so bewusst oder unbewusst Platz für ein Pferd. Wie konnte man sich aber ein Pferd anschaffen, wenn man/frau gar keine Ahnung von diesen Tieren hatte? Trotz zehnjähriger Eselerfahrung waren Pferde doch eine andere Gewichtsklasse, nicht nur im wörtlichen Sinne. Je mehr ich mich der magischen vierzig auf der imaginären Torte meines Lebens näherte, desto entschlossener wurde ich: Ich lerne Reiten - und zwar auf einem richtigen Pferd!

Mein erster Weg führte mich per Zufall an eine ortsansässige, private Reitschule, riesengroß, weiß gekalkt, topp gepflegt, fast übertrieben sauber und ordentlich. Der Sohn des Hauses zeigte mir stolz die beiden Reithallen, die Stallungen und die dazugehörigen Wiesen. Dass eine Reitstunde à 45 Minuten mit Putzen, Satteln und Auftrensen 28 € kosten musste, verstand sich bei diesem Ambiente von selbst. Trotzdem schleppte ich am folgenden Tag der offenen Tür Kind, Kerl und Kegel dort mit hin und wir bestaunten die Pferde, diese riesigen Geschöpfe. Heini hätte unter dem Bauch von ‚Don Giovanni', einem schwarzbraunen Riesen aus Privatbesitz, wahrscheinlich ohne großes Ohrenknicken durchlaufen können. Während man die Hufe unserer Esel ohne Probleme in einem Standardwasserglas hätte spülen können, so bräuchte man für ‚Don Giovannis' Hufe schon einen mächtig großen Eimer. Janina, die nette, junge Reitlehrerin, bot mir an, mal ein Pferd aus dem Stall zu holen und für einen Proberitt fertig zu machen. Dieses Angebot konnte ich nicht abschlagen und so saß ich dann kurze Zeit später im wahrsten Sinne hoch zu Ross auf einem hellbraunen Kumpel mit gut einem Meter siebzig Stockmaß und ging an der Longe im Kreis. Das Gefühl war nicht schlecht, von einem ungezügeltem Galopp am Strand jedoch mehr als Lichtjahre entfernt. Und zum ersten Mal machte sich noch ein anderes Gefühl mit breit: Angst. Weniger die Angst vor dem Herunterfallen an sich, sondern die Angst, dadurch irreparable Schäden davon zu tragen. Das mag nun vielleicht komisch klingen, schließlich ist Leben immer lebensgefährlich, und passionierte Reiter mit massiver Flugangst würden mir nun wahrscheinlich sagen, dass das Fliegen zum Broterwerb das weit größere Risiko sei. Ist es natürlich nicht. Aber so ist das mit den Ängsten, sie sind alle rein subjektiv und wollen entsprechend behandelt werden. Trotzdem, das Schicksal von

Superman-Darsteller Christopher Reeve hatte mich seinerzeit sehr berührt und auch er ist schließlich ‚nur' vom Pferd gefallen.

Meine schwarzen Gedanken konnten es nicht verhindern, einen Termin für meine erste, richtige Reitstunde an eben diesem Ort auszumachen. Diesmal hieß das Pferd ‚Faustus', er war noch größer als sein hellbrauner Kollege. Hannah, mit neu erwachten Reitambitionen, half mir beim Putzen - ich oben, sie unten - und nach nur fünfzehn Minuten enterten wir die Halle. Ein kleines bisschen war ich schon stolz, ohne Leiter, Hocker oder sonstige Hilfe den Rücken dieses Riesentieres erklimmen zu können. Wieder zogen wir mit eingedrehten Zügeln an der Longe unsere Kreise.

Janina, die etwa halb so alt war wie ich und eine Stimme wie Minnie-Mouse hatte, sparte nicht mit Lob, gab aber, in bereits vollendeter Reitlehrermanier, siebenundvierzig Kommandos gleichzeitig. So hieß es dann: Hacken runter, Rücken gerade, schwer im Sattel sitzen, die Ellenbogen nur leicht anwinkeln, Waden an das Pferd, Hände aufrecht stellen und nun die Arme seitlich ausstrecken und immer im Takt mit der Hinterhand. Bereits nach fünf Minuten schwirrte mir der Kopf und meine nicht vorhandene Wadenmuskulatur war nach exakten fünfzehn Minuten - Janina schaute auf die Uhr - dankbar, mit Hannah tauschen zu können. Wir teilten uns diese Reitstunde, unsere ersten Erfahrungen an dieser Schule und ... den Muskelkater. Der kam freilich erst am Tag danach, obwohl ich schon direkt beim Absteigen lebhaft nachvollziehen konnte, warum die Cowboys im Western immer so breitbeinig gingen. Mangels passenden Equipments absolvierte ich meine erste Stunde in Jeans und Turnschuhen und war doch nicht wenig erstaunt, dass diese kurze Zeit im Sattel mühelos gereicht hatte, um mich an einer sehr empfindlichen Stelle großflächig wund zu Schubbern. So verbrachte ich dann die nächsten zwei Tage mit einem Kater in Muskeln, derer Existenz mir bislang verborgen geblieben war, sowie zumeist stehend. Es konnte mich allerdings nicht davon abhalten, die nächste Reitstunde zu buchen.

Insgesamt waren wir drei Mal zu zweit bei Janina, jedes Mal auf einem anderen Pferd. Schließlich sollten wir ja reiten und nicht auf die Eigenarten eines bestimmten Pferdes zu reagieren lernen. Überhaupt wurde der gesamte Umgang mit dem Pferd hier sehr groß geschrieben, das Putzen, Satteln und Auftrensen lernte man hier genauso wie das Spülen des Gebisses, Lederpflege, das Fegen und das Ordnung halten in der Sattelkammer. Hier fühlte ich mich wohl, ich konnte das Konzept aus vollstem Herzen unterstreichen, allerdings kam mir unter dem Strich netto zu wenig Reiten dabei heraus. Denn all die aufgezählten Tätigkeiten gehörten zur der terminierten Reitstunde von 45 Minuten dazu. Ich musste für uns eine andere, kostengünstigere Lösung finden, denn sollte man hier ernsthaft zwei bis drei Stunden in der Woche Unterricht nehmen, betrügen sich die Kosten dafür auf 200-300 € im Monat, dies war leider jenseits meines bewilligten Taschengeldrahmens.

Nun mochte der Fachmann sagen, Einzelstunden waren der einzige Weg schnell und gut Reiten zu lernen, vor allem dazu in fortgeschrittenem Alter („Kinder sind ja so herzhaft unbedarft und frei von Ängsten…"), trotzdem war der finanzielle Aufwand an diesem Ort für uns nicht darstellbar. Inzwischen hatten wir uns kostengünstig bei Ebay mit Reithosen, Helm, Chaps und Stiefeletten eingedeckt, was äußerst positiv in der Reitschule kommentiert wurde. Auf Etikette wurde eben doch viel Wert gelegt. Ich legte auf die Bespaßung meiner Kinder viel Wert, was zu deutsch bedeutete, ich ritt am Mittwochabend mit Hannah auf Pferd Nummer drei, trotz der immer noch wund geschrabbelten Stelle an Du-weißt-schon-wo und ging mit Henry am Donnerstagmorgen eine Stunde Walken, weil ich es ihm versprochen hatte. Da ich meine richtigen Sportschuhe für meine Langstrecke am selben Tag schon in den Koffer gepackt hatte, walkte ich mit meinen Freizeitsneakern, holte mir links und rechts am kleinen Zeh eine wunderschöne Blase und konnte mir dann am Nachmittag auf dem 12-stündigen Flug nach Bangkok aussuchen, ob ich nicht sitzen oder nicht laufen wollte. Eigentlich war nur zur Dekoration in der Bordküche stehen schon zu viel. Trotzdem ging mir das Thema Reiten nicht aus dem Kopf.

*

Ich fragte auf einem anderen Hof nach, PP stand groß angeschlagen, Pferdegestützte Pädagogik, was auch immer das sein mochte. Vielleicht boten die auch so etwas wie eine Therapie für unausgelastete Hausfrauen? Der Internetauftritt las sich ganz interessant, eine Frau Sylvia Liedtke leitete den Hof mit Endmaßponys, allesamt Mixe aus Haflingern und Pintos, und sie bot neben Behandlungen zu Pferd für behinderte, essgestörte und verhaltensauffällige Jugendliche auch ‚normalen' Reitunterricht an. Ich beschloss, mir das Etablissement einmal genauer anzusehen.

Schon auf den ersten Blick war das Ganze nicht meins. Ich hätte mich vielleicht mehr auf meinen Instinkt verlassen sollen, doch ich gab dem Hof eine zweite Chance. Schmuddelig, dunkel und verloddert waren die ersten Adjektive, die mir in den Kopf sprangen, geritten wurde auf einem Sandplatz und auf zwei Wiesen. Bei strahlend schönem Augustwetter sicher kein Problem, aber wie würde das im Winter sein?
„Der Platz ist abends auch mit Licht!", erklärte mir Sylvia dann stolz, wies Hannah einen Schimmel, ‚Balu', und mir ein geschecktes Indianderpferd, ‚Sugar' zu.
Sylvia war eine sogenannte ‚Selfmadewoman', kam zum Reiten erst im Alter von 38 und fing dann an, Ponys zu sammeln. Inzwischen hatte sie die 50 überschritten, war bei Pony Nummer zwölf angekommen und hatte irgendwann dazwischen Ihren Arbeitsplatz als gelernte Ergotherapeutin auf den viel beschriebenen Rücken der Pferde verlegt. Sylvia war 1,60 m groß, fast genauso breit, trug neben einer Kaffeetasse stets dunkle Schlabbersachen und Gummistiefel und lispelte freundlich mit westfälischem Dialekt.

Hannah und ich bekamen im Schnellverfahren erklärt, wie man ein Pferd putzte, sattelte und auftrenste und los ging es auf die Wiese. Ich muss sagen, die ersten Stunden waren schön, bei sommerhaftem Wetter schritten und trabten wir durchs Grün und Galoppieren konnten wir zunächst an der Longe, später auch allein. Auf Sugars Rücken gehörte mir die Welt – sie lag ja nicht wirklich tief unter mir. Einerseits hatte ich wenige Ängste, von Sugar, dem altgedienten 20-jährigen Wallach, zu purzeln, er war ja nicht so groß. Aber genau da lag auch wieder das Problem: Meine Beine waren doch um einiges zu lang, ich konnte die notwendigen Bein- und Fußhilfen nicht an die dafür vorgesehene Stelle des Ponybauches anbringen. Und der arme Sugar hatte in seinem Leben schon so viele Reitanfänger über sich ergehen lassen müssen, dass er mehr als gemütlich mitmachte - selbst beim Galoppieren konnte man noch flotten Schrittes mitlaufen - bis es ihm zu bunt wurde. Dann bestimmte er, wo es lang ging, und das war gegen Abend meist in Richtung Futtertrog. Alles Entgegenwirken auf dem Kreuz des Tieres war sinnlos. Hannah mühte sich tapfer auf Balu, doch auch der Schimmel glänzte durch Motivationslosigkeit und ausgeprägte Dickschädeligkeit. Als das schöne Wetter die Unzulänglichkeiten von Pony und Reiter nicht mehr ausgleichen konnte, suchten wir wieder nach einer neuen Möglichkeit.

*

Diese offenbarte sich mir wenig später per Zufall: Ich erfuhr von einer offenen Reitbeteiligung in einem nahegelegenen Hof. Es handelte sich um einen 16-jährigen Braunen, sein Name war Ludwig und er hatte ein Stockmass von etwa 1,65 m. Er passte in der Größe gut zu mir, meine Reitbeteiligung erlaubte mir drei bis vier Tage in der Woche den Wallach zur Reitstunde fein zu machen und wenn ich wollte, könnte ich auch noch separat Reitstunden belegen. Bei Ludwig habe ich viel gelernt, zum Beispiel, dass ein Pferd beim Hufe Auskratzen umfallen kann, obwohl es noch drei andere Beine zum Stehen hat. Beim Putzen der Vorderbeine war es zweckmäßig, schon mal die Reitkappe aufzuziehen, weil Ludwig gerne in die Haare biss – vielleicht gefiel ihm ja auch nur mein Shampoo so gut – und ein einmal losgelassener und hoch in die Luft gereckter Pferdekopf war bei dieser Körpergröße nicht mehr aufzutrensen, es sei denn, das Pferd spielte mit. Ludwig war toll, er biss mir in die Finger, wenn ich mich zu lange mit jemanden unterhielt, konnte mit den Hinterbeinen schneller laufen als mit dem anderen Beinpaar und glich das lässig während des Laufens mit einem eleganten Hopser aus. Ich rutschte derweil wenig elegant in Richtung Hals. Es konnte auch passieren, dass Ludwig während des Trabens ruckartig den Hals nach unten bog und ich bei mangelndem Gleichwicht kurz davor war, über die Mähne gen Boden zu rutschen. Tja, Ludwig konnte Reiten, ich leider nicht. Ich mochte ihn wirklich sehr und war bemüht, ihn jeden zweiten Tag zu besuchen und zu bespaßen, denn ich wusste, dass er ansonsten den ganzen Tag in der Box stehen würde. Er durfte so gut wie nie raus, da er

,schlechte Hufe' und damit eine Tendenz hatte, die Eisen zu verlieren. Ich fragte mich, wozu ein Pferd Hufeisen brauchte, wenn es hauptsächlich auf Sandboden in der Halle bewegt wurde, aber meine Meinung war vor Ort nicht gefragt, es war ja erstens nicht mein Pferd und außerdem sei ein Pferd eben kein Esel, der bei Wind und Wetter raus konnte, sogar bei Schnee und Eis, eben immer, wenn er Lust dazu hatte. (Offenstallhaltung nennt man das übrigens im Fachjargon.) Davon war dieses Luxustier leider Lichtjahre entfernt, armer Ludwig. Die versprochenen Reitstunden am Vormittag kamen leider nicht zustande und als man mir nach zwei Monaten vorwarf, ich würde ihn mit meinen dilettantischen Reitversuchen quälen, und hysterisch galoppierend durch die Halle rasen, da war es Zeit, sich von Ludwig zu verabschieden, wenn auch schweren Herzens. Ich würde nicht alle armen Schweine, pardon, Pferde, auf dieser Welt retten können.

*

Der strenge Winter mit viel Schnee und Eis hatte es mir bisher leicht gemacht, auf weitere Reitfreuden zu verzichten. War doch schon das Gassigehen mit den Hunden eine Herausforderung für jegliche Art von Wintergarderobe, streckenweise kam ich mir dabei vor wie ein Polarforscher. An lange Aufenthalte im Freien mochte ich zurzeit gar nicht denken. Ob es nun wieder zehn Jahre dauern würde, bis mich der Hafer stach? Vielleicht sollte ich es im Frühling noch einmal bei der Minnie-Mouse probieren oder mich erneut auf die Suche nach einem passenden Pferd machen. Vielleicht gewann ich bis dahin auch im Lotto, dann würde ich mir einen feurigen Friesen nebst knackigem Reitlehrer kaufen - oder lieber einen feurigen Reitlehrer und einen knackigen Friesen?

*

Es dauerte diesmal kaum drei Monate, bis Rusty und Ruby in unser Leben traten. Sie standen seit längerem zum Verkauf in der Nachbarschaft, weil die Besitzerin schon seit über einem Jahr keine Stallpacht mehr für die beiden braunen Riesen gezahlt hatte. Rusty war ein Hannoveraner, Ruby ein Traber, zwei 18-jährige Wallache, schokobraun mit schwarzer Mähne. Sie wurden im März 2010 für einen Appel und ein Ei zwangsversteigert, mit Sattel, Trense und allem Zubehör und zogen damit bei uns ein – ich war der einzige Interessent.

Zu Anfang waren diese Riesenviecher doch ziemlich gewöhnungsbedürftig. Rusty hatte ein stattliches Stockmaß von etwa 1,75 m, er konnte damit locker auf mich runter kucken - oder seinen Teleskophals einfach ausfahren und aus dem Stand heraus seine Zähne im ihm gegenüber gelagerten Heuballen versenken. Ruby war etwas kleiner, vielleicht 1,65 m hoch und eher ein Entfesselungskünstler. Er hatte den Riegel der Stalltür im Nullkommanix mit seiner langen, rosa Zunge aufgefummelt und freute sich ebenfalls über eine selbst erlegte extra Portion Heu. Esel waren wirklich eine andere Hausnummer. Aber wir gewöhnten uns schnell aneinander, die Pferde sich an uns, wir uns an die Pferde und untereinander fanden die Equiden auch bald eine Sprache. Chantrée war von Anfang an die Chefin, Heini und Rusty kämpften um Platz Zwei und Ruby kasperte über die Wiese, aus Streiterei machte er sich gar nichts. Im Sommer brachten wir uns gegenseitig das Reiten bei, vielleicht nicht auf die feine englische Art, aber doch immerhin so, dass wir mit unseren behuften Vierbeinern gemütlich durch die Nachbarschaft spazieren konnten. Durch die Felder galoppiert sind wir auch schon ein paar Mal. (Zugegebener Maßen nicht immer ganz freiwillig und wahrscheinlich wenig graziös. Die Investition von sechs Euro für einen ledernen ‚Maria-Hilf-Riemen' am Sattel, der zum schnöden Festhalten bei eventuellen Unsicherheiten oder Angst-Attacken diente, war mit die sinnvollste Geldausgabe m eines Lebens.)

Aber der Wind, der einem dabei um die Nase wehte, fühlte sich trotzdem ziemlich gut an. An der Technik arbeiten wir dann noch.

Zeitzonenkater Kontinental

„Fliegen Sie gleich wieder zurück?" Das war wohl die am meisten gestellte Frage beim Aussteigen der Gäste an das Flugpersonal. Auf einem innerdeutschen oder wenigstens innereuropäischen Flug konnte man zumeist noch lächeln und nicken, auch wenn man an diesem Tag schon vier Mal zwischen Berlin und Düsseldorf hin und hergeflogen war, einer ging immer noch! Im Anschluss an einem zwölf Stunden Service nach Übersee oder Asien konnte man bei dieser Frage nur noch müde den Kopf schütteln. Oder auch lächeln und nicken und sich dann über die bedauernden und mitfühlenden Gesichter der Passagiere amüsieren. Meistens kam dann noch der Satz:
„Sie haben ja auch keinen leichten Job, nicht?"
Was sollte man denn dazu noch sagen? Über Dienstzeiten machten sich Außenstehende keine Gedanken. Aber zugegebener Maßen, ein Mensch, der beruflich nichts mit der Fliegerei am Hut hatte und auch keinen ‚Flieger' zu seinem Familien- oder Bekanntenkreis zählte, machte sich keinerlei Vorstellung, wie bunt so ein Dienstplan gestaltet sein konnte und wie komprimiert sich drei Tage Flugdienst anfühlen konnten. Besonders pfiffige Einsatzplaner schafften es sogar, mit nur wenigen Einsätzen ein ‚Kurzstreckenjetlag' zu gestalten. Wie das? Etwa so:

Freitagmorgen, *Check In* fünf Uhr lokaler Zeit, also um drei Uhr den warmen, heimischen Federn ‚adieu' sagen. Die Maschine, ein A 320, wartete in Düsseldorf, um mit uns und 174 Gästen nach Barcelona und zurückzufliegen. Eine neue Kollegin war zur Beurteilung mit dabei, sonst passierte nichts Spektakuläres. Offenbar war es für Aktion, egal welcher Couleur, noch zu früh. Nach dem Flug fuhren wir gegen Mittag eine knappe Stunde durch nette, kleine Staus mit dem Bus nach Köln und checkten dort im Hotel ein. Wenn man nicht schon auf der Autobahn eingedöst war, konnte man sich nun überlegen, ob es Zeit für ein Nickerchen im Hotelbett war, oder ob man ‚tapfer' bis zum frühen Abend durchhielt. Am Kölner Flughafen waren die Möglichkeiten der persönlichen Bespaßung begrenzt und mit der U-Bahn in die Stadt zu fahren, setzte genügend Rest-Energien voraus – ein Weg dauerte etwa vierzig Minuten. Nicht gerade ein Katzensprung im Falle eines akuten Schlafanfalls.

Wie immer man sich auch entschied, am nächsten Morgen klingelte der Wecker – respektive die blecherne Computer-Erna des Hotels - um ein (!) Uhr fünfzig. Die geplante Flugstrecke: Köln - Palma – Hamburg – Palma. Unsere Maschine war diesmal ein A 330-300 mit 387 Königen an Bord – wieder ausgebucht. Zur Verstärkung unserer kleinen 320er-Crew waren noch fünf Kolleginnen am vergangenen Nachmittag in Köln angereist. Eine Stunde nach dem Weckruf zu einer Zeit, wo andere Leute erst in der Disco erst so richtig auftauten, holte uns ein Bus am Hotel ab und brachte uns in der Zeit, die man knapp braucht, um ein Frühstücksei weich

zu kochen, zum Terminal. Wir passierten planmäßig die Sicherheitskontrolle, dackelten mit kleinem und großem Koffer durch den verschlafenen Flughafen Köln/ Bonn und warteten am *Gate* vor unserem Flieger auf den *Rampagenten*, der uns die Tür aufsperren sollte. Jedoch: weit und breit keine Spur von Fachpersonal mit Schlüsselgewalt. Der Kapitän rief beim OPS Köln an – leider ging dort niemand ans Telefon. Wir standen fast zwanzig Minuten vor der verschlossenen Tür, träumten von flauschigen Kissen, einem warmen Bett …bis dann der *Rampagent* doch noch auftauchte und uns die Fluggastbrücke zu unserer Maschine öffnete.
„Warten Sie schon lange…?"
Nee, wir standen immer so zeitig vorm Flieger, damit wir uns schon einmal in Ruhe von den Gästen besichtigen lassen konnten. Was für eine blöde Frage! Anscheinend war das automatische *Boarding* mit festgelegten Zeiten, wann die Gäste abgerufen werden (dreißig Minuten vor dem Start beim großen Airbus) nur für die Bodenmitarbeiter verbindlich. Das man die Besatzung dafür rechtzeitig an ihren Arbeitplatz lassen musste, schien ein unwesentliches Detail dieser Vereinbarung zu sein. Oder hatte er vielleicht gedacht, dass wir auf dem Flieger übernachtet haben? Definitiv war dies einer der Nachteile in dem Job: ständig und drei Tage an einem beliebigen Ort auf dem Globus wie bestellt und nicht abgeholt zu warten – entweder weil die Kommunikationskette irgendwo einen Riss bekommen hatte – huch, eine Crew! Wo will die denn jetzt so plötzlich hin? - oder weil jemand schlichtweg mit der Uhrzeit nicht klar kam, aus welchen Gründen auch immer. Hätte ich für jede Minute, die ich in den letzten zwei Jahrzehnten im Dienste der Firma irgendwo auf irgendwen oder irgendwas gewartet habe – auf Gäste, den Crewbus, die Koffer, den *Slot*, schöneres Wetter, den Kollegen aus dem *Standby*, den Anschlussflieger, den Hoteltransport oder das noch zu putzende Hotelzimmer – einen lausigen Euro bekommen, ich wäre schon längst finanziell sorgenfrei. Gäbe es noch die berühmte Show mit der Frage: „Welches Schweinderl hätten S' denn gern?" *, dann wäre meine berufstypische Handbewegung nicht die berühmte Fuchtelei zu den Notausgängen, sondern ein genervter Blick auf die Armbanduhr!

Nun war der Weg zu unserem fliegenden Büro endlich frei und wir mussten lediglich noch die großen Koffer eine schmale, nasse und damit mega-flutschige Treppe aufs Vorfeld runterwuchten, damit sie von den Ladern im *Crew-Cargo-Compartment* verstaut werden konnten. In Düsseldorf war uns dies zeitweilig mal verboten, auf Grund zu vieler verdrehter Gliedmaßen seitens der Crew, vorzugsweise bei weiblichen Mitgliedern mit Mörderabsatz. Da sich eine andere Lösung aber offenbar zu kompliziert oder arbeitsintensiv für andere Berufsgruppen gestaltete, schleppten wir wieder selbst. Dafür wurde uns Damen nahegelegt, keine Pfennigabsätze mehr im Dienst zu tragen – nichtsdestotrotz waren Schuhe mit hohem Absatz aber zum *Boarden* und *De-Boarden* weiterhin gewünscht. Immerhin bekam man bei dieser sportlichen Balancierübung noch eine Nase ‚frische Flughafenluft' vor dem Dienst in der Dose mit und konnte dem Flieger noch mal liebevoll den

Bauch - oder beim Baby-Bus das Triebwerk - kraulen.

Inzwischen war es etwa 3.30 h am Samstagmorgen, eine Zeit für Nachtschwärmer die Lokalität zu wechseln oder eine Zeit für Fluggäste besonders günstig auf die Balearen zu fliegen. Viele unserer Mitreisenden hatten die Nacht durchgemacht, man konnte sie schon von weitem grölen, singen und krakeelen hören, der Rest der Passagiere war einfach – müde. So wie wir. Mit dem Unterschied, dass sie sich mit Höflichkeitsfloskeln wie Lächeln, Anschauen oder sogar gesprochenen Grußworten nicht großartig aufhielten. Von Köln nach Palma flog man etwa zwei Stunden, der normale Service – Wurst- oder Käsesandwich nebst heißen und kalten Getränken, sowie dem Bord-Verkauf – war bei voller Maschine in diesem Zeitrahmen gerade so zu bewerkstelligen. Schwer vorstellbar? An dieser Stelle möchte ich eine kleine Rechnung einschieben:

387 Gäste geteilt durch acht zum Service eingeteilte Flugbegleiter = 48 Gäste pro Kollege. Zwei Stunden Flugzeit minus Zeit zum Aufbauen, Abbauen und Kabine zur Landung vorbereiten geteilt durch Anzahl der Gäste pro FB = 1,53 Minuten pro Person.

Im Klartext blieben also keine zwei Minuten pro Gast für einen charmanten Service, zwei bis drei Getränke, dem Anreichen einer kulinarischen Köstlichkeit im Brotmantel, sowie dem Verkauf von aktueller Bordware. Nicht mitgerechnet waren hierbei Sonderwege vom Wagen zur Küche zum Beispiel für das Kochen von Kamillen-, Pfefferminz- oder Früchtetee, das Zubereiten von Kakao, koffeinfreiem Kaffee oder Babybrei, das Aufbauen von Babybettchen, Anreichen von Decken, Kissen, Kopfhörern, Aspirin, Eisbeuteln oder … einem schlichten Gespräch zwischen Flugbegleiter und Passagier. Da wurde der Zeitplan dann schon mächtig eng. Krankheitsfälle, die um diese Uhrzeit gar nicht selten waren – nichts gegessen, zu wenig geschlafen oder zu aufgeregt – brachten dann oft alle zum Rotieren.

Immerhin fielen heiße Sonderessen auf diesem *Leg* weg, mitten in der Nacht waren sie schlichtweg noch nicht lieferbar. Dies versuchten wir einer sehr ausgeschlafenen und völlig entrüsteten, älteren Dame auch zu erklären. Sie beharrte auf die sofortige Bestellung eines Rühreis mit Speck und Grilltomate, welches wir beim besten Willen nicht aus der Rocktasche zaubern konnten. Nachdem sie sich mit der Kollegin in der mittleren Sektion auf Grund der fehlenden Eierspeise schon fürchterlich in den Haaren hatte, reichte diese genervt das Gespräch an mich weiter. Die alte Dame lief zur rhetorischen Höchstform auf, da sie nun endlich einen in ihren Augen kompetenten Ansprechpartner vor sich hatte. Mit energischem Zeigefinger pickte sie auf der Menükarte herum und zeterte munter weiter. Sie hätte IMMER ein Rührei an Bord bestellen können und darum wollte sie dies auch heute tun! Und zwar hier und jetzt! In diesem Flugzeug! Was denn wohl so kompliziert daran sei?

(Unter uns würden wir Flugbegleiter ganz pragmatisch sagen: No have – no give. So konnte man Passagierbeschwerden natürlich nicht beikommen.) Im weiteren Gespräch ergab sich aber recht schnell, dass ihre Standard-Reisezeit nach Palma ein normaler Morgenflug um sieben Uhr war – schon hatten wir das Problem der ‚verlorenen Eier' gelöst. Als Kompensation bestellte sie sich dann kurzerhand einen Champagner statt Frühstück und entspannte sich zusehends – Glück gehabt.

Kaum war der letzte Müll des Frühstückservices eingesammelt, gingen die *fasten seatbelt*-Zeichen an. Offenbar hatten die Piloten wieder eine Abkürzung bekommen, es ging rasant abwärts. Nun, um diese Uhrzeit konnte man sich den Bordverkauf getrost sparen, seit es innereuropäisch keine Zigaretten und keinen Alkohol mehr im Flugzeug zu kaufen gab, hatte die Nachfrage rapide abgenommen. Und für Parfum, Spielzeug, Snacks und Co war um diese Uhrzeit kaum einer in Stimmung.

In der Bodenzeit sprach ich eine neue Mitarbeiterin an. Sie war mir schon in Köln am Nachmittag zuvor aufgefallen. Wir trafen uns gegen fünf Uhr abends im Fahrstuhl des Hotels, wo sie mit einem beherzten Handschlag ins Kreuz meines Mannes uns den Rat erteilte:
„Na, ‚Kinders', dann geht mal schick ins Bett, ihr zwei!"
Bis dato waren wir noch nicht einmal sicher, ob sie eine Kollegin unserer Crew war…
Während des Fluges hat sich unser Küken - drei ganze Monate Betriebszugehörigkeit - weiter durch kecke Sprüche und wirre Ideen in Szene gesetzt. Mir kam es vor, als wenn sie mit ihrem vollmundigen Auftreten einen anderen Mangel kompensieren wollte. Fehlendes Selbstbewusstsein war es offenbar nicht. Oder doch? Ich empfahl ihr in der Pause, die Wortwahl in Zukunft zu überdenken und sich bei ihrer nächsten Reise doch mal namentlich vorzustellen, beim Kapitän, beim *Purser*, gerne auch beim Rest der Crew. Und vielleicht wäre es auch angebracht, den Vorgesetzten die Wahl der Anrede zu überlassen. Selbst wenn es sich in den letzten Jahren in unserer Firma eingebürgert hatte, jeden zwischen zwanzig und sechzig bedingungslos zu duzen – ich fand es unangemessen, wenn mir jemand, der problemlos meine Tochter oder mein Sohn hätte sein können, das ‚Du' aufdrückte. Das entschied ich gerne selbst.

Meine Kritik kam überhaupt nicht beim Empfänger an, jeder Satz wurde energisch mit „ja, aber…" bekämpft. Als ich auf meinem Standpunkt beharrte und das Gespräch damit beendete, wurde Pipi in die Augen gedrückt. Es wäre ja jetzt soo unfair, sie vor versammelter Mannschaft in die Senke zu stellen! Die ‚versammelte Mannschaft' bestand aus einer Kollegin, die etwa drei Meter weit entfernt neues Papier in die Kästen in der Toilette stopfte und einem spanischen Staubsaugermann, der mit seinem Gerät röhrend um uns herum saugte. Ich wollte ihr eigentlich nur einen guten Tipp mit auf den Weg geben hatte keinen verbalen Schlagabtausch im Sinn – daher entschuldigte ich mich selbstredend für die ‚öffentliche Anklage' und versprach, sie das nächste Mal nach vorne in mein Büro auf einen Kaffee einzuladen. Du lieber Himmel - und das alles noch vor dem Frühstück!

Während wir auf unsere Gäste für meine alte Heimatstadt Hamburg warteten, rührte ich in meinem Pseudo-Milchkaffee und überlegte, ob überhaupt irgendetwas von meiner Botschaft bei ihr, nennen wir sie mal Jill, angekommen war. Sie arbeitete mit der Kollegin zusammen, die ich am Tag zuvor auf dem Barcelona-Flug beurteilt hatte – Joana. Joana war ganze vier Wochen in der Firma und nicht nur optisch das genaue Gegenteil von Jill: Sehr ruhig, dabei aber besonnen, freundlich, mit einem Lächeln, dem man sich schwer entziehen konnte. Sie leistete sich wegen nervöser Aufgeregtheit auch noch den ein oder anderen faux-pas. Allerdings versprühte sie dabei einen so ehrlichen Charme, dass man sich nur darüber amüsieren konnte. So öffnete sie zum Beispiel am Getränkewagen mitten im Gang eine Flasche Mineralwasser, mit der zuvor offenbar etwas ruppig umgegangen wurde. Das PET-Behältnis mit einem Liter Inhalt entleerte sich zischend in einer hübschen Fontäne etwa zur Hälfte über einen Herrn, der links neben ihr saß. Natürlich war ihr die unfreiwillige Passagierdusche entsetzlich peinlich, sie fluchte laut: „Ach, du Scheiße!“, schnappte sich einen Stapel mit Papierservietten und begann sogleich, den nassen Pudel überall damit abzutupfen. Als sie sich in ‚tiefere Regionen' heruntergetupft hatte, fiel ihr offenbar erst auf, wo genau sie bei einem männlichen Wesen herumwischte – dem Gast schien es allerdings gefallen zu haben. „Oups!“ Joanna wurde so rot wir ihr Hütchen (welches sie auch beim Service tapfer trug) und hielt dem Gast die aufgeweichten Tücher mit verlegenem Grinsen und kleinem Knicks hin. Ich hätte vor Lachen in den *Trolley* beißen können.

Da unsere kurzen Flüge mit immer proppenvoller Maschine nicht viel Spielraum ließen, ging ich auf jedem *Leg* zu Joana mit an den Getränkewagen auf der linken Seite, so dass Jill sich ganz auf die Sandwichs und die heißen Essen konzentrieren konnte. Es verstand sich von selbst, das neue Kolleginnen und Kollegen noch nicht so schnell sein konnten, wie die ‚alten Hasen'. Aber ich arbeitete sowieso gerne mit, als *Purser* völlig außen vor zu sein, war nicht mein Ding. So hatte ich Kontakt zu den Gästen und konnte nebenbei ein Auge auf die beiden Neuen werfen – perfekt. Jill war offenbar nach unserem Gespräch in der Bodenzeit beleidigt. Nachdem sie mich ja zuvor geduzt hatte, war ich nur noch ‚Frau Leineweber', aber am liebsten sprach sie mit mir nun gar nicht mehr. Dafür umso mehr mit Joana, die ihr offenbar jetzt überhaupt nichts mehr recht machen konnte. Herrlich, so ein Zickenkrieg am frühen Morgen! Offenbar reichte es aber noch nicht, nur die eigene Sektionskollegin zu ärgern. Jill musste auch noch jedermann den Unmut über die bescheuerte und ungerechte Chefin kund tun, innerhalb kürzester Zeit war die Stimmung in der Crew so unruhig und aufgewühlt, dass ich mich genötigt sah, in

Palma ein *De-briefing* zu machen.
Dies passierte bei mir äußerst selten, denn ich zog es vor, Probleme und Unstimmigkeiten an Bord zu lösen oder auszuräumen. Unser Job prägte das Privatleben ohnehin im Überfluss, da musste man nicht unbedingt noch seinen Feierabend mit Jobdifferenzen verdudeln, schon gar nicht, wenn der Arbeitstag um 1.50 h begonnen hatte. Manchmal ließ es sich aber leider nicht vermeiden und in Anbetracht der Tatsache, dass wir noch einen weiteren gemeinsamen Tag miteinander gestalten mussten, setzten wir uns in der Lobby des Hotels noch einmal zusammen. Da der ‚hintere Teil' der Kabinenmannschaft von unseren Zwistigkeiten nicht viel mitbekommen hatte, verzichtete ich auf ihre Anwesenheit und wir saßen nun zu sechst um einen runden Tisch. Der Kapitän hatte auch ein Interesse an Missstimmungen in der Crew, nicht nur weil er gerade zufälliger Weise mit mir verheiratet war. Im Notfall musste man sich blind aufeinander verlassen können, schwierig, wenn die emotionale Ebene sich im kalten Keller befand. Würde Professionalität allein reichen? War das überhaupt professionell, sich durch negativ gefühltes zwischenmenschliches Verhalten so weit beeinflussen zu lassen? Ich war kein studierter Psychologe, aber es lag auf der Hand, dass die Stimmung in der Crew maßgeblich am Erfolg der ganzen ‚Mission' beteiligt war. Man musste nicht jeden lieben, um Gottes Willen, aber respektvoller Umgang war die Grundlage von jeder Teamarbeit. Schließlich waren wir nichts anderes, ein Team, wenn auch täglich und für jeden Flug neu zusammengewürfelt. Vielleicht blieben auch deshalb viele Worte ungesagt – die Wahrscheinlichkeit jemanden so schnell wieder zutreffen war relativ gering. Aber hatten wir ‚Alten' nicht die Verantwortung, den ‚Neuen' was mit auf den Weg zu geben?
Ich fragte Jill, ob sie zuerst etwas zu der Stimmung in der Crew sagen wollte und sie lehnte dankend ab. Nun, damit waren wir noch keinen Millimeter weiter und ich bat die anderen Kolleginnen und Kollegen um ihre Eindrücke und Empfindungen. Ob irgendetwas davon Jill erreichte, vermochte ich nicht zu beurteilen, denn außer Widerworten und Rechtfertigungen war von Einsicht nichts zu spüren. Wir drehten uns im Kreis und ich brach das Gespräch nach einer Weile ab, jedoch mit dem Schlusssatz, dass wir am folgenden Tag versuchen sollten, möglichst unvoreingenommen einen zweiten Versuch zu starten.

*

Um es kurz zu machen: auch der zweite gemeinsame Tag (Flugauftrag: Palma-Zürich-Palma-Düsseldorf) war mächtig anstrengend. Um den Biorhythmus wieder etwas aufzumischen – das frühe Aufstehen hatten wir ja nun schon abgehakt – war *Check-In* in Palma erst am späten Vormittag. Avisierter Feierabend: 23 Uhr. Sollte doch einer behaupten, das Leben eines Flugbegleiters war nicht abwechslungsreich! Immerhin war am Abend zuvor Gelegenheit gewesen noch ein paar spanische Tapas und einen kräftigen Rioja zu genießen – wenn man den Weg aus dem

Bett überhaupt noch gefunden hatte.

Wir standen in Palma an der Fluggastbrücke, als der *Rampagent* schwitzend und keuchend an mir vorbei ins Cockpit huschte: Schlechte Nachrichten, unserer *Slot* war geplatzt, die nächste zu erwartende Abflugzeit nach Zürich würde erst in einer Stunde sein. Ein Traum - alle Gäste saßen schon erwartungsvoll auf ihren Plätzen, draußen war es um die dreißig Grad heiß. Dem *Rampagent* lief der Schweiß in Strömen aus dem schwarzen Kraushaar und er lächelte entschuldigend, als er erneut geschäftig an mir vorbei flitzte, um auf die nächste abzufertigende Maschine zu sausen. Natürlich konnte er nichts dafür, Palma, dieser Monsterflughafen der Balearen, hatte im Sommer öfter so seine Schwierigkeiten mit der Gästeflut. Hier wurden in Hochzeiten 18 000 Gäste pro Stunde durchgeschleust, bis zu 400 000 am Tag. Im gesamten Jahr kamen so 25 Millionen Passagiere zusammen. (Zum Vergleich: Düsseldorf, als Deutschlands drittgrößter Flughafen, beförderte 2010 rund sieben Millionen Gäste weniger.) Wie viele Flugzeuge dies pro Stunde, Tag und Jahr waren, konnte man sich mit Kenntnis dieser Zahlen eindrucksvoll vorstellen. Aber Jammern half nicht, unsere Piloten bemühten sich um einen besseren *Slot* und während wir in der vorderen *Galley* noch überlegten, ob wir schon einmal Getränke anbieten sollten, rumpelte in der Mitte die Tür zu.
Wie konnte das sein? Uns fehlten noch sämtliche Papiere und mit soviel *Delay* schloss niemand die Tür bei vollbesetzter Maschine. Die Brücke wurde prompt abgezogen, mein Mann sah dies aus dem Seitenfenster des Cockpits und schnappte nach Luft. Die Fluggastbrücke war inzwischen ganz am Terminal verstaut und unser Kapitän brüllte durch das geöffnete Cockpitfenster nach dem *Rampagenten*, der gerade im Begriff war, in sein Auto zu steigen. Da just in diesem Moment eine Maschine startete, war es draußen so laut, dass er meinen fluchenden Göttergatten nicht hören konnte und zur nächsten Maschine fuhr. In anbetracht der Hitze wurde das Cockpitfenster wieder zugeknallt und ich ad hoc ins Heiligtum zitiert:
„Verdammt noch mal, wer hat Anweisung gegeben, die Tür zu schließen?!“ pflaumte der Chef mich an. Gut, dass ich dieses lockige Temperamentsbündel schon etwas länger kannte, sicher auch grad kein Beispiel an gelassener Kommunikation.
„Das kann ich Dir aus dem Stand nicht beantworten, ich kümmer' mich drum.“
„Kuck, dass die Tür wieder aufkommt, ich sorge für die Brücke!“, befahl er unwirsch und schnappte sich das Funkgerät. Bevor er anfing zu sprechen, drehte er sich zu mir um:
„Sag mal, war das schon wieder unsere Neue?“
Da Jill an dieser Türposition eingeteilt war, lag die Vermutung nahe. Ich ging zu ihr hin und fragte sie, in der *Galley* und ganz leise:
„Wer hat denn die Anweisung zum Schließen der Tür gegeben?“
Und keck erhielt ich die Antwort:
„Wieso? War das jetzt auch schon wieder falsch? Das hat der Treppenfahrer mir

gesagt!“
„In diesem Fall, kommen Sie doch bitte mal mit nach vorne in mein Büro.“
Nun mochte sich der Außenstehende vielleicht fragen, was zum Teufel war jetzt daran so schlimm, aus Versehen eine Tür zu schließen. Hier zu musste man wissen, dass die Bedienung der Flugzeugtüren ständig große Sensibilität und Aufmerksamkeit erforderte. Sie waren einerseits unsere Lebensversicherung, um im Notfall – der sich selten ankündigte – die Maschine schnell zu verlassen. Im umgekehrten Fall konnte eine unbedacht geöffnete Tür schon einmal das Leben eines Treppenfahrers oder *Rampagenten* aushauchen, wenn man nämlich vergessen hatte, die in der Tür verborgene Rutsche vorher zu deaktivieren. Diese schoss bei unbedachter Öffnung mit tödlichem Schwung heraus. Darum war die Bedienung der Tür stets mit größtmöglicher Vorsicht bzw. Umsicht zu handhaben. Nicht umsonst hieß es bei dem Scharfmachen der Rutschen zum Flug oder dem Einlegen der Parkposition stets: „ and cross-check!“. Also bitte auch noch einmal gegenüber die Tür des Kollegen kontrollieren, bevor man die gemeinsame Rückmeldung nach vorne gab. Vier Augen sahen mehr als zwei, man war leicht abgelenkt, durch schon aufspringende Gäste, ungewöhnliche Geräusche und dem größten Feind: der Müdigkeit. Fegte eine aus Versehen geschossene Rutsche nun keinen von Treppe oder Brücke - zur Entfaltung kam es innerhalb von wenigen Sekunden - war doch zumindest das Flugzeug erstmal am Boden. Die Kunst, das Riesengummiboot wieder passend in sein Behältnis hineinzufalten, beherrschten nur ausgewählte Techniker und die verballerte Co^2 Flasche musste auch erstmal ersetzt werden.
Sicher konnte man auch mit einer Rutsche weniger fliegen – dann aber nicht mehr mit ausgebuchter Maschine und langwierigen Absperrungen und Abklebungen in der Kabine. All dies stand extrem kontraproduktiv zu einem reibungslosen Flugablauf und war daher zu vermeiden. Im Übrigen wurde das Schließen der letzten offenen Tür nur vom Cockpit oder vom *Purser* angewiesen; den Überblick über Papiere, korrekte Passagierzahlen und avisierte Startzeit konnte der Flugbegleiter an der Türposition nicht haben.

Dies fiel Jill offenbar auch ein, als wir mein ‚Büro’ in der vorderen Küche erreicht hatten – oder so etwas in der Art. Da ein Zweiaugengespräch an Bord eines ausgebuchten 300ers nirgends möglich war – vielleicht mit Ausnahme des Waschraumes, den ich für derartige Unterhaltungen definitiv nicht in Betracht zog, standen wir beide hinter der Papptrennwand zu unserer ersten Gästereihe und ich fragte sie noch einmal leise:
„Der Treppenfahrer hat Ihnen gesagt, Sie sollen die Tür schließen?“
„Nee, das war der *Rampagent*. Ich habe die beiden wohl verwechselt. Wieso?“
„Weil wir mindestens eine Stunde Verspätung haben und uns noch die kompletten Papiere fehlen.“
„Das wusste ich nicht.“
Wie auch? War ja nicht ihr Job. Ein simples ‚tut mir leid’ hätte auch gereicht. Statt-

dessen schnatterte sie wieder eine Flut von unnötigen Rechtfertigungen, die auch in Reihe drei noch zu hören waren. Ich schickte Jill zurück auf ihre Position. Mit Uneinsichtigkeit und schnippischem Ton kamen wir hier nicht weiter, es hatte sich zum Vortag nichts geändert.

Als nächstes rasselten Jill und ich auf dem *Leg* Zürich-Palma aneinander. Ein Passagier in Reihe eins hatte eine Currywurst bestellt und noch nicht bekommen. Gegenüberliegend in Reihe eins sind von der Kollegin schon vor geraumer Zeit zwei Würste serviert und bereits von den Gästen verzehrt worden. Der Herr auf ‚unserer' Seite war sehr erbost, fühlte sich übergangen und explodierte von Null auf Hundert in knappen zwanzig Sekunden.
„Hey Sie! Wo bleibt meine Wurst?!", ranzte er mich an, als ich mit dem Abräumkörbchen an ihm vorbei ging.
„Die da drüben – er zeigte mit dem nackten Finger auf die anderen Wurstverzehrer – die da haben Sie bestimmt mit meiner Wurst gefüttert! Obwohl ich zuerst bestellt hatte. Schließlich sitze ich auch in Reihe eins! Und jetzt kucken Sie, dass hier noch`ne Wurst an Land kommt!"

Da ich die Abfrage der heißen Essen weder persönlich vorgenommen hatte, noch irgendwelche Currywürste auf diesem Flug verteilt hatte, war es schwer, darauf spontan eine Zusage zu tätigen. Ich versuchte, den Gast erst einmal zu beruhigen. Es war mir zwar völlig schleierhaft, wie man auf Grund von nicht serviertem, durchgedrehtem und gebrühtem Schweinefleisch im Naturdarm so derartig ausflippen konnte, aber bei manchen Gästen schien das blanke Überleben davon abzuhängen. (Da Vegetarier bei nicht erhaltenem Käsebrötchen genauso austicken konnten, war dieses Aggressionspotential keineswegs nur den Fleischessern zuzuschreiben. Allerdings konnte man dies bei einer ausverkauften Currywurst viel häufiger erfahren, als bei der Semmel mit dem vegetarischen Belag. Vielleicht war doch die Lokalität dran Schuld? Wie sonst konnte man sich solch verbale Entgleisungen und zwischenmenschliche Misskommunikation überhaupt erklären?)

„Die Kollegin ist noch mit dem Austeilen der Sandwichs beschäftigt. Sicher kommt ihre Wurst gleich…"
„Das will ich aber auch hoffen! Schließlich habe ich sie extra vorbestellt!"
Vorbestellungen von zuhause lagen für diesen Flug gar nicht vor, vielleicht lag da der Hund begraben? Ich fragte den Herrn danach.
„Vor einer halben Stunde! Vor einer halben Stunde habe ich die Wurst bestellt. Bei ihrer Kollegin da. Sie haben wohl gar keinen Überblick, wie?"
Tja, leider hatte ich kein telepathisches Gedächtnis, welches mich automatisch mit den Abfrageergebnissen von vier Flugbegleitern in vier Sektionen auf einem sechzig Meter langen Flieger verband. Vielleicht sollte ich daran arbeiten und mir bei meinem nächsten Bangkok-Stopp schon einmal ein runde, glatte Glaskugel für

solche Fälle zulegen.
„Wenn Sie eine Currywurst bei Miss Jill bestellt haben, dann werden Sie sie auch bekommen, da bin ich mir sicher. (War ich das?) Die Kollegin ist noch neu und arbeitet ein klitzekleines bisschen langsamer, aber Sie sitzen in der ersten Reihe, da war die Auswahl sicher noch vorhanden…"
„Ich verzichte auf die Auswahl. Ich will die Wurst!"
Wie ich es manchmal hasste, über schnöde Würste zu diskutieren! Der liebe Gott hatte ein Einsehen und schickte mir die Erlösung. In Form von ‚Miss Jill' inklusiver einem Tablett mit Currywurst.
„Hat hier jemand eine Wurst bestellt?"
Ich wünschte dem Herrn guten Appetit und empfahl mich. Jetzt wo das kulinarische Highlight des Fluges dampfend vor ihm stand, war aller Zorn schlagartig verflogen. Freudig zerriss er das Tütchen mit dem Currypulver, zerstäubte es über die Fleischstückchen und vergaß alles um sich herum.
In der *Galley* fragte ich Jill nur ganz kurz und knapp, warum es mit der Wurst für Reihe eins solange gedauert hatte. Schließlich war die komplette Sektion schon abgeräumt worden und alle anderen heißen Essen im Flieger längst serviert.
„Wieso?"
„Weil der Herr mich bereits danach gefragt hat und augenscheinlich etwas ungeduldig war."
„Na und?"
„Es wäre schön gewesen, *vor* dem Abräumen die bestellten Essen auszuteilen."
„Hat er sich etwa beschwert?"
„Er ist vor Hunger fast gestorben."

Ich versuchte, geistig einen Haken an die Geschichte zu machen, obwohl mir die leidige Diskussion über die verhexte Currywurst weiterhin im Ohr nachhallte und aus meiner mentalen Schublade für nervige Passagierbeschwerden noch nicht eliminiert war. Ein Weg in die *Aft-Cabin* brachte mich kurzfristig auf andere Gedanken aber als ich vorne in meinem ‚Büro' wieder angekommen war, fand ich Jill in einem beginnendem Gespräch mit Mister Currywurst. Sie baute ihre zierliche Person vor dem Herrn auf, stemmte die Arme kokett auf die Hüfte und ich konnte gerade noch hören, wie sie recht forsch fragte:
„Haben Sie sich über mich beschwert?"
Offenbar hatte der Gast keine Lust, mit ihr weiter zu klönen, er drückte ihr das leer gefutterte Tablett in die Hand, knüllte noch die Papierserviette obendrauf und brummte, anscheinend zufrieden gesättigt:
„Danke, das können Sie mitnehmen. Ist alles in Ordnung."

Wir mussten nur noch ein einziges *Leg* fliegen, von Palma aus nach Düsseldorf. Kleine Nickeligkeiten und Giftpilze wurden immer noch großzügig verteilt, Miss Jill hatte zum Schluss keine Ahnung vom Umgang mit Devisen, kein Portemonnaie

dabei und ihr Wechselgeld, so sie denn überhaupt welches mit sich führte, nicht gezählt. Bei einem nicht unerheblichen Manko bot sie mir an, auf ‚gut Glück' das Geld privat dazuzulegen, was ich ablehnte. Die Abrechnungstüte war schon zu und mit ‚Pie mal Daumen' der Kasse nicht geholfen. Das wären alles Lappalien gewesen, bis auf den krönenden Spruch in der mittleren Küche zu Joana:
„Wenn Du nichts Böses über mich erzählst, sag ich auch nichts Böses über Dich!"
Joana kam sichtlich verwirrt nach vorne und ich fragte sie, was los sei.
Sie war sich keinerlei ‚Schuld' bewusst und verstand die intrigierende Art ihrer Sektionspartnerin überhaupt nicht. Nun fühlte sie sich zu Unrecht unter Druck gesetzt, was ich auch verstehen konnte. Also war die Konsequenz dieses unerquicklichen Umlaufes noch ein kurzer Bericht an den Chef.
Es lag mir fern, mich über jeden Fehler von Jill aufzuregen und sie ‚in die Pfanne zuhauen'. Bei neuen Kolleginnen musste man auch mal beide Augen inklusive Hühneraugen zudrücken – schließlich fiel kein Meister vom Himmel. Jedoch die Summe aller Auftritte in den letzten drei Tagen in Verbindung mit ihrer Uneinsichtigkeit und der frechen Klappe versprachen auch in Zukunft aufregende Flüge mit ihr. Was mir absolut inakzeptabel erschien, war die Angstmacherei und die verbale Bedrohung ihrer Kollegin. Schließlich waren wir nicht im Kindergarten auch wenn man sich zweifelsfrei manchmal so vor kam, sowohl hüben wie auch drüben. Aber so war er, der Faktor Mensch: Immer wieder anders, manchmal aufregend, spannend, manchmal gähnend langweilig und manchmal eben auch absolut unreif.

Kurzstrecken-*Jetlag* - wir waren bloß drei Tage unterwegs, aber es fühlte sich an wie eine ganze Woche. Durch Aufstehen zu den unmöglichsten Zeiten, mehrfachem rauf und runter pro Tag und der kompletten Dienstzeitverschiebung am Schluss – wir waren um halb eins nachts zuhause – fühlte man sich am nächsten Morgen genauso matschig wie nach einer Langstrecke mit neun Stunden Zeitunterschied. Ich schrieb einen kurzen Bericht über Jill und hakte den Umlauf damit ab.

Ein paar Tage später rief mich mein Chef an. Er hätte mit ihr gesprochen, alles wäre geklärt und aus der Welt geräumt. Na, prima, so etwas hörte man doch gern.

Eine Woche später traf ein Brief von der Kabinenleitung bei mir ein, mit dem Vermerk, dass wir uns doch bitte zum gemeinsamen Gespräch einmal treffen sollten. Im Anhang fand ich ein vier Seiten langes Schreiben von Jill. In ihrem Bericht beschwerte sie sich über mich, wie sehr ich sie unter Druck gesetzt, belogen und bewusste Falschaussagen über ihre Person gemacht hatte. Das war ja spannend! Der Termin sollte wegen Urlaub allerdings erst fünf Wochen später stattfinden.
Als ich aus den freien Tagen zurückkehrte war das Gespräch aus meinem Dienstplan gestrichen und ich hörte auch nichts mehr davon. Ein Kollege erzählte mir Monate später, dass es wohl auf Grund anderer, inzwischen zahlreicher Beschwerden zu einem außerplanmäßigen Check-Flug für Jill gekommen war, bei dem sie

leider durchfiel. Der Checker eröffnete ihr nach dem Flug, dass sie bis auf weiteres *gegroundet* sei. Ihre Antwort:
„Das geht nicht, ich fliege übermorgen für einen Wochenstopp nach Jamaika!"
Der Checker antwortete trocken:
„Sie fliegen hier höchstens noch aus der Firma..."

Und so war es dann auch. Schade, Jill. Manchmal half es, kleinere Brötchen zu backen. Auch wenn man vorher schon alleinverantwortlich als Flugbegleitung auf einem kleinen Jet herumgedüst war – Jills bisherige Karriere in der Fliegerei - Teamarbeit war auf dem ‚Großraumjet' unerlässlich, Einzelkämpfer hatten es da schwer. Im Übrigen: Auch die mühsamen und nervigen Seiten des Jobs – frühes Aufstehen, nachts nach Hause kommen, 2400 Gäste in drei Tagen, jede Nacht ein anderes Bett, Currywurstfetischisten und Rühreianhänger, Verspätungen, dreißig Grad draußen und gefühlte minus fünf in der Bordküche – all dies ließ sich mit Humor, Ironie, Lächeln im Knopfloch und einer gewissen Empathie für seine Mitmenschen relativ gelassen ertragen. Wenn man seine Energien nicht in der Zwischenzeit mit Zickenkrieg, Selbstüberschätzung, rhetorischen Windpocken und Intoleranz verbriet.

* Um die jüngere Generation nicht im Dunkeln zu lassen: Im ersten deutschen Fernsehen erschien von 1955-58 und 1961-89 das Fernsehquiz „Was bin ich?" mit Robert Lembke. Zu Beginn der Sendung durfte sich ein Kandidat ein Sparschwein in der Farbe seiner Wahl aussuchen, welches mit jeder falsch beantworteten Frage vom Moderator mit einem 5 DM-Stück gefüttert wurde. Bevor die Raterei begann, musste man eine typische Handbewegung machen, mit deren Hilfe die Ratenden mit maximal zehn Fragen dem Beruf auf die Spur kommen sollten. Schafften sie dies nicht, konnte man mit 50 DM stolz nach Hause gehen. Dies mochte uns im Zeitalter von „Wer wird Millionär?" vielleicht unspektakulär vorkommen, in den 60er Jahren erreichte die Show jedoch Einschaltquoten bis zu 75%.

Seramis, Hydrokultur oder lieber gleich Kakteen?

Nach der letzten Karibikrundreise hatte ich 48 Stunden frei, sogenannt *minimum rest*. Gerade mal Zeit für zwei gescheite warme Mahlzeiten nach meinem Gusto und um den Koffer aus und wieder ein zupacken. Als Teilzeitmodell innerhalb von 14 Tagen zwölf davon unterwegs zu sein, war Gott sei Dank nicht die Regel, für mich alten Flugdrachen mega anstrengend. Meine Vollzeitfliegenden Kolleginnen und Kollegen mochten nun weise mit dem Kopf schütteln und denken, was stellt die sich so an, ich war mir aber fast sicher, dass sie die knappe Freizeit zwischen zwei Langstrecken nicht mit einem Hausputz oder dem Waschen und Bügeln von zwölf Maschinen Wäsche verbrachten. So viel stapelte sich nett drapiert in bunten Häufchen in meiner Waschküche, alles Klamotten meiner Lieben aus der Woche, in der ich mich in der ‚Karibik herumgetrieben hatte'. Das war der Unterschied zu einem Single-Dasein. Kam man zurück in seine Ein-Mann-Bude, sah alles genauso aus wie vorher, wenn man von einem überquellendem Briefkasten, normalen Hausstaubbelag, vertrockneten Blumen und verschimmelter Wurst im Kühlschrank einmal absah. Die einzig zu erwartende Dreckwäsche war die aus dem eigenen Koffer, es überfiel einen niemand lautstark und erwartungsvoll mit der Frage: ‚Na, wie war's?' und dekorative Sabberspuren auf der Uniformhose blieben auch aus. Wer hielt in dem Job als Single schon ein Haustier? Okay, ein Aquarium mit Fischen würde vielleicht gehen. Und Pflanzen setzte man am besten in Seramis oder kaufte sie gleich als Hydrokultur. Alternativ gab es ja auch noch ganz hübsche Kakteen.

Meine Pflanzen saßen in ganz normaler Blumenerde und ich hoffte jedes Mal inbrünstig, wenn ich das Haus für mehrere Tage verließ, dass wenigsten ein Mitbewohner dieses Sechs- bis Zehn-Personen-Haushaltes sich erbarmen würde, sie zu gießen. Ich habe schon alle Tricks versucht: Eine bestimmte Person zum Wässern beauftragt, die quietschgrüne Zehn-Liter Gießkanne mittig in der Diele positioniert und an die Haustür, den Kühlschrank oder die Badezimmertür einen unübersehbaren, mit Blümchen bemalten Zettel geklebt, mit der Aufschrift: „Gieß mich!" Alles vergebens. Meine Sukkulenten hielten sich zumeist wacker, vor allem, wenn das Gießen mal wieder komplett vergessen wurde. Der Rest der floralen Bevölkerung meiner Fensterbänke war bei meiner Rückkehr stets ein Abbild des Jammers. Anscheinend erinnerte man sich erst an die Bedürfnisse dieser ‚Mitgeschöpfe', wenn sämtliche Blüten am Boden lagen, die Blätter bereits am Stängel vertrockneten und die ursprünglichen frischen Grüntöne zu wüstengelb, savannenocker oder krümeligbraun mutierten. Die sterbenden Pflanzen wurden dann (etwa zwei Stunden vor meiner Heimkehr, maximal am Abend zuvor) in literweise Flüssigkeit ertränkt, so dass ihnen ein laues Fußbad im Übertopf noch den botanischen Genickstoß versetzte.

„Wie, wir haben nicht gegossen? Wie kommst du denn da drauf? Fühl mal, die Erde ist doch ganz feucht..."

Zum Glück besaß die Wäsche keine Beine und so würde sie geduldig auf meine Rückkehr aus Miami warten – ich wusch lediglich die Ladungen, in die meine Stopp-Klamotten farblich passten. Mit dem *Jetlag* hielt es sich noch in Grenzen, trotzdem der Zeitunterschied zu Costa Rica sieben Stunden betrug. Durch die späte Rückkehr am Nachmittag hatte ich es fast geschafft, bis zur normalen Schlafensgehzeit wach zu bleiben, lediglich beim Abendessen bin ich eingenickt und fast mit dem Gesicht im Gulasch gelandet. Ein fürsorgliches Kind konnte den Teller gerade noch in Sicherheit bringen. Am nächsten Tag war um sechs die Nacht zu ende, wie an jedem normalen Schultag - so schnell war man dann wieder drin im Trott. Ein Mittagsschläfchen kam nicht in Frage, da die nächste Langstrecke nach Puerto Plata morgens früh *Check-In* hatte – also bloß nix durcheinander bringen, Schlafanfälle wurden krampfhaft ignoriert und mit starkem Kaffee oder lauter Musik bekämpft. In der Dominikanischen Republik waren es wieder fünf Stunden früher als bei uns, in Florida, dem Anschlussziel auf der gleichen Reise sogar sechs. Ich hatte versucht, es meinem Bio-Rhythmus schonend beizubringen und ihn damit zu locken, dass ich danach über zwei Wochen am Stück frei haben würde. Leider hat er sich auf keine Kommunikation eingelassen.

Der kleine, fiese Wecker schepperte also um fünf Uhr. Acht Uhr *Check-In* war eine ungünstige Zeit, allein die Rushhour des Ruhrgebietes würde mindestens eine Stunde geplanten Puffer benötigen. Da mein Kapitän sich noch in Nürnberg mit Schäfchen zählen beschäftigte, blieb an diesem Morgen alles an mir kleben: Hunde lüften, Esel, Pferde, Katzen und Hühner füttern, Kinder aus dem Bett schmeißen, Schulbrote schmieren – was man als Mutter halt morgens so macht, mit dem Unterschied, dass man sich nach vollendeten Taten dann noch mit großem und kleinen Gepäck ins Auto schwang und sich eineinhalb Stunden durch den Berufsverkehr kämpfte. Unser Flug ging an diesem Morgen nach Puerto Plata, nach zwei Tagen sollten wir weiter nach Miami *proceeden* und am vierten Tag dann wieder eine unserer Maschinen nach Hause bringen. Lächerliche fünf Tage Dienst, und noch dazu in karibischer Sonne, was wollte man mehr? Ich tröstete mich mit der langen, freien Zeit nach diesem Umlauf und rief von Düsseldorf aus noch einmal meine Große an: Alle waren gut in der Schule angekommen. Am Abend würde ‚der Chef' wieder da sein, den Rest des Tages würden sie schon hinkriegen.
„Flieg schön Mama, und komm bald wieder!"
Mist, solche Telefonate sollte man ohne wasserfesten Lidstrich besser nicht führen.

Die Kunst war, im Hirn einen Schalter umzulegen und sich nur noch auf den Job zu konzentrieren. Immerhin fiel mir das inzwischen wesentlich leichter, als zu den Zeiten, in denen wir noch Au-pairs beschäftigt hatten – eine sichere Garantie für Millionen neuer, grauer Haare …

Wer passt auf die Kinder auf?

„Es geht doch nichts über eine gescheite Kinderfrau“, hörte ich meine bessere Hälfte in den Telefonhörer seufzen. Wem er da sein Herz ausschüttete, war mir nicht bekannt, ausnahmsweise musste ich ihm aber Recht geben. Was wir in den letzten zehn Jahren an Kinderbetreuung erlebt hatten, war so farbenfroh, dass es selbst als Artikel in einem bekannten Boulevard Blatt wohl unglaubwürdig erscheinen würde.

Warum ging ich überhaupt arbeiten? Die Frage stellte uns jüngst auch die Anwältin der Ex-Frau meines Liebsten, schließlich würde er als Flugkapitän ja wohl genug Geld verdienen. Es war in ihren Augen überhaupt nicht einzusehen, warum wir 500 Euro monatlich für die Betreuung von vier Wundertüten absetzen wollten, zudem ich ja sowieso nur in Teilzeit beschäftigt war. Nun, ich will hier keine schmutzige Wäsche waschen, das können andere viel besser. Gefragt wurde man als Mutter von vier Kindern dennoch des öfteren, warum Arbeit denn unbedingt sein musste, das Argument Rente könnte es ja wohl nicht sein. Gerade hier auf dem Land gehörte es offenbar zum guten Ton, zuhause zu bleiben, bis die lieben Kleinen ihren eigenen Haushalt hatten, um dann kurze Zeit später für die süßen Enkelchen parat zu stehen. Damit ging dann Hotel Mama sozusagen nahtlos in Pension Oma über. Bei insgesamt sieben Kindern dürfte die Herberge dann gut gefüllt sein ... du lieber Himmel!

Ohne meine Arbeit wäre ich schon längst dem Hofkoller erlegen. So schön ein Leben auf dem Land mit großem Garten, kleinem Wäldchen und vielem Viechzeugs auch war – auf das Leben in der großen, weiten Welt konnte und wollte ich nicht verzichten. Die Tiere ließen nur ziemlich einseitige Gespräche zu, die Arbeiten im Haushalt waren zwar mannigfaltig und hartnäckig wiederkehrend, doch selten mit Lob oder Motivation behaftet. Wenn mein Jüngster flügge sein würde, hätte ich immer noch mindestens zehn Jahre bis zur Rente mit sechzig. Dann wäre es längst nicht mehr möglich, in den Beruf zurückzukehren. Also erlaubte ich mir den Luxus, zehn Tage pro Monat fliegen zu gehen. Meine Arbeitszeiten lagen irgendwo zwischen null Uhr und Mitternacht, je nach Ziel, Bedarf und Kreativität der Planer - leider absolut inkompatibel mit den Öffnungszeiten von Kindergärten und Schulen. An Wochenenden und Feiertagen flogen wir besonders gern und viel – davon waren Tagesmütter auch nicht gerade begeistert. Also doch lieber eine Kinderfrau? Oder wie wäre es denn mit einem Au-pair? Waren die nicht flexibler einplanbar?

Um die Problematik der Dienstzeit einmal zu verdeutlichen, hier das Beispiel eines typischen Arbeitstages:

Flug No. 114 nach Gran Canaria, *Check-In* 5.15 h in Düsseldorf. Abfahrt zuhause

um 3.45 h, eine Stunde Fahrtzeit für die hundert Kilometer zum Flughafen und dreißig Minuten Luft für die Dinge im Leben, die nicht planbar waren. Pünktlichkeit war in der Fliegerei oberstes Gebot und eine abgehetzte Flugbegleiterin mit verrutschter Frisur, zerlaufenem Make-up und Laufmasche in den Nylons nicht wirklich repräsentativ.
Angenommen, der Flieger startete pünktlich, niemand war nach durchzechter Nacht am Flughafen verloren gegangen, die Zahl der Koffer stimmte mit der Zahl der Gäste überein und die Fluglotsen befanden sich mal nicht im Streik, dann waren wir gegen Mittag in Las Palmas. Gäste raus, tanken, Gäste rein und wieder losgedüst, erreichten wir dann am frühen Abend Düsseldorf. Fröhlich in den Stau gestellt, kam ich gerade zur Bettgehzeit der Kurzen zu Hause an.
Dienstzeit: zwölf Stunden, von zu Hause weg: fünfzehn Stunden.

Okay, bei einem Kanarenflug handelte es sich um eine sehr lange ‚Kurz-Strecke', aber es ging ja auch noch abwechslungsreicher, etwa mit mehrtägiger Übernachtung, egal ob in Köln, Keflavik oder Kapstadt. Wenn man Pech hatte, war man auch mal eine ganze Woche unterwegs oder gar neun Tage auf Karibikrundreise. Und wenn der liebe Gott der Einsatz-Planung meinen Göttergatten just zur selben Zeit woanders hinschickte oder wir - rein zufällig - im selben Flieger unterwegs waren, dann hatte die Kinderbetreuung gut zu tun. Zumindest war das früher so, als die Kinder noch Kindergarten und Grundschule besuchten. Weit vor der pubertären Umwandlung waren die Leineweber-Kinder wie ein Sack Flöhe: springlebendig, abenteuerlustig, kreativ im Schandtaten aushecken, Bude auf links krempeln und mit ausgeprägtem Selbstbewusstsein Fremden gegenüber.

Was lag bei solch verrückten Dienstzeiten also näher, als es mit einem Au-pair zu versuchen? Sollte ich eine Kinderfrau nach Stunden abrechnen, hätte mein Gehalt wohl nicht gereicht. (Ich bekam neben einem halben Grundgehalt für die halbe Stelle nämlich nur die Flugstunden bezahlt und nicht die Zeit, die ich am Strand oder in irgendeinem Hotelzimmer im Bett lag. Allerdings brauchte ich auch für diese ‚lauen Stunden' eine Nanny.) Unser erstes Au-pair kostete uns damals gut 500 DM im Monat, Taschengeld, Versicherung, Fahrkarte und Verpflegung inklusive. Aus West-Europa gab es leider so gut wie keine Au-pair-Willigen, man hatte zumeist die Wahl zwischen Kandidaten aus dem Osten im weitesten Sinne. Dort war die Mark, beziehungsweise der Euro noch viel wert, in Rumänien zum Beispiel verdiente ein Arzt zirka neunzig Euro im Monat, während das reine Taschengeld für ein Au-pair inzwischen bei mindestens 260 Euro lag.

Neben der flexiblen Verfügbarkeit eines Au-pairs im eigenen Haushalt, war der Nachteil an so einer Lösung leider nicht von der Hand zu weisen: Man adoptierte einen halbwüchsigen, gänzlich fremden Menschen für ein ganzes Jahr und hatte ihn dann 24 Stunden am Tag um sich, also auch an den freien Tagen, im Urlaub oder wenn der Partner zuhause war – einfach immer. Und das konnte mitunter ganz schön anstrengend sein. Insgesamt hatten wir acht Au-pairs, das längste blieb eineinhalb Jahre, das kürzeste sagenhafte vier Wochen.

*

Unser erstes Au-pair war ein junger Mann aus Georgien, Namens Ucha, (sprich ‚Utscha'). Ein junger Kerl erschien mir vorteilhaft, er konnte ja auch mal auf dem Hof mit anpacken, und die Wahrscheinlichkeit, ihn mit meinem Mann beim gemeinsamen Bad in der Wanne anzutreffen, war in meinen Augen sehr gering. Ich war leider sehr eifersüchtig und ein Au-pair wie erwähnt ein einschneidender Schritt in die Privatsphäre.
Ucha beschrieb sich in seiner Bewerbung als sehr kinderlieb, hatte jüngere Geschwister, die er daheim betreute, verfügte über gute Deutschkenntnisse und konnte Auto fahren. Mit zweiundzwanzig Jahren war er kein Teeny mehr, also wollten wir unser Glück mit ihm versuchen und holten in eines schönen Tages morgens um sechs Uhr am Düsseldorfer Flughafen ab.

Er erkannte uns in der Menschenmenge der Abholer sofort, fiel uns um den Hals, als wäre er der verlorene Sohn gewesen, küsste uns ab und drückte meinen Jüngsten, bis diesem die Luft wegblieb. Ucha reiste mit einer zerfledderten Reisetasche und drei Plastiktüten, roch ein wenig süßlich und trug viel Gel in den Haaren. Zumindest hoffte ich, dass es Gel war. Nun denn, es mochte der Reisestaub gewesen sein. Ucha strahlte wie ein Honigkuchenpferd, fletzte sich glücklich auf die Rückbank unseres BMWs und wiederholte bis nach Münster 345-mal den Satz:
„Ich Ucha, Du Hardy?".
Ich wurde auf meinem Beifahrersitz immer kleiner.
Kaum in der Tür, platzierte Ucha eine seiner Tüten auf dem Küchentisch und spielte Weihnachtsmann. Für jeden hatte er ein Geschenk dabei, für meinen Mann und mich eine topmodische, hochwertige, georgische Armbanduhr aus Taiwan, für die Kinder georgische Knete und Buntstifte und noch etwas weißes, klebriges, das so süß war, dass noch nicht mal die Kinder es essen mochten. Wir wollten Ucha natürlich nicht beleidigen und freuten uns riesig.

Die nächsten Tage verbrachten wir mit dem weiteren Kennenlernen, versuchten Aufgaben, Rechte und Pflichten zu erklären, was bei Uchas mehr als dürftigen Deutschkenntnissen stellenweise recht schwierig war. Häppchen für Häppchen kamen wir hinter Uchas Fassade. Und wir lernten dazu. Den Führerschein in Georgien zu haben, bedeutete zum Beispiel noch lange nicht, in Deutschland auch Auto fahren zu können. Der Unterschied zwischen einem zwanzig Jahre alten Lada ohne Servolenkung und Bremskraftverstärkung und einem VW-Bus mit 160 PS war natürlich enorm und mit Muskelkraft hatte das Ganze wenig zu tun - eher mit

Feingefühl. Todesmutig mimte der Herr Kapitän den Fahrlehrer und als dieser nach knapp fünfzehn Minuten kalkweiß aus dem Auto stieg, wusste ich, dass Ucha noch viel lernen musste.

Aber Ucha lernte grandios schnell. Allerdings nicht gerade Putztechniken, die waren doch eher ‚traditionell'? Ich wusste nicht, ob es in Georgien so üblich war oder ob es sich um eine geschlechtsspezifische Glanzleistung handelte. So kam ich zum Beispiel einmal mit schwerem Wäschekorb beladen an Ucha vorbei, der mit beiden Händen in den Hosentaschen im Türrahmen der Küche lehnte und auf den nassen, von ihm gewischten Fußboden starrte. Auf meine Frage, was er dort tun würde, erklärte er mir ganz selbstverständlich:
„Ich kucken wie Wasser trocknet."
Wie konnte ich auch so dumm fragen?!
Ein anderes Mal, wo ich mit den Kindern und Ucha beim Essen saß und mein Jüngster Anstalten machte, sich zu übergeben, bemerkte Ucha zwischen zwei Happen:
„Hardy kotzen!" und schob vorsorglich seinen Teller in Sicherheit. Der Typ war echt 'ne Hilfe!

Damit wir unserer Fürsorgepflicht gerecht wurden und der arme Mensch sich nicht auf dem Land langweilte, fuhr ich ihn nach vier Wochen zu einem Au-pair-Treffen nach Münster. Dort lernte er unter anderem einen 26-jährigen Landsmann kennen, den ich kurze Zeit später an meinem Küchentisch sitzend vorfand, meine Lieblingskaffeetasse in der Hand, einen Fuß lässig auf dem nächsten Stuhl. Eine förmliche Vorstellung erachteten offenbar beide als nicht notwendig, Ucha konzentrierte sich auf den von mir gebackenen Kuchen und sein neuer Bekannter schnipste lässig ein paar Krümel von seiner schwarzen Nylon-Hose. Prickelnd! Aber so leicht gab ich nicht auf. Mein böser Blick, der renitente Kleinkinder aus dem Stand in Tränen ausbrechen ließ, ging offenbar auch an einem Georgier nicht spurlos vorbei. Und, anscheinend um mir einen Gefallen zu tun, begann Uchas Besuch dann doch ein Gespräch mit mir. Es lautete etwa so:
„Hi! Das dein Mann?" Er deutete lässig mit dem abgeschleckten Kaffeelöffel auf ein großes Familienfoto an der gegenüberliegenden Wand. Auf eine Antwort kam es Mr. No-name aber gar nicht an, er sprach gleich weiter:
„Dein Mann Pilot?! Was müssen ich machen, werden Pilot in Deutseland?"
Hatte ich da gerade richtig gehört? Diesmal schien ihn meine Antwort aber durchaus zu interessieren. Ich gab mich allerdings bedeckt und empfahl eine Bewerbung bei der Airline seines Heimatlandes.

Noch am selben Abend fragte mich Ucha, ob Mr. No-Name bei uns schlafen könnte. Da ich nicht wirklich scharf darauf war, einen georgischen Mafioso, so kam er mir jedenfalls vor, in meinem Haus übernachten zu lassen, schlugen wir Ucha vor,

doch bei seinem Freund zu schlafen. Ausnahmsweise dürfte er auch unseren VW-Bus nehmen, die Straße ins Nachbardorf war fast schnurgerade und nur wenige Kilometer lang, es konnte eigentlich kaum etwas schief gehen.
Ucha war überglücklich, knutschte uns wieder überschwänglich ab, versprach uns hoch und heilig nicht mit dem Auto in die Stadt zu fahren und am Morgen zum Frühstück wieder da zu sein.

Um zwei Uhr morgens klingelte das Telefon - es war die Polizei aus Münster. Man hätte einen VW-Bus anhalten müssen, der durch sehr unsichere Fahrweise im Verkehr aufgefallen sei. An Bord waren zwei Georgier, die vorgaben, kein Deutsch zu können, das Auto hatte ein Hamburger Kennzeichen, der Typ am Steuer keinen Führerschein und offenbar ein paar Bierchen zuviel. Da wir als Halter in den Papieren eingetragen waren, hoffte die Polizei doch sehr, dass wir zur Aufklärung dieses ‚Falles' etwas beitragen könnten...
Mein Göttergatte diskutierte im Adamskostüm eine halbe Stunde mit der Polizei am Telefon, Ucha war zu keinem Wort zu bewegen, unser VW-Bus wurde in Münster sicher gestellt und die Jungs sollten, nach Entnahme einer Blutprobe, sofort mit einem Taxi nach Hause kommen.

Am nächsten Morgen war Ucha immer noch nicht da. Wo konnte er nur sein? Im VW-Bus, den mein Mann mittlerweile in Münster abgeholt hatte, lag sogar seine Jacke und es war erst Februar! Gegen elf Uhr brachte ein Nachbar Ucha vorbei, der ihn irgendwo auf der Landstraße zwischen Münster und unserem Dorf aufgelesen hatte. Wo er die Nacht verbracht hatte, haben wir nie heraus bekommen.

Man sollte ja nie gleich das Handtuch werfen, aber wenn im Vertrauen erst mal ein Knick war, ließ sich dieser erfahrungsgemäß nicht wieder kitten. Ucha verließ uns nach drei Monaten in Richtung Frankfurt, wo er angeblich einen Onkel hatte. Ich hätte ihn am liebsten in den nächsten Flieger nach Georgien gesetzt, aber, laut Auskunft des Vermittlungsbüros, wäre das Freiheitsberaubung gewesen. Kurze Zeit später ist Ucha irgendwo in Deutschland untergetaucht. Neun Monate nach seiner Abreise bekamen wir noch eine E-Mail:
„Mir gehen gut, ich bald studieren in Deutschland. Gruß an Hardy."

*

Wieder verging eine lange Zeit ohne Kinderbetreuung, Oma war der Notnagel, die Suche nach einem neuen Au-pair lief auf Hochtouren. Eine Kollegin gab mir einen Tipp und ein paar Wochen später begrüßten wir Antonella aus Rumänien in unserem Haus.

Antonella reiste mit einer zerlumpten Reisetasche und zwei Plastiktüten, ich hoffte, dass dies kein böses Omen war. Das Mädchen konnte kochen, war lieb zu den Kindern und half sogar ein bisschen im Haushalt. Sie hatte hüftlanges, wasserstoffperoxid-blondes Haar, Wimpern bis zum Himmel und braune Kulleraugen. Wenn sie abends ins Dorf mit dem Rad fuhr, trug sie auch bei arktischen Temperaturen kaum mehr als einen Nierenwärmer, der in ihren Augen einen Minirock darstellte, einen Ausschnitt bis zum Bauchnabel und einen halben Liter Wimperntusche. Aber wehe, einer der Jungs baggerte sie an! Dann bekam er sofort von ihrem italienischen Freund erzählt, den sie nächstes Jahr heiraten würde und überhaupt wäre sie nicht ‚so' eine. War sie auch nicht, Antonella war etwas ganz besonderes. Ihre Mutter ging in Frankfurt putzen, immer für drei Monate, damit kein Visum benötigt wurde. Von einem Tag zum anderen riss der Kontakt zur Mutter ab, welches Antonella natürlich keine Ruhe ließ. Aber es waren nicht nur die tragischen Umstände, dass ihre Mutter angeblich versklavt worden war und weder Nahrung noch Bares erhielt, auch ihr Vater war eine unglaubliche Figur, er saß anscheinend wegen Unterschlagung und schwerer Körperverletzung in Rumänien in Haft und sollte nächstes Jahr entlassen werden. Antonellas Freund war besagter Italo-Rumäne, der sie zu den unmöglichsten Zeiten mit zahlreichen SMS bombardierte, aber immer wenn sie ihn zurück rief, war eine mysteriöse Frauenstimme an seinem Telefon. Antonella litt. Sie litt unter unserer Familie, die offenbar zu glücklich war, den immergeilen Bauernjungs, die ihr begegneten, ihrer entgleisten Familie und ihrem untreuen Freund. Und nebenbei sollte sie auch noch auf unsere vier Wundertüten aufpassen. Zuviel für unser blondes Schätzchen - im November eröffnete sie uns, dass sie Weihnachten zuhause bei Mutti und Freund feiern wollte, sie käme dann am 2. Januar wieder. Da ich am 3. Januar eine Langstrecke nach Fort Meyers in den USA hatte, war mir das zu knapp und ich bat um Rückkehr am 1. Januar. Antonella versprach es hoch und heilig und ich wusste genau, sie würde nicht wieder kommen.

Als ehrlicher und direkter Mensch sagte ich Ihr auf den Kopf zu, dass sie wohl nicht vor hätte, zurückzukehren und es wäre doch schön, wenn sie mir die Wahrheit sagen würde, damit ich mich dann auf die Suche nach einem neuen Au-pair machen könnte. Antonella wurde rot wie eine reife Tomate, ihr traten die Tränen in die langbewimperten Kulleraugen, aber sie schwor Stein und Bein, dass sie pünktlich wieder da wäre. Am 22. Dezember fuhr sie per Bus gen Heimat, beladen mit Kaffee, Kuchen und allerlei Weihnachtsgeschenken, in ihrem Zimmer ließ sie einen gammeligen Pullover, eine leere Stange Zigaretten und die Bilder, die die Kinder für sie gemalt hatten, zurück.

Antonella kam nicht wieder.

*

Also musste Oma wieder ran. Als nächstes beehrte uns Carmen, sie kam in der für sie bestimmten Familie nicht klar, wir brauchten dringend jemanden, also zog sie bei uns ein.

Normalerweise verhielt es sich mit ‚Neuzugängen' so: Bei Tisch kratzte man die Butter aufs Brot und belegte es in der ersten Woche mittig mit einer Scheibe Salami. In der zweiten Woche war die Butter schon gleichmäßig deckend, die gleiche Scheibe Brot zierten zwei Scheiben Salami. Spätestens nach drei Wochen war die bekannte Scheibe Brot fingerdick gebuttert und mit vier Scheiben Salami, Salat und zwei Scheiben Käse bestückt.

So etwas nannte man wohl Akklimatisation.

Carmen brauchte sich nicht zu akklimatisieren - sie stand direkt voll im Leben. So teilte sie mir zum Beispiel am zweiten Tag mit, dass sie ihre Wäsche nicht mit unserer in einer Maschine zusammen waschen würde, das wäre unhygienisch. Zuhause würde sie ihre Wäsche auch separat waschen. Ich antwortete ihr, wenn sie genug Wäsche für eine volle Maschine zusammen bekommen würde, könnte sie das so machen, eine Maschinenladung mit zwei Schlüpfern und drei T-Shirts würde ich aber nicht akzeptieren. Sie schaute mich fast verächtlich an, wie ich denn auf solche Ideen kommen würde und ließ sich prompt ein paar Tage später erwischen, mit drei Schlüpfern und zwei T-Shirts im fast leeren Wäschekorb. Nach langer und lauter Diskussion kam dann heraus, dass das gnädige Fräulein keine Ahnung vom Wasser- oder Stromverbrauch einer Waschmaschine hatte, da man zuhause in Rumänien noch die Wäsche auf dem Herd kochte. Als wenn ich es nicht geahnt hätte.

Apropos Herd, die kulinarische Krönung ereignete sich Weihnachten. Ich tranchierte eine selbstgeschlachtete Ente und drapierte die Teile auf eine silberne Platte. Carmen nahm sich, noch bevor ich als letzte am Tisch Platz genommen hatte, die gesamte Entenbrust und hievte sie auf ihren Teller. Angesichts dieser Dreistigkeit war ich fast sprachlos. Auf meine dezente Frage hin, was denn wohl so eine Ente in Rumänien kosten würde und ob es denn wohl üblich sei, das komplette Brustfleisch einer Person zukommen zu lassen, erntete ich weder Staunen noch Verwunderung. Erst als auch meinem Mann das Besteck in den Händen versteinerte, fiel ihr wohl das unangemessene Verhalten auf. Leider war die besagte Entenbrust schon in mundgerechte Häppchen zerteilt, so dass von uns niemand mehr davon essen wollte. Die Katzen hatten später einen wahren Festschmaus!

Als nächste ‚Carmen-Hürde' offenbarte sich der Deutsch-Kurs, den jedes Au-pair mindestens einmal zu absolvieren hatte.
Die Volkshochschule befand sich in Münster und begann um acht Uhr.
Antonella fuhr eine Viertelstunde mit dem Fahrrad zum Bahnhof, hüpfte in Bö-

sensell in den Vorortzug um 7.40 h und war pünktlich in der Schule. Um 13 Uhr war der Kurs zu Ende und Antonella spätestens um 14 Uhr wieder zuhause. Nicht so Carmen. Sie verließ irgendwann morgens widerwillig das Haus und kam nie vor 18 Uhr wieder. Auf meine Frage hin, wie sie denn mit unseren Verkehrsmitteln zufrieden sei - die wir schließlich für sie bezahlten - kam die lapidare Antwort:
„ I don't feel like riding a bike at seven o' clock in the morning. You have three cars; one of you can drive me! "
(Ich habe keine Lust, um sieben Uhr morgens mit dem Fahrrad zu fahren. Wenn Ihr drei Autos habt, kann mich einer von Euch fahren!)

Wir hatten zu der Zeit wirklich drei Autos. Einen alten Golf mit Schaltgetriebe, den das gnädige Fräulein leider nicht bedienen konnte. Der VW-Bus mit Automatik war ihr zu groß, aber den 7er BMW von meinem Göttergatten, den würde sie wohl fahren...
Noch Fragen?

Das Ganze eskalierte an irgendeinem schönen Sonntag im April, an dem ich völlig abgekämpft aus Jamaika zurückkehrte. Wir hatten einen Blitzeinschlag in der Maschine, waren ewig lange unterwegs und bis ich endlich zuhause war, saßen alle schon beim Mittagessen. Sowohl meine bessere Hälfte als auch meine Schwiegermutter versicherten mir, das Au-pair wollte gegen zwölf Uhr zurück sein, na ja, solange konnte ich wohl allemal noch wach bleiben, wenn diese dann die Kinder übernehmen würde. Madame kam tatsächlich um zwölf Uhr - allerdings um zwölf Uhr Mitternacht.
Mein Mann musste um drei Uhr aufstehen für einen Flug nach Jeddah in Saudi-Arabien und wollte keine Schlägerei. Ich hätte zu gerne mit dem Nudelholz an der Türe gestanden, um gnädige Frau zu empfangen, musste mich so aber wohl oder übel bis zum Morgen gedulden. Auf meine Frage dann, warum sie erst so spät heim gekommen wäre, eskalierte das Ganze in Lärm und Lügen. Thema Carmen beendet.

*

Als nächstes beehrte uns Florika. Florika war toll, wog ungefähr bei Anreise 45 kg und durchlief oben erwähnte Akklimatisation in wenigen Tagen. Sie kam mit einer einzigen Tasche und schickte ihr gesamtes Geld nach Hause.

Leider konnte sie überhaupt kein Deutsch. Sie nickte zwar immer freundlich, verstand aber rein gar nichts. Die Kinder, mittlerweile ziemlich abgebrüht, tanzten ihr auf der Nase herum. Nach wenigen Wochen fand die Vermittlerin im Nachbardorf eine neue Bleibe für Sie. Am Telefon war die neue ‚Au-pair-Mutter' arrogant bis zum Abwinken und fragte, wann ich ihr das Mädchen denn bringen würde. Ich war

der Auffassung, dass beide Parteien sich erstmal kennenlernen sollten und bot an, Florika zum Kaffeetrinken vorbeizubringen. Das wurde als völlig unnötig erachtet und ein paar Stunden später wurde unser Au-pair von der vielfach gepiercten und tätowierten Tochter besagter Dame abgesammelt, samt Reisetasche und jeglichem Zubehör.
So schnell konnte auch Florika nicht staunen und sie vergaß ihr restliches Taschengeld mitzunehmen. Kaum war unser Ex-Au-pair in den neuen Gefilden angekommen, beschwerte sich die neue Gastmutter über die fehlenden Euros. Ich versprach, diese in Kürze vorbeizubringen, da ich am Nachmittag sowieso noch in ihrem Dorf einkaufen musste. Mein Jüngster und ich klingelten wenig später todesmutig an einem Neu-Reichen-Pavillon, aus dem uns mörderisches Hundegekläff und nach Türöffnung bestialischer Gestank entgegenschlug. Eine verschrumpelte Primaballerina mit ordinärem Dekolleté und völlig übertriebenem Make-up strahlte uns an, begleitet von zwei Möpsen, die sich sofort an meiner Hose festbissen. Bei dem Versuch, die Tölen abzuschütteln hieß es herablassend:
„Oh, Sie mögen wohl keine Tiere!“

Dies schlug dem Fass den Boden aus. Ich zählte Florika ihr Geld auf den mit antiquarischen Rüschen verzierten Schreibtisch und musste mir die Frage gefallen lassen, warum wir mit Florika nicht klargekommen seien. Auf meinen Hinweis über die mangelnden Deutschkenntnisse konnte Frau Sowieso nur gackernd Lachen. Mit solchen Kleinigkeiten hätte sie keine Probleme, ihr würden die Mädchen sowieso alle ganz schnell weg geheiratet werden. Auf mein stilles Erstaunen hin gab es auch gleich die Erklärung: So eine Heiratsanzeige täte schließlich immer klappen, ihr Sohn wäre auch glücklich mit einer ‚Thai‘ verheiratetet. Hardy und ich mussten fluchtartig das Haus verlassen und noch beim Schreiben dieser Zeilen schüttelt es mich.

*

Florika war also gut untergebracht - wen sie wohl heiraten würde? - und ich hatte schon wieder kein Au-pair mehr.
Die Vermittlerin bekam wahrscheinlich schon Pickel, wenn sie meine Nummer im Display sah, aber sie war sehr bemüht, die nächste Kandidatin zu finden. Die hieß dann diesmal Diana.

Diana war bislang bei einer alleinerziehenden Ärztin im Herzen von Köln zur Betreuung eines vier-jährigen Mädchens angestellt. Da die Dame sich neuerlich in Umständen befand, empfand sie ein Au-pair als nicht weiter notwendig und legte uns Diana als warmherzige und fürsorgliche Hilfe ans Herz. Auf unsere Frage hin, ob ein Umzug aus der Kölner Innenstadt aufs platte Land mit vier zu betreuenden Kindern im Vergleich zu einer Vierjährigen nicht ein zu krasser Wechsel sei, wurde

heftig protestiert : Sie würde Kinder mögen, je mehr, desto besser.
Also fuhr ich die 130 Km nach Köln, um Diana zu uns ins Münsterland zu holen. Sie wohnte dort in einer schicken Altbauwohnung direkt in einer Fußgängerzone, was ich angesichts ihres Reisegepäckes sehr bedauerte. Es handelte sich nämlich nicht um die bekannte Reisetasche in Begleitung von ein paar Tüten, sondern um vier oder fünf schrankkofferähnliche Gepäckstücke, die so schwer waren, dass man Angst hatte, die Henkel würden reißen oder die Bandscheiben ihren Dienst quittieren. Der Kofferraum des 7er BMWs war kaum ausreichend und auf meine bescheidene Frage, was die Taschen denn so schwer machen würde, bekam ich die lapidare Antwort: ein paar Bücher. Hätte sie gesagt, sämtliche Trainingsgeräte eines Bodybuildingstudios, so hätte ich das auch geglaubt.

Allerdings nicht in Bezug auf die Statur von Diana, denn sie war ungefähr 1,59 m groß und sprach so leise, das man sie nicht verstehen konnte, wenn man nicht auch noch gleichzeitig von ihren Lippen ablas. Bei einer Fahrt mit dem Auto war dies aber für mich schwierig und so kamen wir nur schleppend ins Gespräch. Als erstes meckerte sie über den unbequemen Sitz, in dem sie nun die nächste Stunde sitzen musste. Ich konnte nicht wirklich erkennen, was an einem ledernen Recaro-Sitz mit integrierter Sitzheizung, 6fach elektrischer Verstellmöglichkeit sowie ‚Popo-Wippe' gegen verspannte Muskeln bei Langstreckenfahrten auszusetzen sei. Aber auch nachdem Diana jeden der sechs Knöpfe ausprobiert hatte, konnte sie nicht entspannt sitzen. Außerdem drückte sie der Sicherheitsgurt über der Brust, so dass sie ihn mit der linken Hand zwanzig Zentimeter vor ihrem Brustkorb festhielt. Das wiederum ärgerte mich, da ich so erstens nicht in den rechten Außenspiegel sehen konnte und zweitens die Wirkungsmöglichkeit des Sitzgurtes so außer Kraft gesetzt wurde.
Erklärungsversuche wurden ignoriert. Da Diana hervorragend der deutschen Sprache mächtig war, konnte diese Ignoranz nicht auf Verständigungsschwierigkeiten beruhen. Das konnte ja noch lustig werden.

Diana lebte sich schnell ein, war mit dem zu erwartenden Inhalt eines deutschen Kühlschrankes bestens vertraut und hatte auch sonst wenig Berührungsängste, wenn man von unseren Tieren vielleicht mal absah. Da sie kaum größer als eines unserer Schafe war und von einem der Esel sicherlich mit Leichtigkeit davon geschnaubt werden konnte, verhielt sie sich hier sehr distanziert. Zu allem Elend hatte dann ausgerechnet unsere Lieblingsstute Chantreé eine Frühgeburt, als wir auf Langstrecke waren. Für Dianas zartes Gemüt war der Tod des Fohlens schwer zu verkraften. Man hatte sowieso immer den Eindruck, dass für Diana alles zu schwer sei, so ein zartes Persönchen! Mit ihrer Piepsstimme konnte sie sich bei den Kindern natürlich überhaupt nicht durchsetzen und so war dann für mich jede Langstrecke mit einem riesigen, schlechten Gewissen verbunden, trotz der goldenen drei Regeln, die ich bis dato allen Au-pairs an Herz gelegt hatte:

1) Bei Problemen mit Kindern: Oma Rosie anrufen!
2) Bei Problemen mit den Tieren: Dr. Eismann anrufen!
3) Wenn Haus brennt: Feuerwehr anrufen!

War doch gar nicht so schwer, oder?

Schwiegermutter war immer informiert, wenn wir gemeinsam auf Reisen waren und wäre bei Notfällen auch gekommen. Als wir eines schönen Tages eine Langstrecke nach China hatten, klingelte am abendlichen Buffet mein Handy. Anstatt es spontan in die Terrine mit der geeisten Melonensuppe zu werfen, nahm ich den Anruf an und hörte ein Quieken, welches sich anhörte, wie die Stimme meines Au-pairs. Nach mehrfachen Aufforderungen, doch bitte lauter zu sprechen, da die Leitung nach Asien so lang war, klagte mir Diana wortreich ihr Leid, dass die Kinder doch gar nicht auf sie hören würden. Mein Rat, die Oma anzurufen, wie es vereinbart war, wurde überhört - oder ignoriert - und nach zehn Minuten brach ich das Gespräch ab. Wütend und frustriert rief ich dann Schwiegermutter an, die mir schnörkellos mitteilte, dass sie bereits vor zwei Stunden bei den Kindern vorbei geschaut hatte und alles in bester Ordnung war. Der Appetit auf meine Fischplatte war mir trotzdem vergangen und unsere Heimkehr war mit entsprechend wenig wohl gesonnenen Gefühlen verknüpft. Als wir dann auch noch erfuhren, dass Diana den Haustürschlüssel beim Spazierengehen verloren hatte, sich deshalb durch das Fenster im ersten Stock Zutritt zum Haus verschafft hatte, sämtliche Blumentöpfe von der Fensterbank bei dieser Aktion ihr Leben ließen und dabei gleich noch ein paar antiquarische Fußbodenkacheln mit in den Tod nahmen, war der Ofen aus. Oder an - ich explodierte!

Diana war sich keines Fehlverhaltens bewusst, weder die hohe Telefonrechnung nach Peking, noch der Schaden für den verdudelten Schlüssel unserer zentralen Schließanlage konnte sie beeindrucken, von den zerdepperten Blumentöpfen samt Inhalt ganz zu schweigen.
Ich saß immer noch kochend in meinem Büro, als Diana mir eröffnete, dass sie morgen früh um vier Uhr von uns zum Busbahnhof nach Dortmund gefahren werden wolle - sie würde uns verlassen. Im Prinzip hätte ich derartiges mit Kusshand getan, wäre es nicht am nächsten Morgen der 24. Dezember gewesen, an dem ich eigentlich schon andere Pläne hatte.

Als ich mich weigerte, sie zu fahren, konnte sie auf einmal ganz laut werden und schrie herum, sie würde dann eben die Polizei rufen. Diese Drohung konnte mir nur ein müdes Lächeln entlocken, da ich mir sicher war, dass unsere Beamten Besseres zu tun hatten, als hysterische Au-pairs durch die Gegend zu fahren. Allerdings erbarmte sich dann doch mein Göttergatte, da er Weihnachten seine Ruhe haben wollte. Noch ein Entenbraten à la Carmen war nicht nötig.

*

Weihnachten verbrachten wir also dann mal wieder unter uns, und wir hielten großen Kriegsrat. Noch ein Au-pair? Bloß nicht, da waren sich alle einig. Diesmal setzten wir eine Anzeige in die Zeitung:

„Kinderfrau auf Bauernhof mit vielen Tieren für zehn Tage pro Monat gesucht."

Das Telefon stand fort an nicht mehr still, der Arbeitsmarkt schien unzählige Bewerberinnen bereit zuhalten, aber schon sehr schnell siebte sich die Spreu vom Weizen. Wir erkannten schnell, das gesparte Anzeigengebühren Sparen an der falschen Stelle war, wie sich denn aus den folgenden Telefonaten unschwer erkennen ließ.
„Kinderbetreuung? Ja, gerne, aber gleich vier auf einmal? Wie alt sind die Kinder? Übernachtung vor Ort und das auch gleich mehrmals? Arbeitszeiten ab morgens um drei oder bis Mitternacht? Vierzehn Stunden am Stück arbeiten? Und das alles für 500 € ? Nein, danke!"

Das war eine grobe Zusammenfassung der 150 Telefonate, die ich nach Veröffentlichung unserer Anzeige führte. Die meisten Bewerberinnen beendeten das Gespräch spätestens nach der Beantwortung obengenannter Fragen. Ein paar hartnäckige Bewerberinnen ließen sich allerdings nicht so schnell abschütteln. Trotzdem ich mich bemühte, alles in den schrecklichsten Farben zu schildern, bewarben sich einige Damen bei uns, die wir nacheinander als Kinderfrauen einstellten. Leider war keines der Arbeitsverhältnisse von Dauer – wer an Details interessiert ist, kann mich gerne einmal anrufen.

Da das Leben irgendwie weitergehen musste, bemühten wir zähneknirschend wieder eine Au-pair-Agentur. Gerne hätte ich ein Mädchen aus Kenia oder Namibia genommen. Afrika hatte uns auf unseren Reisen immer gut gefallen und die Menschen dort waren von anderer Mentalität als Georgier oder Rumänen. Aber wie würde so ein Mädel den Kulturschock in einem kleinen, unbedarften Dorf auf dem Land in Westfalen überstehen? Mombasa oder Windhuk waren bei Unstimmigkeiten auch nicht mal eben mit dem Bus zu erreichen. Wie lange würde ein afrikanischer Visumsantrag dauern? Wie vertrauenerweckend waren Au-pair-Agenturen aus dem Internet? Wer würde sich vor Ort um das Mädchen kümmern? Da all diese Fragen unbeantwortet blieben, suchte ich nach einer neuen Au-pair-Agentur in der Nähe. Ich wurde fündig und erhielt den Vorschlag, es doch einmal mit einem Au-pair-Jungen zu versuchen. Schlagartig wurde die Erinnerung an Ucha wieder wach und ich war versucht, abzulehnen. Aber es war wie immer bei uns – es pressierte, die nächste Langstrecke stand schon auf dem Plan. Und da jeder Mensch ein Recht hatte, vorurteilsfrei empfangen zu werden, beschloss der Familienrat, einem Au-pair-Jungen zuzustimmen. Unser nächstes ‚Kindermädchen' hieß dann also Peter und kam aus Ungarn…

Peter, der König von Ungarn oder: Die Odyssee geht weiter

Leser, die das Thema Au-Pair nicht wirklich interessiert, möchten vielleicht gleich weiter fliegen zu dem Kapitel ‚Bangkok, Stadt der Engel'. Für alle anderen machen wir noch einen kurzen Zwischenstopp bei unserem Kindermädchen Peter aus Ungarn, der in meinen jahrelangen Bemühungen, eine gescheite und dennoch bezahlbare Nanny zu finden, ein absolutes Highlight war.

*

Unser neuer Au-Pair-Mann war inzwischen bei uns eingezogen. Schon Tage vor seiner Ankunft schlief ich schlecht, das Kopfkino lies mich nicht los. Würde Peter wirklich kommen? Am Anfang war der E-Mail-Austausch recht rege, bis zu dem Zeitpunkt, an dem ich ihm bei einer irischen Airline via Internet das Ticket von Budapest nach Dortmund gekauft hatte. Auf einmal war Funkstille. Noch nicht mal die Anfrage meiner Tochter Hannah, was sie ihm denn zur Ankunft Leckeres kochen sollte, entlockte Peter noch eine Reaktion. Dazu kam dann noch die aufbauende Feststellung der Au-pair-Vermittlerin, dass Peters E-Mails wohl von jemand anderen geschrieben worden seien, sie hätte versucht, mit ihm zu telefonieren und sein Deutsch wäre grottenschlecht - hurra! Konnte ich mein Leben in Piktogrammen erzählen? Um in baldiger Zukunft nicht schon wieder ohne Au-pair dazu stehen, wurde gleichzeitig Aleksej, ein junger Bodybuilder aus Kirgistan, eingeladen, der zwar nahezu perfekt Deutsch sprach und auch im Besitz eines Führerscheines war, leider aber den Nachteil hatte, nicht in der EU zu wohnen. Sein Visum dauerte Minimum sechs Wochen, wahrscheinlich eher zehn. Kam wohl auf die Höhe des Schmiergeldes an?

Nun, Peter meldete sich wie gesagt nicht mehr, Aleksej saß fern in Ganz-weit-weg-von-hier und ich war immer noch ohne Kinderbetreuung. Derweil überhäufte mich das Arbeitsamt weiterhin mit jungen, arbeitswilligen, deutschen, examinierten Kinderpflegerinnen, die alle gerne bei uns arbeiten würden. Gegen die Kleinigkeit von 1500 € netto wären auch die unbequemen Arbeitszeiten und die eine oder andere Überstunde kein Problem. Na toll - soviel zu diesem Thema. Wie viele neue graue Haare mich diese Tage ‚dazwischen' gekostet haben, konnte ich mittlerweile kaum noch zählen. Eine einfache Tönung reichte auf jeden Fall nicht mehr, um sie dauerhaft zu Verstecken.

Da Abwarten und nichts Tun nicht meine Stärken waren, schickte ich Peter folgende E-Mail:
„Wenn Du Dich nicht bis Donnerstag gemeldet hast, storniere ich Dein Ticket."
Innerhalb von 24 Stunden hatte ich eine Antwort:

„Entschuldige, ich nicht gehabt Internet in E-Mail schreiben, alles ist gut, Koffer ist auch gut. Sie kommen in Flugplatz abgeholt? Sie sind Handynummer? Danke für alles, Peter, P.S.: Mein Favorit ist Obstsuppe.“

Da hatte Hannah nun den Salat. Was zum Teufel war Obstsuppe? Meinte dieser Mensch vielleicht Gemüsesuppe? Da wollte man es dem Gast nett machen und dann wurde man sofort mit landestypischen Herausforderungen konfrontiert. Vielleicht taten es auch Spaghetti? Während Hannah zutiefst gefrustet war, weil sie ihre neu erworbenen Kochkünste nicht gleich Peter demonstrieren konnte, beschloss ich, keine Kompromisse mehr zu machen.

*

Immerhin kam er tatsächlich wie vereinbart. Der Flug war eine halbe Stunde verspätet, entweder war er sehr turbulent oder Peter nicht so recht flugtauglich. Wir empfingen einen kleinen, blassen und pickeligen jungen Mann, der beim obligatorischen Willkommensküsschen auf beide Wangen sehr zum Erstaunen meiner Töchter ordentlich piekte.
Die erwarteten Plastiktüten seiner rumänischen Vorgänger(innen) blieben uns erspart, Peter reiste mit einer nagelneuen Sporttasche und kleinem Handgepäck. Überhaupt war Peter, der als Hobbys ungarischen Volkstanz und Klavierspielen angegeben hatte, sehr sportlich. Als er sich, von den Kindern nach oben begleitet, in seinem Zimmer einrichtete und zum Abendessen umzog, erschien er im Fußballdress der deutschen Nationalmannschaft und kurz behost. Gut, dass die Heizung wieder einwandfrei funktionierte! Ein Gespräch war wie erwartet sehr, sehr schwierig, trotzdem wurde viel gelacht und geulkt. Spätestens beim Abendessen, ich entschloss mich für thailändisch-scharfes Geflügel mit Chow-Mein-Nudeln, da ich ja keine Kompromisse mehr machen wollte, wurde Peters Lachen angesichts der Ess-Stäbchen etwas verhaltener. Doch irgendein Kind rettete die Situation, schob Peter eine Gabel zu und wir erlebten eine amüsante Mahlzeit mit zehn Personen am langen Tisch. Ob er sich so seinen Einstand in Deutschland vorgestellt hatte?
Ich versuchte Peter zu erklären, dass wir zwar mit allen Mitteln gekämpft hatten, aber das Geheimnis um die Obstsuppe nicht lösen konnten. Ob es ihm wohl trotzdem schmeckte? Sein Wasserkonsum an diesem Abend war relativ hoch, also war es wohl doch ein bisschen zu scharf, aber immerhin waren kurze Zeit später alle Teller leer. Und Wasser gab es bei uns ja reichlich …

Nach dem Essen, als unsere Kommunikation wieder ins Stocken geriet, half uns dann der Klapprechner meines Mannes weiter. Tja, so fortschrittlich war man immerhin schon in Ungarn, anstatt mit einem altmodischem Wörterbuch herumzuhampeln, gab man einfach bei Google/Ungarn das entsprechende Wort im Laptop ein und ließ es sich übersetzen. Wie praktisch! Und man soll es nicht glauben, dort befand sich sogar ein Rezept für ungarische Obstsuppe. Hätte ich ja auch früher drauf kommen können. Man lernt eben nie aus. Den Rest des Abends verbrachten wir alle zusammen auf der Couch in meinem Büro und blätterten in Fotoalben. Es stellte sich heraus, dass Peter einiges wußte und endlich auch etwas auftaute. Die beiden Neufundländer von uns zeigten sich von ihrer allerbesten Seite, wohl weil sie gemerkt hatten, dass sie Peter nicht ganz geheuer waren. Sein Hund in Ungarn wog nur acht Kilo, das schaffte bei uns schon ohne Schwierigkeiten eine Katze. Unsere Hunde hatten derzeit ein Lebendgewicht von je einem quirligen Zentner und wir versuchten Peter klar zumachen, dass diese Tiere zwar groß und tollpatschig, aber lammfromm waren. Er bemühte sich redlich, uns das auch zu glauben.

*

Am nächsten Morgen kam Henry in unser Schlafzimmer gerannt und rief: „Mama, der Peter hat sich ganz alleine gewaschen und angezogen und der ist auch sonst ganz ordentlich. Dem müssen wir nichts mehr beibringen.“- Wenigstens das blieb uns erspart.

*

Als Peter drei Tage im Land war, brach unser Internet zusammen. War rein verbale Kommunikation schon so äußerst anstrengend, ohne die Rettungsinsel Laptop war sie kaum noch aufrecht zu erhalten. Nun waren wohl Bleistift und Papier gefragt. Zum Glück konnte ich relativ virtuos mit dem Griffel umgehen, so wusste wenigstens Peter was ich von ihm wollte. Umgekehrt war es da eher schwierig, seine künstlerischen Fähigkeiten waren ähnlich ausgeprägt wie seine Deutschkenntnisse, also eher abstrakt. Er selbst nannte sich seitdem ‚Peter Picasso', aber leider sind wir so mit unserem Austausch nicht lückenlos überein gekommen. Zum Beispiel hatten wir gemeinsam einen Einkaufszettel geschrieben. Es war für Peter kein Problem, alles vorzulesen, Wurst, Käse, Milch etc., wenn auch bei dem Wort ‚Klarspüler' sein Lieblingsspruch – ‚Deutschland, alles klar?'- mal wieder Anwendung fand und ich hundert prozentig davon überzeugt war, dass er keinen Schimmer hatte, was das sein könnte. Nun, das war ja auch nicht so wichtig, solange er nicht auf die Idee kam, es zu trinken. Halb auf dem Weg in den Kühlschrank war das Zeug schon.

Wenig später notierte ich auf das gleiche Blatt Papier, was am nächsten Morgen zu tun sei. Um sechs Uhr aufstehen, Kinder wecken und so weiter. Bei acht Uhr schrieb ich ‚Tiere füttern' und darunter auch gleich, um welche Tiere es sich handelte. Zu der Zeit waren es drei Esel, sechs Ziegen, sechs Schafe, zwanzig Hühner, drei Enten, vier Katzen und zwei Hunde.

Peters Augen wurden rund und sein Mund klappte auf. Ja, was konnte denn an diesen Tieren so besonderes sein? Kam dieses ‚Kind' nicht vom Land? In Ungarn gab es sicher das gleiche Viechzeug, so exotisch waren unsere Zwei- und Vierbeiner ja nun nicht. Peter nuschelte etwas mir Unverständliches und begann zu malen. Wir konnten es nicht erkennen. Peter malte weiter, bis er irgendwann den Bleistift auf den Tisch warf und mit dem Finger energisch auf den Einkaufszettel tippte.
„Das ist Speiseplan?!"
Nein, Peter, das ist dein Dienstplan. Er dachte, ich würde aufschreiben, was es in der nächsten Woche zu essen gäbe.

*

Ich versuchte dann noch einmal Peter klarzumachen, dass am nächsten Morgen die Nacht um sechs Uhr zu Ende sein würde und dann als erstes die Hunde Pipi machen müssten. Die taten das von ganz allein, man musste ihnen lediglich die Tür öffnen. Die Haustür, nicht die Wohnzimmertür! Peter verstand überhaupt nicht, was ich von ihm wollte, noch nicht mal die Zeichnung von einem urinierenden Hund konnte ihn auf den richtigen Weg bringen, auf die ich nun wieder energisch tippte und immer wiederholte: „Hund - Pipi!"
Wie konnte ich ahnen, dass ‚Pipi' in Ungarisch ‚Huhn' bedeutete und damit vollends für Verwirrung bei der Viecherei sorgte?

*

Am nächsten Morgen stand ich um 5.45 h auf, ließ die Hunde vor die Tür und kochte mir einen Eimer Kaffee. Dieser Tag würde sehr viel Energie erfordern, das hatte ich im Gefühl. Um 6 Uhr weckte ich Helen, Peter schlief. Um 6 Uhr 05 weckte ich Hardy, Peter schlief. Die Kinder zofften sich im Bad - wie jeden Morgen - ziemlich laut um die Waschlappen, die besten Plätze am Waschbecken und die kuscheligsten Handtücher, Peter schlief. Um 6 Uhr 20 waren alle vier Kinder gewaschen und angezogen, als Hardy schnurstracks zu Peter ins Zimmer reinmarschierte und ihn fragte, ob er nicht auch mal aufstehen wollte. Peter kam aus dem Tiefschlaf, ich glaube er wußte noch nicht einmal, wo er war, weil er mit mir ungarisch sprach - sehr vertrauenerweckend.

Ich bemühte mich so gut es ging, Peter zumindest das Ritual des Frühstückens und Schulbrote Schmierens zu verdeutlichen. Das funktionierte auf Grund des anschaulichen Materials - zwölf Scheiben Brot waren nun mal nicht von der Hand zu weisen - relativ gut und ließ mich neue Hoffnung schöpfen. Konnte es doch alles klappen? Da Peter über keinen Führerschein verfügte, war es extrem wichtig, dass die Kinder pünktlich unten an der Schulbushaltestelle waren. Wenn der Bus einmal weg war, war er weg und der Schultag hätte sich dann erledigt.

An diesem Morgen waren wir pünktlich an der Haltestelle, vier Kinder, zwei Neufundländer, Peter und ich. Da ich die Begrüßungsfreude von Sandmann kannte und genauso gut wußte, dass die Nachbarin, die ihre Kinder auch gleich bringen würde, allergisch gegen seine Matschpfoten war, nahm ich die Leinen beider Hunde und überließ Peter derweil die Verantwortung für die beiden Taschenlampen. Diese wurden benötigt, da es zur Zeit morgens noch dunkel war, die Bushaltestelle über keinerlei Beleuchtung verfügte, sich aber direkt an einer Landstraße befand. Solange es noch Menschen gab, die mit 120 km/h einen Schulbus überholen mussten, waren die Kinder auf Begleitung angewiesen, damit sie sicher die Straße überqueren konnten. Peter nutzte die Taschenlampen, um uns nacheinander ins Gesicht zu leuchten und fröhlich ‚Deutschland, alles klar?' zu rufen.

Nachdem die Kinder wohlbehalten in dem Schulbus Platz genommen hatten und die Nachbarin mit ihrem Auto verschwunden war, gab ich Peter den einen Hund wieder per Leine an die Hand und wir machten uns auf den Heimweg – ganze zweihundert Meter. Peter hatte uns ja geschrieben, dass er zuhause auch einen Hund besaß. Allerdings hatte er keinen Schimmer, dass ein Hund, egal welcher Größe, keine automatische Verdauungsendproduktabwurfmaschine war. Zu deutsch: Man konnte dem Hund nicht am Halsband reißen, damit er einen Haufen machte.
Peter ging mit unserer zwei-jährigen Thula, die nach fünfzig Metern schon fast stranguliert war, so sehr riss Peter an ihrer Leine. Wann immer die Hündin anfing, am Gras zu schnuppern, um sich einen geeigneten Platz zur körperlichen Erleichterung zu suchen, zog er sie mit Gewalt weg. Ich versuchte meinem Au-pair-Mann klar zu machen, dass diese Dame eine Weile bräuchte, bis sie ein Ei legen würde, und das eine zum Zerreißen gespannte Leine es dem Hund nicht einfacher machen würde, zu pinkeln oder sich gar auf Größeres zu konzentrieren. Peter tat so, als ob er mich nicht verstand, wiederholte permanent:
„Hund Scheiße machen!“, und zog das sich in größten Nöten befindliche Tier energisch hinter sich her. Das war nun zu viel. Ich ließ die Leine von Sandmann los, umschloss mit beiden Händen Peters Hals und fragte ihn ganz ruhig:
„Du Hund. Kannst Du jetzt Scheiße machen?“
Ob er mich verstanden hatte? Ich wusste es nicht. Diese Demonstration war aber dringend nötig. Kaum war die Leine von Thula locker, wog sie ein gutes Pfund weniger. Na, bitte.
Zur Veranschaulichung weiterer, zukünftiger Pflichten, fütterten wir gemeinsam die Tiere, also die, die am Abend zuvor noch auf Peters Speisezettel standen, die Esel, Schafe, Ziegen, Hühner usw. Später gingen wir einkaufen und zum Einwohnermeldeamt, wo ich unseren Familienneuzugang ordnungsgemäß anmeldete. Als er das Formular unterschrieb, proklamierte er stolz:
„Ich Autogramm!“.
Als wir aus dem Büro herauskamen, suchte ich in den angebotenen Prospekten, die im Flur auslagen, nach einem Busfahrplan und einem Programm der Volkshoch-

schule, um das ‚Kind' zu einem adäquaten Deutschkurs anzumelden. Peter nahm von jedem Prospekt eins - von jedem! Er nahm nicht nur ‚Reitkurs für Kinder von 4-12', sondern auch ‚Frauen und Hartz 4', ‚Seniorentreffen in Nottuln und Umgebung', ‚Töpfern für Anfänger' und sämtliche Bahn- und Busverbindungen im Großraum Münsterland.

*

Nach zwei Wochen hatte Peter noch kein einziges Wort Deutsch gelernt. Ich glaubte auch nicht, dass das je sein Plan war. Als ich einen Nachmittag eine ungarische Bekannte zu Besuch hatte, um Peter die essentiellen Dinge unseres gemeinsamen Zusammenlebens zu vermitteln, fiel er ihr ständig ins Wort, machte sich über sie lustig und benahm sich auch sonst ziemlich daneben. Als ich ihn dann genervt und verärgert mit dem Wort ‚Macho' bedachte, nahm er das Wörterbuch seiner Bekannten zu Hilfe, blätterte wie wild dahin herum, um dann dümmlich grinsend mit: „Ich nix Macho, ich König hier", dem Tag die Krone aufzusetzen. Seitdem redeten wir in der Familie von Peter nur noch als ‚König von Ungarn'.

*

Außenstehenden mochte das jetzt vielleicht gemein und gehässig anmuten. Für mich war es reiner Selbstschutz, denn mein Humorpotential wurde derzeit arg strapaziert. Dieser König zeigte null Interesse an Kultur, Geschichte oder hierzulande üblichen Gewohnheiten, außer Internet und Handy zählte für ihn nichts.
Den Internetanschluss in seinem Zimmer hatte Peter innerhalb von 24 Stunden gehimmelt, indem er allen möglichen Schrott aus Ungarn heruntergeladen hatte, inklusive eines Wurmes, der das System nun lahmgelegt hat. Pech für den König, so schnell konnte das leider nicht repariert werden. Der klägliche Versuch eines Gespräches war die königliche Frage, wo Elvis begraben worden sei. Ich erklärte Peter, dass Herr Presley in Graceland, Memphis, Tennessee ruhte, gute 9500 km von uns entfernt. Nein, das würde nicht stimmen, es könnten höchstens 1500 km sein, so groß sei Deutschland ja gar nicht.

Peter hatte immer Recht. Und wenn man dazu kurz die Staatsbürgerschaft einer amerikanischen Legende ändern musste. Offenbar schien der Entertainer für Peter ein großes Vorbild zu sein - mit seiner eigenen Singerei ging uns Peter allen gehörig auf den Nerv. Ungeachtet der Tatsache, dass wir die Texte seiner Lieder nicht verstehen konnten, hörte sich das Gequäkte einfach grauenvoll an, so als wenn man einer Katze auf den Schwanz trat. Er versuchte, fehlende Kommunikation mit Gesangsdarbietungen wett zu machen, stieß dabei leider nur auf taube Ohren. Ansonsten war der König immer noch der Meinung, dass er alles konnte und in allem gut war. In Wahrheit war er grottenfaul und ich fragte mich so manches Mal, was seine Intention war, nach Deutschland zu kommen. Einmal waren wir in Münster ein bisschen bummeln und dies und das besorgen. Peter hat sich dabei zu Tode gelangweilt. Mein Mann versuchte, ein wenig über die Geschichte, die Kirchen und die anderen Sehenswürdigkeiten zu erzählen, der König gähnte lediglich.

*

Nachdem ich Peter, der angeblich neun Jahre Deutsch in der Schule gelernt hat, im Deutschkurs III angemeldet hatte und feststellen musste, dass er dort völlig überfordert war, fuhr ich ihn nun zum Deutschkurs für absolute Anfänger. Um zu hören, ob die Wahl des Kurses nun die richtige sei und ob Peter auch etwas lernen würde, bat ich um ein Gespräch mit seiner Deutschlehrerin. Leider bestätigte sie mir nur meinen Eindruck, dass Peter faul und zudem noch absolut von sich selbst überzeugt war. Mir hatte er erzählt, die Lehrerin hätte ihn als Besten im Kurs gelobt. Das genaue Gegenteil war der Fall. Und dann war der König auch noch so überheblich, dass er die Deutschlehrerin im Unterricht verbesserte…
Nun wollen wir hier nicht nur die negativen Seiten beschreiben, unser König war zum Beispiel sehr reinlich. Während sich die Kinder morgens am Frühstückstisch um Papierschnitzel, Fußballbildchen oder Zopfspangen balgten, stand Peter in der Küche und spülte. Sandmann naschte die Marmeladenbrote vom Tisch, Henry zog seiner Schwester an den Haaren, Hardy malte mit übergekipptem Kakao lustige Bildchen auf die Tischplatte und Peter spülte. Es wurde Zeit, sich anzuziehen, die Butterbrote einzupacken und die Hunde zu füttern und Peter spülte immer noch. Wenn er damit fertig war, schwamm die gesamte Fensterbank, vor dem Waschbecken lag der Eriesee und Goldfische hätten bis mittags in der Küche auf dem Boden eine Überlebenschance von hundert Prozent. Peter brauchte pro Tag mindestens sechs Geschirrhandtücher, die, anstatt sie wieder an die dafür vorgesehenen Haken zu hängen, übereinander auf die Heizung gehäuft wurden.
Nach dem Spülen musste sich Peter erst einmal die Hände reinigen. Danach schüttelte er sie so heftig aus, das mein Mann es in Erwägung zog, innenseitig am Fenster, welches sich über dem Spülbecken befand, einen Scheibenwischer anzubringen, damit man noch nach draußen sehen konnte. Wenn Peter oben das Badezimmer betrat, schloss er sich ein und ließ tags wie nachts beide Rollläden vor den Fenstern herunter, auch wenn er sich nur die Hände wusch. Lebten die Ungarn vielleicht in Höhlen? Es gab für mich kaum etwas Schöneres als beim Zähneputzen den Sonnenaufgang oder die Tiere auf den Feldern zu beobachten. Hatte ich schon erwähnt, dass wir auf dem Land wohnten und unsere nächsten Nachbarn fünfhundert Meter weit entfernt waren? Wer zum Teufel sollte in diese Fenster hereinsehen? Ein neugieriger Vogel, eine Giraffe, oder ein Spanner mit Leiter?

*

Eines Abends telefonierte Peter mit seiner ungarischen Bekannten, wahrscheinlich, um sich bei ihr auszuheulen. In Ermangelung jeglichen Nutzens für uns, hatte mein Mann den König am Nachmittag zum Holzhacken verdonnert. Das war natürlich keine Au-pair-Tätigkeit, aber irgendetwas musste dieser Mensch doch machen, außer zu Schlafen und auf die Reparatur des Internets zu warten. Nach fünfzehn Minuten des Beilschwingens war Peter schon wieder fertig und mein Mann, mit Blick auf ganze drei gespaltene Scheite, förmlich implodiert - nun denn. Das Telefonat entpuppte sich wohl anders als gewünscht, anstatt den König gebührend zu bedauern, wusch das Mädel anscheinend ihrem Landsmann den Kopf. Denn an diesem Morgen geschah ein Wunder! Die Hunde pinkelten mal nicht in die Diele, die Kinder wurden rechtzeitig geweckt und Brote wurden geschmiert. Peter schaffte es, die Kinder samt Hunden rechtzeitig an die Bushaltestelle zu bringen, fütterte draußen die Tiere, bereitete den Teig für ein Brot vor, saugte unten und oben Staub und … war dann so erschöpft, dass er sich um neun Uhr bei mir verabschiedete:
„Ich schlafen!"
Warum auch nicht, mehr als sechs Stunden täglich sollte so ein Au-pair ja auch nicht beschäftigt werden. Ich war gespannt, wie wir die anderen drei zusammen kriegen würden.

*

Menschen aus anderen Ländern waren schon manchmal recht amüsant. Dinge, die für uns selbstverständlich waren, bargen offenbar große Abenteuer für Leute aus dem Osten. So zum Beispiel heißes Wasser aus dem Wasserhahn. Peter ist zurück gesprungen, als wenn ihn jemand gebissen hätte. Oder war unser König nur besonders wehleidig? Beim Möhren schneiden entgleiste das Messer von Herrn Ungeschickt in den Finger desselben. Er sprang unter lautem Indianergeheul von einem Bein auf das andere und entfleuchte dann für eine viertel Stunde nach oben. Ein Pflaster wollte er aber nicht haben. Oder hat er uns nur wieder nicht verstanden? Ähnlichkeiten mit einem Indianer gab es übrigens öfters. Wenn einer der Hunde in seine Nähe kam und den König vorwitzig mit seiner feuchten Nase am nackten Bein berührte, sprang Peter unter wilden Zuckungen aus dem Stand einen Meter beiseite. Auf unser Fragen hin, was an einer Hundeschnauze nun so schlimm sei, wurden wir aufgeklärt, das so ein Tier ekelig wäre, schließlich hätte der König gerade frisch geduscht.

Was unseren König mächtig wurmte, war die Tatsache, dass ich ‚hellsehen' konnte und er nicht. So hatte ich ihm beispielsweise morgens prophezeit, dass es am Mittag schneien würde. (Erstens hatte ich den Wetterbericht gehört, zweitens war ich mit einem Piloten verheiratet. Die hielten sich alle für re-inkarnierte Meteorologen und meistens lagen sie mit der Wetterprognose sogar richtig.) Unser König war davon überzeugt, dass es bei gefühlten zehn Grad minus unmöglich schneien konnte.

Na ja, und Frauen waren ja eh nicht wirklich ernst zu nehmen.

An meiner Aussage, dass Elvis kein Deutscher, sondern ein Amerikaner war, zweifelte er ja auch immer noch. (Wie weit war es doch gleich bis Memphis, 1500 Kilometer?) Aber ich konnte noch ganz andere Sachen ‚hellsehen', zum Beispiel, dass ein Hund garantiert in die Diele pinkelte, nachdem er zweieinhalb Liter Wasser gesoffen hatte und dann sechs Stunden lang nicht vor die Tür kam.
Ja, ich war der Oberhellseher, ich wusste sogar, dass ein Brot aus Hefeteig im Ofen nicht aufgehen würde, wenn man keine Hefe zuvor hinein getan hatte. Im Übrigen vereinfachte sich die Herstellung eines Brotteiges enorm, wenn man nicht nur die Rührstäbe in den Mixer steckte, sondern auch noch den Stecker in den Strom stöpselte...

*

Mittags saßen wir zu Tisch. Bei uns war es üblich, zu warten, bis alle Platz genommen hatten, jeder im Besitz des gesamten, benötigten Werkzeugs war und auch etwas auf dem Teller hatte, bevor man anfing zu essen. Bei Peter lag die Priorität ganz woanders, in etwa hier: Wie schaufele ich möglichst schnell möglichst viel auf meinen Teller und richte mein Augenmerk simultan schon mal auf den Nachschlag, d.h. teile im Geiste die verbleibende Menge Nahrung, durch die am Tisch sitzenden Personen und nehme mir dann davon das Meiste. Das kannten wir ja schon, siehe Carmen aus Rumänien. Neu war, dass zum Beispiel die Gestaltung eines simplen Butterbrotes zur Entertainmentshow für uns alle wurde. Anstatt die Remouladenflasche auf dem Kopf abzustellen, wie wir es unserem König schon 95 Mal in den letzten drei Tagen gezeigt haben, schüttelte Peter die grüne Auf-dem-Kopf-steh-Plastik-Flasche derart wild und hektisch, dass es uns wie ein ungarischer Volkstanz vorkam. Schade nur, dass Peter gar nicht wusste, warum mir die Tränen vor Lachen hinunter liefen.

*

Das erste Mal in diesem Winter hatte es geschneit - hatte ich ja hellgesehen - satte zehn Zentimeter, vielleicht mehr. Hannah und Henry bauten draußen einen gigantischen Schneemann auf der Terrasse, Sandmann sprang wie ein kleines, schwarzes Böckchen durch die weiße Pracht – es war der erste Schnee seines Lebens - und biss pausenlos hinein. Ich hatte Peter gefragt, ob er den Kindern nicht zur Hand gehen wollte, denn er saß in der Diele am Tisch und sah durchs Fenster dem Treiben draußen zu. Beim dritten Anlauf verstand er mich und meinte müde:
„Nee, Schnee ist kalt."
Gab es denn in Ungarn warmen Schnee?

Unser König war dann um 16 Uhr mit seiner Bekannten verabredet, schnipste um 19 Uhr mit dem Finger - per Handyanruf - dass er nun wieder abzuholen sei und verabschiedete sich nach dem von mir gekochten Abendbrot mit voll gefuttertem Bauch und dem Ausspruch „Schlaf schön".
Wütend wie ich war, fragte ich ihn, wo denn die anderen drei Stunden Arbeit wären, die in seinem Arbeitsvertrag stünden. Er stellte sich erst doof –„nix verstehen, langsam!"- und meinte lapidar dann: „Morgen".

*

Die Wut vom Abend zuvor war noch nicht ganz verraucht, als ich am nächsten Morgen aufstand. Die rege Betriebsamkeit vom vergangenen Tag war kaum mehr wahrnehmbar, gequält konzentrierte sich unser Au-pair auf das Schmieren der Schulbrote. Kümmern um die Kinder? Keine Spur. Zu Spülen gab es diesmal nichts, weil ich ja am Vorabend alles aufgeräumt hatte, während der erschöpfte König sich in seine Kissen bettete. Um diesen Mangel auszugleichen, setzte Peter die weniger als halbgefüllte Spülmaschine in Gang. Nun, dies mochte man ihm nachsehen, wusste unser ‚Royal' doch bis heute noch nicht so wirklich um die Funktionsweise so eines Wunderkastens, von Wasser- und Spülmittelverbrauch wollte ich da gar nicht erst anfangen. Ich hatte jedoch schon mehrfach beobachtet, wie entsetzt Peter beim Öffnen der Maschine auf mit Spülwasser gefüllte Tassen, Gläser und Schüsseln starrte, weil sie leider wieder falsch herum in die Spülinette gesteckt worden waren. Mit zwei spitzten Fingern nahm er dann besagtes Geschirr aus der Maschine und wusch es energisch mit viel Wasser und gutem Schaum sauber. Wer glaubte, dass die Becher beim nächsten Waschgang mit der Öffnung nach unten in der Spülmaschine landen würden, hatte entweder noch kein Au-pair oder noch sehr viel Idealismus.

Eigentlich war es ja ganz schön, so ein reinliches Au-pair zu haben. Ich fragte mich nur, wie sich der Reinigungsfimmel einerseits, sich mit drei benutzten Unterhosen in vierzehn Tagen andererseits vereinbaren ließ. Oder wusch er seine Schlüpfer heimlich in der Dusche? Das würde vielleicht die unendlich langen Badezimmerbelegzeiten erklären. In seinem Zimmer würde die Wäsche auch sicherlich ruckzuck wieder trocken. Da der König nie lüftete und die Heizung voll aufgedreht war, herrschte dort bereits wüstenähnliches Klima. Ich nahm mir vor, die Blumen auf seiner Fensterbank durch Kakteen ersetzten.

Nachdem König Peter wie erwähnt wenig Einsatz am morgen gezeigt hatte, beschloss ich seinen Tatendrang bei Füttern der Tiere einmal von unbemerkter Stelle - meinem Schlafzimmerfenster- zu beobachten. Von hier hatte ich einen guten Überblick über den Stall mit den Boxen für die Esel und Ziegen und den Hühnerstall. Den Schafstall konnte ich von meinem Badezimmer aus sehen, also: Vorsicht Peter, big mother is watching you. Das war natürlich nicht die feine englische Art, allerdings lernte man so viele Dinge über fremde Menschen, die sie freiwillig wahrscheinlich nie preisgeben würden. Unser Au-pair-Mann ekelte sich zum Beispiel vor allem, was irgendwie mit Tieren zu tun hat. Allein den Lichtschalter im Stall zu drücken, war für ihn anscheinend eine gigantische Überwindung, da er sich danach sofort heftig die Finger an der Hose abwischte. Anstatt das Gatter zu öffnen und den Tieren das Heu hinzulegen, warf er es oben drüber. Dabei landete es dummerweise auf dem Rücken von Eselstute Chantreé. Was nun? Unser König behalf sich mit einem großen Kehrbesen, mit dem er das Frühstück der Tiere von der Stute runterschubste. Dass die Esel bei Anblick des Besens auf Augenhöhe nervös wurden, trug nicht wirklich zum besseren gegenseitigen Verständnis bei. Den Schafen warf er das Heu aus selbigem Grund auch auf die Köpfe, alles andere im Detail zu beschreiben, würde hier den Rahmen sprengen und lustig war es auch nicht. Danach musste er natürlich erstmal ausgiebigst duschen. Ich habe von der Au-pair-Vermittlung später erfahren, dass Peter sich bei uns nicht wohl fühlte, weil er keinen Anschluss an die Familie fand. Er wollte lieber zu einer Gastfamilie mit kleinen Kindern. Wenn Peter sich schon vor Tieren ekelte, was würde er wohl mit einem sabbernden Kleinkind oder einem stinkenden Säugling machen?

*

Kaum zwei Wochen später war König Peter Geschichte. Nachdem er bei einer zweitägigen Abwesenheit meinerseits Kinder und Tiere komplett sich selbst überlassen und sich ausschließlich mit Schlafen, dem Internet und dem Inhalt meines Kühlschrankes beschäftigt hatte, sah ich mich gezwungen, mit unserem ‚Adeligen' ein Wörtchen zu reden. Ich wollte von ihm wissen, warum er überhaupt nach Deutschland gekommen war. Zum Deutsch lernen offenbar nicht, denn den Besuch des Deutschkurses lehnte er mittlerweile kategorisch ab. An diesem Abend blieb er mir die Antwort schuldig, telefonierte hernach aber umso ausgiebiger mit wem auch immer. Am nächsten Morgen erhielt ich eine E-Mail von der Vermittlungsstelle, man würde in einer Stunde Peter bei uns abholen, da er sich bei uns nicht wohlfühlen würde.

Es war für mich unerklärlich, wie man ohne Rücksprache wegen Faulheit einen Au-pair-Vertrag fristlos kündigen konnte. Also stand ich mal wieder von heute auf morgen ohne Kinderbetreuung da. Aber mal ehrlich – war das eigentlich überhaupt eine Kinderbetreuung?

Der letzte und der allerletzte Au-pair-Mann

Nach Peter kam Alex. Alex hatte die völlig sinnfreie Email-Adresse egalalex@yahoo.de und stand deshalb fast fünf Jahre in Ungunsten bei der Au-pair-Vermittlerin, nur weil die E-Mail Adresse in Ihren Ohren so faul klang. Leider habe ich versäumt, die ersten Wochen von Alex bei uns aufzuschreiben. Einfach waren sie auch nicht, aber immerhin glänzten sie durch eine immense Kenntnis der deutschen Sprache, ganz das Gegenteil von Peter.

Nach den ersten Reibereien (man durfte ihn zwar Alex rufen, aber natürlich nicht Alexander, weil er eigentlich Aleksej hieß ...) hatten wir uns arrangiert und das sogar ziemlich gut. Alex mutierte innerhalb eines viertel Jahres zur besten Kinderfrau, die wir jemals hatten. Nach etwa einem halben Jahr äußerte Aleksej Aleksejewitsch, wie er sich selbst gerne nannte, den Wunsch, doch noch länger in Deutschland zu bleiben. Wir konnten es ihm nicht verdenken, ein Land, dessen Einheimische ihren Gästen als Willkommenshäppchen die rohen Augäpfel eines frisch geschlachteten Schafes kredenzte, war uns auch nicht so ganz geheuer. Zum Verständnis: Alex kam aus Kirgisistan, ein kleiner Staat kurz vor Zentral-Asien, war aber kein mandeläugiger, gelbhäutiger Kirgise, ausgestattet mit Jurte, Lama und besagten Schafen, sondern ein Russe. Für uns mal was Neues, ein ‚Exil-Soviet' nach all den Rumäninnen, dem Georgier und dem Ungaren. Wir unterstützen Alex' Wunsch in Deutschland zu bleiben und überlegten, was man außer einem Studium noch so anleiern könnte. An einem lauen Sommerabend auf der Terrasse reifte die Überlegung, Alex bei unserer Firma als Steward unterzubringen, natürlich vorausgesetzt, er würde den Einstellungstest schaffen. Englisch war für den Job als Flugbegleiter zwingend erforderlich und fortan paukte Alex neben dem deutschen Umgangston noch englische Vokabeln. Er schaffte den Test tatsächlich, bekam kurz vor Ablauf des Au-pair-Jahres bei uns einen Arbeitsvertrag und freute sich auf ein Leben aus dem Koffer. Leider hatte er die Rechnung ohne das deutsche Amt gemacht, dieses verwehrte ihm natürlich die weitere Aufenthaltserlaubnis in Deutschland. Und uns warf man mal eben eine geplante Schleuser -Tätigkeit vor, schließlich hätten wir den Russen nur in unser heiliges Land geholt, um ihn bei unserer Airline anheuern zu lassen. Schon erstaunlich, wie so mancher Mitarbeiter des Ausländeramtes um die Ecke denken konnte. Wie auch immer, Alex kam der Aufforderung vom Ausländeramt ‚sich zu stellen' freiwillig nach und wurde dort prompt zwecks sofortiger Abschiebung nach Kirgisistan von Zivilpolizei verhaftet. In Handschellen ging es dann vor den Schnellrichter. Nur weil Alex dort in perfektem Deutsch glaubhaft machen konnte, dass sein noch zu entscheidendes Verfahren (Verlängerung der Aufenthaltserlaubnis zum Arbeitsantritt in Deutschland) sich immer noch in der Schwebe befand und er sich daher nichts vorzuwerfen hatte, wurde der Antrag des Ausländeramtes, sehr zum Missfallen der dortigen Angestellten, vom Richter abgelehnt. Nun tingelte Alex jede 14 Tage von seiner Tante in

Frankfurt in unser beschauliches Coesfeld, um die Duldung in der Bundesrepublik Deutschland um zwei weitere Wochen verlängern zu lassen, bis zur finalen Entscheidungsfindung – und die konnte dauern.
Ich wünschte, mit unseren ganzen Sozialschmarotzern würde mal ähnlich rigoros umgegangen. Aber die bekamen alles Erdenkliche einfach so hinein gesteckt. Arbeiten? I-wo. Deutsche Sprache sprechen? Ach, was. Reichte es nicht, wenn Ur-ur-ur-ur-ur-Oma mal mit dem Finger auf der Landkarte in Deutschland war? Na, klar. Aber das war ein anderes Thema und sollte hier nicht weiter vertieft werden.

Alex war also mit dem Bangen um seine Zukunft in Hessen beschäftigt, wir brauchten mal wieder eine neue Kinderbetreuung. Der Russe, der ihn fristgerecht ablösen sollte, kniff genau zwei Tage vor Anreise, weil er den Führerschein - den ich zur Prämisse gemacht hatte - dann offenbar doch nicht rechtzeitig bekam. Sein Argument, er könne ihn ja später in Deutschland machen, katapultierte ihn selbst auf die Abschussliste, aber im Nachhinein betrachtet, war Modell Muttersöhnchen wahrscheinlich sowieso nicht die richtige Wahl für uns. Die Zeit, die Alex mit Anträgen und Gerichtsverhandlungen noch in unserem Haus verbrachte, nutzten wir, um mal wieder sämtliche Au-pair-Agenturen wuschig zu machen und mit bekannten Angaben (vier Kinder, zwei Riesenhunde, diverses anderes Viechzeugs, großes Haus auf dem Land, Führerschein notwendig) ein neues Au-pair aufzutreiben.

*

Zuerst bot man uns einen Madegassen an. Ziemlich weit weg, war mein erster Gedanke, aber es wäre mal was ganz anderes gewesen. Allerdings waren hier nur zwei Kinder zu betreuen gewünscht, also nicht passend. Eine andere Agentur hatte die Bewerbung einer Chinesin vorliegen, 1,50 m groß und vierzig Kilo leicht. Da konnte ich die Hunde ja auch gleich beide mit Hardy vor die Tür schicken. Die Frage war dann nur, wer mit wem Spazieren ging. Also war‘s mit der Lotusblüte auch nichts.

In die engere Wahl kam dann ein Mädchen aus Mombasa, auf die ich mich insgeheim schon freute, denn das wäre mal ein ganz anderer Landstrich als unsere ganzen Ostzonalen. Obwohl ich mir schon Sorgen machte, wie eine tiefschwarze Frau im erzkatholischen Münsterland zu recht kommen würde. Viele dieser Einheimischen hatten noch nie einen ‚echten Farbigen’ gesehen, so gemein wie das auch klingen mochte. Ich erinnerte mich noch sehr gut an unsere Hochzeit vor sechs Jahren im Nachbardorf, zu der auch Jacques aus Ghana eingeladen war, den wir zusammen mit seiner Frau auf einem Flug in die Dominikanische Republik kennen gelernt hatten. Jacques, knapp zwei Meter groß, war so schwarz wie eine Sonnenfinsternis, hatte strahlend weiße Zähne und einen kurz geschorenen Lockenkopf. In der Kirche wurde er skeptisch beäugt und erst nach den üblichen Schnäpschen taute die hiesige Landbevölkerung auf. Das Jacques schon seit dreißig Jahren mit einer kleinen, weißen Frau aus Aachen verheiratet war, beruhigte dann schnell die Gemüter und nach diversen weiteren Hochprozentigen saßen der Münsterländer Stammeshäuptling ‚Opa Willi' und Jacques auf einer Gartenbank und plauschten, als hätten sie schon zusammen die Schulbank gedrückt. Opa fasste Jacques öfter mal am Arm und rief freudestrahlend in die Menge, mein Freund ‚Schackes' aus Afrika!' und Jacques schenkte ihm ein breites Grinsen. Er arbeitete seit zwei Jahrzehnten für die Entwicklungsabteilung von BMW und konnte nach einem langen Leben in Deutschland mittlerweile darüber lachen, dass ihn jemand verstohlen befühlte, nur um zu sehen, ob die Farbe auch echt war. Aber die Integration in Deutschland war für ihn beileibe keine leichte Sache, vor allem nicht zu der Zeit, in der Jacques damals nach Deutschland kam. Würde ein junges Mädchen aus Mombasa hier im Münsterland glücklich werden? Dazu kam, dass die Au-pair-Agentur weit weg war, den Kontakt zu anderen Jugendlichen würden wir knüpfen müssen... Während ich noch so über unsere Wüstenblume aus der afrikanischen Großstadt sinnierte, erfuhr ich von der Au-pair-Agentur, dass sie aus gesundheitlichen Gründen abgesagt hatte. Was blieb, war die Bewerbung eines jungen Georgiers, was uns unweigerlich wieder an unsere Anfänge mit Ucha erinnerte. Aber seit Ucha waren acht Jahre vergangen, wir waren um etliche Erfahrungen und jeder Menge grauer Haare reicher und außerdem brauchten wir mal wieder dringendst jemanden. Also beschlossen wir ihn einzuladen. Hier war schon der Name Programm: ‚Giorgi aus Georgien'.

*

Aus Erfahrung schlau geworden, telefonierte ich zuerst mit Giorgi, was erstaunlich gut klappte. Natürlich kein Vergleich mit Alex, aber es funktionierte zufriedenstellend und wir tauschten in den nächsten Wochen viele E-Mails. Sie waren sehr höflich, wenig informativ und zumeist optimistisch. Ja, ja, nur keine Blöße geben. Alles wird gut. Manchmal fragte ich mich, wie wichtig es für junge Leute war, ein Jahr in Deutschland leben zu dürfen und was sie uns dafür alles versprechen würden. Das viele Mädchen aus dem Osten die Option suchten, hier zu heiraten, war ja nichts Neues. Was würde einen Georgier dazu bringen, nach Deutschland umzusiedeln? Interessanter Weise hatte Giorgis Schwester eine Freundin in Münster, obwohl die Au-pair-Agentur, die ihn vermittelt hatte, ihren Sitz im tiefsten Bayern hatte. Zufall?

*

Giorgi reiste mit neuer Reisetasche im hellblauen Hemd an und duftete wie der Verkäufer einer Parfümfiliale. Da er mindestens zwanzig Stunden unterwegs gewesen sein musste, war das schon beachtlich. Wie hieß es doch so schön? 'You never get a second chance for the first impression.' Der erste Eindruck war durchaus positiv. Giorgi hatte einen schweren Stand, sowohl Kinder als auch Ehemann trauerten Alex hinterher und waren nicht wirklich offen für Neues. Also musste ich für unseren Neuzugang in die Bresche springen und tat das auch eigentlich gern, denn der junge Mann war nicht nur wohlriechend und gutaussehend, sondern auch noch ausgesprochen höflich. Natürlich wusste ich, dass sich das wahre Gesicht nicht in den ersten zwei Stunden zeigen würde und habe versucht, alles so neutral wie möglich zu betrachten.

*

In den nächsten drei Wochen hatten wir uns bemüht, alles möglichst langsam angehen zu lassen, ihm Schritt für Schritt seine neuen Pflichten beizubringen und bei ‚Nicht-Verstehen' Wohlwollen walten zu lassen. So langsam erweckte sich mir der Eindruck, dass ‚nicht-verstehen' hier ‚nicht-verstehen-wollen' bedeutete und Parallelen zu Ucha waren nicht von der Hand zu weisen. Übertragene Aufgaben arbeitete Giorgi zwar akribisch ab, aber die Arbeit hatte er ganz sicher nicht erfunden. Es bereitete ihm auch keine Probleme, einen herausgestellten Mülleimer so lange zu ignorieren, bis der Inhalt in der Lage war, selbst zur Tonne zu krabbeln. Staubsaugen konnte man nicht vor mittags um 11.30 h, weil man ja jeden Morgen um 6 Uhr aufstehen musste und ‚nach Kinder zur Schule geleiten' und ‚Brot backen' erst mal redlich erschöpft war. Als Giorgi ganz neu bei uns war, fragte er mit runden Augen, warum wir immer so früh (22 Uhr) ins Bett gehen würden, das würde in Georgien kein Mensch machen. War klar, wenn man keine Arbeit hatte, konnte man auch bis weit nach Mitternacht noch herumtüdeln - 80 % aller Georgier waren laut seiner Auskunft arbeitslos. Ich war auch eher eine Nachteule, aber wenn zwischen drei und fünf Uhr morgens der Wecker rasselte, war so ein bisschen Schlaf zuvor durchaus dekorativ. Die ersten Tage beschränkten sich auf essentielle Dinge, zum Beispiel: ‚Wie bediene ich einen Staubsauger', ‚wie funktioniert ein Ofen' und ‚wie stelle ich eine Dusche an?' Selbst die Benutzung des Handrührgerätes zum täglichen Brotbacken musste ich in allen Details erklären. Ja, es war absolut von Vorteil, wenn man den Stecker in die Steckdose steckte. Man konnte natürlich auch ohne Strom rühren...Kannte ich das nicht schon von Peter?

*

Wir übten uns in Geduld, solange es möglich war, d.h. bis uns die nächste Langstrecke ein paar Tage fern hielt vom Tagesgeschäft daheim. Wir reisten von Mittwochabend bis Samstagabend nach Bangkok, also mussten zwei Schultage gemeistert werden und ein Tag am Wochenende. Wir befürchteten bei unserer Rückkehr das Schlimmste, aber die Kinder waren guter Dinge und unser Au-pair-Mann lachte auch noch, als wir nach sechzehn Stunden Dienst am Samstag wieder eintrudelten.

„Geht doch", dachte ich erleichtert und sank nach dem üblichen Wiedersehensspektakel müde ins heimische Kissen. Das die Kinder fast pausenlos vor dem Fernseher gesessen hatten oder am Computer spielten, in ihren Zimmer die Müsli- und Sirupvorräte vernichtet wurden und Giorgi mangels eigener Kochkenntnisse sich von den Kindern an den gedeckten Abendbrotstisch rufen ließ, erfuhren wir erst häppchenweise in den Tagen danach. Giorgi avancierte zum typischen Georgier, wie wir ihn schon kannten, mit den Händen in den Hosentaschen sah er uns bei der Arbeit zu, ohne detaillierte Anweisung inklusiver dreifacher Anleitung passierte freiwillig rein gar nichts.

Wir waren noch zu müde (Bangkokzeit!) für einen großen Streit, aber klammheimlich schwoll uns der Kamm mit jedem Tag mehr. War es jetzt Unwissenheit, Dummheit und Unsicherheit oder waren alle Menschen in Georgien so lethargisch? Natürlich brachte dieser Mensch ein gesundes Selbstbewusstsein mit. Seine Rechte kannte er ganz genau, bei den Pflichten war wie gesagt noch einiges verbesserungswürdig.

*

Es war Zeit, Hardy von seinem Freund abzuholen. Ich schickte Helen nach oben, um Giorgi Bescheid zu sagen. Ein paar Minuten später war sie wieder bei mir in der Küche, Giorgi würde telefonieren und hätte sie mit einer Handbewegung aus dem Zimmer gewedelt. Da es mittlerweile schon zehn Minuten nach der Abholzeit war, bin ich nach oben in Giorgis Zimmer gegangen und habe in sein Skype-Telefonat gerufen:
„Hallo Giorgi, kannst Du bitte Hardy abholen? Jetzt!"
Oh, da hatte ich ja was gesagt. Nachdem das Telefonat mit seiner Schwester nun widerwillig unterbrochen worden war, um meinem Wunsch nach zukommen, wurde erst mal mit mir diskutiert, in was für einem Ton ich mit ihm sprechen würde. Solche Aggressivität wäre er nicht gewohnt. Aggressivität? Diese reinkarnierte Schlaftablette konnte gerne mal bei passender Gelegenheit mein Gefühlspotential kennenlernen!

Wenn ich mir überlege, wie lange und oft wir mit Engelszungen alles erklärt hatten. *großer Seufzer*
Die nächsten Tage zog Giorgi es vor, stumpf die ihm übertragenen Aufgaben zu erledigen: Er brauchte fast eine Stunde, um die obere und untere Etage zu saugen, dabei sparte er die Treppe, das Bad und das Gästebad kategorisch aus. Er wischte mit drei Litern Wasser das gesamte Untergeschoss und kippte den Schlabber so schwungvoll ins Klo, das man im so entstandenen Feuchtbiotop hinterher mühelos Kartoffeln hätte anbauen können. Aber selbst war er pingelig hoch zwölf. Als ich ihm mitteilte, dass ich an diesem Tag Waschen würde, warf er mir seinen ge-

samten Wäschebestand vor die Waschmaschine, inklusive Bettwäsche und aller Handtücher im Kinderbad. Drei Stunden später vermisste er bereits eine von drei Unterhosen, die er mir zu Waschen aufgetragen hatte. Als ich ihm mitteilte, dass sechs Maschinen Wäsche so ihre Zeit brauchen würden, sah er mich blöde grinsend an. Ob er dachte, ich trüge seine Unterhose? Am Abend war die Wäsche durch, es waren aber nur zwei Unterbuxen von Monsieur durch meine Wäscherei gelangt. Daraufhin durchwühlte er drei Körbe mit frisch gebügelter Garderobe nach besagtem georgischen Leibchen, denn irgendwo musste der Schlüpfer doch sein, oder? Vielleicht hatte ihn die Waschmaschine gefressen - als willkommene Abwechslung zu den üblichen Socken.

*

Wenige Tage später ging es auf die nächste Langstrecke, die Firma sah sich wie üblich außerstande, sie wegzutauschen und einzig was mich tröstete, waren die zwei Wochen Urlaub danach. So flogen wir also mit gemischten Gefühlen am Sonntag nach München, um dann am Montag für eine einzige Nacht nach Punta Cana zu düsen. An Mittwochmittag erreichten wir heimische Gefilde mit gut drei Stunden Verspätung. Hätte ich gewusst, was uns für ein Chaos erwartete, wäre ich in der Karibik noch eine Nacht länger geblieben und hätte meine Sorgen in Mochito oder Cuba Libre ertränkt.

Das Erste, was uns anlachte, waren drei Rucksäcke und ungezählte herrenlose Schuhe, die sich vor der Haustür im Regen langweilten. Nach Öffnung derselbigen, sprangen mir gut ein Dutzend Din A4 Blätter auf der Terrasse ins Auge, die tapfer zwischen Tomatentöpfen und Stiefmütterchen Wind und Wetter trotzten. Sie gehörten eigentlich in die Schultasche von Hardy. Dazu zierten den Garten noch diverse Pullover, Hosen, Handtücher, Teller, Gläser und was weiß ich noch für Dinge, die ihren angestammten Platz eigentlich im Haus hatten. Auf meine Nachfrage hin, warum alles überall herumliegen würde, sagte Giorgi:
"Warum machen Kinder das?"
Die Kinder saßen mal wieder vorm Fernseher, dadurch wurde unsere Ankunft zunächst gar nicht bemerkt und ich konnte mich in aller Ruhe über das Chaos in der Küche ärgern. Dort stand, unangetastet, die frische Ananas, die ich vor der Abreise noch geschält hatte und die sich zwischen Verschimmeln und Vertrocknen nicht entscheiden konnte. Ein ganzer Laib Brot, der daneben auf einem Teller lag, hatte dieses Problem schon gelöst, er war grün wie ein Nasenpopel und roch schon intensiv nach Verwesung. Auf meine Frage, warum er das Brot nicht in den Müll befördert hätte, erklärte man mir, er wäre orthodox, er könne kein Brot wegwerfen. In Georgien würde man damit die Hühner füttern. Klar, wenn das Federvieh dann schimmelvergiftet nachts von der Stange kippte, schloss sich der Nahrungskreis ja wieder. Ich fragte mich nur, wie konnte ein frisches Brot innerhalb von drei Tagen

so derartig verschimmeln? Auf meine Frage nach der Ananas und deren speziellem Schicksal, wurde ich mit hochgezogener Augenbraue darüber informiert, dass er schließlich nicht wissen könne, dass *so* etwas essbar sei. Ach so.

So nach und nach kam dann raus, dass Henry nicht am Montagabend beim Kung Fu war, weil er sich lieber mit seiner Freundin verabredet hatte. Die Kinder sind am Dienstag um fünf statt um sechs Uhr geweckt worden, weil man sich in der Zeit vertan hatte, das gesamte Essen, welches in den drei Tagen verbraucht werden sollte, stand immer noch unangetastet im Kühlschrank und Giorgi hatte es sogar geschafft, den Tank im Golf leer zu fahren. Vierhundert Meter vor der Tankstelle hatte unser Au-pair nichts Besseres zu tun, als Henry (damals zwölf) mit der Lösung des Problems zu beauftragen. Diese äußerte sich in der spontanen Akquirierung meiner Freundin, die aus dem Nachbarort mit ihrem Auto und einem Kanister geeilt kam, um den ‚gestrandeten', ausländischen Mitbürger wieder flott zu machen. Was war ich froh, dass sich wenigstens die Kinder zu helfen wussten!
Es waren noch diverse andere Dinge passiert, die alle aufzuzählen hier den Rahmen sprengen würde. Hatte ich schon die Sache mit dem Haustürschlüssel erwähnt? Es gab ja vor Jahren schon mal ein rumänisches Modell, welches meinte, auf Grund eines nicht mehr vorhandenen Schlüssels in das Haus durchs Fenster steigen zu müssen. Sie begnügte sich seinerzeit mit dem Wohnzimmerfenster im Erdgeschoss. Georgi kletterte mittels Leiter über das Dach in Hardys Fenster im ersten Stock, weil er sich ausgesperrt hatte. Wer glaubte, das dies ein einschneidendes Erlebnis war, eventuell sogar mit Lerneffekt, dem sei gesagt, dass er sich bereits am nächsten Tag schon wieder vor einer Tür mit innen steckendem Schlüssel stand.

*

Steter Tropfen höhlte den Stein und ein Tropfen zum nächsten füllte das Fass. An einem Freitag war das Fass voll und wir mussten mal ein paar deutliche Worte sprechen. Oh, was war seine Eminenz pikiert! Und es gab jede Menge wichtiger Informationen. Einen Hundenapf könnte er zum Beispiel nicht in der Spüle saubermachen, weil da ja Bakterien dran wären. Seine Mutter sei ja schließlich Krankenschwester und wüsste genau Bescheid. Und im Übrigen wäre es in Georgien nicht üblich, sich am Tisch die Nase zu putzen oder zu husten. Okay, es war dafür in Deutschland nicht üblich, bei Rot über die Ampel zu fahren, anderen Leuten bei der Arbeit zuzusehen, mit beiden Ellenbogen am Tisch zu hocken, nach dem Abendbrot aufzustehen und das Esszimmer wortlos zu verlassen. Hotel Leineweber? Nicht mit mir! Mittlerweile war ich über das arrogante Verhalten so sauer, das ich ihm durchaus das Heimatticket nach Georgien aufzeigte, wenn er sich hier nicht schlagartig in die Familie integrieren würde. Und zwar zack, zack!

Nach Woche fünf in Deutschland hat Giorgi sehr wohl gemerkt, dass die Worte

‚zack, zack' bei mir oft Verwendung fanden. Ich wollte nicht mein Leben damit verplempern, auf andere zu warten, schließlich hatte ich nur das eine. Beispielhaft war unser Ausflug zum Ausländeramt, wo wir sein Visum verlängern lassen wollten. Intensiv hatten wir in den Tagen zuvor besprochen, welche Unterlagen nötig waren und dass ich plante, um 10 Uhr los zufahren. Um 9 Uhr 55 h wollte Giorgi anfangen, die Diele zu wischen. Das konnte nur ins Auge gehen. Hatte ich eigentlich schon erwähnt, dass sich Menschen aus dem Osten zu jeder Gelegenheit umzogen? Zuhause trug man immer andere Garderobe, als wenn man in die Stadt ging. Antonella rannte damals immer in hellblauen Jogging-Anzügen und Schlappen im Haus rum. Ihr schlurfender Gang ist mir noch heute im Ohr... Aber egal, ich sagte zu Giorgi, dass wir nun wie verabredet um 10 Uhr losfahren würden, er solle lieber später wischen.
„Aha. Wohin fahren wir?"
Ich fragte mich, was es war - mangelndes Verständnis? Sagte er, wie Peter, immer ‚ja' und ‚Amen' und verstand dabei kein Wort? Oder war die Speicherkapazität seiner Festplatte so gering, das er am nächsten Tag schon wieder vergessen hatte, was gestern besprochen worden war? Wir saßen tatsächlich um 10 Uhr im Auto, ich legte den ersten Gang ein und Giorgi sagte:
"Brauche ich Foto?"
Nein, ich glaube, es ist nicht erforderlich zu erwähnen, dass ich ihm Abend zuvor lang und breit erklärte hatte, welche Unterlagen er benötigen würde. Also kehrte er ins Haus zurück, um die Fotos zu holen. Nach geschlagenen fünf Minuten habe ich mir erlaubt, auf die Hupe zu drücken, so weitläufig waren unsere Wohnquadratmeter dann doch nicht. Georgi erschien eine Weile später und teilte mir mit, dass er die Fotos, die vor zwei Tagen hat machen lassen, nicht finden könne. Dabei hatte er die Hände in den Hosentaschen und grinste mich an. Wie konnte es sein, dass jemand, dessen gesamte mitgebrachte Habe in eine einzige Reisetasche passte, in seinem Zimmer nicht ein Mäppchen mit Fotos fand? Und nun? Sollte ich etwa die Fotos suchen gehen - oder eben mal neue machen? Ich scheuchte ihn zurück ins Haus zum Suchen und hätte am liebsten ins Lenkrad gebissen.

Anscheinend ließ ich ihm immer noch zu viele Freiheiten und erwartete gleichzeitig zuviel. Aber wie viel konnte man von einem 22-jährigen Menschen verlangen? Ein anderes Mal hatte ich auf das Dach des Golfs den Einkaufskorb, samt Zettel und Portemonnaie gestellt, da er weit und breit nirgends zu sehen war. Als es Zeit wurde, Hannah vom Sport abzuholen, stand der Einkaufskorb auf meinem BMW und Giorgi saß im Golf. Auf meine Frage hin, was er glaubte, was der Korb den bedeuteten könnte, kam keine Antwort. Er hatte jetzt auch keine Zeit, er müsste Hannah abholen. Als ich ihm dann mitteilte, dass ich noch ein paar Dinge vom Lidl brauchte und ich möchte, dass er sie nach dem Abholen von Hannah mitbrachte, brach Panik in seinem Gesicht aus. Einkaufen? Er - ganz alleine? Er war doch erst wenige Wochen in diesem Land! Ach, du lieber Himmel, das konnte ja sogar Hardy

schon. Bei Giorgi scheiterte es allerdings schon am Bereitstellen des Einkaufswagens, die vertrackte Technik des Münze-Einführens, Kette-Rausziehens und Einkaufswagen-an-sich-Nehmens war schon extrem trickreich und kompliziert... und ich hatte es ja auch erst zwei Mal gezeigt. Nun, da Hannah als fast 14-jähriges Modell dabei sein würde, hatte ich damals keine Bedenken, sie gemeinsam der Herausforderung des Zehn-Teile-Einkaufens zu stellen und durch die ganze Diskutiererei war es mittlerweile höchste Zeit, loszufahren. Allerdings hatte ich die Rechnung ohne den Wirt bzw. ohne den Georgier gemacht, denn er musste sich zum Einkaufen erstmal umziehen. Zum Abholen hätten die Flip Flops und das alte T-Shirt noch gereicht, aber zum Einkaufen musste er sich in komplett andere Garderobe werfen. Das dauerte wieder etwa so lange, wie eine Braut brauchte, um sich auf den großen Tag vorzubereiten. Ich fing langsam wieder an zu kochen, da mir Unpünktlichkeit von jeher ein Gräuel war, Georgi kam breit grinsend, frisch einparfümiert und gestylt aus der Haustür und erklärte stolz:
"Ich gehe jetzt einkaufen, ja?"

Nach einer kleinen Ewigkeit kamen Kind und Au-pair mit ihrer Beute zurück. Leider haben sie das Wort ‚Tetra Pak' nicht spezifizieren können und brachten statt Tomatenpüree vier Packungen Kirschtomaten mit. Da ich mich außer Stande sah, abends um acht Uhr noch vier Pfund Minitomaten abzubrühen, zu pellen, kleinzuschneiden und weiter zu verkochen, schickte ich beide postwendend zurück, das Gemüse wieder umtauschen, auch wenn es mir um den vergurkten Liter Benzin bei den heutigen Spritpreisen mehr als leid tat. Da hatte ich die nächste Diskussion am Hals, woher sollte er wissen, was ein ‚Tetra Pak' war und wie sollte er der Verkäuferin erklären, was er wollte usw. Wie wär's mit Mund aufmachen? Kein Mensch verlangte, alles zu wissen, aber ohne Fragen zu stellen, würde das Leben hier sehr schwierig werden.

Ein weiteres ärgerliches Erlebnis war der Bericht einer Mutter von Helens Freundin. Giorgi stieg nie aus dem Auto aus, grüßte nicht und wenn Helen nicht schnell genug kam, ließ er schon mal den Wagen an und fuhr einen Meter vor. Da ich bis jetzt unser Au-pair bei allen fremden Menschen mit Namen vorgestellt hatte, ging ich fälschlicher Weise davon aus, dass man(n) auch von alleine auf die Idee kommen könnte, seinen Namen zu sagen. Drei Mal hatte ich ihm erklärt, das es unhöflich war, einfach im Auto sitzen zu bleiben und das man sich mit Handschlag an der Haustür vorstellte, sowie mitteilte, wann das Kind wieder abgeholt werden würde. Giorgi stellte sich doof, nix verstehen. Mein Adrenalin stieg merklich, ich nahm Giorgi an die Hand, zog ihn zur Haustür und führte ein formvollendetes Rollenspiel vor, vom Dingdong der Klingel, über den Handshake bis zum ‚Auf Wiedersehen'. Jetzt hatte Giorgi zwar verstanden, teilte mir aber mit, er hätte das nicht wissen können, ‚das man so in Deutschland macht.' Wie zum Teufel machte man das denn in Georgien? Stellte man sich dort nicht gegenseitig vor und gab sich

die Hand? Doch, aber ich hätte ihm sagen müssen, dass es in Deutschland auch notwendig war. Was sollte ich ihm denn noch alles sagen? Wie man ein Auto tankte, wie man einen Wischmob schwang und wieherum man eine Tür aufschloss? Ich konnte doch nicht bei Adam und Eva anfangen! Jeder zweite Spruch war:
„Ich wusste das nicht", „Du hättest mir das sagen sollen" oder „in Georgien macht man das nicht." Und selbst wenn es dort Usus war, hieß es noch lange nicht, dass man es in Deutschland dann auch machte...
Ich bemühte mich wirklich, alles mindestens drei Mal langsam zu erklären, aber ich konnte nicht in ein paar Tagen eine komplette Gebrauchsanweisung für das Leben in Deutschland geben. Vielleicht sollte ich es als neues Buchprojekt in Angriff nehmen:

101 Dinge, die man wissen muss, um in Deutschland zu überleben.

Im vordersten Kapitel käme sicherlich ein langer Absatz über die Körpersprache: Hände in den Hosentaschen, Arme vor der Brust verschränkt, aufgeblasene Backen, Augenrollen und an den Fingern puhlen, während der andere mit einem sprach, waren ganz eindeutige Zeichen - Zeichen von Desinteresse, Unverständnis und nicht vorhandener Motivation. Ob die wohl noch kam?

*

Als unser neues Au-pair gut zwei Monate im Land weilte, war es hoch motiviert - zumindest was die Vertretung der eigenen Interessen anging. Da sich Giorgi in allem durch Abwesenheit und Nichtbeachtung auszeichnete und die Tage fast komplett in seinem Zimmer vor dem PC oder mit telefonieren verbrachte, hatten wir den Computer gemeiner Weise aus seinem Zimmer entfernt. Er stand nun bei Henry, mit der Auflage, dass jeder in der Familie dieses Gerät eine Stunde täglich nutzen konnte – nicht nur das Au-pair. Die Kosten für die Auslandsgespräche nach Georgien mit 155 € für zwei Monate hätte ich dann auch gerne ersetzt, da wir schon 15 € monatlich für sein Handyguthaben bezahlten, damit er für uns wenigstens theoretisch erreichbar war. Mit so rigorosen Aktionen hatte Giorgi - obwohl x-fach in den Tagen zuvor angesprochen - nicht gerechnet. Das eingemeißelte Grinsen in seinem Gesicht verschwand und Monsieur wurde hektisch. Er diskutierte mit meinem Gatten, dass er den Computer bräuchte, da er sonst den Kontakt mit seiner Familie nicht halten könne. Außerdem benötigte er ihn zwingend, um hier Leute kennenzulernen. Und schlussendlich stünde es auch in seinem Vertrag, dass in seinem Zimmer ein eigener Computer wäre. Das hat er die Tage zuvor unseren Kindern auch vehement gegenüber klargemacht, es sei sein Computer, sein Zimmer und noch nicht mal die Eltern – also wir - hätten dort etwas zu suchen. Nun, der Computer war immer schon ein Gemeinschafts-Objekt und jemand, der null Ambitionen hatte, zu den Kindern Kontakt zu knüpfen, außer sie aus dem Zimmer zu befördern, also seinen eigentlichen Aufgaben als Au-pair in keinster Weise gerecht wurde, brauchte auch keine 24 Stunden im Internet zu verbringen.

Leider fruchtete die Diskussion beim Herrn Kapitän nicht, also probierte er es am nächsten Tag bei mir. Ich saß in meinem Büro am Schreibtisch und lud ihn ein, auf dem Sofa Platz zu nehmen. Er wollte aber lieber auf dem Stuhl sitzen, - dem Schreibtisch Visavis, auf dem allerdings ein Korb mit Bügelwäsche thronte. Ist schon klar, man saß nicht gerne tiefer - was für ein Macho! Giorgi zeichnete sich durch eine Arroganz und Frechheit aus, die das Zusammenleben mit ihm sehr mühsam machte. Auf die Telefonkosten angesprochen erfuhren wir, dass es seine Privatsache sei. Da ich, unter den gegebenen Verhältnissen, nicht mehr bereit war, irgendeine Sonderleistung zu übernehmen - bis jetzt hatten wir eine Fahrkarte für den Großraum Münster bezahlt, etliche Schwimmbadbesuche, das Handy und die laufenden Kosten, einen Chip für die Kamera, die er sich hier gekauft hatte und noch einiges mehr – fragte ich mal nach, wo denn das Geld für den Deutschkurs bliebe. Den hatte ich vor drei Wochen für ihn ausgelegt. Oh, als er erfuhr, dass er den Kurs selber zahlen musste, hatte er auf einmal ein ‚Dolmetscher-Diplom' und es gar nicht nötig, einen Deutschkurs zu besuchen. Ich solle mir das Geld von der Sprachschule wiederholen.
Für einen Dolmetscher waren seine Deutschkenntnisse mehr als arm. Giorgi orientierte sich fälschlicher Weise an Alex, der seinerzeit auch keinen Deutschkurs in Anspruch genommen hatte. Leider ließ er dabei außer Acht, dass dieser die Sprache schon bei seiner Ankunft in Deutschland fast perfekt beherrschte, was man von Giorgi nicht behaupten konnte.

*

Die neueste Idee von Giorgi war nach diesem Gespräch, seine Schwester in Portugal besuchen zu wollen, sobald es sein gespartes Budget ihm ermöglichen würde. Es war nicht schwierig, drei und zwei zusammen zu ziehen: einmal in Portugal angekommen, würde er nicht mehr zurückkehren - alles schon gehabt. Selbstverständlich beteuerte er das Gegenteil, als ich ihn direkt darauf ansprach. Giorgi schien uns wirklich für sehr unbedarft zu halten.

Nach der nächsten Langstrecke klappte wieder nichts außer der Tür. Giorgi war frech, aufsässig und faul, ein Macho par excellence. Darauf angesprochen meinte er lapidar, gut, dann würde er sich eine andere Familie suchen. Nun hatte ich nicht nur das Problem an der Backe, jemanden in nullkommanix neu zu finden, sondern auch noch Mister G wieder los zu werden. Was kostete doch gleich ein Ticket nach Georgien?
Inzwischen hieß Giorgi nur noch ‚Super G' bei uns. Seine Standardsprüche waren unverändert:

„Ich wusste nicht"... und „das ist nicht mein Job." Dominic, der Große meines Mannes und Alex, unser Au-pair a.D., waren glücklicherweise während der letzten Langstrecke vor Ort und hatten ein Auge auf Giorgi. Als der Hund in der Diele eine Zecke platt getreten hatte und blutige Pfotenspuren hinterließ, bat Henry Giorgi, das Blut wegzuwischen. Klar hätte Henry das auch selbst machen können. Leider kann ich den Kids nicht verdenken, dass sie jemanden, der durch Nichtstun glänzt, auch mal eins auswischen wollen. Giorgis Antwort war wie üblich:
„Das ist nicht mein Job" und hieß Henry sein Zimmer zu verlassen. Als wir ihn später darauf ansprachen, legte mir ‚Super G' nahe, doch eine Putzfrau anzustellen, er hätte ja schließlich schon am Morgen gewischt. Wir hatten uns schon vor ein paar Tagen geistig von ihm gelöst und bereits ein neues Au-pair angeleiert. Die Kündigungsfrist betrug beiderseits zwei Wochen, leider hat man in demselben Zeitraum bei weitem kein neues Aupair organisiert.

Bei Durchsicht der Unterlagen für unseren Zukünftigen entdeckte ich einen interessanten Passus:
‚Die Gasteltern verpflichten sich, das Au-pair einmal pro Monat für zehn Minuten nach Hause telefonieren zu lassen.'
Natürlich war das wenig und in heutigen Zeiten, wo man im Internet kostenlos und stundenlang miteinander kommunizieren konnte, wahrscheinlich auch nicht mehr zeitgemäß. Aber Giorgi war ja nach wie vor der Meinung, dass er mehrere Stunden täglich den Computer brauchte, um Kontakt zu seiner Familie und seinen Freunden halten zu können und vor allem, um neue Leute in Deutschland kennenzulernen. Das hielt ich wiederum für wenig zeitgemäß. Vor lauter Chatten wusste die heutige Jugend gar nicht mehr, wie man auf normalem Wege Menschen kennenlernte und Konversation ohne Smileys führte.
Ich konnte es mir nicht verkneifen, ‚Super G' darauf hinzuweisen, da er ja immer so gerne auf den Au-pair-Vertrag und die damit verbundenen Rechte pochte. Ich hatte den Computer auch wieder in seinem Zimmer installieren lassen, jetzt, wo wir die Fronten geklärt hatten, war es mir eigentlich egal, wie viel Zeit er dort verdödelte, für mich waren hier Hopfen und Malz verloren. Giorgi bedankte sich grinsend für den Computer, für ihn war der Kampf der letzten Wochen offenbar gewonnen. Das Grinsen wurde etwas linkisch, als ich ihm bestätigte, dass wir ein neues Au-pair suchen. Er hielt dies offenbar für eine leere Drohung. Hätte ‚Super G' mich von Anfang an ernst genommen, wäre ihm bekannt, dass ich Fakten favorisiere und durchaus das meine, was ich sage. Und nun war er erstaunt.

Vielleicht klang es kalt, aber ich hatte mich zwei Monate fast ununterbrochen aufgeregt, mir Fransen an den Mund geredet, erklärt, vermittelt, getan und gemacht. Die meiste Zeit habe ich mich über ‚Super G' geärgert. Jetzt, wo ich wußte, dass er gehen würde, war ich etwas entspannter. Natürlich gab es keine Garantie, dass es mit dem nächsten Au-pair-Mann - er heißt übrigens Akbar - besser klappen würde.

Aber: wer nicht wagt, der nicht gewinnt. Und ich war nicht bereit, mich noch zehn Monate über ‚Super G' weiter zu ärgern. Zumal ich nach wie vor davon überzeugt war, dass er aus Portugal nach den Ferien nicht zurückgekehrt wäre. Natürlich konnte ich mich täuschen, aber ich war nicht Mutter Theresa, die nur an das Gute im Menschen glaubte. Erfahrungen prägten einen und jemand, der so frech und berechnend wie Giorgi in meiner Familie wirtschaftete, musste sich über Skepsis und Zweifel dann nicht wundern.

*

Unser Au-pair hat sich dann alle Mühe gegeben, in den verbleibenden Tagen durch Faulheit zu glänzen. Er tat nicht nur nichts, sondern er machte auch noch jede Menge Mist. So vergaß er zum Beispiel einen der beiden Hunde draußen vor der Haustür. Während Super G sich bettfein machte, nutzte unsere Hündin den unbeobachteten Moment für ein Gute-Nacht-Bad im nahegelegenen Bach. Mein Mann, der noch zu später Stunde im Büro weilte, hörte das Klimpern ihres Halsbandes auf dem Weg ums Haus herum und ließ zähneknirschend ein triefend nasses Pelztier in die Diele. Giorgi interessierte das alles nicht im Geringsten.

Endlich war die Zeit gekommen von einander Abschied zu nehmen. ‚Super G' sollte am nächsten Tag mit der Bahn nach München zu seiner Bekannten fahren, um dort bei drei neuen Familien vorstellig zu werden. Lang und breit hatten wir ihm seit sieben Tagen erklärt, dass Bahntickets umso billiger waren, je eher man sie buchte. Giorgi hatte aber auch 24 Stunden vor Abreise noch keine Fahrkarte. Er kam mit süffisantem Grinsen in mein Büro und fragte mich, wer ihn denn morgen nach Münster zu seiner Freundin fahren würde. Wie meinen? Er hätte schließlich noch nichts von den Familien gehört und würde erstmal eine Weile in Münster bleiben, vielleicht sogar sehr lange...
Ich musste mich sehr zusammenreißen, um meine Contenance zu wahren. Wie oft hatten wir in den letzten Tagen die Vorgehensweise erklärt - es war zum Verrückt werden! Vierzehn Tage blieben ihm Zeit eine neue Familie zu finden. Sein Visum ist durch die Kündigung nicht verlängert worden und lief nun in zwölf Tagen aus. Er hatte aber noch immer nichts verstanden. Für ihn war alles offenbar ein Spiel und für mich eine kostenlose Grautönung meines Haupthaares.

*

Der liebe Gott hatte aber diesmal ein Einsehen mit mir, Giorgi bekam noch am selben Abend eine Einladung nach Nürnberg. Von dort würde er weiter zu dem Kontakt in München befördert werden. Welch eine Erleichterung! Giorgi verabschiedete sich am nächsten Morgen herzlich und mit Küsschen von allen, als ob er gerade aus Georgien angereist gekommen wäre. Anstatt sich oben von den Kindern

zu verabschieden, zog er es allerdings vor, zu telefonieren. Mein Mann musste ihn drei Mal rufen. Auf die Rechnung waren wir wieder gespannt.
Wir kauften ihm dann persönlich die Bahnkarte am Bahnhof in Buldern. Als der Zug kam, mit dem er fahren sollte, fragte Giorgi:
„Soll ich jetzt in diesen Zug steigen?“ Herr, wirf Hirn vom Himmel!

Trotz der Erleichterung, ihn los zu sein, rief ich am Abend bei der vielleicht neuen Gastfamilie an, um mich zu erkundigen, ob unser Superheld denn auch wohlbehalten angekommen war.

„Natürlich“, versicherte mir ein freundlicher Herr am Telefon. „Er ist gut angekommen und macht einen sehr netten Eindruck. Wirklich, sehr sympathisch!“

So hatte ich mir das vorgestellt. Giorgi zeigte sich wieder von seiner besten Seite, schick in Schale, frisch vom Friseur, wohlriechend und mit breitem Grinsen im Gesicht. ‚Super G’ in seiner besten Rolle. Was war ich froh, das der Vorhang zu diesem Theater bei uns gefallen war! Applaus, Applaus!

P.S.:

Nach reiflicher Überlegung blieb Giorgi unser letztes Au-pair. Vier bis sieben Kinder großzuziehen, konnte man durchaus als Herausforderung betrachten, die einen auch so schon an den Rand des Nervenzusammenbruches bringen konnte – ganz ohne die Mitwirkung eines Au-pairs. Sicher gab es auch irgendwo fantastische, fleißige, motivierte und supernette Au-pairs auf diesem Globus, daran zweifelte ich nicht. Aber bitte, wo genau? Ein einziges Mal sind wir in den Genuss so eines Modells gekommen. Was die anderen sieben Au-pairs anging – von diversen Kinderfrauen zwischendurch ganz zu schweigen – so schien Alex die absolute Ausnahme zu sein, die unserer verrückten Familie nebst kleinem und großen tierischen Anhang und unseren ganzen Ansprüchen gewachsen war. Und so sollte es auch bleiben.

*

Inzwischen sind die Kinder zwischen zwölf und einundzwanzig – die Sorgen sind zwar proportional mitgewachsen, aber einen Babysitter brauchen sie nun nicht mehr. Einer der wenigen Vorteile des Älterwerdens…

Bangkok - Stadt der Engel

Dieses Mal schafften wir es relativ unspektakulär, nach Bangkok zu fliegen. Die Maschine hatte in der *Economy* nur 217 Gäste, in der Businessklasse saßen 17, so dass wir bei 70 freien Plätzen einen entspannten Service bieten konnten. 10 Stunden 15 Minuten sollte die Flugzeit betragen. Die Turbulenzen waren mäßig und nur kurz, wir waren mit dem Abendessenservice gerade durch und die meisten Passagiere sahen sich in der Lage, ein paar Stunden zu schlafen. Den Großteil der Nacht verbrachten wir mit klönen und Kaffee trinken. Inzwischen kündigte sich das Frühjahr an, es wurde später dunkel und schneller wieder hell, so dass dieser Nachtflug seine dunkelste Phase passend zur Nachtruhe hatte, und zu den Frühstücksvorbereitungen über Kalkutta strahlte schon wieder die Sonne.

Die Gäste waren für diese Destination ungewöhnlich ruhig, es gab nur einen betrunkenen Passagier, dem im Schlaf eine halbleere 0,7 l Whiskeyflasche aus der Hand in den Gang gefallen ist, wir räumten sie diskret aus dem Weg. Zu Beginn des Fluges suchten wir eine Weile einen VIP Gast an Bord, der auf Anweisung eines Büroangestellten der Firma in den Genuss eines separaten Champagnerservices kommen sollte, doch es stellte sich recht schnell heraus, dass weder der besagte Gast, noch der Extra-Champagner an Bord waren. Vielleicht hatte er spontan umgebucht, oder jemand war mit dem Datum irgendwie verrutscht, konnte ja mal passieren. Gerade als wir so über unsere zufrieden schlummernden oder Film schauenden Gäste sinnierten - die letzten Flüge nach Bangkok waren immer mit viel Lärm und Aufregung verbunden – kam eine junge Engländerin in die Küche und bat um Hilfe: Neben ihr und ihrer Freundin würde ein sturzbetrunkener Mann sitzen, der zwar nun schon schliefe, allerdings derzeit nicht korrekt gekleidet sei. Er hatte offenbar kurz vorher die Toilette aufgesucht und danach vergessen, alles wieder ordnungsgemäß zu verstauen. Auf diesen Anblick würden sie aber gerne beide verzichten. Da man schlafende Löwen bekanntermaßen nicht wecken sollte und wir den Gast in diesem Zustand schlecht einschätzen konnten, haben wir ihn samt dem augenscheinlichen Problem mit einer Decke bedacht. Und die Nacht blieb weiterhin ruhig.

Die Fahrt mit dem Bus in das Hotel gestaltete sich fast anstrengender als der ganze Flug, wir fuhren über eine Stunde, weil die Verkehrssituation mal wieder absolut chaotisch war. Das ewige Ruckeln von Anfahren und Abbremsen führte entweder zur Übelkeit oder schuckelte in den Schlaf, dazu kamen die extreme Luftfeuchtigkeit bei einer Außentemperatur von 37 Grad und der unbändige Wunsch, endlich aus der synthetischen Uniform zu springen. Die Klimaanlage des Reisebusses im schrill grünem ‚Hello Kitty' Design kühlte offenbar nur zufriedenstellend, wenn der Fahrer ordentlich Gas gab und so brieten wir mehr oder weniger im eigenen Saft.

Als wir endlich das Hotel erreicht, die Zimmer verteilt und aufgesucht hatten, war es in Deutschland sechs Uhr morgens - wieder 24 Stunden am Stück auf den Beinen! Für mich hieß es: Ab ins Bett. Der Rest der Crew war abenteuerlustiger, der Kapitän erkundigte sich nach dem Weg zur Silom Road, einem beliebten Viertel für Massagen und gutes Essen, mein Kollege war bereits mit Freunden verabredet, eine andere freute sich auf einen Sprung in den Pool (im 26. Stock mit herrlicher Aussicht auf die Stadt) und die anderen bereiteten schon ihre Shoppingtour vor. Ich glaube, im Pool wäre ich klanglos ertrunken und beim Einkaufen im Stehen eingeschlafen. Mein Zimmer war diesmal ‚nur' im 29. Stock – das Hotel verfügte über insgesamt 55 Etagen – und von meinem Bett aus konnte ich auch wunderbar über Bangkok sehen. Das erschien mir nach der durchwachten Nacht doch wesentlich sicherer und angenehmer, als Schwimmen zu gehen.

Ich stellte mir vorsichtshalber den Wecker, nichts war schlimmer, als mitten in der Nacht in einem Hotelzimmer aufzuwachen – ohne Wasser und Brot. Will meinen, ohne etwas gegen den Durst und leichte Hungergefühle. Wasser aus der Leitung zu trinken war in Bangkok nicht empfehlenswert. Natürlich verfügten die meisten Hotels über eine mehr oder weniger gut gefüllte Minibar. Fraglich war, ob man nachts Lust auf geröstete Mandeln, Schokoladenrosinen oder Fishermens Friends hatte. Genau das war das kulinarische Angebot des hiesigen Models. Und das Ganze zu einem Preis, der selbst für thailändische Verhältnisse grotesk hoch war. Oder waren die kleinen schrumpeligen Dinger vielleicht aus Gold? Ich zog es vor, nachher in den Supermarkt zu gehen und dort etwas einzukaufen, aber zuerst war eine Mütze Schlaf fällig, inzwischen war es hier fast Mittagszeit, fünf Stunden später als in Deutschland.

Ich wachte um 16 Uhr 30 ganz ohne Wecker auf, wahrscheinlich weil zum x-Mal ganz in der Nähe die Fahrstuhlglocke bimmelte und ich dies irgendwie in meinen Traum mit eingebaut hatte. Nach einer geballten Ladung Wasser kehrten die Lebensgeister teilweise zurück und ich begab mich in die Einkaufsmall direkt neben dem Hotel. Acht Etagen und fünfhundert Geschäfte erwarteten hier zahlungskräftige Kunden. Dazu kamen noch etwa 200 Restaurants und Imbissbuden. Da hatte man eigentlich schon gar keinen Appetit mehr. Nicht, dass die Lokalitäten unansehnlich gewesen wären, im Gegenteil, aber allein der Anblick der großen, plakativen Speisekarten in Verbindung mit vielerlei Gerüchen von Gebratenem, Gebackenem und Frittiertem machte schon satt.
Zuerst wollte ich an einem Geldautomaten thailändische Baht ziehen. Ich steckte meine EC-Karte hinein und bekam prompt auf Englisch erklärt, dass die Daten auf dieser Karte nicht komplett seinen. Die Daten? Sollte das Konto überzogen sein? Die Karte war funkelnagelneu und konnte eigentlich keine Probleme mit dem Magnetstreifen haben. Ich probierte es an einem anderen Automaten. Dieser sprach nur Thai mit mir und spukte meine Karte energisch wieder aus. Da meine Kreditkarte

warm und trocken zuhause im Büro lag – wegen häufigen Missbrauchs in Thailand nahm ich sie gar nicht mehr mit und bis dato hatte meine EC-Karte an allen thailändischen Automaten tadellos funktioniert – probierte ich auf einer anderen Etage einen dritten Automaten. Dieser beäugte die Karte, bewertet sie als inadäquat und behielt sie gleich ein. Na, warte Freundchen, so hatten wir nicht gewettet. Da auch dieser Automat sich weigerte, in einer mir verständlichen Sprache mit mir zu kommunizieren versuchte ich es mit einem beherzten Tritt. Das brachte mir zwar keine Baht ein, aber wenigstens die Karte wieder. Ich hatte ja schon erwähnt, dass das Kaufhaus viele Stockwerke hatte und auf jeder Etage sahen die Geldautomaten anders aus. Ich probierte es im 5.Stock. Hier war man bereit meine Karte zu akzeptieren, wollte allerdings nur in Staffelungen von 500 oder 5000 Baht auszahlen. Da ich für diese Aktion 150 Baht Gebühr zahlen musste (etwa 3 €) wollte ich auch gerne annähernd den Betrag, der mir vorschwebte, nämlich 3000 Baht. Schon am nächsten Automat wurde ich fündig. Ohne wenn und aber bekam ich endlich mein Geld. Wie gut, dass wir zwei ganze Tage Aufenthalt hatten.

Nun mit den entsprechenden finanziellen Mitteln ausgestattet, ging ich in einen Buchladen, der neben Literatur in Thai, Chinesisch und Japanisch auch viele Bücher in Englisch führte, sowie über eine gut sortierte Papierwarenabteilung verfügte. Und er beherbergte einen Starbucks Kaffeeladen, wo ich erst einmal einen großen Milchkaffee trinken musste. Immerhin war es in Deutschland beste Frühstückszeit.

So gestärkt spazierte ich weiter durch den Einkaufspalast, mit dem schönen Gefühl, eigentlich nichts zu brauchen. Ich erstand für die Kinder drei Zirkel, solche Dinge hielten Zuhause leider nie sehr lang – sie besaßen einfach zu viele Einzelteile - und Filzstifte. Nicht, dass wir diese in Deutschland nicht hätten, aber manchmal konnte man schon bei alltäglichen Dingen ein Schnäppchen machen. Im Supermarkt kaufte ich einen großen Salat an der Selbstbedienungstheke und zwei Flaschen Singha, thailändisches Bier. Nach alleine-Essen-gehen stand mir gar nicht der Sinn.

In meinem Zimmer gab es eine formidable Chaiselongue direkt vor dem Fenster, mit Blick auf die Stadt. Mittlerweile war es dunkel geworden und ich schaute neben unzähligen Straßenlaternen auf hell erleuchtete Hotels, die bunte Reklame von Siam-Ocean-World, einem Einkaufszentrum mit integriertem Riesenaquarium und die Paragon Hall, einem Messe- und Veranstaltungszentrum. Das erste Singha-Bier blubberte in meinem Glas und ich sinnierte träge über die Metropole, in der ich mich gerade befand: Bangkok, Stadt der Superlative. Allein der Name war der längste Ortsname der Welt - in der thailändischen Schrift enthielt er 139 Zeichen und bedeutete übersetzt etwa:

„Stadt der Engel, große Stadt und Residenz des heiligen Juwel Indras, uneinnehm-

bare Stadt des Gottes, große Hauptstadt der Welt, geschmückt mit neun wertvollen Edelsteinen, reich an gewaltigen königlichen Palästen, die dem himmlischen Heim des wiedergeborenen Gottes gleichen, Stadt, die von Indra geschenkt und von Vishnukarm gebaut wurde."

Da dieser Name für den täglichen Umgang doch etwas lang und umständlich war, manifestierte sich für den internationalen Gebrauch der Name ‚Bangkok', wörtlich übersetzt bedeutet dies ‚Dorf im Pflaumenhain'. Die Thailänder selbst sprachen viel lieber von ‚der Stadt der Engel'. Mit einem Dorf hatte dieser Ort wirklich nicht mehr viel gemein, hier lebten über sieben Millionen Menschen und jährlich wurden allein über den Suvarnabhumi-Airport weitere 45 Millionen Menschen durchgeschleust. Und dies war nur der internationale Flughafen, für innerthailändische Flüge gab es noch einen zweiten. Bangkok verfügte über mehr als 400 Tempel und Klosteranlagen, das größte Nationalmuseum in Südostasien und war der wichtigste Verkehrsknotenpunkt des Landes. Und auch hier suchte Bangkok Konkurrenz, die Luftverschmutzung durch den Verkehr war unglaublich, es fehlten Massentransportmittel, dafür kollabierte der Verkehr regelmäßig unter der Flut von Autos. So konnte eine Fahrt von Downtown zum Airport, der etwa dreißig Kilometer vor den Toren der Stadt lag, zwischen dreißig und sechzig Minuten betragen – zur Rush hour aber auch schon mal drei Stunden. Mein liebstes Transportmittel in der Stadt der Engel war eigentlich das Tuc-Tuc, eine Art überdachter Motorroller mit Sitzbank für zwei bis drei Personen direkt hinter dem Fahrer. Allerdings war der Preis stets Verhandlungssache und oft wurde man unfreiwillig noch bei einem Shoppingcenter zum ‚nur-mal-kucken' vorbeigefahren. Natürlich erhielten die Tuc-Tuc-Fahrer immer einen Obolus, wenn sie wieder zahlungskräftige Touristen herankarrten. Oft standen Tuc-Tuc-Lenker auch vor den großen Sehenswürdigkeiten wie zum Beispiel dem Königspalast und erklärten den bildungswilligen Reisenden im Brustton der Überzeugung, dass der König gerade eine Audienz hielt, ein Familientreffen hatte oder dieser Tag nur für thailändische Bürger vorbehalten war. Aus diesem Grunde wäre der Palast an diesem Tag nicht öffentlich bzw. für Touristen zugänglich. Sehr gerne würde man aber zu einem anderen, noch viel interessanteren Tempel fahren. Leider führte dieser Weg zu jener fragwürdigen Sehenswürdigkeit dann an mindestens drei anderen ‚Einkaufs-Tempeln' vorbei…

Um so einem Generve zu entgehen, fuhr man in Bangkok besser Taxi. Sie leuchteten in schrillem Pink, Türkis oder auch Kobaltblau-metallic. Man musste lediglich darauf bestehen, dass der Taxifahrer das Taxameter anstellte, sonst galt auch hier: der Preis war Verhandlungssache. Gut, wenn man sich ein wenig mit den Strecken auskannte. Taxi fahren war verhältnismäßig billig, eine Stunde im Stau vom Hotel zum gewünschten Restaurant, Geschäft, Tempel oder was auch immer, kostete nur ein bis zwei Euro. Das einzige, was man mitbringen musste, war Geduld und eine höchst mögliche Toleranzgrenze. Wofür? Für alles! Taxifahrer rochen zum

Teil sehr fremdländisch, feilten sich während der Fahrt die spitzen Fingernägel, telefonierten mit ihren Liebsten oder hörten lautstark den aktuellen Radiosender, auf dem entweder eine politische Diskussion lief oder jemand eine Lesung hielt. Als wir letztens in einem Taxi saßen, interviewte eine Dame einen Mann. Er redete wie ein Wasserfall – von dem wir natürlich nicht die Bohne verstanden – und sie sagte alle vier fünf Sätze: „Ka." Ich wußte nicht was „Ka" bedeutete, ich nahm an, es war ein einfaches Füllwort wir „Aha" oder „So, so", aber nach dem 148. „Ka" war ich bereit aus dem Taxi zu springen und zu Fuß weiter zu laufen. Wenn doch nicht alle Straßen gleich aussehen würden! Leider konnte ich auch die thailändischen Straßenschilder nicht lesen. Nur die ganz großen Haupt- und Ausfallstraßen wurden mit lateinischen Buchstaben bezeichnet. Um die Taxifahrt möglichst kurz zu halten, sollte man, wann immer es möglich war, die gebührenpflichtigen Schnellstraßen nehmen. Hier konnte man höchstens mal Pech haben, wenn der König, Bhumibol Adulyadeij, oder einfach Rama IX, den gleichen Weg einschlug und der Highway für ihn komplett gesperrt wurde. Dann stand man auch hier schon mal gepflegt ein Stündchen oder zwei und wartete geduldig, bis sich der Verkehrsknoten wieder entwirrt hatte. Den Thais schien dies gar nichts auszumachen, sie verehrten ihren König, der von uns Fliegern liebevoll ‚König Blumenkohl' genannt wurde, zutiefst. Die Stadt war voll gepflastert mit Fotos, Gemälden, Standbildern und Huldigungen für Bhumibol, auch er war übrigens ein Superlativ: das am längsten amtierende Staatsoberhaupt der Welt. Am besten verwickelte man den Taxifahrer in ein Gespräch über den König. Sofern die Englischkenntnisse ausreichen, konnte man so interessante Dinge erfahren, die Thais fühlten sich zumeist gebauchpinselt durch das Interesse an ihrem Staatsoberhaupt und oftmals gab es dabei noch viel zu lachen. Natürlich geriet man auch mal an Taxifahrer, bei denen man nur mit Hilfe von Händen und Füßen kommunizieren konnte. Hierbei brauchte man dann doch etwas mehr Kreativität. Aber so verging wenigstens die Wartezeit. Das war alles noch nicht schlimm, das unangenehmste beim Taxi fahren war, einen Taxifahrer zu erwischen, der das begehrte Ziel nicht kannte. Waren unsere deutschen Männer schon zu stolz, nach dem Weg zu Fragen, wenn der Wagen mit dem Navigationssystem gerade in der Werkstatt stand, dann war das ein Pups im Wind gegen einen Thailänder, der das Wunschziel seiner Fahrgäste nicht wusste. Er würde nie, ich betone *niemals*, den Europäern gegenüber zugeben, dass ihm die verlangte Destination nichts sagte, weil er dann ‚sein Gesicht verlieren würde.' Im Konkreten hatte ich das so erlebt:

Wir standen im Zentrum von Bangkok, im Silom Village, und wollten gerne zurück ins Hotel fahren. Dieses lag etwa zehn bis fünfzehn Minuten Autofahrt entfernt. Wir zeigten dem Fahrer eine Visitenkarte des Hotels, auf der die Adresse sowohl auf englisch, als auch auf thailändisch stand. Dieser nickte fleißig und ließ uns einsteigen. Wir waren zu viert, eine Kollegin saß vorne links neben dem Fahrer – in Bangkok herrschte Linksverkehr - und wir quetschten uns zu dritt auf die Rückbank. Kurze Zeit später steckten wir mitten im befürchteten Feierabendverkehr. Nach vierzig Minuten meinte die Copilotin neben mir:

„Der fährt ja in die ganz falsche Richtung."

Ich musste leider zugeben, auch nach dem fünfzigsten Besuch in diesem Moloch sahen die Straßen für mich alle ähnlich aus und ich hatte nicht den Krümel einer Ahnung, wo wir uns überhaupt befanden. Nach weiteren zehn Minuten Stop-and-go war sich unsere Piloteuse aber ganz sicher:

„Der fährt falsch, wir müssen nach Norden."

Da wir drei auf der Rückbank von unserem Chauffeur völlig ignoriert wurden, versuchte die Kollegin auf dem Beifahrersitz ihm klarzumachen, dass wir gerne in die andere Richtung wollten. Unser Taxifahrer tat so, als wäre er taub. Weitere, energischere Umlenkversuche seitens der Kollegin ließen ihn stoisch das Radio lauter drehen. Nachdem sie dieses wütend ausknipste, schaute unser Lenker angestrengt auf die jeweilige rote Ampel, vor der wir gerade mal wieder parkten. Es war zum Auswachsen: Soviel Ignoranz auf einen Haufen! Nachdem die Kollegin auf dem Beifahrersitz schon hektische rote Flecken im Gesicht hatte und die Copilotin mehrfach zu mir sagte: „Gib mir ein Messer, ich bringe ihn um!" (Ich hatte gerade zwei wunderschöne, durchgeschmiedete Kochmesser erstanden, die ich nun krampfhaft in meiner Tüte auf dem Schoß festhielt – leider wusste der Fahrer das nicht), beschloss unser Meisterchauffeur, sich Rat zu holen. Er hielt am Straßenrand und unterhielt sich mit einem anderen Taxifahrer. Das Gespräch schien ewig zu dauern, wichtig wurde die Visitenkarte des Hotels hin und her gereicht, von allen Seiten betrachtet und dann wieder langatmig kommentiert. Nach einer gefühlten Ewigkeit fuhren wir weiter, der Fahrer nun endlich mit einem wissenden Gesichtsausdruck. Insgesamt kurvten wir, mal schnell und meist weniger schnell, sage und schreibe eine Stunde und zehn Minuten, bis wir vor endlich vor dem Hotel standen. Leider war es das falsche: Wir wollten nicht in das Centara Hotel am Flughafen, sondern in das Centara Hotel Downtown. Der Fahrer hatte sichtlich Mühe, die Contenance zu waren, als wir ihm offenbarten, dass wir sein pinkes Gefährt hier nicht verlassen würden, weil es nicht das Hotel war, wo unsere Koffer standen. Eine weitere Diskussion mit dem Wagenmeister des Hotels dauerte diesmal nur eine halbe Ewigkeit und endlich ging es zurück, Richtung Norden. Die Kollegin auf der Beifahrerseite hatte inzwischen kaum noch Stimme, sie wiederholte immer nur den einen Satz:

„Centara Hotel near by Ma Boon Krong Mall, you know?!"

Die Ma Boon Krong Mall, kurz MBK, war ein gigantischer Einkaufspalast, von dem unser Hotel zu Fuß innerhalb von fünf Minuten zu erreichen war. Und das MBK kannte wirklich *jeder* in Bangkok. Dachten wir. Es dauerte nochmals vierzig Minuten, bis wir wieder in der Stadt waren. Mir tat inzwischen der Hintern weh, in den Knien hatte ich kein Gefühl mehr und ich schwor mir, in Bangkok nie wieder in ein pinkfarbenes Taxi zu steigen. Endlich: Unser Taxi hielt. Aber nicht, wie erwartet vor dem Centara Hotel, sondern - vor dem MBK! Wir konnten nicht anders, sprangen aus dem Taxi und schnappten erst einmal Luft, so gut das im Abend-Smog von Bangkok ging. Nun waren wir fast zwei Stunden unterwegs gewesen und immer noch nicht am Ziel …

*

Ich öffnete die zweite Flasche Singha und schüttelte mich bei dem Gedanken an diese Gurkerei! Wir hatten den armen Mann noch nicht einmal bezahlt, aber ich glaube, er war auch einfach froh, uns endlich los zu sein. In Bangkok brauchte man wirklich Nerven. So gerne ich hierher flog, das Essen war köstlich, die Menschen zumeist freundlich, die Kultur faszinierend und man konnte wirklich unglaublich günstig einkaufen - als Europäer konnte man diese Stadt nur lieben oder hassen. Bangkok war immer laut, dreckig und überfüllt. Man musste um alles feilschen, lediglich die Preise im Supermarkt und in der Apotheke waren nicht verhandelbar. Und man brauchte für alles, was man tat, unendlich viel Geduld. Leider konnte ich nicht behaupten, dass dies eine meiner Kernkompetenzen war.

Ich trank noch einen Schluck von dem hellgelben Bier und dachte über Berufe und Beschäftigungsmöglichkeiten in Thailand nach. Als ich vorhin ein paar Karten kaufte, waren nicht weniger als vier Thais mit diesem Verkauf beschäftigt. Einer stand neben der Kasse und hielt seinen Ausweis mit einem Barcode zu Verfügung, dieser musste zuerst in die Kasse eingescannt werden. Der nächste nahm mir die Karten aus der Hand und zählte sie. Dabei fiel auf, dass es sich bei fünf Karten um drei verschiedene Preise handelte. Nun prüfte der dritte Angestellte anhand einer Tabelle, die neben der Kasse auslag, ob das alles so seine Richtigkeit hatte. Jetzt wurde jede Karte einzeln eingescannt, nachdem sie einen kleinen, roten Stempel auf das Preisschild bekommen hatte. Kollege Nummer Vier händigte mir die Tüte aus, nahm das Geld entgegen und reichte es Nummer Drei. Nummer Drei zählte noch einmal nach, legte das Geld in die Kasse und gab das Wechselgeld Nummer Vier. Nun bekam ich mein Restgeld und von Nummer Drei den Kassenbon. Alle vier verbeugten sich mit einem breiten Lächeln und „Khop khun khrap“ …(vielen Dank). Der Kauf eines Einfamilienhauses mit angegliederter Tiefgarage konnte sicher auch nicht viel aufwändiger sein.

Auf einmal klatschten Regentropfen auf die großen Panoramascheiben meines Zimmers und zauberten aus den Lichtern der Hochhäuser und der Straßenbeleuchtung kleine, bunte Sterne. Während ein Schauer bei uns zuhause zumeist Abkühlung versprach, konnte man Regen egal zu welcher Jahreszeit in Bangkok eher mit dem Aufguss in einer Sauna vergleichen. Die Temperaturen änderten sich überhaupt nicht – unter dreißig Grad habe ich es hier noch nie erlebt, wohl aber gern schon zehn Grad heißer – aber die Luftfeuchtigkeit steigert sich noch einmal um gefühlte hundert Prozent, sofern das physikalisch überhaupt noch möglich war. Bei Regen sollte man sich tunlichst nicht auf den Straßen aufhalten, das Abwassersystem der Stadt war so schlecht, dass bei einem nur fünfminütigen Platzregen das Wasser überall schon knöchelhoch stehen konnte. Was dann alles so darin herum schwamm, ob tot oder lebendig, mochte der Leser sich hier selbst vorstellen.

Gänzlich trocken und faul auf meiner Chaiselonge ausgestreckt, konnte ich diesen Regen genießen und beobachtete, wie die Regentropfen die Fensterscheiben hinunterliefen und in die Lichter der Skyline mischten sich in der Ferne ein paar Blitze.

*

Am nächsten Morgen lag ein Zettel unter der Tür:

„We recommend to keep your curtains closed during the whole stay, as there will be spider men outside. We apologize for the inconvenience."

Auf Deutsch bedeutet das so viel wie:

„Bitte halten Sie die Gardinen während ihres gesamten Aufenthaltes geschlossen, weil draußen ‚Spinnenmänner' sein werden. Wir entschuldigen die Unannehmlichkeiten."

Diese Spinnenmänner hatten bei weitem nichts mit dem bekannten Filmhelden zu tun, sondern es handelte sich um Fensterputzer, die an langen Seilen vom 55. Stock herunter gelassen wurden, um die äußeren Scheiben zu reinigen. Um den Gästen, die den Warnzettel übersahen, peinliche Situationen zu ersparen, taten sie dieses laut singend - leider immer einen Ton daneben. Aber vielleicht gehörte das ja zur Taktik?

Ich hatte den Zettel kaum zu Ende gelesen, da konnte ich die fleißigen Herren auch schon hören, sie wienerten wohl gerade im Stockwerk unter mir. Vor dem Fenster waren beängstigend dünne, hin und her schwingende Drahtseile zu sehen, an denen diese tapferen Kerle hingen. Unglaublich, ich hatte schon auf einer drei Meter hohen Leiter mit Schwindel und Übelkeit zu kämpfen, wie musste es sich anfühlen, 150 Meter über dem Boden an einem Drahtseil zu hängen? Froh, dies nie ausprobieren zu müssen, schnappte ich meine Tasche und verließ das Hotelzimmer.

Ich wollte sowieso gerade gehen. Auf meinem Tagesplan stand eine Fahrt zum Chao Phraya, dem Fluss quer durch Bangkok, um von dort mit einem ‚Wasserbus' dann weiter zum Blumenmarkt zu fahren. Auf dem Fluss gab es wenigstens keinen Stau und die Boote fuhren alle fünf bis zehn Minuten. Nun musste ich nur noch einen Taxifahrer finden, der den Weg zum Chao Phraya kannte. Aber ich hatte ja den ganzen Tag Zeit …

11. September 2001

Dieses Datum wird nicht nur denen, deren täglich Brot die Fliegerei ist, für immer im Gedächtnis bleiben. Vier Verkehrsflugzeuge sind an diesem Tag von al-Qaida entführt und als furchtbare Waffen missbraucht worden. Zwei Maschinen - mit insgesamt 156 Menschen an Bord - wurden kurz nacheinander in die Türme des Worldtrade Centers in New York gelenkt, eine in das Pentagon in Washington D.C. Das vierte Flugzeug wurde im Kampf mit Passagieren in der Nähe von Pittburg von den Entführern zum Absturz gebracht.

Im Worldtrade Center hatte der Büroalltag gerade erst begonnen, als das erste Flugzeug in den 110 Stockwerke hohen Nordturm manövriert wurde und etwa im 96. Stock explodierte. Achtzehn Minuten später erwischte es den Südturm. 17 410 Menschen konnten vor dem Zusammenbruch der beiden Gebäude noch evakuiert werden. Mindestens 2993 von ihnen kostete dieser terroristische Massenmord - für den Osama Bin Laden 2002 die Verantwortung übernahm - jedoch das Leben.

Ein Flugzeug als Waffe zu gebrauchen und fast zeitgleich vier davon mit Mann und Maus für zweifelhafte Ziele zu opfern, versetzte die gesamte Welt in Angst und Schrecken. Furchtbare Bilder gingen durch die Medien, von schwarz qualmenden Türmen, von Menschen, die in Panik aus den Fenstern in den Tod sprangen, verzweifelten Evakuierten, die orientierungslos durch Zentimeter hohe Asche irrten. Die Vereinigten Staaten traf dieser beispiellose Anschlag auf sein politisches und finanzielles Machtzentrum völlig unvorbereitet. Präsident George Bush erklärte zwar, dass in der spannungsgeladenen Zeit alle erdenklichen und notwendigen Sicherheitsvorkehrungen getroffen worden waren. Aber hier wurde auf tragische Weise demonstriert, was eine kleine handvoll, wild entschlossener Menschen ausrichten konnte. Es bedurfte kein gewaltiges Heer, nur eine perfekte Organisation.

Ich stieg am 11. September gerade ins Auto, als im Radio der letzte Rest der Nachrichten lief. Wie gebannt lauschte ich der emotionslosen, tiefen Stimme des Radiosprechers und konnte gar nicht glauben, was ich da hörte. Ein Flugzeug war in das Worldtrade Center geflogen? Als Pilotenfrau und Stewardess wurde mir aus dem Stand schlecht, dachte zuerst an die Menschen an Bord und an die Crew. Unter welchen Umständen würde eine Besatzung so wahnsinnig sein, in einen Wolkenkratzer zu fliegen? Ich kam mir vor, wie in einem schlechten Science-Fiction-Film und sprang verwirrt wieder aus dem Wagen. Da wir erst kürzlich umgezogen waren, hatte ich zuhause weder Internet noch Fernsehen und die Radiomeldungen ließen sich leider nicht zurückspulen.

Während ich noch an mein Auto gelehnt stand, nach Luft schnappte und überlegte, wie ich am schnellsten an genauere Informationen kommen konnte, tuckerte mein

Nachbar auf seinem Trecker an mir vorbei.
„Hallo Kathrin!“, rief er. „Alles in Ordnung?“
„In das Worldtrade Center ist gerade ein Flugzeug geflogen.“
„Was für’n Center?“
„Ein Wolkenkratzer in New York.“
„Och. Das ist ja’n Ding!“
Mein Nachbar schob sich die Mütze in den Nacken und kratzte sich am Ohr.
„Wo is’n dein Mann? Ist der auch in New York?“
„Nein, in München. Er soll von dort morgen nach Mexiko fliegen.“
„Na, dann is ja nich so schlimm. Grüß ihn mal schön von mir ...“

Der Trecker knatterte an mir vorbei.

Ich konnte die Reaktion meinem Nachbarn nicht verdenken. Für ihn war New York auf der anderen Seite des Erdballs, und für jemanden, der wenig oder gar nicht reiste, war das unendlich weit weg - so wie die meisten Katastrophen irgendwie immer ganz weit weg waren. In unserer Dorfidylle regte man sich höchstens mal über Schweinepest und Vogelgrippe auf, wenn die eigenen Bestände betroffen waren. Hätte ich zu ihm gesagt: „Kuck mal, deine Schweine haben so seltsame, violette Pickel am Popo. Ist das eigentlich schlimm?“, dann wäre in meinem etwas lethargischen Nachbarn wahrscheinlich ein unerwarteter Adrenalinschub zum Tragen gekommen – seine Schweine waren schließlich sein ein und alles, sein Broterwerb und tägliches Geschäft.

Für mich war - im Gegensatz zu meinem bodenständigen Nachbarn - New York ein Ort wie viele andere auch, vielleicht genauso vertraut wie die Innenstadt von Münster, Hamburg oder München. Ungezählte Male bin ich durch Manhattens Straßen gestromert, habe mir Blasen an die Füße gelaufen, hunderte von Fotos geknipst und herrlich viel Geld ausgegeben. Nirgendwo auf der Welt konnte man in so kurzer Zeit so wunderbar sein Taschengeld versenken. New York - Schmelztiegel der Nationen, Filmkulisse schlechthin - bezauberte mich auch nach all den Jahren und den zahlreichen Besuchen immer wieder mit seinem einzigartigen, ganz eigenen Flair. Es war ein Treffpunkt der Verrückten, der Reichen und Armen, der Gestylten, der Stars und Sternchen, der Touristen, der Banker und natürlich auch der ‚Natives‘, die ganz normalen New Yorker, die da kamen aus aller Herren Länder. Wären die Flugzeuge in den Friedenssaal des Münsteraner Rathauses oder in den Hamburger Michel geflogen, es wäre mir genauso nahe gewesen.

*

Nach dem Unglück wurden die Sicherheitsvorkehrungen für den Flugbetrieb verschärft, um weitere Attentate dieser Art auszuschließen oder zumindest zu erschweren. Jeder, der in den letzten zehn Jahren geflogen war, kannte das: Man musste bei der Sicherheitskontrolle alles ausziehen, was irgendwie möglich war und alles Metallene in ein kleines Plastikkästchen legen. Wenn man Pech hatte, wurde man auch noch angehalten, die Schuhe auszuziehen und den Gürtel aus der Hose zu entfernen. War es nicht schon demütigend genug, in Socken oder barfüßig über einen Teppich zu laufen, auf dem pro Tag mehrere tausend Fluggäste ihre ganz persönlichen Ausdünstungen, Pilze und Bakterien hinterließen? Spätestens beim persönlichen ‚Bodyscreening' – dem Abtasten der Fluggäste mittels Piepssonde (das wilde Fummeln in den karibischen Destinationen auf Grund fehlender Sonde möchte ich hier gar nicht kommentieren) konnte es richtig peinlich werden. Zum Beispiel, wenn man die Hände und Arme heben musste, die man aber - mangels Gürtel, der gerade im grauen Plastikkästchen durch den Scanner fuhr - eigentlich zum Festhalten der Hose benötigte. Für Damen konnte das Prozedere noch unangenehmer werden, wenn nämlich die metallene Haarspange der vermeintliche Grund des Piepen war und die kunstvolle Hochsteckfrisur an der Sicherheitskontrolle jäh vernichtet werden musste. (Es gab dort im Sicherheitsbereich übrigens noch nicht mal einen Spiegel, um aus dem Look eines explodierten Pudels wieder ein menschliches Wesen zu gestalten. Ich habe ihn schon mehrfach vermisst.) Aber wir haben auch schon Kugelschreiber auseinander geschraubt, Schirme aufgespannt, Ohrringe herausgestöpselt, Akkus aus Handys gebaut, Laptops auf Funktionalität vorgeführt, sämtliche Namens- und Rangschilder abgefrickelt und sogar BHs mit Metallbügeln ausgezogen – für solche Aktionen gab es immerhin ein Separée. Als wenn es nicht so schon frustrierend genug war, so barfüßig, derangiert und zerzaust an den Gästen vorbei zulaufen, denen man später an Bord mit Kompetenz, Stil und Contenance begegnen sollte.

Mein persönliches Highlight der unsinnigen Kontrolle war am Flughafen Frankfurt. Dort entfernte der Sicherheitsbeauftragte mit einem triumphierenden „Ha!" eine Gabel aus meinem Bordkoffer. Mit dieser Gabel - die zugegebenermaßen aus reinem Metall war - gedachte ich, meine kleingeschnittene Ananas später auf dem Flug zu verspeisen. Ohne mit der Wimper zu zucken, warf der Mann sie mit einem triumphierenden Blick schwungvoll in den Abfallbehälter. Gut, dass sie nur einem schwedischen Möbelhaus entstammte und nicht Omas Erbbesteck. Ich hätte mir trotzdem in den Hintern beißen mögen. Denn unsere Gäste in der Businessklasse aßen nicht nur mit metallenen Gabeln, sondern bedienten auch noch die dazugehörigen Messer! Abgesehen davon befanden sich an Bord zwei messerscharfe Äxte, mit denen man/frau sich im Notfall in der Kabine Zugang zu ungeklärten Brandherden hinter irgendwelchen Verkleidungen beschaffen konnte. Aber meine Gabel, klein, silbern, mit blauem Plastikgriff – das hätte eine Mordwaffe sein können. Dafür müsste ich doch Verständnis haben! Hatte ich aber nicht. Nicht im Geringsten.

Ich konnte es ja noch verstehen, dass die Sicherheitsvorkehrungen nach so schrecklichen Geschehnissen verstärkt werden mussten. Und ich konnte es gerade noch verstehen, wenn Crews in Uniform ganz besonders genau unter die Lupe genommen wurden, weil man glaubte, dass es sich vielleicht um verkleidete Terroristen handeln könnte. Nicht umsonst war ein Buch – ein Roman über eine Flugzeugentführung - von einer großen deutschen Airline vor vielen Jahren von Markt genommen worden, weil dort im Detail erklärt beschrieben stand, wie man es am besten einstielte. Personen in Uniform mit gegelten Haaren, blinkenden Knöpfen und schicken Ausweisen waren da selbstverständlich mit äußerster Vorsicht und größtem Misstrauen zu betrachten. Gut, das verstand ich. Mir meine Gabel abzunehmen, wo ich in meiner Bordküche - etwa zehn Minuten nach Passieren der Sicherheitskontrolle, achtzig neue, frisch gespülte Gabeln liegen hatte, verstand ich nicht. Im Übrigen könnte ich alternativ dem Piloten ja auch meine Haarspange, meinen Kugelschreiber oder den Draht aus meinem BH ins Auge rammen. Damit flog es sich bestimmt auch nicht angenehm.

Blöder Scherz, ich weiß. Ich wollte damit nur deutlich machen, dass - trotz akribischer Sicherheitskontrollen - an Bord genügend Dinge vorhanden waren, mit denen man einen Piloten bedrohen oder gar verletzen konnte. Das einfachste wäre eine abgeschlagene Weinflasche aus Glas. Nun wurde argumentiert: Damit müssten Sie doch erstmal ins Cockpit kommen. Das galt vielleicht für den normalen Passagier. Wenn ich die Jungs als *Purserette* während des Fluges doch Füttern und mit Getränken versorgen musste – warum sollte ich dann nicht auch mit einer abgeschlagenen Weinflasche dort hineinkommen? Und wenn das so war, warum musste ich dann meinen Kugelschreiber auseinanderschrauben und vor allem – meine Gabel abgeben?! Im Cockpit hing ja auch noch die bereits erwähnte Notaxt, hinter dem Piloten, genau in meiner Reichweite.

*

Zusätzlich ließ man sich auch noch die Flüssigkeitenverordnung einfallen. Alle mitgeführten Flüssigkeiten mussten auf hundert Milliliter pro Einheit begrenzt werden, die Gesamtmenge durfte einen Liter nicht übersteigen und das Ganze war im Handgepäck in einem durchsichtigen Beutel zu transportieren. Im aufgegebenen Gepäck war die Menge der mitgeführten Flüssigkeiten egal. Dies alles geschah zu dem Zweck, das Zusammenbauen von Bomben an Bord während des Fluges zu erschweren. Leider hatte sich auch hier inzwischen herausgestellt, dass mit ganz einfachen, handelsüblichen Mitteln im Verlauf eines Fluges so etwas gebastelt werden konnte. Ich möchte mich hierzu nicht in Details verlieren; Anleitungen hierzu gab es sogar erschöpfend im Internet, eingestellt von kranken Geistern, die mit ihrem Wissen nicht hinter dem Berg halten konnten. Aber auch uns wurde in den jährlichen Schulungen von Spezialisten der Kriminalpolizei beigebracht, dass man Plastiksprengstoff in jede mögliche Form kneten konnte und bereits kleinste Mengen ausreichten, um in einem Flugzeug eine Gefahr darzustellen.

*

Die Ängstlichen fragten nun: Konnte man unter diesen Umständen überhaupt noch ohne Herzklopfen und Angst um sein Leben zu haben, ein Flugzeug betreten? Ja, durchaus. Perfekt und fehlerlos würden Sicherheitsvorkehrungen nie werden, egal ob für eine Massenveranstaltung oder das tägliche Leben am Flughafen - Leben war schließlich immer lebensgefährlich. Der Aufwand, der betrieben wurde, um täglich Fluggäste, Personal und Reisegepäck zu kontrollieren, war immens und in der Wirtschaft unvergleichbar hoch. Eine lückenlose Kontrolle würde es dennoch nie geben. Aber: wer kontrollierte die Fahrgäste eines Busses, die vielleicht Opfer eines Attentats werden? Oder die Schüler einer Schule, an der eventuell ein Amokläufer plante, auszurasten? Wer durchleuchtete so akribisch Konzertgäste, Kinogänger, Festivalbesucher?

Hätte ich Angst vor einem Anschlag oder einer Entführung, dann dürfte ich keinen Schritt mehr vor die Tür setzten. Und wenn man die Ereignisse des 11. September betrachtete, lernte man daraus, dass man noch nicht einmal eine Waffe benötigte, um Schaden zu verursachen. Die größte Zerstörung richtete die Maschine selbst an. Warum dann überhaupt noch Piloten kontrollieren? Saßen sie nicht eh' am längsten Hebel und hatten ihre Waffe direkt in der Hand?

Die Sicherheitsvorkehrungen existieren nach wie vor. Wenn auch das eine oder andere wieder abgeschafft werden soll. So überlegt man zum Beispiel die Flüssigkeiten-Verordnung im Jahr 2012 wieder außer Kraft zu setzen.

*

Es wird nach wie vor Menschen geben, die aus nicht nachvollziehbaren Gründen anderen nach dem Leben trachten. Dabei spielte es gar keine Rolle, ob wir uns auf einem Pferdegespann oder in einem Airbus 380 fortbewegen, ob wir in einer kleinen Bäckerei irgendwo auf der Welt um ein Brötchen anstehen oder Gast auf dem Oktoberfest sind. Der Wahnsinn wird immer Opfer finden. In der Fliegerei wird alles versucht, um eine erneute Tragödie zu verhindern.

Olympiafeuer

Die Kinder waren um kurz nach sieben auf dem Weg zur Schule und ich hatte das Haus für mich ganz allein – herrlich. Das Teufelchen auf meiner rechten Schulter knuffte mich kameradschaftlich und flüsterte:
„Geh wieder ins Bett, Du bist doch noch ganz müde...Zum Bügeln ist es noch viel zu früh!"
Das Engelchen auf meiner linken Schulter stemmte entrüstet die Arme in die Hüften und predigte:
„Los, Faulpelz, an die Arbeit! Die Bude ist ein Schweinestall und die Tiere haben alle Hunger ..."

Was sollte ich tun? Meine bessere Hälfte war weit weg in New York. Er hatte noch nicht einmal eine SMS geschickt, dass er gestern gut angekommen war. Dann eben nicht - Männer! Ich entschied mich für einen Kompromiss, fütterte schon mal Hunde und Katzen, kochte mir noch einen Kaffee und verschwand vor den Laptop, um ein bisschen zu schreiben. Um neun Uhr hatte ich dann doch ein schlechtes Gewissen und ging nach draußen, um die Tiere zu füttern. Es war soweit alles in Ordnung, bis auf den gammeligen Heuballen, den mein Schatzi vor seiner Abreise in ein wenig Diesel gebadet und dann angesteckt hatte. Durfte ich natürlich gar nicht sagen, war ja streng verboten! Frei nach dem Leitsatz man(n) durfte alles, nur nicht sich dabei erwischen lassen, war es meinem Liebsten aber egal, ob es nun rechtens war oder nicht - die Nachbarn verbrannten ja auch alles mögliche auf dem Hof. Natürlich war es ein großer Unterschied, ob es sich dabei um eingeborene Landwirte handelte, oder um die zugereiste Fliegerfamilie. Allerdings hatte ich es noch nicht erlebt, dass Bauern auf ihrem Grundstück ein olympisches Feuer errichteten. Unser Heuballen brannte schon seit zwei Tagen. Es handelte sich nämlich um einen angemoderten Siloballen aus feuchtem Heu und zu allem Überdruss regnete es etwa stündlich. So qualmte das gute Stück nur vor sich hin und das nicht unbeträchtlich. Als ich gestern Abend mit den Hunden spazieren ging, hätte ich vor lauter Rauch fast das Haus nicht wieder gefunden, da ich kein portables Navigationssystem dabei hatte.

Weibliche Intuition sagte mir, Wasser würde dem Gestinke den Garaus machen, also her mit dem Gartenschlauch und Wasser marsch. Leider hatte ich nicht mit dem niedrigen Wasserdruck gerechnet, auch bei Vollanschlag kam wenig mehr aus dem Hahn, als ein gesunder Neunjähriger pinkeln konnte. Nach einer halben Stunde gab ich es auf, der Qualm war immens, ich fürchtete mir eine Rauchvergiftung zuzuziehen und hoffte, dass sich das Problem über Nacht von alleine buchstäblich in Rauch auflösen würde.

Dem war leider auch am nächsten Tag nicht so. Der Heuballen war hartnäckig und glimmte stur vor sich hin. Gegen Mittag trudelten die ersten Kinder ein, um 13.30 h ging ich nach oben und teilte ihnen mit, dass ich nun ins Nachbardorf fahren würde, um die große Schwester von der Schule abzuholen. Überschwänglich wurde ich verabschiedet, was mir sofort zu denken gab. Mit den Anweisungen, keine Süßigkeiten zu klauen, keinen Blödsinn zu machen und auch nicht im Gästezimmer fernzusehen, begab ich mich zur Treppe nach unten, immer noch von drei grinsenden Kindern begleitet. Als ich dann beiläufig erwähnte, ich würde fühlen, ob der Fernseher bei meiner Rückkehr warm sei, entglitt ihnen das Grinsen. Auf der siebten oder achten Stufe nach unten, teilte ich meinen Wundertüten noch mit, dass ich auch den Fernseher im Elternschlafzimmer befühlen würde und sofort entbrannte über mir das standardmäßige Kriegsgeheul. Gott sei Dank, sie waren doch gesund!

Auf dem Weg zum Auto piepte mir die Alarmvorrichtung der neuinstallierten Kläranlage wild blinkend entgegen. Ob die wohl auch eine Rauchvergiftung hatte? Keine Ahnung. Da ich in dieses neue Möbelstück nicht eingewiesen worden und das Piepen zu nervtötend war, als dass man es sich noch weitere drei Tage hätte anhören können - irgendeinen Grund würde es ja auch haben - entschied ich mich für einen Anruf in New York. Das Erste, was wir diskutierten, war, warum ich mich nicht auf die vielen SMS gemeldet hätte. Wie meinen? Ich hatte nur eine halbe bekommen, etwa gegen zehn Uhr deutscher Zeit. Aber was nützte langes Diskutieren nach Übersee, die Kläranlage piepte immer noch energisch.
„Ja, dann nimmst Du den Schlüssel, ‚resettest' die Anlage und wenn es dann immer noch piept, ruf Herrn Heinen an", kam es aus dem anderen Ende der mehr als schlechten Leitung. Toll, wo war die Nummer?
„Irgendwo in meinem Büro, fängt mit 017 an." Super. Er hätte auch sagen können: im Telefonbuch. Der Schreibtisch meines Liebsten war von einer zehn Zentimeter dicken Schicht Papier gut vor Abnutzung geschützt und welche Farbe der Fußboden hatte, war auf Grund der dort geparkten Aktenordner, Handbücher, reichlich Computerzubehör und ähnlich unverzichtbaren Dingen auch kaum auszumachen. Wo sollte ich da eine Telefonnummer finden?

Die Kläranlage musste vorerst weiter schreien, da sich die Zeit schon wieder selbstständig gemacht hatte. Ich lud die Hunde ins Auto und fuhr los, um Hannah abzuholen. Auf dem Rückweg erzählte sie mir, dass die Nachbarn sich am Morgen an der Bushaltestelle über den giftigen Gestank schon beschwert hatten. Also ließ ich meine Kinder alleine Mittagessen, schnappte mir abermals den Pipischlauch, dazu eine Mistforke und begann erneut den Kampf gegen den anrüchigen und renitenten Heuballen.

Eine Stunde später war dieses Biest soweit zerlegt und eingeweicht, so dass es nur noch minimal qualmte. Während ich mich als Feuerwehrfrau auf einer über-

fluteten Wiese mit einem stinkenden, kokelnden Siloballen verdingt hatte, haben es sich die lieben Kleinen schmecken lassen, der Tisch war ja schließlich schon gedeckt. Als dann auch das letzte der vier Kinder mir neugierig beim Kampf gegen den Qualm zusah, fragte ich bescheiden, ob sie denn den Aufschnitt zurück in den Kühlschrank gestellt hätten, oder ob unsere hochschwangere Katze sich damit jetzt letzte Reserven vor der Entbindung anfressen würde? Anstatt hinein zulaufen und die Wurst in Sicherheit zu bringen, begann eine heiße Diskussion, wer denn wohl mit Abräumen dran sei. Lieber Gott, schmeiß Hirn vom Himmel! Etwas später stand ich knöcheltief in eingeweichtem, verkohltem Heu, mittig auf dem Siloballen, in der Hoffnung, dass mein nicht unbeträchtliches Eigengewicht das Teil endlich zum Auseinanderbrechen zwingen würde, damit ich auch an die innere Glut herankäme. - Hut ab vor allen Feuerwehrmännern und –frauen, die damit ihr Geld verdienten! Ich kämpfte mich gerade mit bloßen Händen durch das stinkende Material, als mein Sohn in sicherer Entfernung auftauchte, fröhlich mit seinem Matheheft wedelte und rief:
„Bäh, stinkt das hier bei Dir! Kannst Du mal eben meine Hausaufgaben kontrollieren?"
Nur weil es mir um das Heft leid tat, hielt ich den Wasserschlauch weiter in die schwelenden Stellen...

Immerhin hatte Henry mittlerweile die Kläranlage zum Schweigen gebracht. Während ich mit der Mistforke die rauchenden Heuscheiben versuchte, zu verteilen, drückte er auf ein paar Knöpfchen und siehe da, das Ding war still. Ich hoffte inständig, dass mein Mini-Professor die Anlage nicht komplett umprogrammiert hatte und kassierte den Schlüssel wieder ein. Auf einmal fiel es mir auf, wo waren denn eigentlich die Hunde? Mist, schon wieder abgehauen! Wütend, völlig verdreckt und miefend wie ein altes Räucherwürstchen sprang ich ins Auto, um die Köter wieder einzusammeln. Ich legte den Rückwärtsgang ein, sah in den Rückspiegel und - schaute in vier treue, braune Hundeaugen. Ich doofe Kuh hatte doch tatsächlich meine Schnuffels im Auto vergessen! Dort saßen sie nun seit einer geschlagenen Stunde und hatten keinen Piep, pardon, kein Wuff, gesagt. Erleichtert, sie nicht suchen zu müssen, ließ ich sie aus dem Auto hüpfen. Derweil teilte Hannah mir mit:
„Mama, aus Paulas Popo kommt so'n komisches Zeug. Die ganze Küche ist schon voll damit."
Paula war diese schwangere Auster, die zurzeit auf Grund ihres Umstandes, oder besser ‚ihrer Umstände' im Wohnzimmer Asyl gewährt bekommen hatte. Die Zeit, die ich nun benötigte, um das Katzenklo zu säubern, die Küche zu wischen und meine Seidenkissen vom Sofa in Sicherheit zu bringen - Katzen hatten es ja gern weich und kuschelig beim Entbinden - nutzten meine Hunde, um nun wirklich Stiften zu gehen - also rein ins Auto und hinterher.

Selbstverständlich waren sie nicht an den üblichen Plätzen. Thula kam mir nach meiner erfolglosen Suchaktion auf den letzten zwanzig Metern vor der Haustür freundlich sabbernd und Schwanz wedelnd entgegen. Sie hatte im nahegelegenen Bach eine Kneippkur gemacht und den Heimweg durch zwei Tonnen gelben Sand gewählt, mit denen die Kläranlage ja noch ‚verputzt' werden sollte. So hatte mein triefendnasser Neufundländer nun entzückende gelbe Strümpfe an und sich den Zutritt zum Haus erstmal verspielt. Sandmann hatte eine ähnliche Fellqualität, so dass ich ernsthaft erwog, die Hunde im Stall nächtigen zu lassen.

Viel mehr Aufregendes passierte dann an diesem Tag nicht mehr. Nachdem ich noch den Eselstall ausgemistet und drei Körbe Wäsche in mein Büro zum Bügeln geschleppt hatte, rief mein Vater an und fragte mich:
„Was machst Du eigentlich so den ganzen Tag alleine, wenn Dein Mann auf Langstrecke ist?"
Na, langweilig war mir jedenfalls nicht!

Kreuzfahrer

Der liebe Gott hatte ein offenbar ein Einsehen. Nach einer Dienstplanrevision schickte er mich statt neun Tage ins Luxus Hotel nach La Romana auf einen anderen Kreuzfahrer-Austausch-Flug.
Hatte ich das eigentlich schon erzählt? Neben Bereitschaften für Kurz- und Langstrecke gab es als spannende Variable auch noch eine wöchentliche Revision des persönlichen Dienstplanes. Jeden Donnerstagabend wurden die Würfel neu gemischt. Das konnte ganz glimpflich abgehen und es änderte sich nichts, es konnte aber auch alles komplett auf den Kopf gestellt werden. Einzig unantastbar waren die *requesteten* freien Tage (ein Mal vier zusammenhängende Tage pro Monat) oder die gewünschte Langstrecke – der Rest konnte wöchentlich neu von den Planern gestaltet werden. So blieb das Einsatzprofil flexibel und wenn Tante Doro, Bruder Klaus und Oma Hedwig alle im selben Monat Geburtstag, Jubiläum oder Hochzeitstag hatten, dann konnte man sich im Vorfeld genau überlegen, welchen man denn am liebsten hatte – irgendein Flug würde die gemeinsame Feier ohne extra beantragte, freie Tage garantiert verhindern!

Diesmal begann die Reise mit einem Kurztrip nach Berlin und am nächsten Tag flogen wir weiter nach Miami. Von dort aus sollte es drei Tage später mit einer amerikanischen Fluglinie nach Costa Rica gehen, wo wir 24 Stunden später eine Flugzeugladung voll Kreuzfahrer mit nach Hause nehmen sollten. Insgesamt waren das auch immerhin sieben geplante Einsatztage, aber trotzdem noch besser, als über eine Woche in einem dominikanischen Hotel mit Wucherpreisen festgenagelt zu sein! (Im Hotel in La Romana gab es zwar ein all-inclusive Angebot, dieses musste aber von uns selbst bezahlt werden, zu einem Spottpreis von 129 U$ pro Tag. An diesen Betrag reichten die gewährten Spesen des Brötchengebers aber nicht einmal ansatzweise heran. Alternativ lebte man neun Tage von Dosenfisch und Knäckebrot aus dem Koffer. Auch nicht prickelnd!)

In unserer Hauptstadt war es noch kälter als zuhause im Münsterland, wenig über Null Grad. Als wir zu Fuß vom Crewraum durch eisigen Wind zu unserem Flieger stapften, freute ich mich auf ein paar Tage in der Wärme. Das Vorbereiten des Flugzeuges ging schnell und unproblematisch und wir begannen den Einsteigevorgang mit einem *Pre-Boarding*: ein Rollstuhlfahrer und ein *UM*. Das *UM* hieß Johannes, war bereits zwölf Jahre alt und wurde von seiner sechszehnjährigen Schwester begleitet. Die beiden Kinder machten einen fröhlichen und freundlichen Eindruck und bahnten sich selbstsicher ihren Weg durch den langen Gang zu ihren Sitzplätzen. Man merkte sofort: Sie flogen nicht das erste Mal. Der ‚Rollstuhlfahrer' war eine gehbehinderte Dame, die lediglich Hilfe beim Treppensteigen benötigte. Ich nahm ihr an der Tür das Gepäck ab und wurde statt einer Begrüßung direkt auf Englisch angeblafft:

„Ich dachte, sie haben keine Erste Klasse? Mir hat man erzählt, dieses Flugzeug hätte keine Erste Klasse?!“ Sie schielte an mir vorbei in unsere *Business*. Ich erklärte ihr, dass es sich hier auch nicht um eine First-class, sondern lediglich um eine *Business*klasse handelte, doch dies schien sie nicht zu interessieren.
„Das ist mir egal, ich sitze dort! Schließlich habe ich danach mehrfach gefragt!“
Als ich ihr den Aufpreis für einen Platz in der *Business* nannte, starrte sie mich völlig ungläubig an, schüttelte dann energisch mit dem Kopf und nahm recht zügig ihren vorhergesehenen Sitz in Reihe 16 ein - Thema erledigt.

Das *Boarden* der übrigen Gäste verlief zunächst reibungslos, allerdings mussten wir noch auf eine Maschine mit Gästen aus Düsseldorf warten. Sofort begann wieder die Rechnerei um die Dienstzeit - bei 10 Stunden 42 Minuten Flugdauer blieb nicht viel Luft für eine Verspätung.

Auf einmal kam die *Rampagentin* zu mir und fragte mich, ob ich aus einem zwölf Kilo schweren Hund ein *PETC* machen könnte. Normalerweise dürften diese Tierchen beim Mitreisen in der Kabine nur die Hälfte, also sechs Kilo wiegen. Als ich die Augenbraue fragend hochzog, erklärte sie folgendes: Eine Reisegruppe hätte bereits sechs Hunde als *AVIH* aufgegeben, das bedeutete, sie würden im Frachtraum des Fliegers mitreisen. Damit erschöpfte sich die maximale Tierbeförderungskapazität im *Cargo*, mehr als sechs Tiere waren dort nicht zugelassen. Der zwölf Kilo Hund war zwar schon lange vorher angemeldet gewesen, durch einen Fehler beim Einchecken sind aber nun die Hunde der Reisegruppe schon verladen worden; der arme siebte Kerl stand draußen auf dem Vorfeld und sollte nicht mitreisen dürfen. Mit dem Kapitän habe sie bereits gesprochen, ich solle nun entscheiden, ob der Hund in der Kabine mit über den Teich fliegen dürfte. Ich hielt es zwar für absolute Tierquälerei, einen Hund in einem Flugzeug reisen zu lassen – egal ob im Frachtraum oder in der Kabine - aber die Vorstellung, einen Hund stehen zulassen, während das Herrchen mitfliegen musste, war auch nicht gerade tierfreundlich. Also schnappte ich mir meinen Mantel, meldete mich bei meinem Kollegen ab und ging mit der *Rampagentin* über die Treppe aufs Vorfeld und von dort zum hinteren Frachtraum unseres Fliegers. Auf einem Kofferkarren stand vor der offenen Ladeluke ein mittelgroßer Reisekäfig und darin kläffte lautstark ein kleiner Mischling. Er hatte dunkelbraunes, gelocktes Fell, Schlappohren wie ein Pudel und schlotterte völlig aufgelöst vor Angst und Kälte. Ob dieser Käfig auf einen Sitz in der Kabine passen würde? Ich hatte da so meine Zweifel, allerdings brachte ich es auch nicht übers Herz, den Knirps alleine in Berlin zurück zulassen. Also winkten wir einem Lader, der uns die sperrige Tierkiste mit dem Hund über die Gangway nach oben trug. Das Felltier fand sich nun in höchster Not und bellte was das Zeug hielt. Dazu war der Käfig nass und schmutzig. Die bereits sitzenden Passagiere betrachteten ihn mit Abscheu und Unverständnis, allerdings auch mit sehr viel Neugier wie wir dieses Problem nun lösen würden, denn auf einen Fluggastsitz passte die Kiste au-

genscheinlich nicht. Wir probierten dies in der *Business*klasse aus, dort waren als Crewruhesitze zwei Fluggastsessel in der hintersten Reihe installiert, die exakt den Massen der *Economy*-Sitze entsprachen. Ein Anschnallen hätte nur auf der Doppelbank funktioniert, da die *Eco* aber fast ausgebucht war, musste der Käfig auf einem einzelnen Sitz verzurrbar sein. Daran war aber nicht zu denken, er war viel zu breit und aus unnachgiebigem Hartplastik. Inzwischen hatte das Herrchen seinen laut protestierenden Hund gehört, kam zu uns nach vorne geeilt und fummelte ihn kurzerhand aus dem Käfig. Unsere *Business*gäste waren über den Lärm schon nicht erfreut, einen hechelnden, hopsenden Hund ohne Leine in Reichweite ihrer Gucci- und Louis-Vuitton Taschen fanden sie überhaupt nicht spaßig. Ich beruhigte sie, so gut es ging, erklärte, dass der Hund sich nur temporär in der *Business*klasse aufhalten würde und wies den Herrn an, seinen Hund wieder in den Käfig zu befördern. Bei aller Tierliebe – freilaufende Hunde an Bord waren nicht drin. Nun war guter Rat teuer, denn eine andere Verstaumöglichkeit als auf einem Sitz hatten wir nicht. Musste der Hund nun doch da bleiben? Das Herrchen, ein kleiner, älterer Herr in den Sechzigern, der seinem Hund auf merkwürdige Art und Weise sehr ähnlich sah, war sichtlich mitgenommen und versuchte verzweifelt, sein Tier durch die Gittertür des Käfigs zum Schweigen zu bringen. Die Stationsleiterin, die inzwischen eingetroffen war, hatte schließlich die rettende Idee: In ihrem Büro befand sich noch eine Soft-Tragetasche, wie sie eigentlich für den Tiertransport in der Kabine üblich war. Sie schickte per Funk einen Kollegen, um diese Tasche zu holen. Das Herrchen war mit dem Kauf des Behältnisses einverstanden, wahrscheinlich hätte er seinen Hund auch in einem Rucksack, einer Tupperdose oder einer Plastiktüte verstaut – Hauptsache er durfte überhaupt mitfliegen.
Wenig später wurde uns die Tasche an Bord gebracht. Eigentlich war sie viel zu klein, aber mit vereinten Kräften konnte das zappelige Tier darin verstaut werden, ohne ihm die lockigen Ohren in den Reißverschlüssen einzuklemmen. Ein Mitarbeiter des Tierschutzvereines würde sich die Haare ausgerauft haben. Fraglich war, ob eine andere Lösungsform angenehmer für Hund und Herrchen gewesen wäre – und wenn ja: welche, in der Kürze der Zeit? Ein Flugzeug war eben ein eigenes Universum – mit keinem anderen Transportmittel zu vergleichen, außer vielleicht mit der ‚Enterprise' … Immerhin war unser Gast jetzt glücklich, er schleppte die Tasche mit seinem befellten Liebling zu seinem Sitzplatz und ich bat die Kollegin, vorher noch zwei Decken auf den Sessel zu legen – wasserdicht sah der Transportbeutel nämlich nicht aus und der Weg nach Miami war weit.

*

Über die Aktion mit dem kleinen Kläffer war einige Zeit verstrichen und unsere fehlenden Gäste aus Düsseldorf hatten inzwischen das Flugzeug erreicht. Mit insgesamt einer knappen Stunde Verspätung waren wir *Boarding completed* und nachdem wir uns von der erleichterten *Rampagentin* verabschiedet hatten, schlos-

sen wir die letzte Tür. Nun aber schnell weg! Als der Film lief, der die Gäste über unsere Notfallmaßnahmen unterrichten sollte, klingelte das *Interphone*. Die Kollegin aus der hinteren Kabine teilte mir mit, dass zwei Monitore nur schwarze Streifen zeigen würden und einer komplett den Dienst verweigerte. Komisch, eben beim *Boarding*-Video hatte doch noch alles funktioniert? Ich hielt den Film an, bat die Gäste per Ansage um einen Moment Geduld und tauschte die Kassette aus. Insgeheim ärgerte ich mich, denn solche kleinen technischen Pannen wirkten immer sehr unprofessionell und ließen so manchen Gast mit Flugangst am technischen Zustand der gesamten Maschine zweifeln. Leider brachte auch eine andere Filmkassette kein besseres Ergebnis und ich entschloss mich, die gesamte Anlage auszuschalten. Diesen Tipp gab mir mal ein Techniker, vielen zickigen Teilchen der *Entertainment*-Anlage konnte man mit einer kurzen, stromlosen Zeit wieder auf die Sprünge helfen. Also fuhren alle Monitore in der Kabine hoch, ich wartete eine Minute und schaltete die Anlage dann wieder ein. Als erstes erschien das Logo der Betreiber-Software, dann passierte eine Weile gar nichts. Normalerweise führte die Videoanlage nun einen Selbsttest aus, der etwa fünf Minuten in Anspruch nahm. Hierbei wurden die Monitore in der Kabine alle einmal aus und wieder eingefahren, sicher auch ein wenig Vertrauen erweckender Umstand, aber anders ging es leider nicht. Ich hoffte inständig, dass der Selbsttest bald erfolgreich abgeschlossen werden würde. Wir standen zwar noch an der Parkposition, aber die Rollwege in Tegel waren nicht lang. Sollte es wider Erwarten nicht klappen, würde mir die Zeit für eine *Lifevest-Demo* fehlen. Und ohne diese Demonstration der Sicherheitsvorkehrungen, egal ob vom Band oder als Theateraufführung, durften wir nicht starten. Anscheinend war es einer dieser Tage: Anstatt in das normale Startbild zu springen, zeigte mein Bildschirm buntes, technisches Kauderwelsch, aus dem ich nicht schlau wurde. Also ging ich ins Cockpit, um die Möglichkeit zu eruieren, einen Fachmann darauf schauen zu lassen. Der Copilot teilte mir jedoch nonchalant mit, dass wir nur noch fünfundzwanzig Minuten Luft hätten, bis wir aus der Dienstzeit fallen würden und für einen Techniker sei es jetzt zu spät. Dann würden wir eben ohne Videoanlage fliegen, so schlimm sei das ja schließlich nicht. Technisch gesehen nicht, da gab ich ihm recht. Wozu brauchte man schon Videofilme während einer fast elfstündigen Reise? Man konnte ja schließlich auch ein Buch lesen, Kreuzworträtsel lösen, sich unterhalten, häkeln, Karten spielen oder einfach die Augen zu machen. Aber ob unsere Gäste das auch so sahen? Ich überlegte insgeheim schon, ob wir ein Bingospiel über dem Atlantik organisieren sollten, als mein Kollege aus der *Galley* mir durch die offene Cockpittür zurief:
„Da tut sich was!"
In der Tat, die Anlage schaltete auf einmal in weitere bunte Bilder um, bis sie endlich in das mir bekannte Startbild sprang. Schnell schob ich die Filmkassette in den Recorder und betete insgeheim, dass nun alle Monitore funktionieren mögen. Kaum hatte der Sprecher die ersten drei Sätze herunter geleiert, klingelte wieder das *Interphone*. Diesmal flackerten die Monitore und das Bild war nur in schwarz

weiß. Es war zum Auswachsen! Inzwischen rollten wir schon zur Startbahn und ich begann meinen Rundgang, dabei sah ich mir die bockigen Monitore an. Man konnte leidlich erkennen, worum es ging, allerdings schien es unsere Gäste sowieso nicht im Mindesten zu interessieren, sie schliefen, lasen oder unterhielten sich. Das fing ja wieder mal gut an.

Nach der Kontrolle meldete ich die Kabine startklar, schaltete die *Airshow* an und die Monitore funktionierten tadellos – alle. Konnte das einer Verstehen? Ich gebe zu, mein technischer Verstand war nicht sehr ausgeprägt, mit Maschinen, Autos, Küchengeräten und Computern stand ich Zeit meines Lebens auf Kriegsfuß. Dafür hatte ich kreative Talente und zumeist gelang es mir, jemanden mit technischem Sachverstand zu organisieren, wenn der Hase irgendwo im Pfeffer lag. Warum aber von zwanzig Monitoren drei bei einem Film nicht einwandfrei liefen, bei einem anderen so leidlich arbeiteten und bei der *Airshow* dann so taten, als wenn nichts gewesen wäre – das konnte ich nicht nachvollziehen.
Würde es am Film liegen, wäre doch die Wiedergabe auf allen Bildschirmen schlecht, oder nicht? Als ich dieses Problem später bei einem Gespräch in der Bordküche anmerkte, dozierte der Kapitän darüber, was für ein hochkompliziertes, technisches Wunderwerk so eine Maschine und deren Innereien doch sei – schon ein einziges, fehl gekrümmtes Kabel könnte einen intervenierenden Kriechstrom auslösen und damit an Stellen Probleme bereiten, denen noch nicht mal der versierteste Techniker auf die Spur kommen würde. Ach so? Ich hoffte inständig, dass sich dies nur auf die *Entertainment*-Anlage unseres fliegenden Wunderwerkes bezog oder vielleicht die persönliche Einstellung des Kapitäns zum Thema Airbus war. Ich hatte aber nicht lange Zeit, darüber nachzudenken, denn das *Interphone* klingelte schon wieder.
Diesmal war es in der hinteren Kabine zu kalt – kein Problem, das ließ sich leicht ändern. Ich tippte eine höhere Temperatur auf dem *Masterpanel* ein und bewaffnete mich mit den Menükarten, um sie an unsere *Business*gäste zu verteilen. Anstatt der Standard Hochglanzkarten hatten wir heute nur einfache schwarzweiße Kopien, die leider auch nur das Essen nebst Weinen und nicht die komplette Getränkeauswahl verrieten. Am folgenden Tag würde das Menü-Angebot umgestellt werden und die alten Karten waren offenbar vergriffen. Nun, durch einen charmanten Satz konnte man diese Feinheit geschickt überspielen, ebenso wie die Tatsache, dass die angebotenen Hausschuhe ausschließlich in Größe M verfügbar waren und der Wasserhahn im Waschraum unaufhörlich tropfte. Immerhin wurde dies durch das Brummen der Triebwerke nirgendwo als Lärmbelästigung empfunden. Da war das Schnarchen des Gastes in Reihe Eins doch viel nervtötender. Doch was sollte man in so einem Fall tun? Diskret mit dem Trolley vor die Kniescheiben fahren? Den Gast wecken: „Entschuldigung, könnten Sie bitte etwas leiser schlafen? Die anderen Gäste fühlen sich belästigt?" Es gab wirklich Situationen an Bord, denen würde man am allerliebsten durch Ignoranz aus dem Wege gehen. Ging aber leider

nicht. Als Flugbegleiter war man für alles verantwortlich, für defekte Monitore, kläffende Köter, tropfende Wasserhähne, falsche Schlappen und – natürlich auch für das Essen.

Mal ehrlich, den einzigen Einfluss, den wir auf das Essen hatten, war die Temperatur, mit der es serviert wurde. Und das auch nur mit gut Glück, denn längst nicht jeder an Bord installierte Ofen war kooperativ und arbeitswillig. Es gab Öfen, die heizten wunderbar, die Essen waren nach zwanzig Minuten knusprig-heiß und man konnte sie entweder mit dicken Handschuhen in die vorbereiteten *Trolleys* einräumen (*Economy*-Service) oder mit Schwung auf einen Porzellanteller kippen, mit Kräutern verzieren und dem Gast in der *Business* dann an den Platz tragen. Soweit zur Theorie. Leider gab es aber auch Öfen, die die oberen Bleche – acht passten insgesamt hinein – stärker beheizten, als die unteren. Merkte man dies nicht rechtzeitig, waren die oberen Essen schon schwarz und die unteren noch eiskalt oder sogar noch gefroren. Um mehr Farbe und Spannung in das Leben von Flugbegleitern zu bringen, gab es auch Öfen, die anders herum arbeiteten - unten heiß und oben kalt. Es reichte also nicht, ein einzelnes Essen auf die Temperatur zu prüfen und dann alle in den Wagen zu räumen. Wollte man sich die Mühe sparen und ließ, um auf Nummer sicher zu gehen, die Essen einfach ein paar Minütchen länger im Ofen, veränderte sich auf wundersame Weise deren Konsistenz und Optik – das war also auch nicht die richtige Lösung. Was sich in den Anweisungen immer so einfach las: „Erhitzen Sie die Essen für 20 Minuten bei 150 Grad und servieren Sie diese dann zeitnah den Gästen“, konnte also nicht nur durch Turbulenzen im unpassenden Moment wesentlich erschwert werden. In der *Economy* wurden zwei verschiedene Essen angeboten, zumeist ein vegetarisches Nudelgericht und eins mit Geflügel, manchmal gab es auch Rind. Auf Schwein und Fisch wurde hier bewusst verzichtet. Anders war dies in der *Business*, dort gab es vier Auswahlessen sowie ein Tagesgericht. Bei diesem Flug hatten wir folgendes dabei: Hähnchen, Ente, Shrimps und Pasta. Das Tagesgericht war Fisch. Natürlich hatten die Essen wohlklingende Bezeichnungen auf der Menükarte wie etwa ‚Filet Mignon an Steinpilzsoße auf grünen Keniaböhnchen und Kartoffelkroketten’. Nun denn. Die Schwierigkeit im Vorfeld galt der ‚gerechten Verteilung’ der Essen. Es standen zwar fünf verschiedene Geschmacksrichtungen zur Wahl, aber natürlich nicht für jeden einzelnen Passagier, will heißen, für vierzehn gebuchte Gäste hatte ich genau zwei Mal Pasta, drei Mal Shrimps, fünf Mal das Tagesgericht und je sechs Mal Huhn und Ente.

Wo fing ich nun an, die Gäste nach ihren Essenswünschen zu fragen - stumpf in Reihe eins? Aber auf welcher Seite, rechts oder links? Oder vielleicht doch lieber von hinten nach vorne abfragen? Man konnte es eigentlich machen, wie man wollte, die Gäste, die zuletzt gefragt wurden, waren sowieso beleidigt. Spätestens nach zwei Reihen waren die Shrimps weg, mit der Pasta lief das genauso und übrig

blieben Fisch, Ente und Huhn. Bei dem Fisch handelte es sich um Seelachs, der offenbar mit seinem Image als Fischstäbcheninhalt stets zu kämpfen hatte. In der *Business* war er nie gut gelitten und die Auswahl zwischen Geflügel links rum oder Geflügel rechts rum war für anspruchsvolle Passagiere wenig erquicklich. Also fing man mit der Abfrage bei den Gästen an, von denen man den meisten Stress erwartete, sollten sie Ihre Auswahl nicht erhalten. Ich startete in Reihe eins auf der linken Seite bei einem mürrisch dreinblickenden Pärchen und arbeitete mich im U über die Reihe vier wieder nach vorne durch. Bei den letzten beiden Gästen, die ich nach Ihren Essenswünschen fragen musste - einem älteren Ehepaar mit polnischem, für mich unaussprechlichem Nachnamen - hatte ich nun noch besagtes Geflügel und den Fisch.
„Ich nehme die Shrimps!" eröffnete mir die Dame auf 1 K bestimmt, noch bevor ich etwas sagen konnte.
„Tut mir sehr leid, aber die Shrimps sind bereits aus. Ich kann Ihnen noch das Hähnchen, die Ente oder den Seelachs anbieten…"
„Dann krieg ich die Ravioli!"
„Leider sind die auch schon vergriffen, ich habe noch..."
Weiter kam ich gar nicht, denn die Dame explodierte aus dem Stand.
„Das ist doch eine absolute Frechheit! Auf dem letzten Flug habe ich auch schon nichts Gescheites gekriegt! Jedes Mal bin ich die Letzte, die gefragt wird! Ich will jetzt die Shrimps!"
Ihr Gatte pflichtete seiner entrüsteten Frau bei und ließ seinem Unmut ebenfalls wortreich freien Lauf. Geduldig hörte ich beiden zu und bedauerte abermals, dass weder Shrimps noch Pasta mehr verfügbar waren.
„Ich könnte Ihnen alternativ noch ein Essen aus der *Economy* anbieten, dort gibt es ebenfalls Nudeln, in Champignon-Rahmsauce, oder ein Rindergulasch mit…"
„Ich will kein Essen aus der Touristenklasse!! Ich zahle hier einen Haufen Geld für und will endlich mal anständiges Essen! Das soll ja wohl ein Witz sein! Die Maschine ist ja gar nicht ausgebucht! Wo sind denn die Essen alle? Na?"
Sie sah mich an, als wenn ich die Shrimps in meiner Hosentasche vor ihr verstecken würde. Mit Engelsgeduld habe ich versucht, ihr zu erklären, dass bei nicht ausgebuchter Maschine auch keine volle Beladung an Bord wäre – „das ist aber schlecht!"- und dass bei der Hälfte der Gäste auch nur die Hälfte der Auswahlessen an Bord käme –„Unverschämtheit! Geht ja gar nicht!"- und dass es eigentlich egal ist, wo man mit dem Essen abfragen beginnen würde – „nein, das ist überhaupt nicht egal! Ich verlange jetzt ein anständiges Essen!"...
„Sehr gerne, Sie können auswählen zwischen Ente, Hähnchen oder Seelachs."
„Vorhin haben Sie noch vollmundig fünf verschiedene Gerichte angekündigt und nun soll das alles weg sein? Das glauben Sie ja wohl selber nicht! Ich werde mich beschweren! Das wird für Sie noch Folgen haben!" Wütend knüllte sie die Menükartenfotokopie zusammen, schmiss Sie achtlos auf den Fußboden und blaffte: „Hähnchen! Mein Mann auch!" und stierte dann schmollend mit überkreuzten Ar-

men aus dem Fenster.

In der *Galley* musste ich erst mal Luft holen. Was für eine Ziege! Ich würde das nie begreifen können, wie man sich so sehr über ein nicht erhaltenes Flugzeugessen aufregen konnte. Vor allem, wenn man in Kürze zwei Wochen auf einem Kreuzfahrerschiff verbringen würde, mit fünf Mahlzeiten pro Tag und einem Imbiss um Mitternacht…

Als wir mit unserem Service begannen, strafte uns Reihe 1 H/K mit Unfreundlichkeit, flapsigen Sprüchen und darüber hinaus mit größtmöglicher Nichtbeachtung. Hier kam wieder mein Credo zur Anwendung: ‚Smile them to death and kill them with kindness.'
Als wir den Hauptgang serviert hatten, klingelte es: Reihe 1 H/K. Ich ging zu meinen ‚Lieblingsgästen' und wurde sogleich wieder angepflaumt:
„Sagen Sie mal, was ist denn das hier für ein Scheiß? Das ist doch nicht das Essen, was ich bestellt habe?!"
Stimmt, jetzt wo sie es sagte, fiel es mir auch auf. Auf der Menükarte stand ‚Hähnchengulasch an grünem Spargel mit Gnocci und Kapernsauce.' Serviert hatten wir allerdings ‚Hähnchenbrüstchen auf Reis und Blattspinat mit Mango-Currysauce.' Ei der daus, da wurden doch schon fünf Hähnchengerichte von uns serviert und keiner hat's gemerkt – weder die Gäste noch mein Kollege oder ich.
Die Dame auf 1 K war jedoch sehr erbost:
„Ist das etwa das Essen, was auf der Karte steht? Ist es das?" Sie sah sich nach der Karte um, die für sie allerdings unerreichbar zu einem Bällchen zusammengeknüllt vor ihren Füßen lag.
„Das hier können Sie selber essen! Das soll ja wohl ein Witz sein?!" Sie schmiss das Besteck auf den fast unangetasteten Teller. Ihr Mann hingegen hatte auf ein heißes Essen komplett verzichtet, sparte aber auch nicht mit gehässigen Bemerkungen:
„Wie kann denn so was passieren? Das ist wirklich eine Zumutung…!"
„Ich gebe Ihnen absolut Recht, dies ist nicht das Gericht, was auf der Karte steht, nichtsdestotrotz ist es ein Standard-*Business*klasse-Essen und nicht …"
„Sie sind doch hier der Boss, oder nicht?", keifte nun der Herr Gemahl dazwischen und schwang den erhobenen Zeigefinger in meine Richtung. „Dann sind Sie auch für das Essen verantwortlich!"
„Selbstverständlich. Allerdings stehen in meinem Ofen lediglich kleine, farbige Alutöpfe mit der Aufschrift Huhn, Rind, Schwein, Pasta oder Fisch und nicht mit der kompletten Menübeschreibung. Wenn das *Catering* etwas anderes liefert, als auf der Karte steht, kann ich mich dafür nur entschuldigen. Etwas anderes Kochen können wir hier oben aus dem Stand leider nicht…"
„Immer dieses Blah, Blah. Es ist jedes Mal dasselbe! Nehmen Sie das hier mit! Ich will es von Ihnen schriftlich haben, dass Sie nicht in der Lage waren, mir ein

anständiges Essen zu servieren!“ Die weiße Stoffserviette flog auch noch auf den vollen Teller.
„Und jetzt bringen Sie mir sofort einen Milchkaffee oder gibt es so was hier etwa auch nicht?!“

Ich liebe meinen Beruf. Doch, ehrlich. Manchmal mehr, manchmal weniger.

Wir räumten den Rest ab, die meisten Gäste wollten ein Nickerchen machen, obwohl es in Deutschland gerade mal 14 Uhr war. Bevor ich das Licht ausschaltete, fragte ich noch nach Wünschen an zollfreier Ware, damit niemand die Gelegenheit zum Einkaufen verpasste. Als ich bei Reihe 1 H/K ankam, fragte mich der Gast:
„Was haben Sie denn überhaupt noch für Zigaretten? Nicht, dass Sie da auch schon wieder was versprechen, was Sie nicht halten können?!“
Ich hielt ihm unser Bordshopmagazin hin.
„Hier, bitte. Suchen Sie sich in Ruhe etwas aus, ich komme gleich wieder und frage Sie nach Ihren Wünschen. Da noch niemand etwas eingekauft hat, sollte das Angebot noch komplett sein.“
Ich hoffte inbrünstig, dass dieser Mensch nichts aussuchen würde, was zurzeit Lieferschwierigkeiten hatte, sicher wäre auch dies dann mein persönliches Verschulden, aber bei der Zigarettenbeladung standen meine Chancen auf die Vollständigkeit des Sortimentes gut. Inzwischen klingelte mal wieder das *Interphone*. Nun war es in der hinteren Kabine viel zu warm und… die beiden Monitore streikten mal wieder. Hatten sie eben nicht noch tadellos funktioniert? Kaum eine Minute später stand die Kollegin aus der Mitte in meiner Küche.
„In Reihe 25 und 26 sind sie alle am Meckern, weil der Bildschirm nicht geht. Soll ich denen einen Sekt ausgeben?“
Der Grundgedanke war ja nicht schlecht, allerdings betrafen die beiden Monitore ja eine ganze Menge Passagiere, nicht nur diese beiden Reihen, da wäre unser Sektvorrat bei einer derartigen Lösung bald am Ende. Ich sagte ihr, dass ich mich darum kümmern würde und ging zu den Gästen.

Eine Schweizerin beschwerte sich lautstark, dass sie nun fast elf Stunden keinen Film kucken könne, dass wäre auf so einer langen Reise eine Zumutung. Außerdem würde der deutsche Ton in ihrer Armlehne nicht funktionieren. Die Dame, die davor in Reihe 25 saß, stimmte in die Beschwerde mit ein, sie hätte alle Zeitschriften schon gelesen und wüsste auch nicht, wie sie sich die Zeit nun vertreiben sollte, würde dieser Zustand nun anhalten. Innerlich verfluchte ich unsere Videoanlage und das ganze *Entertainment*-System. Warum war es so verdammt empfindlich, dass auf fast jedem Flug irgendein Kopfhöreranschluss nicht funktionierte, sich Kanäle nicht schalten ließen, der Ton nicht zu regulieren war oder – besonders schick auf einem Nachtflug – sich das Leselämpchen nicht ausschalten ließ. Manchmal brezelte eine einzelne, störrische Funzel unverdrossen in das Gesicht

des dort sitzenden Passagiers und war durch nichts und niemanden auszuschalten. Etwas davor hängen konnte man wegen der Brandgefahr leider auch nicht. Da half nur eine Schlafbrille, sofern vorhanden oder manchmal ein *Reset.*
Da die Schweizer Dame auf ihr Film-Programm beharrte, bot ich ihr an, sich umzusetzen. Vereinzelte Plätze waren noch frei, insgesamt fünf im ganzen Flieger. Ich versprach ihr außerdem, nach dem Ende des Videomagazins, welches gerade lief, noch einmal einen *Reset* der gesamten Anlage zu versuchen, in der Hoffnung, damit Besserung zu erreichen. Leider konnte ich sonst nicht weiter an den Monitoren herumschrauben... Erstaunlicherweise waren beide Damen mit meinem Angebot einverstanden, auf einmal sehr freundlich und kooperativ. Es geschahen noch Zeichen und Wunder.
(Oder lag es am Gesichterwechsel? Man sollte es nicht für möglich halten, aber viele Streitigkeiten verpufften nahezu von selbst im Orbit, wenn der Flugbegleiter das Problem an den Chef oder die Chefin weitergab. Vielleicht hatten wir nach all den Jahren auch einfach die größere Empathie und den gewählteren Wortschatz? Fühlte sich der Gast vorher mit seinem Problem nicht richtig ernst genommen? Brauchte er mehr Worte des Bedauerns und des Mitfühlens, um den Flug zu überstehen? Dieses Phänomen konnte man relativ oft an Bord beobachten – Passagiere stritten wie die Kesselflicker mit den Kollegen und sobald ein Vorgesetzter auftauchte, war alles gar nicht mehr sooo schlimm. - Leider war das kein Patentrezept, in diesem Fall schien es aber zu funktionieren.)
Ich ging schnell in die *Aft-Cabin* und informierte die Kollegen über den geplanten *Reset* sowie das Umsetzen zum Film und düste wieder nach vorne. In Reihe 1 HK fragte ich den Herrn, ob er sich nun in der Zwischenzeit etwas ausgesucht hätte. Seine Antwort war:
„Jetzt brauche ich nichts mehr!"
Na gut, dann eben nicht.

Das Videomagazin war kurze Zeit später durchgelaufen und wir führten, nachdem ich das Cockpit informiert hatte, den *Reset* durch. In der vorderen und hinteren Bordküche wurden gleichzeitig die betreffenden Sicherungen herauszogen, nach einer Minute wieder hineingestöpselt und mit stillen Gebet die Sicherungskästen wieder zu gepfriemelt. Nicht Lachen – das half in fünfundneunzig Prozent der Fälle. Manchmal verweigerte die Anlage nach einem manuellem Zurücksetzten komplett den Dienst, daran wollte ich aber gar nicht denken. Als ich anschließend den ersten Spielfilm einlegte, funktionierte alles überall einwandfrei. Die kürzere Leitung nach oben für dringende Stoßgebete hatte diesmal offenbar meinen Wunsch prompt erhört.

Froh, dieses lästige Generve mit dem Film vom Hals zu haben, konnte ich endlich eine Runde durch die gesamte Kabine drehen, um zu sehen, wie weit die Kollegen mit dem Service waren, wie es ihnen ging und wie sich die anderen Passagiere

fühlten. Manchmal kam es einem vor, als würde der Flieger aus zwei Teilen bestehen, einem vorderen und einem hinteren. Es war wichtig, während des Fluges den Kontakt zu suchen und zu halten, damit sich nichts verselbstständigte. In der hinteren Küche war alles in Ordnung, die erste Pause konnte nach dem Mittagessen-Service wahrgenommen werden, der laufende Film gab uns eineinhalb Stunden Zeit zum Aufräumen, Essen und ein wenig Entspannen. Auf dem Weg nach vorne begegnete mir eine Getränkeschublade mit Plastikbechern auf dem Flugbegleitersitz an der mittleren Tür. Wozu sollte denn das gut sein?
Ich öffnete den Vorhang der *Galley* und fand beide Kolleginnen beim Schmausen von selbst mitgebrachten Müsli und angeregten Plauschen vor. Auf meine Frage, was die Schublade auf dem FB-Sitz sollte, wurde mir keck erklärt, das sei für die Gäste, damit sie sich was zu trinken nehmen könnten. Im Unterton schwang mit, wie ich denn bloß so dumme Fragen stellen konnte.
Ich wusste nicht, wie das andere Airlines handhabten, oder vielleicht sogar auch andere Kollegen. Ich war mit einem *Selfservice* der Gäste jedoch nicht einverstanden und schon gar nicht vom *Jumpseat* aus, der im Notfall sofort erreichbar sein musste. Die Getränkeschublade verschwand wieder in der Küche und ich ging die letzten Meter weiter nach vorne. In der *Galley* saß mein Kollege auf seinem Sitz und döste. Als ich um die Ecke kam, schreckte er hoch und sah mich mit geröteten Augen an.
„Ich habe gerade einen absolut toten Punkt", seufzte er. Ja, so etwas sprang einen zuweilen an, besonders wenn nach viel Rödelei auf einmal eine Phase mit Leerlauf eintrat. Die Ruhesitze waren frei und ich schickte ihn ein Nickerchen machen. Unsere *Business*gäste schliefen auch alle, ausnahmslos. Ich wollte die Zeit nutzen, um die erforderlichen Papiere fertig zu stellen, die Einreisedokumente für die USA auszufüllen, den Bericht über die falsch gelieferten Essen zu schreiben und schon einmal die Abrechnung vorzubereiten. Außerdem wollte ja Gast 1 K auch noch ein schriftliches Statement über ein nicht erhaltenes Gourmetessen.

Kaum hatte ich mich mit meinen Zetteln und dem großen Alukoffer mit den Einreiseformularen für die Passagiere, die Crew und das Flugzeug an meinem Sitz häuslich eingerichtet, schallte eine Ansage durch den Flieger. Der Copilot, welcher den Flug durchführte, bedachte unsere schlafenden Gäste laut, deutlich und ausführlich mit Informationen über technische Details, (Startgewicht, Abhebegeschwindigkeit, Reiseflughöhe) sowie einer genauen Positionsangabe, dem zu erwartenden Reisewetter und dem Wetter am Zielort. Nach der deutschen Ansage folgte die englische und dann waren alle wieder wach, inklusive meines Kollegen, den ich in die Pause geschickt hatte.
Er öffnete leicht zerknittert den *Galley*-Vorhang und sprach das aus, was ich dachte:
„Musste das ausgerechnet jetzt sein?!"
Tja, es gab tatsächlich Piloten, die fragten, wann der günstigste Zeitpunkt für eine

Ansage war. Natürlich konnten sie vorne keinen Überblick über das Leben und die Serviceabschnitte in der Kabine haben, aber es bestand ja die Möglichkeit zur Kommunikation. Es wurde dann auch nicht gefragt:
„Wäre dies ein günstiger Zeitpunkt für eine Ansage?"
Sondern es ging eher hintenrum:
„Ist der Film schon aus?"
„Was macht ihr gerade so?"
„Schlafen die Gäste?"
Allerdings war das eher selten, schade. Insgesamt betrachtet konnte man die Ansagetechniken der Piloten in fünf Kategorien einteilen, die Vielflieger werden das locker bestätigen können. Zunächst einmal gab es die ‚Endlos-Quatscher', die jede zweite Erhebung über hundert Meter auf der gesamten Flugstrecke wortreich kommentieren mussten und sich selber gerne reden hörten – egal ob es in der Nachtruhe oder gerade im dramaturgischen Höhepunkt des Filmes war. Bei ihnen stellte ich mir immer vor, dass sie vor Beginn der Ansage ihre Sonnenbrille aufsetzten, sich noch mal durchs Haar strichen und ihren Auftritt am Mikro in einem kleinen Klapptaschenspiegel kontrollierten. Klemmte auch wirklich keine Petersilie im Zahn? Totaler Blödsinn? Gar nicht! Wenn man am Telefon beim Sprechen lächelte, kam das Gesagte auch ganz anders beim Gegenüber an, als wenn man nur so seinen Text herunterleierte, das war unlängst bewiesen. Wirklich schade, dass die Kamera nur vom Cockpit in die Kabine funktionierte und nicht auch anders herum, so würde ich meine Vermutung nie beweisen können…
Im krassen Gegensatz zu unseren Selbstdarstellern gab es die ‚Gar-nichts-Sager', mit denen man aber wenigstens nicht ins Gehege kam. Allerdings waren unsere Gäste dann oft enttäuscht. Als weitere Variante gab es dann noch die ‚Nuschler', die sich zwar sehr bemühten, aber kein einziges verständliches Wort in den Passagierraum brachten – zumeist war dann die schlechte Übertragung der *Interphone*-Leitung dran schuld oder die Maschine war an diesem Tag wieder ungewöhnlich laut…
Und dann hatten wir noch die ‚Turboschnacker', die schneller als Dieter Thomas Heck durch ihren Standardtext rauschten, bei denen selbst Eingeweihte mit Mühe gerade mal die verwendete Sprache erraten konnten. Tja, Schicksal, so war das eben in unserem Universum. Ach ja, und fast hätte ich sie vergessen: Die Jungs (und natürlich auch die Damen), die genau im richtigen Augenblick die richtige Ansage hinbekamen:
- „Meine Damen und Herren, was so wunderschön rechts unter uns glitzert ist die Stadt Paris!" (Ob die Trimmung des Fliegers wohl schon vor der Ansage angepasst wurde?)
- „Meine Damen und Herren, bitte machen sie sich wegen der Wackelei keine Sorgen, das Flugzeug ist dafür konstruiert dem Wind zu trotzen und glauben Sie mir, das ist noch gar nichts, die richtigen Turbulenzen kommen erst in zwei Stunden!" (Ansage nach bereits vierzig Minuten heftigster Turbulenzen nachts über dem At-

lantik.)
- „Meine Damen und Herren, Sie haben Glück, heute ist bei uns Happy Hour, genießen Sie zwei Landungen zum Preis von einer!“ (Ansage nach dem Durchstarten und erneutem Anflug auf den Flughafen von Nizza.)

Als ich unseren Copiloten später vorsichtig auf den verfehlten Zeitpunkt seiner Ansage ansprach, hieß es lapidar:
„Nun, es ist doch ein Tagesflug und außerdem hatten wir am Anfang soviel zu tun.“ Die ganzen ersten drei Stunden bei strahlend blauem Himmel? Musste ja verdammt viel Verkehr da draußen sein.

Nach dem ersten Spielfilm verteilte ich die Einreisekarten. (Normalerweise halfen die Kollegen dabei. Ich machte das gerne alleine, denn so hatte ich die Gelegenheit, mit jedem Gast an Bord in Kontakt zu treten, nicht nur mit unseren Reisenden in der *Business*.) Das Verteilen der Dokumente war eigentlich ganz einfach: Es gab eine Zollerklärung, diese benötigte man ein Mal pro Familie oder eben für jeden Alleinreisenden. Inhaber eines Visums, egal welcher Art, mussten zusätzlich noch eine Einreisekarte ausfüllen. Amerikaner und Greencard-Besitzer brauchten auch lediglich ein Zollformular. Eigentlich ganz einfach, oder? Diese Formulare gab es in Englisch und Deutsch, in weiß und in blau, eigentlich eine simple Geschichte. Dennoch wusste jeder zweite Gast nicht, was er für Zettel brauchte und trotz Ansage und besonderem Hinweis konnte sich kaum einer an die amerikanische Schreibweise der Zahlen halten: Die Eins war dort lediglich ein Strich und die Sieben musste ohne Querstrich geschrieben werden.
Beim Verteilen der Karten hatte ich den Kontakt zu meinen Gästen, den ich am meisten mochte: Die persönliche Ansprache. Hier durfte gescherzt und geblödelt werden, man konnte auch mal flirten oder Fragen beantworten, die schon länger auf eine Antwort warteten. Viele Gäste freuten sich über ein offenes Ohr, einen lustigen Spruch oder einfach eine ehrliche Auskunft. Auf meine Frage, ob ein Gast und die daneben sitzende Dame eine Familie seien – wegen der gemeinsamen Zollerklärung – grinste der Mann schelmisch und meinte:
„Nee, noch nicht, aber vielleicht könnte der Kapitän ja eine Nottrauung vornehmen, wenn Sie nicht genug Formulare haben?“
Ich musste Lachen. Ging das eigentlich? Von einem Kapitän zur See war mir das ja bekannt. Aber konnte ein Flugkapitän auch eine Trauung vornehmen? Immerhin war er ja die ‚Staatsgewalt’ an Bord und ein deutsches Flugzeug war immer und überall deutsches Hoheitsgebiet. Ich beschloss, meinen Kapitän daheim bei Gelegenheit zu fragen. Unser hiesiges Modell in der Kanzel wäre sicher zu allem fähig, und auf einen Vortrag über die kompletten Kompetenzen eines Flugkapitäns konnte ich im Moment ganz gut verzichten.
Ein paar Reihen weiter stieß ich auf eine Familie, die weder deutsch noch englisch, französisch oder spanisch sprach. Damit war ich mit meinen Standard Phrasen am

Ende, tippte auf die russische Föderation als Heimatland und versuchte mit Händen und Füßen heraus zubekommen, ob man nur die Zollerklärung oder auch Einreisekarten benötigte. Da die beiden Jungs mir zu jung vorkamen, um alleine zu reisen, fragte ich, ob sie eine Familie seien.
„Family? Brothers?"
„No, no."
Ich machte ein Zeichen für ‚zusammen', und schloss den davor sitzenden Mann mit einem weiteren Kind mit ein.
„No, no. "
„Do you have a Visa?"
„No, no."
Ich konnte eigentlich sagen, was ich wollte, die Jungs antworteten immer dasselbe. Also legte ich jedem von ihnen beide Formulare hin und ging dann zum offensichtlichen Vater. Auf meine Frage nach Familie schüttelte auch er den Kopf und sagte: „No, no."
Als ich in meinen Formularen wühlte, sagte er auf einmal zu mir:
„Das sind Kiinda!" und zeigte auf die Jungs. Aha.
„Und Sie sind Papa?"
„Ich Pappa und das sind Kiinda", sagte er dann stolz und grinste breit. Schon hatten wir auch dieses Rätsel gelöst. Die umsitzenden Gäste amüsierten sich königlich über unser Kauderwelsch und unsere Zeichensprache.

Während ich die Einreisekarten an den Mann und an die Frau brachte, verkauften meine Kolleginnen und Kollegen zollfreie Waren und verteilten im Anschluss kleine Wasserflaschen. Es folgte der zweite Spielfilm und wir hatten wieder etwas Zeit für uns. Im Großen und Ganzen waren die Gäste unkompliziert. Reisende in die USA unterschieden sich ziemlich vom Feiervolk der Karibikurlauber, die drei Wochen in einem all-inclusive Hotel verbrachten. Um den Zeitunterschied von sechs Stunden besser zu verarbeiten, versuchten unsere *Business*gäste zu schlafen. In der Zwischenzeit schrieb ich den Bericht über die falsch gelieferten Essen, dokumentierte für Gast 1 K, dass sie nicht ihr Wunschessen bekommen hatte – wozu auch immer das gut sein sollte – und schrieb die Telefonnummer und Adresse unseres Kundenservices gleich dazu. In dem Job musste man wirklich Nerven wie Drahtseile haben. Ich hatte mich schon oft gefragt, was wohl angenehmer sei, einer Beschwerde am Telefon zu begegnen oder jemanden in persona vor sich stehen zu haben. Hatte die fehlende Körpersprache Vorteile? Half es einem, die Contenance zu wahren, wenn man einer meckernden Nervensäge am anderen Ende der Leitung die Zunge herausstrecken oder genervt mit den Augen rollen konnte? Oder bewegte man durch signalisieren von Verständnis und Bedauern mit einem charmanten Lächeln nicht mehr? Einfach war sicher weder das eine noch das andere.

Nachdem ich den dritten Film eingelegt hatte und wir mit dem Großteil unseres

Services fertig waren – neun Stunden Flugzeit waren bereits vorbei – kam die Kollegin aus der Mitte wieder nach vorne:
„Die Monitore, die vorhin nicht funktioniert haben, gehen schon wieder nicht!"
Es war doch zum Mäusemelken! Zwei Filme lang hatten diese blöden Teile tadellos funktioniert und nun sponnen sie schon wieder herum. Ich beschloss, die beiden arbeitsunwilligen Flimmerkisten hochzufahren und in der Deckenverkleidung verschwinden zu lassen, denn der letzte Film lief schon seit über einer Stunde. Kurze Zeit später meldete sich wieder die Kollegin, nun würde ein Passagier seine drei Euro für den Kopfhörer wieder haben wollen, wenn ich mich weigern würde, die Bildschirme sofort und auf der Stelle zu reparieren. Gut, von mir aus auch das. Die Firma würde es verkraften können.

*

Nach exakt zehn Stunden und vierzig Minuten landeten wir auf dem Flughafen Miami International. Ich freute mich auf das Hotel – in dieser Unterkunft gab es nur Crews - keine ‚normalen' Gäste. Man war also quasi unter sich. Das Haus war in den Vierziger Jahren Treffpunkt der Szene, Sänger, Tänzer, Schauspieler und Partypeople gingen hier ein und aus. Mittlerweile war das zehnstöckige Hotel direkt am Strand von Miami Beach etwas heruntergekommen, die hellblaue Farbe der Fassade bröckelte an einigen Stellen und das Flair von damals versteckte sich in den Ecken und Ritzen, aber die familiäre Führung entschädigte für fehlenden Glamour. In der Lobby baumelte ein opulenter Kronleuchter von mindestens drei Metern Durchmesser, die Zimmer waren in einem Nord- und einem Südturm untergebracht und das Personal an der Rezeption begrüßte jede ankommende Crew wie die eigenen, verlorenen Kinder - herzlich und offen. Ich fühlte mich dort stets wie zuhause, seit langen Jahren war dies unser Crewhotel, fünfzehn bestimmt, wenn nicht mehr. Es gab aber auch einige Kolleginnen, die dieses Haus hassten, kein Auge zu tun konnten und immer froh waren, wenn sie wieder abreisen durften. Das Hotel hatte nämlich noch etwas ganz außergewöhnliches: Einen Geist.

Geister gab es nicht? Oh, doch. Man musste nur fest genug daran glauben. Wir hatten sogar einen eigenen Hausgeist auf unserem Bauernhof im Münsterland. Kein Scherz, neben Hannah, Henry, Helen und Hardy wohnten bei uns auch noch ‚niemand', ‚jemand' und ‚keiner'. Wer hat die Schokolade verhaftet und nur das Silberpapier im Schrank liegen gelassen? Niemand. Wer hat im oberen Stockwerk Müsli mit Kakao gegessen und dabei auf dem Weg von der Küche nach oben alles voll gekrümelt und gekleckert? Keiner. Wer hat die Tüte mit den nassen Sportsachen seit drei Tagen in der Diele herum stinken lassen? Jemand, irgendjemand.
Und wenn diese drei nicht zuständig waren, dann war es ‚Heinz', unser Hausgeist. Heinz war zuständig für Verlorengegangenes, Kaputtes, Klebriges und Weggefuttertes. Heinz lebte bei uns auf dem Dachboden und vielleicht sollte ich mal nach-

sehen, was dieser durchsichtige, allgegenwärtige aber lichtscheue Geselle alles da oben unter den Dachbalken so von meinem Haushalt hortete.

Mit dem Geist in diesem Hotel war es nicht ganz so einfach wie mit unserem Heinz. Es wurde zwar viel erzählt, aber gesehen hatte ihn natürlich noch keiner und ungläubige Zweifler gab es viele. Eigentlich sollte es auch nur ein einziges Zimmer geben, die Nummer 1002 im Nordturm - ein Raucherzimmer im zehnten Stock - in dem er sein Unwesen trieb. Allerdings konnten unzählige Kollegen und Kolleginnen aus anderen Zimmern auch Dinge berichten, die nicht so ganz koscher waren. So schaltete sich oft mitten in der Nacht der Fernseher in einer Höllenlautstärke an, der Föhn rutschte auf ominöse Weise aus der Halterung im Bad und brummte unvermittelt los oder die Schuhe standen am nächsten Morgen anderes herum vorm Bett oder lagen gar mitten im Raum. Welches Phänomen mochte dahinter stecken? Eine noch gruseligere Geschichte erzählte man sich auch schon lange:

Nach einem anstrengenden Flug von Den Haag nach Miami machte eine Crew noch *Afterlanding* am Pool. Zwei Flugbegleiterinnen, ein Herz und eine Seele, teilten sich das Zimmer 1002. Eine von beiden war etwas grippig angeschlagen und ging erschöpft zu Bett, die andere genoss noch den Feierabend mit den übrigen Kolleginnen und Kollegen bei Bier, Sekt und Chips. Der Abend wurde feuchtfröhlich und nahm kein Ende. Irgendwann ging das Mädel noch einmal nach oben, um zwei weitere Piccolos zu holen. Sie schlich auf Zehenspitzen und ohne das Licht anzuknipsen in die 1002, holte den Sekt schnell aus dem Kühlschrank und schloss die Tür so behutsam und leise hinter sich, wie dies bei einem Schnappschloss möglich war. Das *Afterlanding* dauerte noch eine ganze Weile, auf ihr gemeinsames Zimmer kehrte sie an diesem Abend aber nicht zurück; sie verbrachte den Rest der Nacht beim Copiloten im Südturm. (Ja, so etwas kam in Fliegerkreisen auch schon mal vor...) Am nächsten Morgen fuhr sie mit dem Fahrstuhl nach unten und wunderte sich über soviel Polizei in der Lobby. Ein eiskalter Schauer lief ihr den Rücken hinunter, als sie in den Fahrstuhl des Nordturmes stieg und den Knopf für die zehnte Etage drückte. Ihre Zimmertür stand weit offen, ein Uniformierter stand davor und verwehrte ihr den Zugang. Trotzdem schaffte sie es, einem Blick hineinzuwerfen und war zu Tode erschrocken: Auf dem gemeinsamen Bett lag ihre Freundin, aufgeschlitzt vom Hals bis zum Bauch, das weiße Bettzeug war überall blutgetränkt. Ihre Fassung verlor sie aber komplett, als sie noch erkannte, was in roten, krakeligen Lettern auf dem Spiegel über dem Bett stand:

Gut, dass Du nicht das Licht angemacht hast...

Tja, man mochte an Geister glauben oder nicht. Es war allerdings eine Tatsache, dass die hiesigen Polizisten immer knobelten, wer den Fall übernahm, wenn mal wieder einer der Hotelangestellten auf der Wache anrief und um Hilfe bat. Eine aufgeschlitzte Flugbegleiterin war noch vergleichsweise eindeutig, es gab aber auch abgehackte Gliedmaßen, die morgens im Pool vor sich hindümpelten, ungeklärte Selbstmörder, die nachts von der Terrasse im 10. Stock in den Tod sprangen, Crewmitglieder, die sich komplett in Luft aufgelöst hatten und andere mysteriöse Fälle.

Alles Quatsch? Bestimmt! Das Zimmer 1002 war das schönste im ganzen Hotel. Es hatte neben dem gigantischen Blick aus dreißig Metern Höhe auf das Meer und den Strandweg von Miami Beach auch noch eine schöne Terrasse und war wesentlich großzügiger als alle anderen Zimmer geschnitten. Um diese Perle für sich zu behalten, erfand ein *Purser* die Geschichte von dem Geist, der dort oben sein Unwesen trieb. Tatsächlich gab es dort oft unheimliche Geräusche, merkwürdiges Knarren, Stampfen und Kratzen. Allerdings rührten diese mitnichten von einem blutrünstigen Hotelgeist, sondern von einem Obdachlosen, der sich das Flachdach des Hotels vor vielen Jahren zu seinem Zuhause auserkoren hatte. Man konnte über das Treppenhaus der zehnten Etage dort hinaufgelangen und es ergaben sich halt Situationen, wo man die einsame Seele auf dem Dach herumrumoren hören konnte.
Das mitten in der Nacht auf manchem Zimmer der Fernseher anging, war auch nichts Übersinnliches. Die Wände waren derart dünn und von Presspappähnlicher Konsistenz, so dass es die Fernbedienung vom Nachbarzimmer auch schon einmal schaffte, das eigene Gerät mit anzuknipsen. Der Föhn schaltete sich automatisch ein, sobald er aus der Wandhalterung entfernt wurde. Das schaffte bei etwas ausgelutschter Arretierung auch schon mal ein herunter rutschendes, nasses Handtuch, wenn es nicht sorgfältig genug aufgehängt worden war. Und dass die Schuhe am nächsten Morgen anders als gewohnt vorm Bett lagen - konnte so was nicht schon mal sein, wenn man mit betüdeltem Kopf inklusive *Jetlag* nachts zum Klo wankte und beim Rückweg zum Bett über die eigenen Klamotten stolperte? Obwohl es für fast alle Phänomene eine ganz simple Erklärung gab, hatten wir viele Flugbegleiter, die in diesem Hotel mit einem mulmigen Gefühl übernachteten, die Schuhe gar nicht erst auspackten und zwingend auf ein Zimmer im Südturm beharrten. Eine Kollegin fand gar keinen Schlaf und steigerte sich in die Gespenstergeschichte so sehr hinein, dass sie kurzerhand in der Lobby übernachtete, in der Hoffnung, dass der Geist sie dort auf der Bank unter dem Kronleuchter nicht behelligen würde. Sachen gab's ...

Allen Unkenrufen zum Trotz, ich freute mich auf die drei Tage hier, bis wir nach Costa Rica weiter reisen würden. Ich warf den Koffer auf den dafür vorgesehen Schrank, ging Duschen und setzte mich dann mit einem Piccolo aufs Bett, um noch ein wenig fern zu sehen. Es war zwar erst sechs Uhr am Abend, aber zuhause schon nach Mitternacht, meine normale Schlafenszeit. Ich war zu müde, um noch vor die Tür zu gehen und knipste eine halbe Stunde später das Licht aus. Meine Zimmernummer war die 836. Im Nordturm. Ob mich der Geist diesmal besuchen würde?

*

Nach elfeinhalb Stunden Schlaf weckte mich der Sonnenaufgang um kurz nach sieben. Manche mögen es kitschig finden, mich faszinierte der Anblick der aufgehenden Sonne über dem Atlantik jedes Mal aufs Neue. Vorsichtig grub sie sich durch die hellblauen und rosa Watte-Wolken, steckte ihre goldenen Strahlen in einem weitgefächerten Kranz auf das Wasser, das augenblicklich anfing zu glühen. Nur wenige Minuten später erschien sie auf der weiten Bühne des Morgenhimmels, so hell und leuchtend, dass man die Augen schließen musste. Der Tag war noch jungfräulich, das Meer schwappte jedoch schon energisch an das Ufer. Der Mülleimerentleerer und der Seetangsammler hatten den Strand von Miami Beach schon lange abgefahren. Ich sprang in meine Sportklamotten, schnappte mir die Walkingstöcke und fuhr mit dem Fahrstuhl in die Lobby.

Eine Crew kam gerade an, sie sahen alle müde und abgekämpft aus, wahrscheinlich hatten sie einen Nachtflug aus Europa hinter sich. Man grüßte sich kurz und ich ging weiter in Richtung Pool, wo um diese Uhrzeit alle Liegen noch einsam und verlassen im Schatten standen. Dahinter befand sich das Törchen, welches zum ‚Beach-Walk' führte, ein asphaltierter Weg parallel zum Strand, der einlud zum Walken, Joggen, Fahrradfahren oder Skaten. Nordic Walking schien in den USA ein ungewöhnlicher Sport zu sein, ich wurde oft bestaunt, noch öfter belächelt und ab und zu angesprochen, wozu denn die Stöcke wohl gut seien.
Nach einer kapitalen Knie-OP vor gut zwanzig Jahren war Joggen für mich keine Option mehr. Also entschied ich mich zu Walken, was weitaus gelenkschonender war. Zuhause machte ich das mit Hanteln, um das Gesamtgewicht des Koffers nicht zu sprengen, hatte ich lieber die leichten Alu-Stöcke mitgenommen, mit denen ich nun zu flotter Musik im Ohr und zügigen Schrittes den Weg eroberte - sehr zur Freude freilaufender Hunde. Als ich östlich vom Hotel in Richtung Strand abbog, sauste ein weißer Wirbelwind auf mich zu, sprang ab und verbiss sich in meinen rechten Stock. Das aufgeregte Frauchen rief ihren Hund verzweifelt zur Räson, leider ließ dies ‚Plüschi' völlig kalt. Er hatte sein ‚Opfer' fest im Griff, will sagen, im Gebiss und knurrte mich bedrohlich an. Da das fellige Geschöpf kaum größer als ein handelsüblicher Schuhkarton war, amüsierte mich das Ganze eher, jedoch war an ein weiterwalken mit ‚Tiger' im Schlepptau nicht zu denken. So hieß das vierbeinige Modell und Tiger dachte im Traum nicht daran, meinen Stock kampflos freizugeben. Sein Frauchen pulte ihn buchstäblich von meinem Sportgerät ab, den Gummistopper behielt das Minibiest dabei als Beute ein. Leider fiel mir dies erst später auf, nachdem ich zurück auf den asphaltierten Weg gekehrt war (hier mussten die Hunde an der Leine bleiben!) und mein rechter Stock beim Aufsetzen jedes Mal ein metallenes Geräusch produzierte. Nun denn, mit Musik im Ohr war es auszuhalten.

Insgesamt war ich an diesem Morgen fast zwei Stunden unterwegs. Der ‚Beach-Walk' erstreckte sich kilometerlang, es wehte ein frischer Wind aber die Sonne wärmte die Haut. Gegen Zehn frühstückte ich am Pool, genoss das schöne Wetter und dachte kurz an die eisigen Temperaturen zuhause. Hier hatte ich den ganzen Tag Zeit, um meinen Hobbies zu frönen, niemand störte mich bei einem Gedankengang, keiner verlangte zu einem bestimmten Zeitpunkt eine warme Mahlzeit und mit den Hunden brauchte ich auch nicht raus. Das war wie Urlaub – drei ganze Tage lang!

*

Viel zu schnell war das Luxusleben wieder vorbei. Um acht Uhr morgens fuhren wir zum Flughafen von Miami um unsere Reise nach Liberia/ Costa Rica anzutreten. Bei der amerikanischen Airline, die uns befördern sollte, war ‚self-check-in' erwünscht, dass hieß, man begab sich zu einem der zahlreichen Automaten, zog seinen Reisepass mit dem Codierstreifen durch den Scanner und gab das Reiseziel ein. Da wir reservierte Tickets hatten, spuckte der Kollege Computer die Namen der kompletten Crew aus, man brauchte den Flugwunsch nur noch zu bestätigen und bekam dann seine Bordkarte ausgedruckt. Soweit zur Theorie. Insgesamt hat das *Check-In* eine Stunde gedauert, ein Pass war nicht lesbar und musste manuell eingegeben werden, vier Crewmitglieder checkten an einem anderen Automaten ein und mussten von unserer Liste einzeln entfernt werden und kurz vor dem Ausdrucken der Bordkarten verweigerte sich der Automat und verlangte nach einer Aufsichtsperson. Da wir als Crew eingereist waren, aber als ‚normale' Passagiere das Land wieder verlassen wollten, schlug das Gerät direkt Alarm. Also mussten wir erst einen Airline-Angestellten suchen, der die Buchung mit einem Schlüssel frei schaltete. Leider war niemand weit und breit zu sehen, der sich sowohl kompetent fühlte, als auch willig war, uns zu helfen. Als wir nach einer gefühlten Ewigkeit jemanden aufgetrieben hatten, verschluckte der Computer alle bisher eingegebenen Daten und zeigte wieder das Startbild. Also auf ein Neues. Diesmal war der Pass einer anderen Kollegin nicht lesbar, wieder mussten alle Daten mühsam hineingefüttert werden. Endlich ratterten die Bordkarten aus dem zickigen Gerät heraus. Allerdings waren für meine Kollegin und mich keine Plätze mehr verfügbar. Na, Bravo. Hatten wir nicht fest gebuchte Tickets? Wir schleppten unsere großen Koffer zu einem Schalter, wo sie gewogen und gelabelt wurden, und zeigten noch einmal unseren Reisepass vor. Hier erhielten wir dann auch einen Sitzplatz – keine Ahnung warum uns der Automat diesen vorher verwehrt hatte. Zum Glück bekam ich einen Fensterplatz. (Nichts war schlimmer, als drei Stunden auf einem Mittelplatz zwischen zwei korpulenten, stinkenden, rülpsenden und pupsenden Mitfliegern zu sitzen, die entweder lautstark Musik hörten oder so ausladend Zeitung lasen, dass man sowohl rechts als auch links mitlesen konnte. Natürlich waren nicht alle so, aber man wusste ja leider nie vorher, was einen so an Bord erwartete.)

Die abgefertigten Koffer rollerten nun aber nicht, so wie in Europa üblich, über ein Laufband zur Gepäckverladestelle, sondern wir mussten sie selbst zu einem sogenannten ‚baggage-drop-off' bringen. Dort stand ein kleines Männlein in Uniform und wuchtete die Gepäckstücke nacheinander auf eine bereitstehende, kleine Kofferkarre. Mit unserem Crewgepäck war das Packlimit des Gefährts erreicht und der Uniformierte zog ihn weg. Sehnsüchtig sahen wir ihnen nach, bis beide von dem Gewimmel des Flughafens verschluckt wurden. Wohin würden die Koffer wohl fliegen? Bei diesem wirren System und den tausenden von Menschen, die sich durch den Flughafen schoben, schien es kaum vorstellbar, dass wir unser Gepäck je wieder sahen.
Nachdem wir die großen Koffer nun los waren, mussten wir durch den *Security Check*. Wir stellten uns bei ‚Checkpoint 1' an und warteten etwa eine halbe Stunde. Im Zickzack schoben wir uns Schritt für Schritt wie die Lemminge um die bunten Absperrbänder herum, bis wir bei der diensthabenden Kontrolleurin angekommen waren. Sie überprüfte zum dritten Mal unsere Pässe, beäugte außerdem das *Boarding*ticket, machte allerlei wichtige Zeichen darauf und beleuchtete den Reisepass mit einer UV-Lampe im Kugelschreiberformat. Schließlich nickte sie unmerklich und winkte mich durch, zum Nacktscanner. In Europa waren diese Teile noch freiwillig, hier wurde man – aus welchen Gründen auch immer – angewiesen, dort hindurch zugehen. Die normalen Metalldetektorbögen gab es parallel dazu auch noch. Für mich war es Premiere, ich sah nicht ein, mich öfter durchleuchten zu lassen, als unbedingt notwendig. War es wirklich frei von Nebenwirkungen? Wer wusste das zum derzeitigen Zeitpunkt schon so genau? Allerdings musste ich zugeben, dass es viel schneller und angenehmer war, als durch einen normalen Sicherheitsbogen zu gehen. Man trat hinein, stellte sich barfuss auf die vorgemalten Fußabdrücke und hob die Arme. Eine Sekunde später war schon alles vorbei – kein Gepiepe, kein Gefummel – eigentlich ganz praktisch.
Bei meiner Kollegin war es nicht ganz so einfach. Zwar war auch bei ihr der Nacktscanner nur Sekundensache, aber sie hatte etwas in ihrer Handtasche, was der Dame am Röntgengerät nicht gefiel. Diese wurde nun komplett ausgeräumt, auf den Kopf gestellt und akribisch ausgeleuchtet. Zu Tage kam dabei ein Sturmfeuerzeug, was bei dieser Aktion gleich einbehalten wurde. Aber so etwas gehörte ja auch nicht ins Handgepäck.

Nachdem alle durch die Kontrolle waren, liefen wir geschätzte drei Kilometer zu unserem *Gate*. Gut, dass wir so zeitig aufgebrochen waren! Unser Flieger war eine Boeing 737 und nach der Zahl der wartenden Passagiere zu urteilen, war die Maschine auch nicht ausgebucht. Komisch, warum gab es dann die Sitzplätze erst auf Nachfrage? Eigentlich sollte man im Airline Business nichts mit Logik hinterfragen, manche Dinge waren für einen normal Sterblichen einfach zu komplex.
Der Ablauf des amerikanischen *Boarding*vorgangs blieb mir zum Beispiel auch ein Rätsel. Alle Gäste waren in sieben Gruppen aufgeteilt, die auf dem *Boarding*ti-

cket vermerkt waren - First Class und die Gruppen eins bis sechs. Nun durfte man der Reihe nach Einsteigen, allerdings waren keine Zusammenhänge zwischen dem Sitzplatz und der Gruppe zu sehen, sondern sie schienen, von der First Class abgesehen, willkürlich zugeordnet zu sein. Komisch, wozu sollte das denn gut sein? Um Menschenansammlungen beim Einsteigen zu vermeiden? Du lieber Himmel! Ich kam mir schon lächerlich vor, wenn ich bei uns an Bord folgende Ansage machen musste:
„Die amerikanische Luftsicherheitsbehörde verpflichtet uns, Ihnen mitzuteilen, dass es während des Fluges zu keiner Zeit zu Passagieransammlungen vor den Waschräumen oder in den Gängen kommen darf!"
Wie stellte man sich denn zur Toilette an, wenn fünf andere Gäste zur gleichen Zeit ein Bedürfnis plagte? Vielleicht konnte man unsere Passagiere auch in Gruppen aufteilen, so wie hier beim hiesigen *Boarden*. Gruppe A darf von 18 h bis 18.10 h pinkeln, Gruppe B von 18.10 h bis 18.20 h und so weiter. Vielleicht sollte ich das mal als Verbesserungsvorschlag an die Luftsicherheitsbehörde schicken? Wahrscheinlich darf ich dann wegen Frechheit und Impertinenz nie mehr in die Staaten fliegen…
Ich durfte erst als letztes Einsteigen, auf meinem Zettel stand Gruppe sechs. Beim Betreten des Flugzeuges stellte ich mich beim *Purser* und der neben ihm stehenden Kollegin kurz vor – so wie das beim Reisen mit anderen Fluggesellschaften eigentlich üblich war – und wurde beglotzt wie eine himmelblaue Kuh im Schottenrock. Offenbar gehörte es in den USA nicht zum guten Ton, sich als ‚Kollegen' zu outen. Na, dann eben nicht. Ich hatte vor der Reise überlegt, ob ich in der Bordküche während des Fluges mal „Guten Tag" sagen sollte, vielleicht hätte ich die eine oder andere amerikanische Anekdote zu hören gekriegt. Diese Crew machte allerdings keinen kommunikativen Eindruck und ich verwarf spontan meinen Plan. Der *Purser* war von gedrungener, kleiner Statur und steckte in einem mindestens zwei Nummern zu großen Jackett. Jedes Lächeln schien er sich mühsam herauszupressen. Seine Kollegin hatte eine graue, raspelkurze Frisur, schaute miesepeterig-arrogant und schien Haare auf den Zähnen zu haben. Der Steward hatte schon am *Gate* unsere Bordkarten eingescannt. Er trug einen modischen Poscheitel im schwarzen, ölig glänzenden Haar und schwang alle drei Sekunden den Kopf, damit er die Augen frei bekam. Die vierte im Bunde sah aus wie die Frau von Al Bundy aus der Serie ‚Eine schrecklich nette Familie'. Sie hatte das Haupthaar zu einem rotbraunen Turm hoch toupiert und kaute hingebungsvoll Kaugummi. Ein Dream-Team!

Die Flugzeit nach Costa Rica sollte zweieinhalb Stunden betragen. Die ersten dreißig Minuten nach dem Start passierte erst mal gar nichts.
Dann erschien der *Purser*, immer noch im Jackett und verteilte zunächst Einreisekarten und Zollerklärungen. Hier erfuhr ich, dass die Einfuhr von frischen Lebensmitteln nicht gestattet war. Schade, in dem Flugvorbereitungsordner unserer Firma stand nichts davon und ich hatte meinen Koffer voller Möhren, Äpfel und

Weintrauben.
Nach einer knappen Stunde Flugzeit begann dann der Getränkeservice. Der *Purser* und der Raspelschnitt bedienten die sechzehn Gäste in der First Class, Mrs. Bundy und Locke kümmerten sich um den Rest. Es gab kostenfreie Softdrinks, Alkohol oder Snacks mussten käuflich erworben werden. Abgeräumt wurde später mit Latexhandschuhen und nicht weniger als fünf Mal bis zur Landung. Mich wunderte, dass die Crew nicht auch noch einen Mundschutz trug, Passagiere schienen für sie ein lästiges Übel zu sein.

Nachdem wir lange über Wasser geflogen waren, erreichte die Boeing das Festland. Wir schwebten mit monotonem Brummen über Berge, grünen Dschungel und kargen Fels, die Landschaft war äußerst vielfältig. Sogar an zwei Vulkanen flogen wir vorbei, als wir kurze Zeit später wieder die Küstenregion erreichten. Wenig später landete die Maschine auf dem Flughafen von Liberia. Wir verließen das Flugzeug über eine Art Hühnerleiter, eine gescheite Gangway schien es hier nicht zugeben. Sofort durchpustete uns stürmischer Wind, der augenblicklich jede Frisur ruinierte und einen in Schweiß ausbrechen ließ. Auf dem schwarz betonierten Rollfeld war es gefühlte sechzig Grad heiß, daran änderte auch der Wind nichts. Es fühlte sich an, als wenn man sich einen Föhn auf höchster Stufe ins Gesicht halten würde. Bei der Einreise sollten wir uns laut Dienstanweisung als Crew zu erkennen geben. Der Beamte in seinem kleinen Häuschen beäugte unsere bunten Plastikkärtchen interessiert und lächelte dabei strahlend mit schiefen, gelben Zähnen, so ganz schien er mit unseren Crewausweisen jedoch nichts anfangen zu können. Nichtsdestotrotz wurden wir zum einzigen Gepäckband des Flughafens durchgewunken. Lange Zeit stand es still und wir schwitzen tapfer vor uns hin, doch dann nahm es mit einem Ohrenbetäubenden Quietschen in den schrillsten Tönen und im Schneckentempo seinen Dienst auf. Ein Koffer nach dem anderen erschien aus dem Nichts, wir zerrten es durch die Zollkontrolle und ich schmuggelte unerkannt mein Obst und Gemüse ins Land.

*

Unser Heim für die Nacht war ein Hotel direkt am Airport, die Fahrtzeit betrug gerade einmal fünf Minuten. Ein schickes, modernes Haus, relativ neu und im Inneren wohl temperiert. Die Zimmervergabe gestaltete sich auf Grund rudimentärer Englischkenntnisse des Rezeptionspersonals etwas schwierig und leider waren sie auch noch nicht fertig. Aber nach so einem kurzen Flug konnte man ja auch mal problemlos eine Stunde in der Lobby warten. Meine Kollegen waren über diese Zwangspause nicht sehr glücklich, sie wollten sich ein Auto mieten und zu einem Nationalpark fahren. Bei knapp 24 Stunden Aufenthalt im Land ein strammes Programm. Etwas befremdet schaute ich die Dame vom Empfang an, als sie von mir einen Kreditkartenabzug verlangte, als Sicherheit für die gesamte Crew. Andernfalls könnten wir nichts aufs Zimmer schreiben lassen. Dazu war ich allerdings nicht bereit und auch einen Rechnungsslip für eine einzelne Person über achtzig Dollar war ich nicht willig zu unterschreiben. Also war Barzahlung angesagt oder der direkte Einsatz der Kreditkarte im Restaurant. Ich nahm mir insgeheim vor, die Abrechnung für diesen Monat genau zu überprüfen.

*

Unsere Zimmer waren dann doch schon nach dreißig Minuten fertig. Mein Kollege und ich zogen es vor, am Hotelpool die Seele baumeln zu lassen, früh gemeinsam zu speisen und dann zeitig ins Bett zu gehen. Der Rückflug nach Deutschland würde lang und anstrengend werden, *Check-In* für den nächsten Tag war für 16 Uhr *local* geplant, uns erwartete also ein langer Nachtflug. Ab einem entsprechenden Alter begann man, sich die Kräfte einzuteilen. Unsere Kolleginnen und Kollegen waren noch jung und abenteuerlustig. Vor zwanzig Jahren wäre ich wahrscheinlich auch mitgefahren, heutzutage hatte ich auf so einen Stress keine Lust mehr.

*

Unsere Maschine kam am nächsten Tag mit etwa zwei Stunden Verspätung, aus welchem Grund war nicht bekannt. So verschob sich unser *Check-In* auf den frühen Abend. Nach einem landestypischen Mittagessen - weiße Bohnen, würziger Milchreis, frittierte Banane, Salat und Fischfilet - legte ich mich noch einmal hin und schlief bis zum Weckruf wie ein Stein. Leider klappte das nicht vor jedem Nachtflug, aber manchmal hatte man Glück.
Meine jungen Kolleginnen und Kollegen hatten vor dem Flug gar nicht mehr geschlafen – nun, dass musste ja jeder selber wissen. Sie waren mit dem Mietwagen noch am Strand, gemeinsam essen und noch etwas Sightseeing machen. Hoffentlich hatten sie noch etwas von ihrer jugendlichen Energie für den Flug aufbewahrt.

Der Flieger kam aus Cancun, Mexiko, und stand schon auf dem Vorfeld, als wir mit dem Bus die wenigen hundert Meter zum Flughafen fuhren. Bevor wir an Bord konnten, mussten wir erst noch eine Zollerklärung und eine spezielle Ausreisekarte ausfüllen, damit wir die dreißig Dollar Ausreisesteuer nicht zahlen mussten. So konnte man am Tourismus auch Geld verdienen. Unsere großen Koffer wurden uns abgenommen und beiseite gestellt, danach durften wir durch die Sicherheitskontrolle. So akribisch diese in den USA oder Deutschland stattfand, so laissez-faire wurde sie hier durchgeführt. Die Officer waren mehr damit beschäftigt, mit den blonden Mädels zu flirten, anstatt das Gepäck zu kontrollieren.
Auf dem Weg über das Vorfeld erkannten wir, dass sich Gäste an Bord befanden. Es wurde bereits dunkel und hinter den hell erleuchteten Fensterflächen konnte man die Köpfe der Passagiere sehen. Waren Gäste aus Mexiko an Bord geblieben?

Wir hatten leider keine einschlägigen Informationen von der Firma bekommen und wussten lediglich, dass es sich bei diesem Flug um einen Subcharter handelte.

Die Crew an Bord begrüßte uns und gab die wenigen Informationen weiter, die sie selber hatten.

Was war das für ein Kuddelmuddel! Ich kam mir vor wie zu Zeiten von Fred Feuerstein! Wie viele Gäste waren an Bord? ‚Sorry, don't know!'
Gut, dies hätte man durch Zählen ja noch herausbekommen können. Wie viele Gäste würden noch zusteigen? ‚Sorry, don't know. I think …' Ich wollte nicht wissen, was der *Rampagent* dachte, ich wollte wissen, was er für Zahlen hatte! Verdammt, wie würde er ein *Loadsheet* schreiben, wenn er nicht die Bohne Ahnung hatte, wie viele Gäste noch zusteigen würden? Der junge Mann tat mir leid, er schien mit seiner Aufgabe völlig überfordert zu sein. Aber er war total verliebt in unseren großen Flieger, immer wieder rief er ganz begeistert:
„What a beautiful airplane! It is so hugde! So many passengers! Great colour! Such cute girls, working here…" Oh man, das konnte ja noch spaßig werden. Im Flirten würde ich den Costa Ricanern ne glatte Eins geben, wenn der *Rampagent* auch kaum größer als ein deutscher Sechstklässler war und mir gerade bis zum dritten Blusenknopf reichte. Er grinste mich mit einem umwerfenden Lächeln an und fragte schelmisch und Wimpern plinkernd nach einem Kaltgetränk. Ich lud ihn auf eine Cola ein und versuchte neuerdings Details über unsere zu erwartenden und sich bereits an Bord befindlichen Gästen zu ergattern – Fehlanzeige. Das einzige was er leise rülpsend fragte, war:
„Ready for boarding?"
Nein! Waren wir nicht. Wir tankten noch und nach kurzer Rücksprache mit dem allmächtigen Kapitän erfuhr ich, dass dies auch noch mindestens dreißig Minuten in Anspruch nehmen würde, wenn nicht länger. Anscheinend war man auf so große Flugzeuge hier nicht eingestellt. Wir brauchten etwa fünfundsechzig Tonnen Kerosin für die Heimreise, so ein Airbus 330-200 verdrückte sechs Tonnen pro Flugstunde. Anscheinend tankte man hier nur mit einem Kännchen. Unsere Gäste aus Cancun durften den Flieger leider nicht verlassen, da sie kein Visum für Costa Rica hatten und in Liberia gab es keinen Transit-Raum. Da wurden die Raucher unter den Gästen auf eine harte Probe gestellt. Es war nämlich nicht gestattet, sich mit einer Fluppe an die Tür zu stellen und mal eben kurz durchzuziehen. Aber wir hatten auch viele Familien mit Klein- und Kleinstkindern an Bord, die bereits sichtlich genervt waren. Problematisch war das Weitergeben von Informationen, wenn man selber keine hatte. Wir hätten beim Tanken *boarden* können, allerdings nur unter gewissen Umständen und in Absprache mit dem Kapitän. Nachdem mich der Flirtmichel vom Boden zum dritten Mal gefragt hatte, ob er die anderen Passagieren endlich bringen konnte, ging ich ins Cockpit und räusperte mich. Kapitän und Copilot saßen mit rauchenden Köpfen über mangelnden Unterlagen und rechneten

wild hin und her. Auf meine Frage, ob wir nun in kleinen Gruppen einsteigen lassen sollten oder nicht, schnauzte mich der Chef an:
„Kannst Du Dich jetzt hier mal raushalten?!"
Klar, konnte ich. Sollte er doch sehen, wie er seinen Sch...- Flieger voll kriegte. Für unverhofft hohes Arbeitsaufkommen auf Grund mangelnder Vorleistung des Bodenpersonals oder anderer widriger Umstände hatte ich alles Verständnis dieser Welt. Für mangelnden Respekt im Tonfall leider keines. Ich kochte innerlich und zauberte mir erst einmal einen Kaffee. Noch knapp dreizehn Stunden, wenn alles klappte und ich würde von diesem selbstverliebten Helden der Lüfte erlöst sein. Wir begannen dann das *Boarden* in kleinen Gruppen à zehn *Paxen* – insgesamt stiegen gerade mal sechzig Gäste zu. Trotzdem dauerte es eine gefühlte Ewigkeit und unsere Dienstzeit leuchtete schon wieder in roten Zahlen über uns. Für eine erklärende Ansage hatte aus dem Cockpit denn auch niemand Zeit – schade. Aber auch das bekamen wir hin, wir waren ja flexibel. Auf einmal brüllte der Kapitän aus dem Cockpit:
„Tür zu! Es zieht!!"
Ob das wohl das neue Kommando zum Schließen der Tür war? Wir verabschiedeten uns überschwänglich vom kleinen costaricanischen *Rampagenten*, der auch zum Abschluss weder mit Zahlen noch mit einer *PIL* dienen konnte. Er fragte noch, ob wir bald wieder kommen würden? Sicher – mit einer anderen Crew ...

Beim Start knallte es lautstark im hinteren Teil des Fliegers, so, als wenn ein Container nicht richtig gesichert gewesen wäre. Ich trug diese Information der Kolleginnen pflichtbewusst ins Cockpit, wo sie zur Kenntnis genommen wurde. Die vorherherrschende Anspannung der Bodenzeit schien verraucht und der Kapitän dozierte kopfschüttelnd über die ‚Wildwest-Operation' auf Costa Rica. Stimmt, den Ton der Kommunikation konnte man da gleich auch noch mit einreihen.

*

Kaum waren wir in der Luft, entspannten sich unsere Gäste. Ungeachtet der Verspätung von über drei Stunden, die wir vor uns her schoben, herrschte an Bord ein angenehmes Klima. Offenbar war jeder froh, bald zuhause zu sein. Als wir Costa Rica verließen, war es schon dunkel, nach dem Abendessen gab es den ersten Film zur Nachtruhe – alles war friedlich.

Unsere Gäste in der *Business*klasse schienen über wesentlich mehr Energie zu verfügen. Obwohl es für die meisten von ihnen nach zwei Wochen Futtern und Trinken satt an Bord eines Luxusliners bei uns im Flugzeug eher ein Rückschritt sein musste, waren alle wohl gelaunt, sehr charmant und zu Späßen aufgelegt. Als ich zum Beispiel in Reihe zwei das Vorspeisentablett servierte, hopsten sechs runde, grüne Weintrauben aus ihrem Käseschälchen und kullerten in Windeseile auf Nim-

merwiedersehen unter den Sitz.
Ich entschuldigte mich mit:
„Oh, Verzeihung, ich glaube, die leben noch…“ worüber der Gast sich ausschütten wollte vor Lachen.
„Hier bitte, nehmen Sie diese!“ Ich zog ein neues Schälchen aus dem Speisewagen und reichte sie dem Passagier.
„Ach, die sind schon tot?“, grinste er, immer noch kichernd.
„Ja, ziemlich. Aber bestimmt noch nicht lange…!“

Es war herzerfrischend, mit welcher Leichtigkeit man miteinander umgehen konnte. Diese Flüge waren das, was einen wieder erdete - sogar in 12 000 Metern Höhe - trotz sieben tägiger Rundreise, nervigem *Proceeding*, anstrengenden Kollegen und partiellem Heimweh.

*Nachsatz:

Von zehn Crewkoffern wurden sieben auf dem Weg vom Terminal Liberia bis zur Verladung ins Flugzeug aufgebrochen und durchwühlt.
Mir hatte man glücklicherweise nur das rot-weiße Kofferband mit dem Firmen-Logo geklaut. Nun wird wahrscheinlich ein kleiner Costa Ricaner mit einem neuen Gürtel herum laufen. Oder er stellt es bald bei eBay ein…

Filet für die Katze

Der Flieger für unsere Langstrecke nach Puerto Plata war überbucht, die *Business* musste mit diversen Gästen aus der Touristenklasse aufgefüllt werden. Das passierte auf Flügen in die Dominikanische Republik recht häufig, die Maschinen waren fast immer voll bis unters Dach. Ein Upgrade nach ‚vorne' kostete gerade mal dreihundert Euro pro Strecke, ein Keks im Vergleich zu den Preisen der anderen Destinationen. Die ‚Dom Rep' war schon seit Jahren billiger mit ihren all-inclusive Angeboten als ein vergleichbarer Urlaub im nahegelegenen, westeuropäischen Ausland – Spanien, Italien oder Frankreich konnten da für Pauschaltouristen schon lange nicht mehr mithalten und die Ticketpreise der Flugreisen hatten sich entsprechend angepasst. Der Airport-Code für Puerto Plata war POP, für uns das Äquivalent für Ballermann & Co unter karibischen Palmen.

Unser Team war diesmal sehr angenehm, im Vergleich zur Costa-Rica-Crew von letzter Woche alles erfahrene Jungs und Mädels, in der *Aft-Cabin* flog eine *Purserette* als FB und der Kapitän checkte den Co-Piloten auf Grund von längerer Abstinenz auf dem Flugzeugmuster. Wir warteten ganz entspannt auf unser ‚*full-house*'.

Bedingt durch die frühe Abflugszeit um neun Uhr in Düsseldorf begann unser Serviceprogramm ungewöhnlicher Weise mit einem kalten Frühstück. Insgesamt waren uns 9 Stunden und 59 Minuten Flugzeit prognostiziert worden, klang ja auch bedeutend schneller als zehn Stunden. Eigentlich war das Zeit genug, um alles in Ruhe nacheinander wegzuarbeiten - würden da nicht diverse *Jetstreams* unseren Weg zu der Kokosnussinsel kreuzen. Der erste erwischte uns mitten im Kaffeeservice. Aber der Wettergott war uns gerade noch gnädig, wir konnten das *Cold meal* sicher wieder abräumen und mit dem ersten Film hatten unsere Gäste die Möglichkeit, versäumten Schlaf nachholen, die Seele baumeln lassen oder in Ruhe verschiedene Falttechniken der Gliedmaßen auszuprobieren, um eine möglichst bequeme Position in den engen Sitzen der *Economy* einzunehmen.

In unserer *Business*klasse war niemand müde. Im Gegenteil, die Herrschaften (zu neunzig Prozent waren es wirklich Herren, die bei uns saßen) entpuppten sich als äußerst trinkfreudig und mitteilungsbedürftig. So konnten wir kaum ein Getränk servieren, ohne gleichzeitig in ein längeres Gespräch verwickelt zu werden und hatte man endlich den Aufhänger gefunden, sich dem Small Talk elegant zu entziehen, klingelte schon der nächste. Was war die Luft heute aber auch trocken in der Kabine! Unsere Spezies kristallisierten sich bald heraus, Reihe 3H/K:
„Wir hätten gerne einen Champagner, ein Wasser und ein Pils!"
3 H trank den Champagner und das Wasser, 3 K das Bier. Champagner war im *Business*angebot eigentlich nicht vorgesehen, wir holten ihn deshalb aus der *Economy-*

class, das Piccolöchen à 0,2 l zu einem Spottpreis von 9,50 €. Selbstverständlich musste das hier nicht bezahlt werden, ich verbuchte es als *Complementory*. So oft wurde Champagner nicht explizit verlangt, wir hatten einen exzellenten Prosecco im Sortiment, den wir immer als Aperitif vor dem Start kredenzten und die meisten Schaumweinliebhaber blieben auch während des Fluges dabei. Ab und zu bestellte mal einer einen Champus - selten aber hatten wir Gäste, die soo viele Champagner auf einem knapp zehn stündigen Flug verhafteten. Bei Nummer neun habe ich aufgehört zu zählen. Das entsprach schon mehr als zwei großen Flaschen Perlbrause aus gutem Haus. Nach einer weiteren Bestellung von Champagner, Wasser und Bier wollte der Gast zwischendurch schon einmal zahlen – obwohl der Flug erst zu zwei Dritteln um war und keiner von uns eine Rechnung vorgelegt hatte. Kurz zuvor hatte er mir noch erzählt, dass er letztes Jahr mit der gleichen Maschine unterwegs gewesen sei. Musste er denn da für seine Getränke aufkommen? Kaum vorstellbar. Natürlich bestätigte meine Kollegin mit einem charmanten Lächeln, dass er für die alkoholischen Getränke selbstverständlich nichts zahlen müsste. Das dargebotene Trinkgeld in Form eines braunen Scheinchens lehnte sie genauso freundlich wie bestimmt ab. Gast 1 G hatte derweil mitbekommen, dass Champagner keinen Aufpreis kostete – nachdem er über eine Flasche Prosecco geschlürft hatte, stieg auch er, jenseits von 40 Grad West, auf Edel-Blubber um. Ich hoffte, dass die rückreisende Crew keinen Gast an Bord haben würde, der ohne Champagner nicht würde leben können. Unsere gesamten Vorräte wurden ohne Probleme von diesen zwei Herren gekillt. Und da hieß es doch immer, das wäre ein Damengetränk …

Als es eigentlich Zeit war, das heiße Mittagessen anzureichen, rief der Chef mich ins Cockpit. Die vorher fliegenden Maschinen hätten schwere Turbulenzen gemeldet, wir sollten lieber alles wegpacken. In der Karte waren zwei *Jetstreams* eingezeichnet, die sich in 12.000 Metern Höhe kreuzten, die Wackelei könnte sich ein Stündchen hinziehen. Noch lagen wir gut im Zeitplan, informierten unsere Gäste, kontrollierten, ob alle angeschnallt waren, sicherten die Bordküchen und warteten. Natürlich passierte – nichts. Nicht mal ein leises Zittern ging durch unser technisches Wunderwerk, der Flieger lag ruhig wie ein Brett in der Luft und pflügte sich mit monotonem Brummen durch die als unkooperativ prognostizierten Luftmassen. Es wackelte kein bisschen. Nach einer halben Stunde hielt ich Rücksprache mit dem Kapitän. So ganz könne er es sich auch nicht erklären, aber eigentlich war es doch nur positiv zu betrachten, wenn der Flug ruhig verlaufen würde, oder? Kaum hatte er dies ausgesprochen, sackte die Maschine heftig durch. Sie tanzte auf einmal mit dem Wind, nicht beängstigend, aber doch so unruhig, dass an einen Service nicht zu denken war. Da hatte ich nun die bestellten Turbulenzen! Insgesamt schüttelten sie uns eineinhalb Stunden durch, bis wir endlich mit den heißen Essen beginnen konnten und meine schöne Zeitplanung war im Eimer. Nun, auf den letzten Servicedurchgang in der *Economy* würde man verzichten können. Die Geträn-

ke waren ohnehin schon fast zur Neige, zumindest der Bestand, der für den Hinflug vorgesehen war - unser Publikum war wirklich sehr trinkfest. Die Kekse, die den Getränkewagen später begleiten sollten, teilten wir kurzerhand als Dessert nach dem Hauptgang aus, so war alles wieder im Lot. In der *Business* gestaltete sich die Umkonzeptionierung nicht ganz so geschmeidig, da wir zusätzlich zum Dreigängigen Mittagsservice noch eine Suppe an den Mann bringen sollten. Während der Turbulenzen haben wir uns diesen Zwischengang wohlweislich verkniffen. Wer servierte schon blubbernd heiße Suppe in kleinen, flachen und flutschigen Schüsselchen, wenn man sich vorkam wie in einer Schiffsschaukel. Okay, das war etwas übertrieben. Aber Turbulenzen ließen sich nicht exakt vorherbestimmen. Manchmal rettete einen wirklich nur ein beherzter Griff ins Kopfpolster, ans *Hatrack* oder was sonst gerade greifbar war – mit heißer Suppe auf dem Tablett konnte man dies weder Gast noch Personal zumuten.
Da unsere *Paxe* genauso hungrig wie trinkfreudig waren, zauberten wir ihnen zuerst das heiße Mittagessen. Der Herr auf 2 H verzichtete auf einen Hauptgang und bestellte stattdessen eine Currywurst – keine Experimente bitte mit ‚Agnolotti-Pasta', ‚Pangasius-Fisch', ‚Rind Perigueux' oder ‚Hähnchen Tandoori' – bei einer deutschen Currywurst wusste man schließlich ziemlich genau, was später auf dem Porzellanteller landete. Kein Problem, wir importierten die Wurst aus der *Economy* und quetschten sie zu unseren Gourmetessen in den Ofen - für unsere *Business*gäste taten wir (fast) alles.

Meine Kollegin und ich waren ein gutes Team, wir brauchten wenig Worte, da jeder seinen Part genauestens kannte, arbeiteten Hand in Hand und trotz der kreativen und ausdauernden Bestellungen unserer Könige ließen wir uns nicht aus der Ruhe bringen. Uns gelang es sogar kurz vorm Landeanflug noch die eine oder andere Suppe – Chili-Kokos mit Garnelengarnitur – unfallfrei zu servieren, obwohl dafür eigentlich gar keine Zeit mehr war. Die letzte Stunde vor der Landung war heilig für das Aufräumen und die Neubestückung der Kombüse und die Abrechnung, die übernehmende Crew würde es zu schätzen wissen. Trotzdem bekamen wir den Spagat zwischen Suppe und Saftauffüllen noch irgendwie hin und unsere Gäste waren ausnahmslos entzückt von unserem Einsatz. Von dem Trinkgeld, welches wir auf diesem Flug angeboten bekommen hatten, wäre sicher ein lustiger Abend mit der ganzen Crew drin gewesen…

Da wir uns nicht als Kellner sondern als Gastgeber verstanden, haben wir den Tipp nicht angenommen. Bei Kleckerbeträgen im Service würde ich ein Auge zu drücken – alles darüber hinaus fand ich nicht angemessen.
(Bin ich käuflich? Nein – ein Besuch in meinem Universum ist gratis – bis auf den Preis für das Ticket natürlich. Wiederholungstäter sind dafür gerne gesehen.)
Wir haben uns dennoch sehr über das positive Feedback unserer Mitmenschen gefreut und entließen sie kurze Zeit später in bruttige dreißig Grad im Schatten bei

gefühlten neunundneunzig Prozent Luftfeuchtigkeit. Urlaub in der Karibik nach genau zehn Stunden Reise, der Airbus machte es möglich!

*

Ein Bus der ganz anderen Art, war unser Transportmittel zu unserem Crewhotel. Wir fanden wir ihn relativ schnell, nachdem wir uns mit Sack und Pack durch die Menge der Reisenden gewühlt hatten: Ein großes Pappschild mit unserem Firmenlogo leuchtete hinter seiner Windschutzscheibe und der dominikanische Busfahrer winkte uns zu wie Einweiser auf dem Vorfeld. Das Gepäck wurde in einem dubiosen Anhänger verstaut und wir fädelten uns in ein quietschbuntes, korrodiertes Uralt-Gefährt, mit etlichen Kilometern auf dem Tacho und türkisfarbenen Gardinchen an den großen Fenstern, die die stechende Sonne aussperren sollten. Es handelte sich um einen Kleinbus einer japanischen Autofirma, mit sicherlich landestypischem Sitzabstand, aber wir waren ja nicht verwöhnt. Unser Kapitän hatte die gesamte Crew zu einem *Afterlanding* eingeladen und so konnten wir uns die vierzig minütige Fahrzeit mit einer eiskalten Büchse Bier, einem Glas Wein oder einem Piccolo versüßen. Kaum hatten wir das klimatisierte Flugzeug verlassen, brieten wir wieder im eigenen Saft, der Plastik-Uniform sei Dank. Zum großen und kleinen Koffer schleppten wir Damen noch unsere Handtaschen – die wogen zum Teil mehr als der Kabinenkoffer – und hantierten außerdem mit Schal und Wintermantel herum. Ein lächerlich anmutendes Bekleidungsstück hier in der Hitze! Aber spätestens in fünf Tagen, wenn sich morgens um sechs Uhr die Kabinentür in Düsseldorf bei zu erwartenden Null Grad öffnen würde, wäre man für jede Faser dankbar, die man um seine müden Knochen drapieren konnte. Also aushalten, war die Devise – die nächste Dusche war nicht mehr weit!

Endlich im Hotel angekommen - fünf Sterne, Top-Adresse, all-inclusive und voll mit unseren eigenen Gästen – wurde uns erst mal ein Sitzplatz in der Lobby offeriert. Unsere heimfliegende Crew haben wir noch am Hoteleingang getroffen – da war es ja kein Wunder, dass unsere Zimmer noch nicht fertig waren. So ganz konnte ich dem Zeitschema der Heimflieger nicht folgen, aber es war ja auch nicht gesagt, dass unser Schiff wieder gen Deutschland segelte – vielleicht musste es noch weiter nach Miami, nach Punta Cana oder sonst wo hin? Ein Hotelangestellter bastelte in der Wartezeit geflissentlich die hellbraunen Plastikbänder um unsere Handgelenke – das Erkennungszeichen für die Angestellten: Dieser Mensch hatte Essen und Trinken frei! Bei fünf Mahlzeiten am Tag plus einem Mitternachtshäppchen am Pool blieben kaum Wünsche offen. Zu jeder Tageszeit hatte eine Bar, ein Restaurant, ein Snackcourt oder ein Imbiss auf – verhungern oder verdursten unmöglich. Schon die Minibar auf dem Zimmer war gut gefüllt: Neben einer Flasche Wasser, Cola, Cola-light und Tonic (alles 0,5 l) warteten dort auch drei Flaschen einheimisches Bier und über der Minibar hingen vier Liter Flaschen mit Wodka,

Rum, Gin und etwas undefinierbarem, wahrscheinlich aber nicht weniger ‚brennbarem'. Hier konnte man sich mithilfe eines Barverschlusses nach Herzenslust bedienen, ein freundlicher Zettel informierte, dass der Inhalt alle zwei Tage aufgefüllt werden würde. Halleluja – war das nicht etwas zu viel des Guten?
Den Gästen schien es zu gefallen, sie liefen schon am späten Morgen mit bunten Cocktails durch die Gegend, zum Mittagessen standen etliche schon dreißig Minuten vor der Öffnungszeit des Hauptrestaurants Schlange, abends war der Andrang noch viel größer. Machte sich etwa Langeweile breit? Die Hotelanlage war schön wie aus einem Hochglanzreiseprospekt, am Strand luden viele Palmen zu einem Nickerchen im Schatten ein, allerdings war die Bucht recht klein, endlose Spaziergänge am Karibischen Meer - Fehlanzeige. Ein paar Ausflüge ins Landesinnere wurden am Informationstresen in der Halle angeboten und es gab auch einen kleinen Sportraum – allerdings schien der Hauptteil der Gäste sich einfach entspannen zu wollen, wahlweise auf der Liege am Pool oder am Strand, mit kühlem Getränk in der linken und einen Snack in der rechten Hand. Ganz energische Urlauber verausgabten sich beim Beach Volleyball, spielten das Hufeisenspiel oder nahmen am Animateur-Programm teil, welches laut und mit karibischen Klängen untermalt ab neun Uhr morgens in alle Winkel des Geländes verkündet wurde.

Mehr Sorgen als die geräuschvolle Standardgästebespaßung machte mir die Gerüchteküche über den Zustand der Hotelzimmer. Hier sollten die Schimmelpilze derart blühen, dass die Klamotten noch nach drei Wäschen danach stanken. Ab und zu traf man mal einen Flugbegleiter mit einem besonders miefenden Mantel in der Firma:
‚Oh, warst Du in POP?'
Manche Kollegen stopften ihren kompletten Koffer in einen großen Müllsack und hievten ihn dann gut verknotet auf den Balkon, damit der Schimmelpilz keine Gelegenheit bekam, sich dort einzunisten. Schimmelmief war in der feuchtwarmen Luft der Karibik immer mal wieder ein Problem. In diesem Hotel gab es allerdings so zahlreiche Beschwerden, dass die Hotelkommission der Firma bereits fieberhaft nach einer neuen Unterbringung für uns suchte.

Als wir nach gut fünfundvierzig Minuten unseren Zimmerschlüssel, den Safeschlüssel und die Handtuchkarte für ein Strandlaken erhielten, machten wir uns auf die Suche nach unseren Unterkünften. Ich war gespannt, was mich für eine stinkende Rumsbude nun erwartete – in einer Stunde wollten wir uns an der Coffeebar treffen, Zeit genug zu duschen und alles zu sortieren. Mein Heim für drei Tage lag im ersten Stock eines dunklen, leicht muffigen Flurs und überraschte mich absolut – jedoch äußerst positiv. Ich konnte keinen Gestank feststellen, das Zimmer roch so frisch und sauber wie es bei dem hiesigen Wetter gerade möglich war. Die helle Gardine war nett zu einer gigantischen Schleife verschlungen und mit bunten Hibiskusblüten dekoriert, dahinter verbarg sich ein grandioser Blick auf eine Lagune. Im Badezimmer grüßte auch frisches Grün von blütenweißen Handtüchern, es duftete zart nach Seife, ganz sicher nicht nach Schimmel. Entweder hatte ich ein neu renoviertes Zimmer erwischt oder die Hotelleitung ging offensiv mit den bereits eingegangenen Beschwerden um.

Wir verbrachten einen lustigen Abend mit fast der ganzen Crew – in der Karibik klappte es hin und wieder noch mit der Gemeinsamkeit. Es gab wenige, die hier Freunde oder Familie hatten und zum Shoppen, der Leidenschaft von fünfundneunzig Prozent des fliegenden Personals, gab es hier kaum Möglichkeiten. Dominikanische Zigarren wären vielleicht eine Option gewesen, aber die kamen in der Damenwelt meist nicht so an. Unser Kapitän kaufte sich ein handgerolltes Exemplar der Marke ‚Domenico', rauchte sie genüsslich paffend und verzichtete dafür auf das Abendessen. Wir leisteten ihm Gesellschaft und klönten bis etwa zehn Uhr abends. Das entsprach dann drei Uhr morgens zu Hause – Zeit endlich die Kissen abzuklopfen.

*

Das Hotel ähnelte einer Parkähnlichen Anlage, alle Wege und Grünflächen waren mit reichlich Palmen, Blumen und anderen dekorativen Gewächsen bepflanzt. Ich sammelte von den schönsten Exemplaren ein paar Samen, die ich meiner Freundin Bettina in die Hauptstadt schicken wollte – sie arbeitete in der Gärtnerei des Berliner Tierparks und war dort unter anderem verantwortlich für die Bestückung und Pflege diverser Gewächshäuser. Dort würden diese Findelkinder optimale Bedingungen zum Keimen, Sprießen und Wachsen finden.

Die karibische Sonne brannte heiß und vernebelte mir offenbar mein Hirn. Erst als ich wieder in meinem nach Seife duftenden Zimmer war, fiel es mir ein: Wir mussten ja noch in die USA einreisen und würden erst von dort aus nach Hause fliegen. Und die Einfuhr von Pflanzen, Erde und Samen war natürlich nach Amerika strengstens verboten. Und wie war das mit dem deutschen Zollgesetz? Galt das nur für gewerbliche Einfuhren, oder auch für so kleine, private Stücke? Mist!!!
Und nun? Die schönen Fundstücke wegschmeißen? Oder einfach schmuggeln? Mit den Amerikanern war bei der Einreise sowieso nie gut Kirschen essen. Innerhalb von Sekunden fühlte man sich wie ein Schwerverbrecher, wurde nicht selten unfreundlich angeranzt und wehe, man verstand dann das gegrunzte Kommando nicht sofort. Sicher gab es auch freundliche Immigration-Officers, allerdings stand ich wohl immer in der Schlange mit den Muffelköpfen. Als ich vor vier Jahren einmal in New York einreisen wollte, fragte mich der Beamte, ob ich schon mal in den Staaten gewesen sei? Mal abgesehen davon, dass ich mit sechzehn ein ganzes Highschooljahr in Kalifornien verbracht hatte, schickte uns die Firma in schöner Regelmäßigkeit zu Uncle Sam – knapp hundert Mal werden es in den letzten zwei

Jahrzehnten wohl gewesen sein. Für ihn war ich aber gar nicht in seinem Computer existent, mein Pass gefiel ihm auch irgendwie nicht und ehe ich mich versah, wurde ich von einem anderen Officer ‚abgeführt'. Nachdem der erste Schreck verdaut war – in Fort Meyers saß ich schon einmal eine geschlagene Stunde in einem Separée, ohne das einer mit mir auch nur ein Wort gewechselt hatte – fand ich mich nach einem strammen Fußmarsch in einem riesigen Saal wieder. Mir wurde bedeutet, mich zu setzten und mein Reispass wurde ans andere Ende des Raumes getragen. Dort stand auf einem breiten Podest eine lange Reihe von Tischen mit Rechnern, die von emsigen Uniformierten gefüttert und beäugt wurden. Den Großteil des Raumes nahmen Holzstühle ein, alle mit Blickrichtung auf die Computer. Menschen aus allen Nationen dieser Erde saßen dort: Frauen in blauen Burkas, seidenen Saris, mit Kopftüchern, afrikanischen Flatterkleidern und westlicher Designergarderobe, Männer mit Turbanen, Kippas oder Strohhüten, Asiaten, Inder, Europäer – die ganze Welt schien mindestens einen Vertreter gesandt zu haben, sicher waren in diesem Raum über zweihundert Menschen. Die Stimmung war allerdings gedrückt, man traute sich kaum mehr als zu Flüstern und das hatte auch seinen guten Grund. Ab und an wurde nämlich jemand aus der bunten Menge aufgerufen – wohl dem, der einen für einen Amerikaner leicht auszusprechenden Namen hatte. Meldete sich in kürzester Zeit niemand, flog der Pass achtlos beiseite und der nächste wurde bearbeitet.
Ich hatte überhaupt keine Ahnung, wozu das alles gut sein sollte. Ob die Crew wohl auf mich warten würde? Wie lange mochte das Spielchen dauern? Und was zum Teufel war an meinem Pass oder meinem Visum auszusetzen? Nach etwa einer Stunde auf der unwirtlich harten Sitzgelegenheit brüllte einer der Mitarbeiter: „Linwebber!" und ich eilte vorne zum Pult. Dort wurde ich nach meinem Geburtstag und meiner Nationalität gefragt und warum ich in die Staaten einreisen wollte, geschäftlich oder privat? Ich glaubte meinen Ohren nicht zu trauen – klebte da nicht ein fettes Crewvisum in meinem Pass und stand ich nicht in schicker Uniform vor seiner Nase? Vielleicht lag es daran, dass er kaum über seinen Computer kucken konnte? Immerhin beantwortete ich die Fragen zu seiner Zufriedenheit und bekam endlich meinen Reisepass wieder. Vor der Tür wartete geduldig unser *Handlingsagent*, der mich die gefühlten drei Kilometer zurück zum Ausgang brachte. Was der ganze Zauber sollte, konnte er mir leider auch nicht erklären.

Mmmh, mit diesen Menschen sollte ich mich freiwillig anlegen? Und nur wegen ein paar Samen? Aber wie groß war die Wahrscheinlichkeit, dass mein Koffer geöffnet werden würde? Kontrolliert wurde ich bei der Einreise in all den Jahren noch nicht ein einziges Mal. Lediglich den Crewkoffer musste ich einmal öffnen, da ein fleißiger Spürhund bei ihm angeschlagen hatte. Er roch aber nur das Butterbrot, welches ich während des Fluges dort aufbewahrt und zum Glück längst aufgegessen hatte. Würden die Spürhunde heutzutage nicht eher auf Sprengstoff, Artenschutz und Schwarzgeld abgerichtet sein? Wer würde einem Hund den Geruch

von salzigen Samen beibringen? Wenn ich die Samen nun mit Parfüm einsprühen würde? Erstaunlich, wie viel kriminelle Energie man auf einmal entwickeln konnte. Aber was würde ich sagen, wenn der Immigration-Officer die unvermeidliche Frage stellen würde:
„Anything to declare?"
Ich musste kurz an den uralten Witz denken:
Ein Pastor hatte zwei Pfund Kaffee im Ausland erworben, obwohl nur ein Pfund zollfrei war. Nun plagte ihn das schlechte Gewissen und er überlegte, wie er ungestraft aber auch ohne zu Lügen an dem Zollbeamten vorbei kommen könnte. Kurzerhand steckte er sich den Kaffee links und rechts auf Achselhöhe in seine Soutane. Als der Beamte ihn freundlich fragte:
„Na, Vater, haben Sie denn etwas eingekauft?" antwortete der Pastor wahrheitsgemäß:
„Ja, mein Sohn, zwei Pfund Kaffee – und ich habe ihn gerecht unter den Armen verteilt..."

Was würde ich antworten? Würde ich es schaffen, gerade heraus zu Lügen – ohne rot wie ein Nachtschattengewächs zu werden? Du lieber Himmel – so viele Gedanken, wegen ein paar Samenkörnern! Ich warf die Kerne, Körner und Steine trotzig in die Ecke. Andere Leute schmuggelten Millionen, pfundweise Zigaretten, Drogen, Medikamente und ich machte mir wegen so ein paar Samen solche Gedanken – unglaublich. Ich hatte noch anderthalb Tage, um mir die Sache zu überlegen: Wollte ich nun ein braver Lemming sein, um mit den Amis keinen Stress zu kriegen oder meiner Ostberliner Perle etwas Schönes aus der großen, weiten Welt mitzubringen und dafür drei Stunden zu schwitzen? Da dies bei den hiesigen Temperaturen nichts Ungewöhnliches war, entschloss ich mich für letzteres. Ich war Zeit meines Lebens viel zu brav! Was konnte schon groß passieren? Bis zur Weiterreise nach Düsseldorf hatten wir etwa zwanzig Stunden Aufenthalt, das sollte doch wohl für ein angemessenes Schmugglerverhör und die Erteilung eines lebenslangen Einreiseverbotes wohl reichen, oder? Wie würde ich das meiner Firma erklären? Wären es die doofen Samen wirklich wert?

*

Habe die Samen dann doch da gelassen, ich Weichei. Der eventuelle Ärger war es mir dann doch nicht wert. Als wir am Flughafen von Puerto Plata ankamen, war von der sonst so fröhlichen, offenen Mentalität der Inselbewohner bei den uniformierten Herren hinter dem Check-In-Schalter nicht viel zu merken, sie schauten uns feindselig an. Zuerst bekamen wir die Zoll- und Ausreisepapiere für die Dominikanische Republik auf den Tresen geklatscht, gleich darauf folgten die Papiere für die USA. Mir sprang sogleich die Frage elf auf dem blauen Zollformular ins Auge:

„Führen Sie Obst, Gemüse, Pflanzen, Samen oder Insekten in die USA ein?"
Ich? Nö, im Leben nicht. Innerlich musste ich grinsen. Ein ruhiges Gewissen war doch ein sanftes Ruhekissen. Mein Reisepass wurde genauestens inspiziert, komplett durchgeblättert und dann eingescannt. Ich erhielt meine Bordkarte – diesmal war ich ‚group 2' und durfte damit auf einen Platz im *Hatrack* für meinen Koffer hoffen - allerdings war der Sitz am Gang und ganz hinten bei einer Boeing 737.

Wir hatten noch fast zwei Stunden Zeit bis zum Abflug – mehr als genug um all die erforderlichen Zettel auszufüllen und seine Mitreisenden ausgiebig zu beobachten. Der Flughafen war klein und erstaunlich voll, um uns herum saßen jede Menge Amerikaner, die sich lautstark mit ihren Lieben daheim unterhielten. Wie war das doch damals ruhig, als wir noch keine Handys hatten? Wie konnte man bloß ohne mobiles Internet auf dem iPhone unterwegs existieren? Münztelefone wurden von unseren Kids beäugt wie prähistorisches Material und der Zeit von Neandertalern und Dinosauriern zugeordnet. Ich versuchte, mich mit einem Buch abzulenken, aber so richtig wollte das nicht klappen, es war einfach zu laut. Schon erstaunlich, wie unterschiedlich lang zwei Stunden sein konnten. Beim Zahnarzt waren sie unendlich, im Sommerschlussverkauf ein Atemzug – hier zogen sie sich wie ein zähes Kaugummi. Endlich wurde der Flug nach Miami im nuscheligen Englisch aufgerufen. Zuerst stiegen die Gäste der First Class ein und danach ‚group 1', wenig später durfte ich an Bord. Der Lack der Boeing 737 bröselte an der Türöffnung an mehreren Stellen großflächig ab, die Plastikverkleidung des Kabineninterieurs hatte seine besten Jahre in leuchtendem hellgrau offenbar auch schon hinter sich. Den schangeligen Eindruck verstärkten der Uralt-Monitor, der vis-à-vis von meinem Platz hing und rundherum mit Klebeband an der Decke abgeklebt war, die durchgesessenen Sitzpolster und ein großes ‚out of order' Schild an der hinteren Toilette. Dies war sicher keine Maschine für Gäste mit latenter Flugangst. Die Flugzeit sollte knapp zwei Stunden betragen, also etwa vergleichbar mit einem Palma Flug bei uns zu Hause. Ich sinnierte über unseren Service: Bonbons zum Einsteigen, Zeitungen, Kinderspielzeug, ein Sandwich – Wurst oder Käse? – Abräumen und Bordverkauf. Zusätzlich gab es noch die Option, ein heißes Essen zu bestellen, oder ein bereits zu Hause bestelltes serviert zu bekommen. Unsere amerikanischen Kollegen schoben einen Getränkewagen und das war's. Ab wann gab es wohl etwas zu Essen an Bord eines US-Fliegers? Auf Flügen mit drei, vier und fünf Stunden habe ich noch nie mehr als eine Tüte mit neunzehn Erdnüssen erhalten, wenn es denn überhaupt etwas gab. Aber mit den Eiswürfeln, da waren sie sehr großzügig. Ich erhielt zu meiner Diet-Coke einen kleines Plastikglas, etwas größer als ein Eierbecher für Eier der Handelsklasse eins. Darin befand sich ein Berg Eiswürfel, der ohne Probleme die Titanic versenkt hätte. Ich schaffte es gerade mal, einen Fingerhut Cola darüber zu verteilen, ohne dass es überlief. Dafür sorgten dann wenig später Turbulenzen. Sie waren nicht besonders heftig, aber doch so enervierend schuckelig, dass sich einige Passagiere von ihrem Frühstück trennen mussten. Was bei nur einer funktionierenden Toilette im hinteren Teil (der vordere Waschraum war ausnahmslos den sieben Gästen der ersten Klasse vorbehalten) zu einer nicht unwesentlichen Geräuschbelästigung im Gang führte – im Gang direkt neben meinem Sitzplatz. Ein Gangplatz war ohnehin eine Strafe, jeder der auf Toilette musste, stütze sich – auch wenn es überhaupt keine Turbulenzen gab – an den bunten Kopfstützen der Gangplätze ab. Ganz unsensible Mitmenschen packten dabei schon mal richtig in die Haare oder schoben einem ihr ausladendes Hinterteil ins Gesicht, bei dem Versuch, Gegenverkehr aus dem Weg zu gehen. Herrgottnochmal, man konnte sich doch auch an den Gepäckfächern abstützen, selbst mit kurzen Armen ging das. Oder litten die alle an Achselschweiß? Keine Ahnung, was schlimmer wäre, ständig die Ruckelei an der Rückenlehne – der Kabinenboden gab übrigens auch jedes Mal schwingend nach, wenn jemand sich den Weg zum Klo erkämpfte – oder der Schweißmief. Wirklich zu toppen war das Ganze nur noch von den andauernden Würgegeräuschen vor der besetzten Toilette, der knallenden Klotür und dem Dauergeschlürfe der Vakuum-Spülung. Ich stöpselte mir Musik ins Ohr, versuchte möglichst durch den Mund Luft zu holen – nach zehntausend gewechselten Windeln war ich Profi im Gerüche wegatmen! – und balancierte meinen kleinen Cola-Eisberg über dem Klapptischchen. Da verging doch die Zeit wirklich wie im Flug!

*

Als der Pilot schlagartig wieder Bodenkontakt mit dem Fahrwerk herstellte war es sogar noch zehn Minuten vor der geplanten Ankunftszeit. Nun mussten wir uns nur noch durch das weitläufige Gelände von Miami International kämpfen. Nach unzähligen Laufbändern, von denen gerade Mal die Hälfte in Betrieb war, erreichten wir die Station des Skytrains. Immerhin sparte uns dies eine weitere halbe Stunde Fußmarsch, so großzügig waren die einzelnen *Gate*s über eine komplette Meile im Terminal D verteilt. Endlich erreichten wir die U.S.-Immigration. Hier ging nun alles so schnell, wie ich es selten bei der Einreise in die Staaten erlebt hatte. (Was mir insgeheim wieder bestätigte, dass man als Crew in Uniform besonders genau beäugt wurde.) Pass abgeben, Zollzettel abgeben, Fingerspitzen durchleuchten lassen, Foto machen und Frage beantworten:
„Anything to declare? "
Der Officer sah mir in die Augen.
„No, nothing. "
„Have a nice stay. "
Puh! Erster Schritt gemeistert. Nun mussten wir nur noch mit unseren großen Koffern an dem Menschen vorbei, der eine Öffnung würde anordnen können. Aber auch ihn interessierte nur der Stempel auf der Zollerklärung. Ein Blick auf den Koffer, ein Nicken, das war's. Dies war in einundzwanzig Jahren mit Abstand meine schnellste Einreise in das Land der unbegrenzten Möglichkeiten. Im Bus

des Hotels, der bereits auf uns wartete, hatten die Kollegen dann auf einmal zwei Flaschen Wein in der Hand – kleine Spende aus der Firstclass von der Amerikanischen Crew. Wie nett, das hatte ich hinten gar nicht mitbekommen. Der rote war ein vorzüglicher Merlot, der sich Dank Schraubverschluss im Bus auf die beigefügten Plastikbecher verteilen ließ und so unverhofft dem nervigen Tag noch etwas Nettes abgewann. Unser Busfahrer fuhr uns schwungvoll durch den Feierabendverkehr von Miami zu unserem ‚Geistercrewhotel'. Na, denn Vorsicht mit der hellen Garderobe und ein herzliches Prosit!

*

Am nächsten Tag schaffte es die Sonne nur mit Mühe durch die Wolken. Es war zwar noch relativ warm, aber Regen wurde für den Nachmittag vorhergesagt. Eine breite Kaltfront aus dem mittleren Westen der USA, wo streckenweise mächtige Schneestürme tobten, sollte auch die Temperaturen in Florida merklich am bevorstehenden Wochenende abkühlen. So war niemand von uns traurig, dass es am Mittag endlich nach Hause ging, mit 240 Gästen in der *Economy* und 19 in der *Business* und der sagenhaften Flugzeit von knapp acht Stunden. Donnerwetter, da musste wirkliches einiges an Wind draußen unterwegs sein. Im Arbeitsklima der Kabine schien es auch ein wenig ‚zu stürmen', das war auf dem Hinflug noch nicht gar ersichtlich. So wunderte ich mich etwas über den Tauschwunsch eines Kollegen, der mit seiner Position in der *Aft-Cabin* auf dem Hinflug nicht so ganz glücklich war. Aber wenn es dem lieben Frieden dienen würde, warum nicht? Meine *Business*-Kollegin erklärte sich mit dem Wechsel einverstanden und ich hoffte so wenigstens auf einen friedlichen und schnellen Heimflug, sonderlich ruhig würde er bei dem immensen Rückenwind wohl nicht werden.

Um den Flug antreten zu können, mussten wir allerdings zunächst einmal die Sicherheitskontrolle passieren. An unserem Checkpoint gab es keinen Nackt-Scanner, also versuchte ich, soviel Metall wie irgend möglich von mir abzubauen und zusammen mit Mantel und Handtasche in einer der grauen Plastikkisten unterzubringen. Neben meiner Armbanduhr frickelte ich auch die Rangabzeichen und die silberne Schwinge ab, zog den Gürtel aus der Hose und legte den Firmenausweis mit seiner Metallklammer dazu. Selbstverständlich mussten wir auch die Schuhe ausziehen und Laptops separat in eine Kiste legen. Als ich durch den Metalldetektor ging, piepte es. Das einzige verbliebene Metall an mir waren nun noch die Zinken meines Haarkammes und meine Goldkronen. Man wies mich an, den Kamm zu entfernen. Hier musste ich allerdings streiken, ich war nicht willig, aus meiner Hochsteckfrisur eine Haarspange zu ziehen, damit ich hinterher aussah, wie ein wild gewordener Wischmob. Tja, und dieses unkooperative, geradezu renitente Verhalten brockte mir dann prompt ein sogenanntes ‚Extended pat down' ein – selbst schuld! Ich hätte ja auch ein metallfreies Gummiband benutzen kön-

nen. (Sicher war das der Grund, warum amerikanische Flugbegleiterinnen mit offenem Haar fliegen durften.) Über diese verschärfte Sicherheitsüberprüfung wallte schon lange der Unmut, nicht nur bei den Amerikanern. Seit Einführung der Nackt-Scanner wurden Verweigerer dieser Erfindung zum Aufspüren von Sprengstoff und Waffen einer verschärften ‚Fummelaktion' unterzogen, anders konnte man es wirklich nicht nennen. Während die Mitarbeiter der TSA (Transportation Securitiy Administration, dt.: Transport-Sicherheitsverwaltung, hier als amerikanische Bundesbehörde zum Schutz der öffentlichen Sicherheit im Verkehr) früher lediglich mit ihrem Handrücken nach unerlaubten Gegenständen am Körper fühlen durften, ging es seit 2010 mit der Inbetriebnahme der Nackt-Scanner richtig zur Sache. Mein persönliches Erlebnis sah an diesem Tag dann so aus:
Nachdem der gelangweilte TSA-Mitarbeiter mich drei Mal durch den Metalldetektorbogen geschickt hatte - immer mit dem gleichbleibenden, munter piependen Ergebnis, organisierte er genervt eine weibliche Kollegin. Diese befragte mich, welche der grauen Plastikkisten alle zu mir gehörten, die inzwischen alle durch das Röntgengerät gelaufen waren und am Ende des Laufbandes drohten umzukippen. Während ich noch barfuss und in zerfledderter Uniform vor dem Band stand, fragte mich der US-Kollege am Röntgengerät, was das für runde Dinger in meinem Koffer seien – Avocados? Ich erklärte ihm, dass es Kokosnüsse waren und er lachte. Ob er wohl eine probieren wollte? Nee, vielen Dank für das Angebot, aber Kokosnüsse wären nicht so sein Ding… Flüssigkeiten im Handgepäck waren für uns als Crewmitglieder zum Glück kein Problem. Das Gewicht der Kokosnüsse hätte das Limit meines Koffers mit Sicherheit gesprengt, darum steckten sie in meinem Crewkoffer. Ich hatte sie meinem Jüngsten versprochen, der daraus Höhlen für seine Wüstenrennmäuse basteln wollte. So ein bisschen blubbernde Kokosmilch war also kein Problem für die Flugsicherheit, wohl aber die metallenen Spitzen meines Haarkammes. Ich durfte die Plastikkisten nur mit einem Fingerzeig als meine ausweisen, anfassen war nicht mehr erlaubt. Meine persönliche TSA-Mitarbeiterin packte alles zusammen auf einen Haufen und wies mich an, zwei Meter hinter dem Laufband auf zwei aufgemalten Fußabdrücken Stellung zu beziehen. Die Fußabdrücke waren soweit auseinander aufgemalt, dass selbst ich mit 181 Zentimetern Lebensgröße ziemlich breitbeinig vor ihr stand. Wie möchte es kleineren Menschen ergehen, die keinen Spagat konnten? Nun fragte sie mich allerlei Wichtiges, ob ich mit dem Abtasten einverstanden sei, sie würde dabei auch in intime Regionen kommen, ob ich kitzelig wäre, es mir peinlich sei usw. Ja, ich war verdammt kitzelig und erquicklich fand ich die Fummelei auch nicht. Fraglich nur, ob ich beim Verneinen einer dieser Fragen jemals an Bord des Fluges 901 nach Düsseldorf gekommen wäre. Leider hatte sich in der Vergangenheit bewiesen, je unkooperativer man sich verhielt und je mehr Fragen man stellte, umso fieser wurde das Begrabbeln. Eine Kollegin von uns wurde nach einer unbequemen Frage so eindringlich untersucht, dass man keine ihrer Körperöffnungen dabei unbehelligt ließ – auf so eine Schweinerei konnte ich gut verzichten! Also dachte ich an diese

vielen Zeitungsartikel, in denen stand, dass eine verschärfte Befummelung in drei Minuten zu Ende sei und wartete darauf, dass die Dame endlich ihres Amtes walten würde. Zuvor musste ich aber noch den Plastikkugelschreiber aus dem Ausschnitt meiner Bluse entfernen und ihr überreichen. Sie legte ihn gewissenhaft zu meinen übrigen Habseligkeiten.

Dann begann die Aktion, in dem sie sich Latexhandschuhe anzog – immerhin – und mich anwies, die Hände waagerecht zur Seite auszustrecken, mit den Handflächen nach oben. Wann immer diese auch nur zwei Zentimeter nach unten durchhingen, wurden sie von Mrs. Latexfinger korrigiert und in die perfekte Hampelmannposition gebracht. Sie stand nun hinter mir und begann mit ihrem Zeigefinger ausgiebigst in meinen Haaren herumzupopeln. Ich hätte jetzt schon schreien können, denn eine Hochsteckfrisur in der intensivst nach Waffen und Sprengstoff gewühlt wurde, war hinterher nicht mehr dieselbe. Danach befummelte sie meinen Hals - hinter dem Halstuch, darunter und davor - weiter ging es meinen Rücken hinunter und in den Hosenbund. Es folgte ein beherzter Griff in den Schritt und weiter ging es an der Innenseite der Oberschenkel bis zu den Knöcheln. Auf der Vorderseite erfolgte das Gleiche noch mal, unter den Möpsen wurde auch nach Sprengsätzen geforscht, das Brustbein wurde vom Hals bis zum Rippenbogen abgefühlt, die ganze Handfläche verschwand wieder zwischen den Beinen, nicht ohne zuvor noch einmal um den gesamten Hosenbund herum gerutscht zu sein.

Was für ein Scheißjob! - Damit meine ich allerdings nicht den meinigen, sondern ihren. Ich werde meine Haarspange auf dem nächsten USA-Flug durch zwei hölzerne Kämme ersetzten und mir damit dieses nervende Gegrabbel ersparen. Für sie wartete der nächste Fummelkandidat schon am Detektor. Wie viel Pfund Mensch befühlte man wohl so pro Tag? Intimster Kontakt mit fremden, schwitzenden, nach Knoblauch oder Veilchenparfum stinkenden, schwabbeligen oder knöcherigen Menschen. Echt ein Traumjob! Nachdem weder Bombe noch Waffe an mir zu finden war, rieb sie ihre Latexfingerspitzen an einem Gerät, welches kurz danach grün blinkte. Ich fragte die TSA-Lady, wozu das gut sei und sie erklärte mir, dass diese Maschine nach explosivem Material suchen würde.
„So I'm not explosive today? "
Mein Gott, sie konnte sogar lachen.

Meine Crew wartete geduldig hinter einer Trennwand auf mich, während ich versuchte, aus mir wieder einen komplett ausgestatteten und korrekt gekleideten Menschen zu machen. Mit der Frisur hatte ich so meine Probleme, es fühlte sich alles sehr ‚locker' an und einen Spiegel gab es natürlich auch nicht. Diese Untersuchung war so was von lächerlich! Ich dachte an die Axt im Cockpit. Sicher konnte man auch mit ihr den Piloten einen schönen Scheitel ziehen - bestimmt effektiver als mit meinem mickerigen Haarkamm. Aber so war das mit der Logik – sie war nicht immer uneingeschränkt und überall anwendbar.

Während wir zu unserem *Gate* liefen, überlegte ich, ob noch genug Haarspray in meiner Dose war, um die Haare wieder fest zu betonieren. In der trockenen Luft der Kabine schienen Haare ohnehin ein Eigenleben zu führen, denen man schon unter normalen Umständen nur mit Haarlack der Marke ‚Pattexforever' beikommen konnte. Was würde uns wohl in Zukunft noch alles erwarten? Vielleicht sollte man Flughäfen einfach zu obligatorischen Nudistenzonen erklären? Dann wären alle Fummelprobleme gelöst – ein nackter Passagier könnte schließlich keinen großen Sprengsatz schmuggeln. Blöd nur, wenn die Piloten dann Schindluder mit dem Flieger vorhatten. Man könnte vielleicht auch bunte Overalls einführen, zu deren Tragen man nach *Check-In* einfach zwangsverpflichtet wurde: Weiße für *Paxe*, blaue für Crews und rote für Flughafenmitarbeiter – vielleicht noch welche in pink für das Putzpersonal? Vielflieger könnten sich die passende Größe bei der Buchung bereits reservieren lassen, Kurzentschlossene und Lastminute-Bucher müssten dann leider auf praktische Unisexgrößen im Einwegmodell zurückgreifen, für lächerliche 39 U$ das Stück. Da könnte man noch richtig was dran verdienen! Der Passagier, die heilige Kuh, von der jeder nur das Beste wollte – sein Geld. Wo das wohl noch alles hinführen würde?

*

Schließlich erreichten wir nach endlosen Wegen unser Flugzeug. Ich freute mich auf Zuhause, von vierzehn Tagen zwölf unterwegs zu sein war echt nichts für mich. An Bord klappte alles wie am Schnürchen, die Flugzeit versprach eine kurze Nacht, weit entfernt war das heimische Kissen also nicht mehr. Der *Rampagent* teilte uns mit, dass wir in Miami seit ein paar Tagen mit einer neuen Cateringsfirma zusammen arbeiten würden, es wäre schön, wenn wir das gelieferte Essen genau überprüfen könnten. Kein Problem, dafür würde die Zeit wohl reichen. Als wir die letzte Tür schlossen, rief der Kapitän mich ins Cockpit:
„Die Rollzeit wird heute sehr kurz sein, wir stehen schon ziemlich dicht an der Startbahn", grinste er. „Fang am besten gleich mit Deiner Ansage an, ich sag dann später erst was, wenn wir oben sind."
Dieser Tipp war klasse, längst nicht jeder Chef hätte daran gedacht. Während mein Kollege die letzten Prosecco-Gläser abräumte, begrüßte ich die Gäste auf Deutsch und Englisch und kündigte danach den Film über die Sicherheitsvorkehrungen an Bord an. Als ich die Kassette gerade in den Schacht des Rekorders schupste, kam ein Kollege aus der *Aft-Cabin* um die Ecke:
„Ich habe da Stress mit jemanden, der einen falschen Kindersitz hat und sich weigert, dass *Infant* zum Start auf den Schoß zu nehmen."
„Einen kleinen Moment, ich bin gleich bei Dir…"
Ich wartete auf das Einsetzten von Bild und Ton, der Vorspann war ewig lang und

auf dieser Maschine funktionierte der kleine Kontrollmonitor in der *Galley* leider nur schemenhaft. Also musste ich in der Kabine nachsehen, ob er lief – der Test vorm *Boarden* war einwandfrei und ich hatte eigentlich keine Bedenken. Mein Kollege dozierte derweil weiter über den Kindersitz:
„Da muss eine Prüfnummer drauf sein, die mit ‚E' anfängt, sonst sind die nicht zugelassen…"
„Ja, aber nur in Europa, wenn es ein amerikanisches Modell ist, dann…"
Mein Film lief nicht. Man sah nur schwarz-weißes Gegrissel, einen Ton hatten wir überhaupt nicht. Da genau dieser Film vor zwanzig Minuten tadellos gelaufen war, probierte ich den zweiten Videorekorder.
„Dann muss aber was mit ‚for aircraft use' oder so dran stehen, ich find da aber nichts. Keinen Aufkleber. Meiner Meinung nach muss das Baby auf den Schoss!"
Der Film lief auch nicht auf dem zweiten Videorekorder, wir wurden bereits aus der Parkposition zurückgedrückt und ich suchte im Reservefach nach dem Ersatzfilm.
„Wo sitzen die Leute denn?"
„In Reihe 46." Also fast ganz hinten, na wunderbar.
„Ich muss mich eben um den Film kümmern. Kriegst du das hin mit den Gästen oder soll ich gleich mal kucken kommen?"
Er rauschte ab, wohl ärgerlich, dass ich die Problematik mit dem Kindersitz nicht so ernst genommen hatte. Was nicht der Fall war – allerdings fehlte mir wie üblich der Reißverschluss, um fünf Dinge gleichzeitig zu machen: Mich um den Kindersitz kümmern, beten, dass der Sch…film endlich lief, das Cockpit informieren, dass wir es nicht rechtzeitig schaffen würden, die Kabine anrufen, dass wir Wasserballett spielen würden und aus dem Koffer – wo war der noch gleich? – das Ansagenheftchen rauszaubern.
Okay, also der Reihe nach. Zuerst klingelte ich beim Chef.
„Sorry, aber der Film verweigert den Dienst, wir müssen eine *Lifevest-Demo* machen. Das kann noch dauern."
Es kam kein Seufzen und kein Motzen, wofür ich ihm sehr dankbar war. Er sagte nur:
„Okay, dann mach mal."
Ich sprintete zu dem *Hatrack*, in dem ich meinen Koffer vermutete, hievte ihn heraus und wühlte nach dem Ansagenheft. Es war Größe DIN A5, knallrot und immer am selben Platz in meinem Koffer. Und dieser war leer. Hatte ich es woanders hin gesteckt? Nein, unmöglich, ich pflegte da so meine spezielle Ordnung, konnte also nicht sein. Aber wo war das Scheißding denn jetzt? Hundert Mal flog man es um den Globus und wenn man es dann brauchte, war es nicht zu finden, verdammt! Ich nahm einen Aktenordner mit Flugformularen mit in die *Galley*, in der Hoffnung, dass sich der kleinere Hefter vielleicht in den Seiten darin irgendwo versteckt hatte. Als ich ihn durchblätterte, stand mein Kollege wieder neben mir und wedelte mit der Gebrauchseinweisung für den Kindersitz.
„Hier kuck mal, da steht nichts von ‚E' oder so. Ich sehe auch keine achtstellige

Nummer…“
Ich schaute auf die Anleitung und blätterte sie durch.
„Hier steht aber eine Einbauanleitung fürs Auto und da eine fürs Flugzeug. Also ist der Sitz für die Benutzung im Flugzeug schon vorgesehen…“
„Ja, aber so kann ich die Verantwortung nicht übernehmen, ohne Aufkleber…“
Ich hatte auch noch einen schlauen Zettel mit den genauen Kindersitzbestimmungen im meinem fast allwissenden Ordner. Nur irgendwie befand ich die Instruktion von knapp dreihundert Gästen über unsere Sicherheitsausrüstung etwas dringender, als jetzt weiter über diesen Sitz zu diskutieren. Zumal das Kind in diesem Sitz bestimmt besser aufgehoben war – selbst wenn er nicht für ein Flugzeug zugelassen gewesen wäre – als auf dem Schoss der Mutter mit einem dünnen Schlaufengurt. Dies war allerdings meine persönliche Meinung und stand nicht zur Debatte.
„Ich kümmere mich gleich drum – wir müssen eben eine Demo machen, dann gehe ich beim Rundgang bei den Gästen vorbei.“
„Wieso, kriegst du denn den Film nicht ans Laufen? Der ging doch vorhin noch?!“
Es war zum aus dem Hemd hüpfen!
„Nein, beide Filme gehen weder auf dem einen noch auf dem anderen Rekorder.“
„Schade eigentlich.“
Schwupp, weg war er.
Ja, ich fand's auch schade, mein gespaltenes Verhältnis zu dieser Anlage war ja schon lange kein Geheimnis mehr. Ich wühlte immer noch in meinem Ordner, während mein Adrenalinpegel stetig stieg. Ganz hinten fand ich einen etwas alten, weitgereisten DIN A4 Zettel mit der Life-Demo-Ansage. Puh, Glück gehabt! So blieb mir wenigstens das Gestottere erspart. Die Kabinenkollegen waren inzwischen auch informiert und standen bewaffnet mit Demonstrationsgurt, Sauerstoffmaske und Notfallkarte an ihren Positionen. Es konnte losgehen.

Kolleginnen und Kollegen, die tagtäglich dieses Wasserballett inszenieren mussten, konnten über unsere Aufregung wohl nur müde grinsen. Ich selbst war damit ‚groß' geworden, einen Film gab es erst seit 1995 mit der Einführung des Airbusses in unserer Firma. Aber in den meisten Fällen klappte es auch damit und so mussten wir uns nur noch selten mit der Live-Demo beschäftigen, dementsprechend konnte ich den Text nicht mehr komplett auswendig und war dankbar für den Zettel in meinem Sammelsurium. Zunächst demonstrierten wir, wie der Sicherheitsgurt benutzt wurde. Ja, Kinderspiel, diesen Spruch hatte ich auch auswendig drauf. Nichts war schlimmer als eine hinunter geleierte Ansage vom Blatt. Wenn wir unseren Gästen schon so eine Show boten, dann doch bitte auch mit Stil. Das lernten Nachrichtensprecher schon früh in ihrer Karriere, dass man während des Lesens auch mal vom Blatt hoch schauen und in die Kamera sehen musste. Ich hätte das lieber gelassen, denn bei Teil zwei, der Erklärung der Sauerstoffmasken, entschlüpfte mir semiprofessionell folgendes:
„Bei dem unwahrscheinlichen Fall eines Druckverlustes fallen automatisch Sauer-

stoffmasken aus der Kabinendecke über ihren Sitzen. Ziehen Sie dann eine Nase kräftig zu sich heran ..."
Mein Kollege stand mit der Demo-Maske in der ausgestreckten Hand, schüttelte sich vor Lachen und griff aus Spaß nach der Nase des Gastes auf Reihe 1.
„Oups, ich meinte natürlich, ziehen Sie eine Maske über die Nase, na ja, Sie kennen das ja, zur Not geht auch die Nase Ihres Nachbarn..." – ich konnte ein Lachen kaum unterdrücken – „und atmen Sie in jedem Fall dann ganz normal weiter..."
Ich konnte mir bildlich vorstellen, wie acht Flugbegleiter auf Grund meines dusseligen Versprechers simultan einen Lachflash kriegten – aber so etwas steckte ja auch an und wir hatten schlagartig ziemlich viele, fröhliche Gäste an Bord. Vielleicht sollten wir das öfter mal wieder machen...
Unsere vorgegebene Startposition hatten wir leider eingebüßt und der Kapitän musste einen kleinen Kringel auf dem *Taxiway* drehen. Eine längere Wartezeit blieb uns aber zum Glück erspart, keine zehn Minuten nach unserer Show waren wir *airborne*.

*

Zu unseren regulären Gästen kam an Bord noch ein *Upgrade* dazu, insgesamt waren es nun einundzwanzig – die Abfrage der Essen würde wieder nicht einfach werden. Heute hatten wir Filet Mignon auf Thymiansauce, Meeresfrüchteteller mit Jacobsmuscheln und Shrimps, Ravioli mit geräuchertem Mozzarella und Hähnchenbrust indisch im Angebot. Auf Grund der Agrarbestimmungen für die USA entfiel das Tagesgericht aus Deutschland – wir durften es nicht einführen. Ich begann mit meiner Vorstellungsrunde bei einem Pärchen in den Fünfzigern in Reihe vier. Sie waren mir schon beim Einsteigen aufgefallen: Beide waren sehr teuer aber wenig geschmackvoll gekleidet, die Dame ähnelte mit platinblondem Haar, Schlauchbootlippen, Jochbeinen wie Mirabellenhälften und langen, künstlichen Krallen einer in die Jahre gekommenen Barbiepuppe. Ein Jäckchen mit Pelzkragen im sonnigen Florida vervollständigte den theatralischen Auftritt. Beim *Boarden* verlangte ihr Gatte einen ‚Spiegel', der leider nicht zu unserem Sortiment gehörte. Ein alternativ angebotener ‚Stern' oder ‚Focus' war natürlich kein adäquater Ersatz und wurde mit hochgezogener Augenbraue ignoriert. Als ich mit meiner Menükarte zum Platz kam, packte ‚Barbie' gerade ihre Schlafbrille aus.
„Entschuldigung, ich wollte mich kurz persönlich bei Ihnen vorstellen..."
„Nicht nötig!" ‚Barbie' riss mir die Speisekarte aus der Hand. „Haben sie was mit Fisch? Ich werde den ganzen Flug schlafen, aber ich brauche was für meine Katze..."
„Ich würde der Katze den Meeresteller empfehlen, ein komplettes Fischfilet kann ich leider nicht anbieten..."
„So etwas wird sie wohl nicht fressen. Was ist dem mit dem Filet Mignon?" Sie sah mich fragend an.

„Wenn ich Katze wäre, würde mir das wohl schmecken."
‚Barbie' kicherte glücklich. „Ja, das denke ich auch."
„Haben Sie ihre Katze dabei oder soll ich das Filet für daheim einpacken?", fragte ich ernst. Ich hatte kein *PETC* auf meiner Liste, aber vielleicht hatte ich es überlesen? Ein entsprechendes Tier-Behältnis war mir beim *Boarden* jedenfalls nicht aufgefallen.
„Wie, hier an Bord?" Sie war sehr verwundert. „Glauben Sie etwa, ich hätte meine Miezi dabei?"
„Reisende Haustiere in der Kabine sind nichts Ungewöhnliches, gerade letzte Woche hatten wir nach Miami einen kleinen Hund an Bord...
(einen zwölf Kilo Köter in einer viel zu kleinen Stofftasche, aber das behielt ich lieber für mich.)
„Nein, wirklich?" ‚Blondie' war sehr erstaunt. „So etwas machen die Leute? Ist ja unglaublich! Meine Miezi wartet natürlich auf mich zuhause – seit sieben Wochen. Sicher ist sie sterbensbeleidigt, deswegen brauche ich etwas, um Schönwetter bei ihr zu machen. Ich nehme das Filet Mignon!"
„Gerne, ich stelle es dann bis zur Landung kalt." Ich wandte mich an ihren Mann. „Möchten Sie denn gerne etwas essen, oder soll ich es auch für Miezi einpacken?" Ich konnte mir ein Grinsen nicht verkneifen, aber der Gast war ja König. Ein Steak für einen Minitiger in eine Spucktüte zu verfrachten, war eine meiner leichtesten Übungen.
„Soweit kommt das noch", verkündete er bestimmt. „Ich nehme auch das Filet Mignon, medium, zum hier-essen."
„Sehr gerne. Sollen wir sie zum Essen wecken, falls Sie einschlafen?"
Meinen Kollegen hatte das Paar schon wissen lassen, dass sie beide Schlaftabletten nehmen würden und den ganzen Flug über nicht gestört werden wollten.
„Wie lange dauert das Elend denn?"
„Etwa ein halbe Stunde."
„Na, dann schwingen Sie mal die Pfanne..."

Eigentlich hätte ich ja auf Grund der arroganten Art pikiert sein müssen, aber irgendwie konnte ich mich über dieses merkwürdige Pärchen nur amüsieren. Als wir wenig später mit dem Essenservice begannen, schaute ‚Barbie' kurz auf ihr Tablett, piekte mit der Gabel in das Hühnchenfleisch des Vorspeisentellers und verfrachtete es mit Schwung in ihre Spucktüte. Diese stellte sie gefaltet zwischen sich und ihren Mann auf die Armlehne, zog sich die Schlafbrille über die Augen und schob die Rückenlehne nach hinten.

Als wir den Hauptgang abräumten, war das Filet Mignon des Herrn fast unberührt.
„Hat es Ihnen nicht geschmeckt?"
„Na, wissen Sie, wenn sie sieben Wochen gutes, amerikanisches ‚Beef' gewöhnt sind, da kann natürlich kein deutsches Filet mehr mithalten..."

„Oh, das tut mir leid. Allerdings ist dies amerikanisches Rindfleisch. Deutsches Essen dürfen wir gar nicht in die USA einführen…“
„Ach so? Dann liegt es wohl daran, dass Sie nicht kochen können!“
Wahrscheinlich.
„Oder das Rind hatte schon zu viele Meilen auf der Uhr…“
„Ja, oder das. Wer weiß das schon?“
„Haben Sie noch einen Wunsch? Kaffee, Cappuccino – Digestif?“
„Ja, ich will jetzt endlich schlafen!“
„Na, dann, gute Nacht!“

Wie feinfühlig manche Leute doch sein konnten, wirklich bemerkenswert. In der Küche stopfte ich das angekaute Filet zu seinem Kumpel in die Spucktüte. Sollte das arme, amerikanische Rind nicht umsonst gestorben sein – wenigstens die Mieze würde sich freuen.
Herr und Frau Edel verschliefen den Rest des Fluges tatsächlich. Als wir das Frühstück servierten, musste sie kurz zur Toilette. Gelegenheit für mich zu fragen, ob ich das Rauchfleisch von ihrem Essen mit zu dem Filet packen sollte. Salami käme für Miezi sicher nicht in Frage?
Sie lächelte etwas unsortiert und nickte dann. Muss an den Schlaftabletten gelegen haben. Bei meinem finalen Rundgang vor der Landung stellte ich den beiden dann eine gutgefüllte Spucktüte mit besten Grüßen an den Haustiger auf den Sitz. Kommentarlos wurde sie in die Handtasche gestopft.

Beim *Deboarding* wurden wir keines Blickes mehr gewürdigt. Sicher war die Sehnsucht nach dem Stubentiger so groß, da blieb natürlich keine Zeit für lange Abschiedsworte, verstand ich natürlich. Zwei Schweizer, die in der Reihe davor gesessen und das meiste mitbekommen hatten, grinsten amüsiert und zwinkerten mir zu.
„Sie haben übrigens eine sexy Telefonstimme!“, rief einer der beiden Herren über zwei Sitzreihen hinweg und schenkte mir ein umwerfendes Lächeln.

Na bitte, das war doch was! Da wusste ich doch gleich, wie ich mich beruflich verändern könnte, wenn ich auf dieses Theater irgendwann keine Lust mehr hatte. Ich grinste zurück und wünschte fürs Erste einen angenehmen Weiterflug mit den Kollegen…

Kulinarische Erlebnisse

Wenn die Firma die Flüge so plante, dass man bei Feierabend nicht die *homebase* erreichte und nach Hause fahren konnte, sorgte sie für eine angemessene Unterkunft. Früher waren das durchweg Luxushotels oder zumindest Hotels der gehobenen Klasse, je nachdem was vor Ort gerade verfügbar war. Ein Grandhotel ließ sich nicht immer spontan in der Nähe des Flughafens finden, zu weit durfte die Anreise dorthin nach bzw. vor dem Dienst aber auch nicht sein. Gerade wenn ein Gebiet neu touristisch erschlossen wurde, haperte es manchmal schon bei der Unterbringung und, in heutigen Zeiten, in denen viele Fluggesellschaften den Gürtel aus finanziellen Gründen zum Zwecke des blanken Überlebens enger schnallen mussten, fand man sich auch schon mal in Etablissements wieder, die den Charme einer Jugendherberge versprühten. Immerhin hatten wir stets Anspruch auf ein Doppelzimmer – zur alleinigen Nutzung natürlich! Hoffentlich wurde im Zuge der eisernen Sparmaßnahmen das nicht auch noch geändert.
Da ich selber aus der Hotellerie kam, habe ich ein gepflegtes Ambiente stets zu schätzen gewusst – es ging doch nichts über ein sauberes, helles Zimmer mit zu öffnenden Fenstern oder wenigstens regulierbarer Klimaanlage. Manchmal hatte man aber auch Pech: in Wolkenkratzern amerikanischer Zimmer musste man die Frischluft stets mit Tüten hineintragen – Fenster waren hier grundsätzlich versperrt. Manche Klimaanlagen machten einen derartigen Krach, dass man bei dem Gescheppere und Gebrumm kein Auge zu machen konnte. Die Alternative war schwitzen und nicht schlafen oder Krach haben und auch nicht schlafen. Ohropax sollte helfen? Na klar, und wenn man damit dann den Weckruf für den nächsten Dienst in der Tiefschlafphase verpasste? Alles suboptimal. Während man sich mit den reservierten Unterkünften irgendwie arrangieren musste – zur Not durch stumpfes Ignorieren oder Aussitzen der Widrigkeiten – war man für die Lösung eines anderen Problems immer alleine verantwortlich: Die Herausforderung der Nahrungsaufnahme fernab des heimisches Herdes!

Höchst einfach war dies natürlich in einem Hotel mit all-inclusive Service, wenn die Firma diesen finanziell auch noch übernahm. Hier brauchte man nicht lange überlegen, wo man etwas zu Essen her bekam. Zumeist wurden fünf oder noch mehr Mahlzeiten und Snacks über vierundzwanzig Stunden am Tag verteilt angeboten und man musste sich nur an den gedeckten Tisch vor das entsprechende Buffet setzten. So einfach war es allerdings selten. Im Normalfall buchte und bezahlte die Firma nur die Logis, für die Kost war man selbst zuständig. Dafür überwies der Arbeitgeber nachträglich Spesen im Rahmen des Landesstandards, die allerdings nie wirklich reichten, um drei Mahlzeiten nebst Getränken in auswärtigen Lokalitäten einzunehmen. Vielleicht mit Ausnahme von Asien, wo das Leben recht günstig sein konnte. Voraussetzung war hier natürlich, dass man sich nicht jedes Mal bequem im Hotel ins Restaurant setzte, denn die Preise dort waren längst den

europäischen Standards angepasst. Man konnte aber beim Aufsuchen von kleinen, einheimischen Restaurants, Imbissbuden und Kneipen kostengünstige und durchaus schmackhafte Mahlzeiten erwerben. Prämisse hierfür waren eine gute Ortskenntnis, ein gewisses Maß an Optimismus, Abenteuer- und Entdeckergeist. Mein Mann liebte es zum Beispiel in Asiens Garküchen zu speisen. Das waren kleine, fahrbare Grillapparate oder mobile Kochtöpfe, auf denen Fleischspieße unbekannter Herkunft brutzelten, dampfende, ebenfalls oft nicht zu identifizierende Beilagen schmurgelten und ohne jegliche Kühlung aufgeschnittenes Obst und Gemüse feilgeboten wurde. Luxusgarküchen verfügten über ein gewisses Kontingent an Eiswürfeln, um die Ware wenigstens temporär frisch zu halten und luden mit einem Sammelsurium an klebrigem, wackeligem Plastikmobiliar direkt am Straßenrand zum längeren Verweilen und ausgiebigen Konsumieren ein.
Für mich war diese Art kulinarischer Angebote überhaupt nichts, da es mich extrem störte, wenn ich mit dem nackten Unterarm am Tisch kleben blieb und weil ich an den Füßen extrem kitzelig war. Hier krabbelten schon mal fleißige Kakerlaken oder Ratten herum, die emsig nach Nahrung suchten oder streunende, mangelernährte Katzen strichen einem um die Beine, in der Hoffnung auf einen Leckerbissen. Nein, danke, da konnte mich auch der Preis von nur wenigen Cent für das Essen nicht überzeugen.

Ich bevorzugte da doch eher etablierte Restaurants. Im Ausland, gerade in Asien, vor allem aber in China, war schon das blanke Studieren der Speisenkarte für mich Abenteuer genug: Man hatte natürlich die Wahl zwischen den klassischen Gerichten von Huhn, Schwein und Rind, aber genauso fand man dort geschmorte Entenfüße, gegrillte Heuschrecken in dicker Soße und gedämpftes Affenhirn. Hier konnte ich spontan zum Vegetarier werden, dann musste ich mich nur noch zwischen Glasnudel-, Seegurken- und Algensalat entscheiden. Moment Mal, war eine Seegurke nicht auch ein Tier?

In den USA war die Verpflegung im Vergleich dazu recht einfach, mochte man gerne Fastfood, dann fand sich ein recht günstiger Schnellimbiss nahezu an jeder Ecke. Richtig teuer wurde es allerdings in unserer Heimat. Nicht selten hatten wir Aufenthalt in unseren Nachbarstädten München, Berlin und Hamburg, wo selbst kleine Mahlzeiten mit einem passenden Getränk schnell den Rahmen der zur Verfügung gestellten Spesen sprengten.
Wer nun jobbedingt oft in Restaurants essen gehen musste, wusste Hausmannskost zu schätzen. Zumindest ging es mir so, Kochen war eines meiner zahlreichen Hobbys und es machte mir Spaß, den Kindern neben der klassischen deutschen Küche auch die Essgewohnheiten aus anderen Ländern beizubringen. Anscheinend fiel das auf fruchtbaren Boden: Henry, mein 14-jähriges Modell, möchte nach beendeter Schule ‚Salat' studieren und Televisionsökotrophologe werden, also Fernsehkoch, und mein Sohn Hardy ist mit zwölf bereits ein absoluter Profi an der Pfanne –

egal ob Würstchen, Satéspieße, Kaiserschmarren oder Pfannkuchen, er brutzelt für sein Leben gern. Da beide schon mit auf Reisen waren, kannten sie den üblichen Ablauf in einem Restaurant und so ergab sich vor ein paar Jahren folgendes Spiel:

*

Im ‚Knete-Restaurant'

Es war einer dieser Tage: Ich saß in meinem Büro über unerledigten Schreibarbeiten, von der Couch gegenüber schauten mich vorwurfsvoll zwei riesige Körbe Bügelwäsche an und draußen schoben sich graue Regenwolken dicht an dicht nur knapp über die stoppeligen, matschigen Felder.
Auf einmal kam Hardy (damals neun), die Treppe runtergehopst. Laut polternd fiel die Flurtür ins Schloss und er glitschte auf Socken bis kurz vor meinen Schreibtisch: „Maaaama, dürfen wir kneten?"
Ich hatte vor ein paar Tagen Knete aus Mehl, Salz, Öl und Alaun selbst gemacht und diese ‚Bio-Knete' fühlte sich so fluffig an, das sie bei meinen Halbwüchsigen immer noch hoch im Kurs stand.
Mir fiel keine Ausrede ein, Operation Knete zu verhindern, also brummelte ich: „…von mir aus!"
„Henrykommrunterwirdürfenkneten!" trompete Hardy lautstark ins Treppenhaus und die Tür knallte abermals ins Schloss. Sekunden später rumste die Tür ein drittes Mal, Henry (derzeit elf), brüllte:
„Danke, Mama!", und verschwand, ebenfalls auf Socken rutschend, in der Küche.
Warum konnten diese Kinder eigentlich nie Hausschuhe anziehen? Wozu hatten sie überhaupt Hausschuhe?
Während ich Haare raufend und kopfschüttelnd vor dem Laptop saß, kam ein kleiner Kellner um die Ecke, ein quietschgelbes Handtuch vorne in die Jeanshose gestopft. Es war Hardy.

„Schönen guten Tag und herzlich willkommen!", schmetterte er fröhlich in mein Ohr. „Was möchten Sie gerne essen?"
Er wedelte mit dem gelben Handtuch nicht vorhandenen Staub von meiner Schreibtischplatte, stopfte es sich wieder als Schürze vor den Bauch und grinste frohlockend mit schiefen Milchzähnen.
„Ähem, ja, also, was haben sie denn so?", fragte ich den Kellner vorsichtig. Ich wollte ja nichts bestellen, dessen die Küche nicht mächtig war …
„Alles!", versicherte mir die Servicefachkraft, „wir haben alles. Bestellen Sie einfach!" Hardy schaute mich auffordernd mit seinen braunen Dackelaugen an.
„Okay, also dann hätte ich gerne Scampis mit Spagetti und scharfer Sauce."
„Kein Problem!", rief der Ober entzückt, da ich nun endlich eine Bestellung aufgegeben hatte. „Kommt sofort!"

Hardy nahm Anlauf, schlitterte wieder die letzten Meter zur Küche, riss die Tür auf und brüllte zu seinem Bruder:
„Die Gästin will ‚Skampiss' mit scharfer Soße, mach mal - zack, zack!"
Worauf Henry entgegnete:
„'Skampiss'? Oh Mann, wie sehen denn die aus?"
Ich konnte jeden Ton, der in der Küche gesprochen wurde, akustisch verfolgen und musste mich beherrschen, vor Lachen nicht in die Tastatur zu beißen. Ich stellte mir die beiden ratlosen Gesichter meiner Söhne vor, die gemeinsam darüber grübelten, wie so ein ‚Skampiss' oder wie auch immer, nun wohl auszusehen hätte.
Kurze Zeit später erschien der Kellner noch mal und räusperte sich:
„Wie viele Beine haben denn die?"
„Ich denke sechs…."
„Okay, danke!" Schwupp, war mein Kellner wieder weg.

Ich versuchte derweil, meine Gedanken zu ordnen und ein paar sinnvolle Worte niederzuschreiben, da kam Hardy wieder aus der Küche, diesmal mit einem großen Teller.
„Hier, bitte schön, Ihre ‚Skampiss' mit scharfer Soße und Nudeln!"
Hardy stellte die Portion auf meinen Schreibtisch und verbeugte sich.
Ich starrte auf den Teller.

Vor mir lag ein Haufen durch die Knoblauchpresse gedrückter Knete, offenbar die Nudeln und darum herum drapiert waren vier Tierchen, die die Scampis darstellen sollten. Vier kleine, runde Würste, regenwurmartig, mit kleinen Beinchen, langen Fühlern und Kulleraugen. Die waren so süß, die konnte ich unmöglich essen!
„Die kann ich nicht essen!", sagte ich dann auch zu meinem Kellner, „die kucken mich an!"
„Aber, Mama, die sind doch schon tot!" Hardy schaute vorwurfsvoll und unverständig.
Ein Blinzeln später kam der Koch aus der Küche geschossen.
„Wo ist bitteschön das Problem?" näselte Henry, der Meisterscampikoch.
„Ich kann diese Scampis nicht essen!", sagte ich nun auch zu dem Chefkoch und piekte vorsichtig die mitgebrachte Gabel in den Nudelhaufen. Prompt fielen sie mir vom Essgerät auf den Fußboden und ich fluchte leise:
„Verdammt, die leben ja noch!"
„Mama, das sind doch die Nudeln!", klärte mich Hardy vorwurfsvoll auf.
„Ja, ich weiß", brummelte ich vor mich hin, „aber diese Tiere da kann ich unmöglich essen!"
Kurzerhand hackte der Chefkoch alle Scampis in der Mitte durch und proklamierte trocken:
„Nun schon!" Er grinste mich an und verschwand wieder in der Küche.
„Och, die armen Dinger! Wenn ich die zusammen klebe, leben die dann wieder?",

fragte ich zaghaft den Oberkellner.
„Aber Mama!“ Hardy stemmte entrüstet die Arme in die Hüften. „Die sind doch schon gebratet!“ Er schaute mich fast mitleidig an, so als zweifelte er ernsthaft an meiner Intelligenz.

Als ich dann mit dem Essen meines Hauptganges fertig war, forderte der Kellner die Rechnung ein. Bevor das Spiel begann, wurde ich mit reichlich kopierten Geldscheinen aus Thailand, Südafrika und den USA eingedeckt.
„Das macht 70!“
„Du, meine Güte, waren die Spagetti aus Gold?“, rief ich in heller Verwunderung.
„Nee“, meinte Hardy trocken, „Du hast nur 100er Scheine und der Rest ist Trinkgeld!“
„Ach, so. Was willst Du denn? 70 Baht, 70 Rand oder 70 Dollar?“
„Ist mir egal, ich hab eh kein Wechselgeld!“

Nachdem der Kellner sich den Schein angeeignet hatte, fragte er mich nach Nachtisch. Ob ich mir den in diesem teuren Etablissement überhaupt würde leisten können? Andererseits hatte ich ja Devisen genug. Also bestellte ich mutig zwei Riesenkekse mit einem Milchkaffee.
„Tasse oder Eimer?“, fragte mich der Kellner.
„Na ja, vielleicht ein Kännchen?“, überlegte ich laut, in der Hoffnung, die Jungs wenigstens für fünf Minuten mit dieser Herausforderung in der Küche zu fesseln, um endlich den Absatz in meinem Schriftstück zu Ende zu bringen.
„Kein Problem“, trötete Hardy frohgelaunt und verschwand wieder glitschend in der Küche.

Kaum drei Minuten später kamen Koch und Kellner im Doppelpack und kredenzten mir zwei tellergroße Monsterkekse - selbst Schuld, hatte ich ja bestellt - und Kaffee. Dieser befand sich in einem milchkrugartigen Gefäß mit einseitigem Henkel, natürlich alles aus reiner Bio-Knete. Auf den Keksen stand in liebevollen, schnörkeligen Buchstaben: **Guhten Abetiet** und ich musste mir schon wieder ein Grinsen verkneifen. Schnell griff ich zum Kaffeekrug, dessen Henkel prompt abriss und mit der zweiten Hand konnte ich grade noch ein Desaster verhindern.

„Sie müssen den Koch jetzt küssen“, forderte der Chefkoch dann energisch seinen Lohn ein, denn entweder hatte der Kellner das Trinkgeld nicht mit ihm geteilt oder ihm waren die kopierten, ausländischen Scheine zu suspekt. Er hingegen hatte seine Leistung vollbracht und wartete auf die ihm zustehende Entlohnung.
„Eigentlich küsse ich keine fremden Männer“, entgegnete ich den Jungs lachend. Natürlich haben sie ihren Schmatzer gekriegt. Wann konnte man mit ‚fremden‘ Personal schon so viel Spaß haben?!

*

Zurzeit befand ich mich gerade in den Vereinigten Arabischen Emiraten. Ein Spaziergang durch die Nachbarschaft des Hotels hatte wieder viele, neue Eindrücke hinterlassen. Im hiesigen Supermarkt ließen sich exotische Dinge wie Chili-Bananensauce, eingelegte Weinblätter und Flaschen mit Rosenwasser genauso erstehen wie Nutella, Pringels und Kinder-Überraschungseier. Der Weg in die Innenstadt war unter anderem auch von vielen Metzgereien gesäumt, die komplettes Geflügel, also mit Kopf und Füßen, kleine Lämmer und ehemals schlappohrige Ziegen allesamt fell- und federlos in der Auslage hängen hatten. Ich beschloss an diesem Abend im Hotel zu speisen, hier lockte ein Buffet mit landestypischen Köstlichkeiten wie Hummus, Falafel, Taboulé, Baba Garoush und Köfte.
(Was das alles war? Wenn Sie keine Möglich haben, vor Ort zu kosten, bemühen Sie ein arabisches Kochbuch – es lohnt sich.)

Ein Tipp unter uns: Wenn Sie mal nicht wissen, was genau Sie im Ausland gerade essen oder ob es ihnen auch bekommt – trinken Sie einfach prophylaktisch einen einheimischen Schnaps hinterher. Der verträgt sich tadellos mit der aufgenommenen Nahrung und wird es ihrem Verdauungsorgan schon wohlwollend richten! Nicht nur die Liebe geht durch den Magen, auch die Erschließung neuer kulinarischer Welten.

Der Chef, die Aschewolke und 143jährige Flugbegleiter

Der aufmerksame, etwas fachkundige Leser hat sicher nicht sehr lang gebraucht, um zu erraten, für welche Airline ich arbeite. Rot-weiße Flieger gab es seinerzeit nicht sehr viele, ein Modell namens Tristar wird von Unverbesserlichen bis heute verehrt wie ein Heiligtum – ja, ich heulte ihr auch ein bisschen hinterher- und die Uniform mit dem roten Filzhut sucht sicher auch ihres Gleichen in aktuellen Fliegerkreisen. Allerdings stehen meine Geschichten stellvertretend für 20.000 Flugbegleiter in Deutschland. Wen interessierte denn da schon die Airline? Der Himmel war doch für uns alle groß genug – wenn nicht gerade die Aschewolke eines fast unaussprechlichen Vulkans über Europa herum schwirrte und alles in eine nie dagewesene Leere hüllt.

Die Meinungen zu unserem Chef waren sicherlich ebenso zahlreich und mannigfaltig wie der gesamte Mitarbeiterstamm. In einer großen Firma gab es immer pro und contra. Unsere früheren Geschäftsführer kannte ich zumeist nur vom ‚Organigramm' aus firmeneigenen Unterlagen oder aus der Presse – unser jetziger Chef war ‚live dabei' und sorgte des Öfteren für Amüsement an Bord. Dieses soll hier natürlich nicht fehlen:

Als wir uns das erste Mal live begegneten, war ich gerade genau zwei Tage Chefstewardess und noch dementsprechend mit Adrenalin behaftet. Eine detaillierte Beschreibung befindet sich im Kapitel „Wolkentrolle". (Nein, dies ist *keine* Anspielung auf den Chef. Bitte nichts aus dem Zusammenhang reißen.)

*

Das zweite Mal trafen wir uns an Bord auf dem Weg von New York nach Düsseldorf. Der New York Marathon hatte gerade stattgefunden, die Maschine war ausgebucht bis auf den allerletzten Platz und wir hatten nicht nur vierundzwanzig *VIPs* in der *Business* sondern vierzig weitere wichtige Gäste in der *Economy*. Beim *Boarden* wurde ich herzlich begrüßt und trotzdem der Chef mit seiner Gattin reiste, bekam ich unverblümt ein Kompliment:
„Steht Ihnen gut, der Hut!"
Ich war mir nicht absolut sicher, ob dies auch ernst gemeint war, war ich doch so dreist, einen für die Firma untypischen Knick per zackigem Handkantenschlag auf der rechten Seite anzubringen, damit die runde, fluffige Form des Filzbonbons etwas mehr in die Richtung der erträumten Pillbox wich. Während ich noch grübelte und dabei Prosecco und Orangensaft vom Tablett anbot, legte der Chef aber noch nach:
„Sie sind ja auch schon hundert Jahre in der Firma, nicht wahr?", nahm einen O-Saft vom Tablett und grinste mich dabei an.

Wie sollte ich denn das jetzt Verstehen? Was hätten Sie spontan geantwortet? Mir fiel, ehrlich gesagt, so schnell überhaupt nichts Intelligentes ein. Also hielt ich den Mund, zog die linke Augenbraue hoch und wandte mich dann den anderen Gästen zu.

Kurze Zeit später hatte sich unser Chefehepaar gemütlich in Reihe zwei eingerichtet, die übrigen Passagiere der *Business*klasse trudelten auch ein und meine Kollegin ging noch einmal mit dem Prosecco-und-Saft-Tablett durch die Reihen. Als sie sich gerade zu Reihe eins herunter beugte, um dort Getränke anzubieten, öffnete ein Gast hinter ihrem Rücken direkt über ihr die Gepäckablage und ein dilettantisch verstautes Designer-Gepäckstück mittleren Ausmaßes plumpste heraus - geradewegs auf das Prosecco-Tablett. Hier war rein gar nichts mehr zu retten, die Flüssigkeiten spritzten in alle Richtungen, Gläser kullerten mit Schwung über den dicken Teppichboden, der willig Saft und Sprudelwein als dunkle Flecken aufsaugte und die Gäste aus Reihe eins und zwei konnten sich nur leidlich vor dem feuchten Ansturm in Sicherheit bringen. Wenn's dick kommt, kommt's richtig! Ich entfleuchte schnell in die *Galley*, um Wischmaterial zu besorgen…

*

Das nächste Erlebnis mit unserem Chef hat mir eine Kollegin erzählt, die auf dem betroffenen Flug dabei war. Es handelte sich ebenfalls um einen Langstreckenflug, wieder saß der Chef mit seiner Gattin in Reihe zwei der *Business*klasse. In der mittleren ersten Reihe saß ein sportlich gekleideter Mann, der sich dort so häuslich eingerichtet hatte, dass er seine beschuhten Füße gemütlich gegen die hellgraue Trennwand zur Küche stemmte. Um das zu Schaffen, musste man schon ziemlich flegelich tief im Sitz hängen, bei entsprechend langen Beinen funktionierte es. Der Kollegin, die in der *Business*klasse arbeitete, gefiel das saloppe Verhalten ihres Gastes gar nicht und sie bat ihn höflich, entweder die Füße herunter zu nehmen oder die Schuhe auszuziehen. Widerwillig nahm der Gast die Füße runter. Kaum war die Kollegin außer Sichtweite, wanderten die Füße natürlich wieder zurück an die Wand. Die Kollegin bat ihn noch ein zweites Mal, nun etwas bestimmter. Der Gast ignorierte sie zunächst hinter seiner Illustrierten, doch sie ließ nicht locker und blieb vor ihm stehen:
„Entschuldigung, könnten Sie jetzt bitte die Füße dort wegnehmen? Sie hinterlassen schwarze Streifen auf dem Kunststoff!"
Der Gast ließ genervt die Zeitung sinken und brummte die Kollegin mürrisch an:
„Meine Güte, Sie stellen sich vielleicht an! Ist das etwa Ihr Flugzeug oder was?"
Der Kollegin blieb die Antwort erspart. Der Chef lehnte sich ein kleines Stück nach vorne quer über den Gang und meinte trocken zu dem Passagier auf 1G:
„Nee, ihres nicht, aber meins! Und jetzt runter mit den Füßen…"

Urlaub wider Willen

Zwei kanarische, schwarz-weiß gefleckte Enten inspizierten ausgiebigst mit frechem Geschnatter meine Terrasse nach etwas Fressbarem. Über mir telefonierten Gäste auf dem Balkon mit ihren Lieben daheim:

„Nein, wir wissen auch nicht, wann es weiter geht. Ja, wir haben noch das gleiche Hotelzimmer, bis morgen ist es zum Glück noch frei. Ist gut, wir melden uns später…"

Die Sonne versteckte sich für einen Moment hinter dicken, grauen Wolken, aber die Luft war vergleichsweise mild – vielleicht zwanzig Grad – und es wehte nur ein leichter Wind. Noch – denn für den Abend war Sturm angesagt worden, für den Flughafen von La Palma nicht gerade optimale Startbedingungen. Allerdings war die Wetterprognose bislang noch unser kleinstes Problem. Aber fangen wir bei dieser Reise von vorne an:

Am Freitagmorgen, kurz nachdem die vier Wundertüten sich auf den Weg in die Schule gemacht hatten, begann ich, kleine Geschenke für Nikolaus einzupacken. Ich kämpfte gerade mit dem widerspenstigen, kringeligen Geschenkband, als das Telefon klingelte. Die nette Kollegin vom *Crewkontakt* flötete:
„Kathrin, wir bräuchten da dringend jemanden für einen Flug nach La Palma. Schaffst Du es bis zehn Uhr nach Düsseldorf?"
Normalerweise hatte man bei Bereitschaft nur ein Zeitfenster von sechzig Minuten, um geschniegelt und gebügelt am Airport reisefertig zu erscheinen. Aber an diesem Tag war nichts normal: draußen tobte derzeit das Chaos, der Winter hatte Deutschland einmal wieder völlig unerwartet überrollt. Vor knapp zwei Wochen genossen wir im November noch zwanzig Grad und Sonnenschein; unzählige Biergärten und Cafés schleppten noch einmal das schon eingelagerte Mobiliar wieder nach draußen. Dieses unverhoffte Geschäft konnten sich die Gastronomen nicht entgehen lassen, zu kühl und regnerisch maulte der Sommer 2010 mit uns herum. Doch seit Anfang Dezember leuchtete Deutschland watteweiß, die Temperaturen waren rasant in den Keller gestürzt, nachts war es bei uns auf dem Land eisige minus fünfzehn Grad kalt und auch tagsüber pfiff ein schneidiger Nord-Ostwind, der die gefühlte Kälte eines Schockfrosters mit sich brachte. Das anfängliche Chaos auf NRWs Straßen hatte sich noch nicht ganz aufgelöst, zur Rushhour waren die meisten Autobahnen auch ohne Schnee und Eis gnadenlos überlastet und kaum fielen weiße Flocken vom Himmel, brach der Verkehr komplett zusammen. Viele Flughäfen waren in den letzten Tagen gesperrt gewesen, allein München musste an einem Tag einhundertundvierzig Abflüge streichen, London und Maastricht waren komplett zu und auch in Frankfurt und Düsseldorf fielen zahlreiche Flüge aus. Dies lag aber nicht mehr an der Wettersituation in Deutschland, die Airports hatten sich

inzwischen an die winterlichen Verhältnisse angepasst, so gut es ging. Allerdings fehlten nun die Maschinen, die irgendwo in Europa festsaßen und auf Grund von Sperrungen oder Schnee nicht fliegen konnten.

Ich versprach, sofort in die Uniform zu springen und legte auf. Die Nikolausgeschenke schob ich in eine große, braune Papiertüte, um sie bis zu meiner Rückkehr am späten Abend vor neugierigen Entdeckern zu wahren, versteckte diese wenig originell, aber schnell und praktisch ganz hinten im Kleiderschrank und zog mich um. Da mein Mann an diesem Morgen die Kinder schon in die Schule gebracht hatte (unser polnisches Austauschmädchen, welches derzeit bei uns wohnte, hatte während ihres Aufenthaltes für den Schulbus keine Fahrkarte bekommen), wusste ich, dass die Straßen zumindest eisfrei waren. Immerhin – das Streusalz hatte also nach Tagen den Kampf gegen die Minusgrade kurzzeitig gewonnen.

*

Als ich etwa fünfzehn Minuten in Richtung Flughafen unterwegs war, rief der *Crewkontakt* ein zweites Mal an:
„Du kannst ganz in Ruhe fahren, Ihr habt eine halbe Stunde Verspätung."
Das ging ja schon gut los. La Palma, korrekt Santa Cruz de la Palma, aber auch gerne La Bonita - die Schöne - genannt, war die nordwestlichste der kanarischen Inseln, knapp viertausend Kilometer von uns entfernt. Die Flugzeit würde mit dem kleinen A 320 viereinhalb Stunden betragen, ein langer Arbeitstag für die Besatzung, denn nach einer knappen Stunde *Turnaround* ging es von La Bonita mit einer Maschine voll Heimkehrern wieder nach Hause. Da wir bei diesen Außentemperaturen in Deutschland sicher würden enteisen müssen, durfte nicht viel Verspätung auflaufen – unsere Dienstzeit war ja auf vierzehn Stunden begrenzt.

In Düsseldorf klappte dann alles ganz gut, unsere Gäste kamen zwar kleckerweise, da nur ein Bus zur Zeit zur Verfügung stand, aber wir schafften für diesen Abflug das *Boarden* in einer angemessenen Zeit. Kaum waren die Türen zu und ich mit meiner Begrüßungsansage gerade fertig, rief mich meine Kollegin hektisch zu sich. Sie stand in Reihe acht, auf dem Gangplatz saß eine ältere Dame tränenüberströmt, blass wie eine weiß gekalkte Wand und fahrig ein bereits durchtränktes Taschentuch knetend. Sie klagte über Schwindel, Übelkeit und Unwohlsein und hatte einen panischen Blick. Praktischer Weise waren die beiden Plätze neben ihr frei, nachdem ich beruhigend mit ihr gesprochen hatte, um vorhergehende Krankheiten und massive Flugangst auszuschließen, legten wir sie in die Reihe, ich hielt ihre Füße hoch, während meine Kollegin rasch Kissen und einen improvisierten Eisbeutel holte. Wir rollten gerade zur Enteisungsstation, hatten also noch einen Augenblick, um die Lage zu eruieren, aber ich war mir fast sicher, dass es sich hier um leichte Kreislaufprobleme in Verbindung mit Reisefieber handelte. Die Dame ließ sich recht schnell beruhigen und nachdem wir das Cockpit informiert und ihr ein Glas Cola eingeflößt hatten, ging es unserer Patientin schon wieder besser. Die anderen Gäste rund um die Dame herum waren sehr besorgt und mitfühlend, der eigene mitreisende Gatte auf dem gegenüberliegenden Gangplatz gab sich jedoch noch nicht einmal als solcher zu erkennen. Er outete sich erst sehr viel später, als es um den Verbleib des Lachsbrötchens ging, auf welches seine Gattin später verzichtete…

Ansonsten gab es nur leichte Rangeleien um freie Sitzplätze in der ersten Reihe und am Notausgang und das standardmäßige Geschiebe mit dem sperrigen Handgepäck. Nach einer weiteren halben Stunde hoben wir frisch enteist ab, Richtung Süd-Süd-West. Das Flugwetter war in der ersten Hälfte ruhig, der Dame auf 8 C ging es wieder hervorragend und wir konnten unseren normalen Service durchführen. Nach etwa zwei Stunden tauchten leichte Turbulenzen auf. Wir schraddelten genau über einen *Jetstream*, was zu kontinuierlichem, leichtem Gewackel führte, allerdings so minimal, dass es niemanden groß beunruhigte. Der Flughafen von La Palma lag direkt am Atlantik, aber auch genau hinter einem bergigen Gebiet, durch die warmen Fallwinde war der Anflug daher nicht unproblematisch und bedurfte bei den Piloten einer speziellen Einweisung. Wir landeten um 16.15 Uhr lokaler Zeit, etwas ruppig, aber sicher.

In der kurzen Bodenzeit bereiteten wir unseren Flieger für den Heimflug vor, das *Catering* brachte Zeitungen, frische Schnittchen und Reservewasser an die vordere rechte Tür. Unsere *Boarding*tür auf der gegenüberliegenden Seite mussten wir dafür schließen, der Wind pfiff so durch die Kabine, das die Zeitschriften bereits zu raschelnden Paradiesvögeln mutierten und durch den Gang flatterten. Ich erhaschte einen kurzen Blick auf die schwarzen, zerklüfteten Berge, in denen kleine Häuser wie eingemeißelt saßen und trotzig dem Wind die Stirn boten. La Palma war landschaftlich sehr reizvoll und ein Dorado für Wanderer und Kraxler, wie wir unschwer an der Garderobe und dem Auftreten unserer Gäste erkennen konnten. Schade, dachte ich so bei mir, hier würde ich gerne mal etwas länger Aufenthalt haben. Aber die Zeit drängte schon wieder, die *Rampagentin* stand mit ihrer Liste bereits hinter mir, wir erwarteten einen ausgebuchten Flieger, aber keine Besonderheiten. *Rampagenten* haben weltweit ja eine Tendenz, die Wartehallen der Flughäfen möglichst schnell passagierfrei zu bekommen, daher fragte auch diese spanische Lady recht schnell nach dem unvermeidlichen: „*Ready for Boarding*?"
Da ich nicht wusste, ob wir schon mit dem Tanken fertig waren, bat ich sie um einen kleinen Moment Geduld und ging ins Cockpit, um mit dem Chef Rücksprache zu halten. Dieser ließ mich dann trocken wissen:
„Das Tanken ist beendet. Aber wir haben einen *Slot* - um 21 Uhr *zulu*."

Ich hielt dies für einen Witz, allerdings einen ziemlich schlechten, denn das würde bedeuten, weitere vier Stunden Warten zu müssen. Aber als ich genauer sein Mie-

nenspiel betrachtete, wusste ich, der Kapitän scherzte mitnichten. Wie konnte es sein, dass wir so eine schlechte Abflugszeit zugeteilt bekommen hatten? Unsere Jungs bemühten sich um Aufklärung, verhandelten mit dem *Tower* von La Palma, telefonierten mit dem Hauptquartier, rauften sich die Haare, nahmen erneut Funkkontakt auf und konnten doch am *Slot* nichts ändern. Im Gegenteil, er rutschte noch eine Stunde weiter nach hinten. Nun war unser Flug auch nicht mehr mit einem Kommandantenentscheid zu retten.
(Unter ungewöhnlichen Umständen konnte der Kapitän nach Rücksprache mit der Crew die zulässige Dienstzeit auf fünfzehn Stunden verlängern. Er fällte dann den sogenannten ‚Kommandantenentscheid' unter Berücksichtigung aller Umstände und wie fit sich die Kabinencrew und der Copilot fühlten. Immerhin war so eine Mammutdienstzeit fast doppelt so lang wie die einer normalen Bürotätigkeit. Wenn man dabei bedachte, dass gerade zum Dienst-Ende, also bei der Landung, die körperliche und vor allem mentale Belastung extrem hoch war, konnte man nachvollziehen, dass eine solche Entscheidung nie leichtfertig getroffen wurde. Bis vor kurzem betrug die zulässige Dienstzeit durch ‚Kommandantenentscheid' sogar noch sechzehn Stunden.)

Alles Rechnen half nichts, wir waren bereits bei siebeneinhalb Stunden Dienst angekommen, würden wir den *Slot* abwarten und dann nach Hause fliegen – wobei ja noch nicht garantiert war, dass sich die Abflugzeit nicht noch ein weiteres Mal verschieben würde – dieser Flug war dienstzeittechnisch nicht mehr darstellbar. Inzwischen erfuhren wir auch den Grund der Verspätung: die spanischen Fluglotsen hatten zu einem spontanen Streik aufgerufen. Der gesamte Luftraum über Spanien und den Kanaren war zurzeit allein der heimischen Vogelwelt, den Wolken und dem Wind vorbehalten.

*

Nachdem der erste Schreck verdaut war, forschte jeder von uns nach, was das Notfallpack im eigenen Koffer für so unverhoffte Zwischenstopps denn wohl noch hergab. Vor zwanzig Jahren ist uns im Flugbegleitergrundkurs eingebläut worden, ja immer eine Ersatzbluse, einen sauberen Schlüpper sowie eine Kulturtasche dabei zu haben, falls man eben einmal unerwartet irgendwo auf dieser Welt kleben blieb. Dies war mir in einundzwanzig Jahren nun zum dritten Mal passiert. Der erste unplanmäßige *Night-Stop* ereignete sich 1990 in Heraklion, der Hauptstadt von Kreta, als ein störrisches Blech am Triebwerk sich nach dem Einlegen des Umkehrschubes nicht mehr in die Ausgangsposition zurückstellen ließ. In der Crew waren elf Besatzungsmitglieder, ausgerüstet mit insgesamt vier Zahnbürsten und zwei Reserveblusen. Mit so einer unzureichenden Ausstattung passierte es einem in der Regel nur einmal, irgendwo *in the middle of no-where* zu stranden. Das Hotel war zwar direkt am Flughafen, hatte aber mehr Tiere im Zimmer als auf der Speisekarte, nur kaltes Wasser und um 23 Uhr wurde der Strom abgestellt. Die Möglichkeit, sich in den Schlaf zu Lesen, fiel damit leider aus, andere strombetriebene Elemente wie Aircondition oder Fernseher gab es sowieso nicht. Von der verordneten Minimumruhezeit von zehn Stunden habe ich den einen Teil damit verbracht, mir mit Eiswasser und spröder Seife das Make-up aus dem Gesicht zu operieren, den Rest der Zeit saß ich aufrecht im Bett, um nicht von dem mitwohnenden Krabbelgetier an Ort und Stelle verspeist zu werden. Nix gegen unser Nachbarland, aber dieses Hotel war ein Albtraum!

Die zweite außerplanmäßige Übernachtung erlebte ich fast genau ein Jahr später. Auf dem Weg von Palma de Mallorca nach Hause fiel bei unserem damals dreistrahligen Flugzeug das mittlere Triebwerk direkt nach dem Start aus – zack, einfach so. Ein Sicherheitsrisiko bestand zu keiner Zeit, der diensthabende Kapitän fackelte jedoch nicht lange, er kehrte sofort um, ließ die Gäste in Hotels verfrachten und das Flugzeug vor Ort reparieren. Weise geworden durch den erlebten Stopp in Griechenland, schlüpfte ich in ein blütenweißes Reise-T-Shirt, machte mich mithilfe einer gut gefüllten Kulturtasche frisch, baute alles Geblinke und Gepüngel von dem Rest der Uniform ab, welches sie als eine solche entlarven konnte und ging mit dem Rest der Crew fröhlich in einer Bodega Paella essen. Am nächsten Morgen übernahmen wir (in frischer Bluse!) ein repariertes Flugzeug, gut gelaunte Gäste, da es nun endlich nach Hause ging und bekamen für diesen Ausflug sogar noch diverse Belobigungen, weil alles so topp organisiert war.

Ja, das war 1991 - lange her. Ich musste zugeben, dass mein persönliches *Survivalkit* über die Jahre immer mehr zusammen geschrumpft war – man brauchte es ja nie. Der olle Kabinen-Koffer war sowieso immer viel zu klein, zu schwer, zu vollgestopft, musste man da noch ein Ersatz-T-Shirt mitschleppen? Noch eine Bluse? Nach einiger Zeit war sie so zerknittert, dass man sie eh' nicht mehr anziehen konnte, ohne sich damit lächerlich zu machen oder man hätte einen Zettel dran heften müssen: ‚147 Mal um den Globus geflogen'. Einen ganzen Kulturbeutel mitschleppen? Im Laufe der Zeit wurde aus dem Beutel ein Beutelchen, inzwischen ganze zehn mal zwanzig Zentimeter groß, wirklich nur mit dem Allernötigsten gefüllt. An diesem Abend auf Flug 9432 inspizierte ich seinen Inhalt voller Erwartungen.

Zum Vorschein kam folgendes: Eine Einwegzahnbürste. Gott sei Dank, das war ein guter Anfang. Aber: keine Zahnpasta. Nun, die würde man sich schon zusammen leihen können. Des Weiteren fand ich zwei Aspirintabletten, abgelaufen seit 2005, ein rotes Haargummi, sieben Einmalpröbchen aus diversen Damenzeitschriften mit Creme, Bodylotion und Shampoo, ein zusammen gepfriemelter Schlüpper Gr. S (war das wirklich mal meiner?), drei leicht angerostete Haarnadeln und ein leeres Nasenspray im Miniaturformat. Wahrscheinlich war der Inhalt über die Jahre verdunstet. - Das war's.

Ich musste schon ein wenig schlucken, am meisten fehlten mir die Zahnpasta, ein gescheites Deo und Abschminktücher. Eine zerknitterte, weitgereiste Bluse wäre nun auch liebevoll von mir beäugt worden, denn ich fühlte mich bereits einem stinkenden Iltis weitaus näher als einer ‚duften Stewardess'. Meinen Kolleginnen ging es nach Inspektion ihrer eigenen Vorräte nicht viel anders, insgesamt brachten wir es in der Crew auf drei Zahnbürsten und ein Deo. Gar nicht sooo schlecht, wir waren ja nur zu sechst. Meine Kollegin beklagte fehlendes Make-up, hier konnte ich großzügig mit einem Zeitschriftenpröbchen der Farbe ‚Noisette' aushelfen, dem blassen Winterteint vielleicht nicht angemessen, aber immerhin. Im Tausch bot sie einen Klecks Zahnpasta. Unser Co-Pilot fragte mich unbedarft nach einem Übernachtungsset für die Gäste …tja, die gab es leider nur auf Langstrecke, hatte er denn gar nichts dabei? Piloten hatten ja immer ein Gottvertrauen in unsere Maschinen und ihre eigenen Fähigkeiten. Das war auch gut so, aber gegen einen Fluglotsenstreik half das leider wenig. Inzwischen konnten wir über unsere abenteuerliche Ausrüstung schon wieder lachen und als wir im Flughafengebäude von La Palma dann einen kleinen Supermarkt entdeckten, konnte sich auch unser Fachpersonal aus der allerersten Reihe noch schnell mit den notwendigsten Essentials eindecken.

*

Unser Flieger stand nun stromlos und versiegelt am *Gate*. Zuvor hatten wir alle Zollwagen und Getränkebars verplombt und die Schnittchen, sowie die vorbestellten Sonderessen vom netten Cateringsmann wieder abholen lassen, damit er sie ins Kühlhaus bringen konnte. Das Gepäck der Gäste war längst wieder ausgeladen und zurückverteilt worden. Vor dem Flughafengebäude warteten etwas abseits bereits zwei Taxen auf uns, die zu unserem schnell organisierten Hotel fahren sollten. Zum Glück war es draußen längst dunkel und nur wenige Passagiere erkannten uns. Auch wenn wir an dem Dilemma mitnichten Schuld waren, man fühlte sich doch irgendwie merkwürdig.

In weiser Voraussicht hatte ich an Bord schon eine *Accomodation List* ausgefüllt, so dass das Einchecken unserer Crew relativ zügig vonstatten ging. Wir waren gerade fertig und erhielten unsere Zimmerschlüssel, als etwa fünfzig Passagiere in die Halle strömten, die alle auch gerne ein Zimmer haben wollten. Wir verkrümelten uns schnell, um uns frisch zu machen und verabredeten uns für ein gemeinsames Abendessen in einer nahegelegenen Pizzeria. Als wir uns wenig später wieder in der Lobby trafen – alle schick in blau, lediglich eine Kollegin und der Copilot hatten ein weißes T-Shirt dabei – fragten uns die verblieben Gäste, die immer noch immer kein Zimmer hatten, nach dem Weiterflug. Leider konnten wir ihnen keine Auskunft geben, denn wir wussten selber noch nicht, wann die Reise fortgesetzt werden würde. Das Einzige, was wir mit Bestimmtheit sagen konnten, war, dass unsere Ruhezeit bis zum nächsten Morgen um sieben Uhr lokaler Zeit dauern würde. Danach war alles möglich, wenn denn die Fluglotsen wieder arbeiten würden.

Die Pizzeria lag direkt nebenan und wir verbrachten einen ganz amüsanten Abend bei ‚Gambas con ajo', ‚Pizza vegetale' und der Chef gönnte sich eine ‚Lenguado', eine Seezunge. Den Fisch ließ er in reichlich Orangenbrause schwimmen und gut gelaunt erzählte er aus seinem persönlichen Fliegernähkästchen. Was taten sechs Menschen, die sich wenig bis gar nicht kannten und sich dann umständehalber an einem gemeinsamen Tisch wiederfanden? Sie tauschten sich über das aus, was sie alle verband: die Erlebnisse aus der Fliegerei. So erzählte unser Kapitän zum Beispiel folgendes:

Vor etwa zehn Jahren, wo das Mitreisen im Cockpit auf Flügen in die USA noch erlaubt war, sah sich eine frisch gegründete und gerade relativ erfolgreiche ‚Girl-Group' - nennen wir sie einfach mal ‚Some-Devils' - vor ein Problem gestellt. Es gab nur noch zwei freie Plätze an Bord der Maschine nach Miami, sie waren aber zu viert. Zwei der Damen mussten also im Cockpit mitfliegen, sicherlich eine interessante, aber wohl auch wenig bequeme Art zu reisen, dort vorne war es doch ziemlich eng. Für diesen Flug im Cockpit musste man außerdem eine schriftliche Genehmigung bei der Flugbetriebsleitung beantragen, einfach so hineinspazieren und mitfliegen war nicht möglich. Der diensthabende Kapitän musste zudem auch einverstanden sein, dass sich während des gesamten Fluges Gäste in seinem Heiligtum aufhielten. Als nach langem hin und her die beiden Genehmigungen endlich vorlagen, überlegte es sich das Kleeblatt kurz vor Abflug noch einmal und wollte tauschen. Die beiden Damen, die den Platz in der Kabine bislang hatten, wollten nun bei den Jungs mitfliegen, die anderen beiden wollten deren Platz in der *Business*klasse einnehmen.
Da die *Cockpitpermissions* aber personengebunden waren, konnte man nicht einfach so wechseln, was den neu gebackenen Popstars überhaupt gar nicht gefiel. Sie zickten beim Einchecken am Schalter derartig laut und arrogant herum, dass die Contenance des Bodenpersonals an ihre Grenzen stieß und brachten diese schließlich zum Platzen, mit der kecken Forderung nach vier kompletten Sitzreihen – damit man die anstrengende Reise dann wenigstens würde verschlafen können. Dies hätte bedeutet, sechzehn (!) Vollzahler stehen zulassen – die Girlband flog selbstverständlich zu absoluten Sonderkonditionen, wahrscheinlich zahlte ihr Management kaum mehr, als was das abendliche Trinkgeld einer Waschraumfachkraft betrug – absolut untragbar. Als dem Kapitän dieses unverschämte Auftreten am Check-In Schalter zu Ohren kam, tat er etwas sehr heilsames gegen abgehobene Schnellberühmtheiten: Er ließ sie in Düsseldorf stehen, alle vier.
In Miami angekommen, wartete eine frisch gegründete Männer-Combo, neudeutsch ‚Boy-Group', auf den Flieger nach Deutschland, die im sonnigen Florida Werbeaufnahmen für ihr neuestes Video gedreht hatte. Die Geschichte der gestrandeten ‚Some-Devils' musste schneller über den Teich geflogen sein, als das Flug-

zeug. Die Jungs saßen anderntags ganz lieb und brav in der Touristenklasse, mittig im Leben und fragten noch nicht einmal nach einem möglichen *Upgrade*. Offenbar wollten sie sich mit dem rigorosen Chef gar nicht erst nicht anlegen…

*

Meine Kollegen amüsierten sich königlich über diese Geschichte und auch ich musste schmunzeln, wenn ich auch das Verhalten des Piloten schon grenzwertig fand. Als ich meine Bedenken äußerte, meinte der Chef lapidar: So wie es in den Wald hineinruft, so schallt es halt auch heraus. Mochte sein, in der Dienstleistung, in der wir nun mal arbeiteten, war dies meines Erachtens so aber nicht anzuwenden. Sicher machte der Ton die Musik, würden wir in der Kabine jedoch so zurück schießen, wie wir oftmals die Beschwerden vorgetragen bekamen – oje, das gäbe bestimmt ein buntes, verbales Feuerwerk an Bord. Um des lieben Friedens willen war es eine Notwendigkeit, dass eine Seite deeskalierend agierte, auch wenn man sich dafür des Öfteren auf die Zunge beißen musste. Und dann fiel mir dazu noch der schöne Satz ein: „Der Kunde ist König.“ Wenn ich daran zurückdachte, was wir im Hotel damals für einen Aufwand betrieben hatten, um unsere Gäste glücklich zu machen! Über Stammgäste wurde akribisch Buch geführt, all ihre besonderen Vorlieben waren in einer gut gehüteten Kartei verzeichnet: Wie viele Kopfkissen jemand bevorzugte, ob ein Brett im Bett gebraucht wurde, eine Allergie gegen Wäschestärke oder Schnittblumen bestand, im Obstkorb keine Äpfel, dafür aber mehr Bananen gewünscht waren oder welche besonderen Speisen die Küche bereit halten musste. Unser Hotelportier besorgte bei ‚Not am Mann' auch mal eine oder zwei Damen von der nahegelegen Reeperbahn, schickte einen Pagen zum Gassi gehen mit dem mitreisenden Getier oder organisierte einen ‚Shoppinguide' für die gnädige Frau, während der Herr wichtigen Geschäften nachging. Nichts war in diesem Hotel unmöglich! Für Michael Jackson, Gott hab ihn selig, verlegte unser Saalmeister sogar eine eigene Tanzfläche in seine Suite im dritten Stock, damit der King of Pop sich vor dem Konzert in Hamburg schon einmal warm tanzen konnte. Für einen nachreisenden Künstler desselben Musik-Genres - der dessen Name zwischendurch mal nicht genannt werden durfte - hatte er dann drei Wochen später das komplette Bett aus der Suite entfernt (antike, massive Eiche, um 1900, 1,60 x 1,90 m), weil dieser Sänger auf keinen Fall sein Antlitz in derselben Bettstatt zum Liegen bringen konnte, wie Michael …
Für die Nikolausparty einer deutschen Airline hatten wir sogar einmal den gesamten Innenhof überdacht, den Boden mit samtblauem Teppich belegt, den Himmel mit Folie abgespannt und den Springbrunnen mit Austern, Kaviar und Champagnerflaschen auf Eis befüllt. Mit Phantasie und dem entsprechenden Kleingeld war absolut alles möglich.

Nun, ich wollte mich mit dem Chef nicht streiten, dass Piloten und Stewardessen in punkto Dienstleistung kollidierende Meinungen hatten, kannte ich von meinem eigenen Modell daheim. Mein Mann wäre auch nicht in der Lage, unsere Gäste so zu betüddeln, wie diese es von einer ‚Servicefachkraft' erwarteten und das war auch gut so. Als emanzipierte Frau hielt ich zwar wenig von klassischen Rollenverteilungen, aber mir waren im Cockpit auch lieber Kerle mit selbstbewusstem, gesetztem Auftreten, die sich nicht verbiegen ließen. Gleiches galt natürlich auch für die Damen mit Streifen am Ärmel. Der Job da vorne hatte eben andere Anforderungen, als hinten in der Kabine - die Kunst war, die Unterschiede der Einsatzprofile zu erkennen und zu akzeptieren; Schlussendlich war auch ein Pilot nur ein Dienstleistender. Offenbar war aber der Tisch in der Pizzeria nicht der richtige Ort für weitere Diskussionen in diese Richtung, also hielt ich meinen Mund und lauschte weiter den Geschichten meiner Kollegen.

Eine Stunde später trennten wir uns und gingen auf die Zimmer. Es war für mich ungewohnt, ohne Buch einschlafen zu müssen. Der Fernseher stand im Nachbarraum, so fiel auch er als Einschlafhilfe aus, aber ich bin dann anscheinend doch ziemlich schnell eingenickt, in der Hoffnung auf einen Weckruf um sieben Uhr.

*

Das Telefon schepperte schon um sechs, ich konnte es zuerst gar nicht finden, denn es stand nicht, wie gewohnt auf dem Nachtschrank, sondern im angrenzenden Wohnzimmer. Eine Hotelangestellte war dran, sie teilte mir mit, dass wir in einer Stunde abgeholt werden würden, um dann zum Flughafen zu fahren. Nachdem ich den Hörer aufgelegt hatte, fand ich einen Briefumschlag unter der Tür mit einer Nachricht vom Hotel. Der Reiseveranstalter hatte um 00.30 h bekannt gegeben, dass der Flug 9435 um 8.30 h nach Deutschland starten würde. Als ich mir gerade das Halstuch umfummelte, klingelte das Telefon abermals: diesmal war es der Kapitän. Er erklärte mir, dass es sich um blinden Alarm handeln würde, denn von der Firma wären noch keine Informationen für einen Flugauftrag gekommen. Ich sollte den Rest der Kabinencrew informieren und dann weiterschlafen. Schick – ich war gerade fertig mit Anziehen und hatte den Lippenstift quasi schon in der Hand. Also rief ich die Mädels an und blies den Weckruf wieder ab.

Aber weiterschlafen? Das sagte sich so leicht. Trotzdem hing ich die blaue Uniform abermals über den Stuhl, schlüpfte zurück in den Hotelbademantel und kroch wieder ins Bett, aus Mangel an spannenden Alternativen. Ich musste gerade eingedöst sein, als es an meiner Tür stürmisch klopfte. Meine Kollegin stand da, frisch geföhnt, gestylt und - hungrig. Sie wollte mit mir frühstücken gehen. Nun, warum auch nicht, ich hatte derzeit keine anderen Termine. Im Frühstücksraum trafen wir dann auch unseren Kapitän, leider mit wenig frohen Nachrichten. Der Luftraum über Spanien sei weiterhin bis 17 Uhr gesperrt. Na, prima. Im Übrigen wäre da

noch etwas: Unsere Maschine war am Morgen um fünf Uhr aus dem 48 Stunden Check gefallen. Das bedeutete, dass erst einmal ein Techniker unserer Firma kommen musste, um die Maschine wieder freizugeben. Aber wie sollte dieser herkommen, wenn kein Flugzeug flog? Vielleicht per Fähre? Schwimmen? Wir machten Witze, doch es war eher Galgenhumor. Nun hatte man den Flieger schon vor Ort und durfte wegen eines Stück Papiers doch nicht damit fliegen.
Schlussendlich war der 48 Stunden Check eine Formalität, die man in einem besonderen Fall durchaus würde verschieben können – die Maschine war ohne den Check ja nicht flugunfähig. Aber in der Luftfahrt wurde ja immer alles ganz genau genommen und so hing unsere Weiterreise nun von zwei Faktoren ab. Bald sollte sich noch ein dritter dazugesellen: Das Wetter. Für den Abend war ein heftiger Sturm angesagt. Gerade vor einer Woche war der Flughafen dieser grünen Insel für zwei komplette Tage gesperrt gewesen. Noch schien die Sonne, man konnte durch die Fenster die Berge sehen, von leichtem, weißem Dunst verhüllt, der durch die Fallwinde dekorativ über den Abhang gezogen wurde. Aber der Atlantik auf der anderen Seite des Frühstückraumes schäumte bereits mit eindrucksvollen Wellen, die kraftvoll auf den schwarzen Sandstrand schlugen. Ach ja, und für Deutschland wurden für den Abend Schneeverwehungen und Blitz-Eis angekündigt. Hatte da jemand gestern Abend seinen Teller nicht leer gegessen?

Nach dem Frühstück setzten wir uns auf die Terrasse, wo meine Kollegin eine Zigarette rauchte. Wir trafen einige Gäste, die erstaunlich gefasst und gut gelaunt waren. Im Gegensatz zu uns hatten sie wenigstens einen Koffer dabei und das Hotel war wirklich ein angenehmer Aufenthaltsort. Mir ging meine synthetische Uniform mittlerweile mächtig auf den Senkel und die nächsten Nachrichten machten es auch nicht besser. Um zwölf Uhr hieß es, der Luftraum sei weiterhin gesperrt, nun bis einschließlich acht Uhr abends. Wenig später informierte das Hotel die Gäste – aber auch nur die und nicht uns – dass der Flug 9435 komplett für den laufenden Tag gestrichen wäre. Inzwischen hatten wir aber die Information von der Firma bekommen, dass der Luftraum schon wieder offen sei. Auf Druck von der spanischen Regierung mussten die Fluglotsen wieder ihre Arbeit aufnehmen. Ihnen wurden disziplinarische Maßnahmen und bis zu fünfzehn Jahre Zwangshaft angedroht, denn europaweit saßen mittlerweile etwa 330 000 Menschen fest. Nicht nur auf den spanischen Flughäfen, es fehlten für zahlreiche Flüge des Tagesgeschäftes quer durch Europa die Flugzeuge, die auf den Kanaren, den Balearen, sowie dem spanischen Festland stehen geblieben waren. Wir hatten noch Glück im Unglück, auf La Palma konnten alle Gäste in Hotels untergebracht werden. An vielen Flughäfen war das gar nicht möglich, sie ertranken förmlich in einem Strom gestrandeter Reisender.

Fatalerweise verabschiedeten sich viele Gäste nach der Flugstornierung durch die Hotelrezeption in die Stadt, um einkaufen zu gehen. Spanien feierte am 6. Dezember den Tag der Verfassung und am 8. Dezember Inmaculada Conceptión, (Marias unbefleckte Empfängnis). Daher hatten an diesem Abend die Geschäfte bis Nachts um ein Uhr offen, bevor vier freie Tage begannen. Die Fluglotsen hatten sich den Termin für ihren Streik wohlweislich überlegt. Für uns, die wir weiterhin auf *Standby* waren, bedeutete es aber das nächste Problem: Was tun, wenn wir einen Abflugstermin in den nächsten Stunden bekommen würden und unsere Gäste dann wegen Feiertagsshopping nicht zum Flughafen kämen? Sollten wir auf sie Warten, oder lieber ohne sie Fliegen? Es sprachen uns wieder Gäste in der Lobby an, ob wir nicht mit in die Stadt fahren wollten. Wir lehnten dankend ab, mit dem Tipp, vielleicht doch Kontakt zum Hotel zu halten, denn noch war der Flug ja gar nicht gestrichen. Durch Telefonate mit meinem Mann erfuhr ich, dass erste Flugbewegungen schon wieder stattfanden, es konnte also nur eine Frage der Zeit sein, bis wir ‚an der Reihe' sein würden. Ich hatte keine Ahnung, wer die falschen Informationen immer heraus gab, denn es herrschte überall riesengroßes Chaos. Mir tat die Firma ein bisschen leid – die Airlines hatten 2010 wirklich mit vielen Widrigkeiten zu kämpfen. Das Jahr begann unwirtlich mit dem hartnäckigen Winter und seinen Schnee- und Eismassen, schickte uns im April dann die Aschewolke des ‚Unaussprechlichen', im Sommer jagte ein Fluglotsenstreik in Europa den nächsten, speziell natürlich in den Ferien, nun diese komplette Blockade des spanischen Luftraumes und die nächste Winterwelle surfte gerade mit Macht übers Land - wahrlich harte Zeiten für die Fliegerei.

Um 17 Uhr fing es an zu regnen. Bedrohlich schwarze Wolken hatten die Sonne verscheucht und der Wind nahm zu. Wir Mädels verbrachten die Zeit vor dem Fernseher; der Copilot wusch seinen Schlüpfer und seine Socken im Waschbecken, fönte eine Stunde an ihnen herum, bis der Überhitzungsschutz des Fönes schließlich die Sicherung killte. Er stülpte daraufhin die Fußbekleidung über zwei leere Wasserflaschen zum Trockenen. Offenbar glaubte auch er noch an einen Heimflug in Kürze. Unser Chef telefonierte sich die Ohren heiß, das Problem des 48 Stunden Checks konnte endlich durch eine Ausnahmegenehmigung gelöst werden, die die Firma zum Flieger faxen wollte, sobald wir wieder an Bord waren. Ein Abflug war leider immer noch nicht in Sicht.

*

Um 18 Uhr trafen wir beim Kaffeetrinken in der Lobby einige Gäste vom Hinflug, die uns ausgiebigst bedauerten und uns von den traumhaften Tauchbedingungen vor Ort vorschwärmten. Sie boten uns an, Garderobe auszuleihen und waren wirklich mitfühlend. Wenig später kam der Kapitän mit der Nachricht, dass unser Flug nun doch offiziell gestrichen worden sei. Dies führte zu langen Gesichtern bei der Crew. Den ganzen Tag hatten wir noch gehofft, nach Hause zu kommen. Die Hoffnung starb ja bekanntlich zuletzt. Aber, man glaubte es kaum, keine halbe Stunde

später hieß es dann doch: Wir fliegen! Geplante Abflugzeit war 23.30 h lokal, geplante Flugzeit fünf Stunden.
Wohin würde die Reise gehen? Düsseldorf hatte ein Nachtflugverbot bis sechs Uhr morgens, die Kanaren lagen eine Stunde früher als wir, um 4.30 h würden wir da nicht landen können. Also doch vielleicht nach Köln? Oder würde Düsseldorf ausnahmsweise die Pforten offen lassen, für all die ‚verlorenen Kinder'? Wir wussten es nicht. Immerhin stand nun eine *Check In* Zeit fest, um 22 Uhr lokal würden uns wieder zwei Taxen zum Flughafen bringen. Wir hatten noch genug Zeit, um Abendessen zu gehen. Am Mittag gab es für die Gäste ein kostenfreies Mittagsbuffet, leider hatte man versäumt, uns davon zu unterrichten. Das Croissant vom Morgen war längst verdaut und mit entsprechendem Kohldampf ließen wir es uns schmecken. Es gab verschiedene Salate, Serranoschinken, Paella, Calamares und Fisch.

*

Auf dem Rückweg zum Hotelzimmer trafen wir wieder einige unserer Gäste, die von ihrem Glück nach Hause zu fliegen noch gar nichts wussten. Nun hakte der Informationsfluss in die andere Richtung, es war wirklich zum Haare raufen. Wir sprachen mit der Rezeptionistin, sie klebte daraufhin spontan einen Zettel an den Tresen:

Flug 9435 HEUTE Abflug 23.30 h
Bustransfer zum Airport 21.30 h.

Im Zimmer angekommen, schaute ich auf die Uhr: noch zwei Stunden bis zum *Pick Up*. Ich knipste den Fernseher an und aus dem Stand wurde mir schlecht. Das lag aber offensichtlich weniger am Fernsehprogramm, als am Inhalt meines Magens. Irgendetwas stimmte da nicht. Ich ließ den Fisch im Badezimmer wieder in die Freiheit und hoffte inständig, dass sich die Übelkeit nun verflüchtigen würde.

Um 20.15 h klingelte das Telefon, der Kapitän legte den *Pick up* auf 21.45 h, der Sturm zog sich langsam zusammen und er wollte genug Zeitpuffer haben, um sich in Ruhe den Flugplan ansehen zu können. Die fünf Stunden Flugzeit waren schon bekannt, eine halbe Stunde länger als ursprünglich geplant. Lag es am Wetter oder an der Flugroute?

Um 20.30 h rief jemand von der Rezeption an:
„Wir wollten Ihnen mitteilen, dass Sie um 21.30 h abgeholt werden." Hoppla, noch eine Viertel Stunde früher? Aber der nette Mensch plapperte schon weiter.
„Ihr Flug findet heute um 23.30 h statt." He, Moment mal – ich bin kein Fluggast, sondern Teil der Crew.

„Oh." Schlucken am Ende der Leitung. „Perdone, da sind Sie wohl irgendwie dazwischen gerutscht."
Sollte das bedeuten, dass immer noch nicht alle Gäste Bescheid wussten? Das konnte ja gleich noch lustig werden.

Nach einer kurzen Fahrt waren wir zurück am Flughafen. Unser Airbus stand mutterseelenallein auf dem Vorfeld. Normalerweise hatte der Airport längst geschlossen um diese Zeit, aber in dieser Ausnahmesituation schoben alle Sonderschichten. Inzwischen stürmte es so gewaltig, dass mir ganz flau im Magen war. Oder lag es doch am Fisch? Mit mulmigem Gefühl im Bauch kraxelten wir die Gangway hoch, brachen das Siegel an der Tür auf und betraten den stockdunklen Flieger. Ohne Strom brannte noch nicht mal die Notbeleuchtung, die Maschine war sozusagen ‚tot', bis wir an das Bodenaggregat angestöpselt werden konnten und das Flugzeug damit wieder zum Leben erwachte. Der freundliche Cateringsmann von gestern kam an Bord und brachte uns die Verpflegung. Entgegen der Versprechungen der *Rampagentin* handelte es sich nicht um frische Brötchen, sondern um die Schnittchen von gestern. Immerhin stand das Zeug wenigstens im Kühlhaus. Trockeneis gab es leider keines, ebenso wenig wie frische Milch oder Zitrone. Also würde es piehwarme Getränke geben, das Mund-Eis war nämlich auch äußerst sparsam geladen. Dafür waren die einzelnen Eiswürfel etwa Tennisball-groß. Steckte man einen davon in einen Plastikbecher, konnte man noch etwa ein Schnapsglas voll Cola drum herum gießen. Aber wir wollten nicht meckern und bauten auf die Großzügigkeit der Gäste, darüber wohlwollend hinweg zusehen – Hauptsache es ging endlich nach Hause. Mir bereiteten ganz andere Dinge Verdruss: Mein Magen hörte nicht auf zu Grummeln und der Wind toste draußen so sehr, dass das Flugzeug schon im Stand wie ein Schiff hin und her schwankte. Ich dachte an die anspruchsvolle Startbahn und an unsere verstreuten Schäfchen – würden sie uns alle rechtzeitig finden?
Um 23 Uhr begannen wir mit dem *Boarden*. Die Stimmung der Gäste war geteilt. Die, die wir aus unserem Hotel wiedererkannten, waren gut gelaunt und freuten sich offenbar, endlich heimzukommen. Andere waren recht missmutig, nörgelten über die Zeitungen von gestern, den späten Abflug, die mangelnden Informationen und so weiter. Ich machte mir viel mehr Sorgen, dass niemand von der Gangway geblasen wurde. In all den Jahren hatte ich noch nie bei so einem Sturm geboarded. Aber unsere Jungs waren zuversichtlich – und ich vertraute ihnen. Hatte ich eine Wahl? Als endlich alle Gäste Platz genommen hatten - übrigens vollzählig, niemand hat den Flieger verpasst – kam die nächste Hiobsbotschaft. Wir hatten mal wieder einen *Slot*: Diesmal um ein Uhr, also in anderthalb Stunden. Draußen prasselte uns der Regen aufs Blech, der Wind riss an unserem kleinen Flugzeug herum und ich hätte schreien können.

Nun, den Kopf in den Sand stecken galt nicht und hysterisch in der Kabine schreien hätte vielleicht die innere Anspannung etwas kompensiert, kam aber als Kabinenchefin nicht so gut an. Der Kapitän machte eine kurze Ansage an die Gäste, versprach mit Nachdruck an einem besseren Startfenster zu arbeiten und kümmerte sich dann wieder um den Funkkontakt zu *ATC*, der Firma und dem *Tower*. Uns wurde an diesem Tag echt nichts geschenkt. Meine Standardbegrüßungsansage war auch nicht kompatibel mit der vorliegenden Situation, also versuchte ich es augenzwinkernd etwa so:

„Schönen guten Abend, liebe Gäste, ich freue mich wirklich sehr, dass sie alle rechtzeitig den Flieger gefunden haben! Sicherlich habe viele von Ihnen das Chaos in den Medien verfolgt und ich kann Ihnen versichern, dass es auch in meiner bisherigen Karriere im Flugbetrieb ein Highlight war, aus heiterem Himmel auf einer kanarischen Insel zu stranden und nicht zu wissen, wann es wieder heimwärts geht. Obwohl, es gibt ja sicher unwirtlichere Plätze als diesen hier…Ich will Ihnen nichts vormachen, nicht nur unsere Zeitungen sind von Gestern, auch unsere Verpflegung ist von unserem ursprünglich geplanten Flug. Wir haben zwar gestern veranlasst, dass sie im Kühlhaus übernachtet und wurde erst vor einer halben Stunde wieder an Bord gebracht- ob sie die Käse-, Schinken- und vor allem Lachsbrötchen noch zu sich nehmen möchten, entscheiden Sie bitte wohlwollend selbst. Des Weiteren fehlt es uns an Trockeneis zum Kühlen unserer Getränkewagen, sollten Sie den Genuss von Sekt oder Bier mit einem Klumpen Eis darin nicht scheuen, wir servieren es Ihnen selbstverständlich gern. So, das war ein Wort in eigener Sache, nun kommen wir wieder zu dem offiziellen Teil: Unsere Jungs im Cockpit arbeiteten mit Nachdruck an einer besseren Startzeit und in der Zwischenzeit möchte ich Sie noch einmal mit unseren Sicherheitsvorkehrungen an Bord vertraut machen …“

Unsere Gäste lachten und applaudierten – ich hatte sie im Sack!
Nach dem der *Emergency*-Film gelaufen war, legte ich schon mal das bunte Videomagazin ein, um den Gästen ein wenig die Zeit zu vertreiben. Eine Viertelstunde später geschah ein kleines Wunder: Die Anschnallzeichen blinkten auf! Dies war das Zeichen für uns zum Scharfmachen der Rutschen in den Türen, anscheinend waren die Piloten erfolgreich im Organisieren eines neuen Startfensters gewesen. Kurze Zeit später gab ich das Kabinen o.k., alle Gäste waren angeschnallt, das Gepäck verstaut, Tische und Rückenlehnen senkrecht, die Maschine startklar.

Wir rollten nur kurz, der Flughafen La Palma war klein und übersichtlich. Draußen heulte nach wie vor ein unbändiger Sturm, die Maschine stand mit der Nase in Startrichtung und bebte. Der Wind riss an den Tragflächen und am Leitwerk, Regen prasselte aufs Dach, dann endlich jaulten die Triebwerke auf. Meine Kollegin und ich waren durch eine dünne Trennwand vor den Blicken der Passagiere geschützt, so mussten wir wenigstens nicht krampfhaft Grinsen oder lässig tun, um Gäste mit Flugangst zu beruhigen. Die hatten wir selber, ich zumindest. Nach meinem persönlichen Albtraumflug vor drei Jahren im Bermudadreieck war ich Wind - respektive energischem Wind, will sagen Sturm - sehr skeptisch, wenn nicht panisch gegenüber eingestellt. Bloß nix anmerken lassen!

Die Bremsen wurden gelöst und der 320er schoss vorwärts. Wir spürten, wie die Maschine auf der Startbahn hin und her geworfen wurde und klammerten uns an unseren spartanischen Flugbegleitersitzen fest. Endlich hob das Flugzeug ab und schraubte sich trotzig gegen den Wind in den Himmel. Wir wurden ganz gut durchgeschüttelt, aber es war längst nicht so dramatisch, wie wir es erwartet hatten. Dass der Start wegen Scheerwinden fast um Haaresbreite abgebrochen werden musste, erfuhren wir zum Glück erst sehr viel später.

*

Als wir mit dem Getränkewagen etwa Reihe acht erreichten, kippte mein Kreislauf zusammen. Den Rest des Fluges, läppische viereinhalb Stunden, verbrachte ich in direkter Nähe zur Toilette, die ich in viertelstündlichen Abständen besuchte. Mir war auf einmal so schlecht, ich hätte augenblicklich sterben mögen. Meine Kolleginnen übernahmen meinen Servicepart mit, ich quetschte mir mit Mühe noch die Verabschiedungsansage heraus und verschwand nach der Landung morgens um fünf in Düsseldorf in einem Hotelzimmer - an eine einstündige Autofahrt nach Hause war überhaupt nicht zu denken. Gegen Mittag kam mein Mann und rettete mich mit einschlägigen Pillen gegen Erbrechen und Fieber und guten Wünschen, er war auf dem Weg nach Berlin, in den Simulator.
Im Stundentakt klingelte mein Handy, Kinder, die fragten, wann ich denn nun endlich nach Hause kommen würde, meine besorgte Kollegin von Flug 9435, die wissen wollte, wie es mir inzwischen ging und mein Göttergatte aus Berlin, der wissen wollte, ob die Medizin schon wirkte.

Am Abend machte ich mich auf den Heimweg, ein Crewbusfahrer pickte mich am Hotel auf und brachte mich zu unserem Dienstparkplatz. Zum Glück hatte ich noch eine einigermaßen spannende HörCD im Auto, trotzdem fielen mir während der hundert Kilometer langen Fahrt durch Schneegestöber drei Mal fast die Augen zu. Göttlich und nahezu unbeschreiblich war das Gefühl, endlich ohne Uniform und gewaschen im plüschigen Schlafanzug und mit Wärmflasche im eigenen Bett zu liegen.

*

14 500 Deutsche waren an diesem Wochenende irgendwo hängen geblieben, insgesamt betraf der Streik 330 000 Flugreisende. Laut Presseinformation hat der ganze Spaß 450 Millionen Euro Schaden verursacht. Ob es etwas genützt hat? Ich hatte

mir als Souvenir eine nette Fischvergiftung mitgebracht - der Teufel steckt halt im Detail – aber Unkraut verging nicht, nach vier Tagen konnte ich schon wieder aufrecht stehen und feste Nahrung häppchenweise zu mir nehmen.

Was wird wohl als nächstes passieren? Meinen Crewkoffer habe ich nach diesem Abenteuer komplett neu ausgestattet, mit T-Shirt, Ersatzbluse, einem gut gefüllten Kulturbeutel, sogar einer Leggins, dicken Socken und neuen Medikamenten gegen alles Mögliche. Man weiß ja nie, wohin der Wind uns weht …

Verschiedenste Vögel

Meine Ausbildung zur Stewardess absolvierte ich damals auf dem Tristar oder auch L-1011, einer Produktion der Firma Lockheed mit Fertigung in Palmdale/Kalifornien. Seit 1970 wurden mehrere Varianten dieses Typs gebaut. Der Tristar war ein imposantes Großraumflugzeug mit drei Triebwerken, über fünfzig Meter lang und genauso breit, erhältlich in einer Kurz- und Mittelstreckenversion, sowie in einer Langstreckenausführung. Zu meiner Zeit auf dem Flieger – Anfang der Neunziger - leuchtete die Kabineneinrichtung immer noch im poppigen 70er Jahre-Design, orange und violett waren die vorherrschenden Farben. Manche Modelle hatten eine Bordküche im Frachtraum, die durch zwei Einpersonenfahrstühle zu erreichen waren. Neben der Unterflurküche gab es auf einigen Fliegern sogar eine Bar im vorderen Frachtraum. Diese Lounge war zwar fensterlos, konnte aber vom Cockpit aus per Videoüberwachung eingesehen werden. Leider war dies vor meiner Zeit im Flugbetrieb, ich hätte dort zu gerne einmal Mäuschen gespielt. Ältere Kolleginnen und Kollegen wussten noch von Flügen mit der Lounge zu erzählen. Was musste es angenehm gewesen sein, dort auf einem bequemen Clubsessel oder an der Bar einen Drink zu genießen, dabei gemütlich zu klönen, zu rauchen oder mit dem Steward hinter dem Tresen zu flirten?

Beim Anlassen der drei Rolls Royce Triebwerke puffte jedes Mal ein kleines, schwarzes Rauchwölkchen heraus und beim Start fräste sich der Tristar mit dem lauten, sonoren Gebrumm eines Rasenmähers in den Himmel. Ich wohnte damals in der Nähe des Flughafens und erkannte die Kollegen stets ohne in den Himmel zu sehen. Dieser markante Flieger war bei Kabinen- und Cockpitcrews gleichermaßen beliebt. Die Piloten schwärmen noch heute von seinen hervorragenden Flugeigenschaften und der Zuverlässigkeit und für uns Flugbegleiter war das Drei-Mann-Cockpit unerhört praktisch – so konnte man sich stets ‚mal kurz' den Flugingenieur während des Fluges ausleihen, wenn in der Kabine etwas klemmte, quietschte, tropfte oder den Dienst gar komplett verweigerte. Heutzutage durften die Piloten das Heiligtum nicht mehr verlassen, um uns bei kleinen Reparaturen behilflich zu sein – dies ging nur noch per Ferndiagnose. Zu kostbar waren unsere zwei Piloten, die seit dem 11. September von einer Panzertür mit Kameraüberwachung und Geheimcode von der ‚Außenwelt' während des Fluges abgeschottet waren. Immerhin durften sie noch zum Pinkeln und kurzem Gliederrecken in die vordere *Galley* – Glück gehabt.
Insgesamt wurden von unserem Schätzchen 250 Stück gebaut, davon sind heute, 2011, noch sechzehn im Dienst, die meisten als Militärflugzeuge bei einem königlichen Nachbarland. Die Firma Lockheed hat die Produktion 1984 eingestellt, weil der Tristar als Passagierflugzeug gleichbleibend ein Verlustgeschäft war. Bei uns wurde er Mitte der Neunziger Jahre, nach einem kurzen Gastspiel der MD 11, durch den Airbus A 330 ersetzt.

Zunächst standen wir als Besatzung dem schlanken Riesen aus der Europäischen Gemeinschaftsproduktion sehr skeptisch gegenüber – er war ganze zehn Meter länger, hatte aber nur noch zwei Triebwerke und bekam erstmal den Spitznamen ‚Atari-Flieger' verpasst: Er hatte nämlich kein klassisches Steuerhorn mehr, (das Teil, an welchem der Kapitän im Film immer so schön theatralisch mit beiden Händen zog, wenn das Flugzeug gerade abzustürzen drohte), sondern nur noch einen kleinen ‚sidestick' unter dem Seitenfenster, optisch vergleichbar mit dem Joystick einer Computerkonsole. Doch dies war nur ein Detail, das ganze Cockpit hatte sich mächtig verändert. Während auf der L-1011 die Männer reichlich Platz hatten – ihr Cockpit war das geräumigste überhaupt und hatte die größten Fenster aller bis dahin operierenden Großraumflugzeuge – gestaltete sich die Pilotenkanzel im A 330 sehr beengt. Die meisten analogen Instrumente wurden durch LCD-Bildschirme ersetzt und Airbus setzte auf ‚Fly by wire'. Salopp übersetzt bedeutete dies ‚Fliegen mit dem Kabel'. Wurde der Tristar noch durch Hydraulik, Stahlseile oder Schubstangen manövriert, so ersetzten beim Airbus Sensoren diese Systeme und gaben vom Bordcomputer aus elektrische Impulse an die Steuerung weiter. Wer immer ‚Handarbeit' gewohnt war, blickte zunächst mit Skepsis und Misstrauen auf den neuen ‚Computerflieger'. Ein weiterer Faktor waren die beiden Triebwerke. Für Flugzeuge mit nur zwei Triebwerken bestand die Regel, dass im Falle eines Triebwerksausfalls der nächste erreichbare Flughafen nicht weiter als 60 Minuten von der Flugstrecke entfernt sein durfte. Die internationale zivile Luftfahrtorganisation - ICAO – stellte für Flugzeuge mit nur zwei Triebwerken, die auch Langstrecke fliegen sollten daher neue Regularien auf. Die 60-Minuten-Regel wurde abgelöst von ETOPS: Extended-range twin- engine operation performance standards. Übersetzt bedeutet dies etwa ‚Vorgaben für den Betrieb von zweimotorigen Flugzeugen im erweiterten Streckeneinsatz'. Dies war gerade für den Langstreckeneinsatz unabdingbar, denn quer über den Atlantik oder durch unwägbare Wüstengebiete konnte man ohne ETOPS nicht fliegen. (Böse Zungen machten daraus übrigens: Engine turn or passengers swim – wie gemein!) Aber der Airbus erwies sich als äußerst vertrauenswürdiges Fluggerät: Bei ersten ETOPS-Testflügen flog er über sechs Stunden mit nur einem Triebwerk über den Atlantik und er erhielt die Zulassung für 90 Minuten, wenige Jahre später waren es schon 240 Minuten. Die Triebwerke bewiesen sich als sehr zuverlässig.

Bis heute sind 745 Airbusse der A 330 Familie gebaut worden, er operiert wesentlich wirtschaftlicher als sein großer Bruder, der A 340. Dieser hatte zwar eine noch größere Reichweite, benötigte im Verhältnis für seine vier Triebwerke aber mehr Kerosin. Zwischenfälle gab es Gott sei Dank nur wenige, wenn sie uns auch aus der jüngsten Vergangenheit noch schmerzlich in Erinnerung sind. Im A 330 gelang übrigens auch der längste Segelflug mit einem Düsenjet. Ein kanadischer Pilot hat es geschafft, bei einem kompletten Triebwerksausfall wegen eines Lecks im Tank, in neunzehn Minuten knapp 120 Kilometer weit zu segeln - und sicher zu landen. Grandios, was man mit einem 200 Tonnen wiegenden Flugzeug alles machen konnte! Mich beeindruckten diese Berichte und Fakten immer wieder, auch nach zwei Jahrzehnten in der aktiven Fliegerei war es mir nicht möglich, an einem Flughafen nicht den Blick von einem gerade startenden Koloss zu wenden. Kerosin im Blut? Nein, einfach fasziniert!

Allein die Zahlen solch eines Riesendrachens waren superlativ:
140 000 Liter Kerosin konnte so ein A 330 in seinen Tanks unterbringen, dies bescherte uns eine Reichweite von 11 800 Kilometern, mit einer maximalen Flughöhe von 12 500 Metern. Die durchschnittliche Reisegeschwindigkeit betrug 900 km/h und das Abfluggewicht konnte 230 000 Kilo betragen. Ein einziges Triebwerk war fünfeinhalb Tonnen schwer, vier Meter lang und im Innendurchmesser 2,5 Meter – ich konnte mehr als bequem darin stehen. Mir imponierten diese geballte Kraft und diese technische Meisterleistung. Wenn ich unter dem A 330 hindurch ging, um den großen Koffer zum Frachtraum zu bringen, musste ich noch nicht mal den Kopf einziehen. Auch wenn ich längst wusste, warum ein Flugzeug flog: in Anbetracht der Masse, die da so imposant vor einem parkte, konnten einen schon mal Zweifel an den physikalischen Gesetzen beschleichen. Umso ergreifender war der Anblick eines Starts von so einem Riesenvogel, wenn er der Schwerkraft mühelos ein Schnippchen schlug und sich donnernd in den Himmel schraubte.
Auch wenn mir das Rasenmähergeräusch dabei ein bisschen fehlte…

Natürlich will ich den ‚kleinen Bruder' von unserem großen Vogel nicht außen vor lassen: Den A 320. Er gehört zum Kurz- und Mittelstreckensegment der Firma Airbus und wird seit 1988 gebaut. Damals hoffte man etwa 500 Stück absetzen zu können – bis heute sind über 4500 Maschinen dieses Typs gebaut worden. Zusammen mit seinen ‚Geschwistern' dem A 318, A 319 und A 321 gehörte auch er der ersten Generation der ‚fly by wire' Ausstattung an, was ihm zu Beginn seiner Karriere und damit verbundenen, anfänglichen Schwierigkeiten etliche Spitznamen einbrachte. Verschrien als ‚französische Elektrozicke', ‚fliegende Heckenschere' und ‚digitale Waldfräse' hatte der Kleine es am Anfang schwer. Doch Airbus konnte die Probleme in den Griff bekommen und der ‚Babybus' entwickelte sich zum Verkaufsschlager. Als er in unserer Firma etabliert wurde, betrachteten wir ihn zunächst auch mit Skepsis. Ausschließlich an Großraumjets gewohnt bekam der eine oder andere in dem fliegenden Zwerg mit nur einem Mittelgang und 174 Sitzplätzen an Bord schon einmal klaustrophobische Anfälle. Über die Jahre hat man sich an ihn gewöhnt, inzwischen sind wir auch nicht mehr ganz so gemein und nennen ihn fast liebevoll ‚Reiseföhn' oder schlicht ‚Moped'.

*

Wenn ich nicht gerade in einem Aluminiumvogel, lat.: ‚volaticus cista colossiaeus', durch die Weltgeschichte düse, beschäftige ich mich zuhause mit Vögeln einer ganz anderen Ausführung, dem ‚gallus gallus domesticus': mit Hühnern. Aerodynamisch eine absolute Katastrophe, Flugeigenschaften knapp ausreichend bis mangelhaft, dafür äußerst liebenswert, ökonomisch in der Haltung, weil produktiv und immer unterhaltsam. Glauben Sie nicht? Hühner sind langweilig, unintelligent und dazu noch unkommunikativ? Dann begleiten Sie mich doch kurz bei einer Stippvisite in unsere ‚Chickeria' und machen Sie Bekanntschaft mit diesen ‚Fliegern'!

Chickeria

Zu den fedrigen Freunden kamen wir buchstäblich, wie die Jungfrau zum Kind: Unsere ehemaligen Nachbarn, Besitzer von etwa zwanzig gackernden und scharrenden Haushühnern, inklusive zweier buntschillernder und lautstark krähenden Anführer, zogen eines schönen Tages zurück in die Stadt und suchten per sofort eine neue Bleibe für das Federvieh. Da der Absatz an Eiern bei einer sechs- bis zehnköpfigen Familie rasant war, sagten wir freudig zu und nahmen uns der freilaufenden Herde an. Leider waren diese Tierchen äußerst freiheitsliebend, verbrachten den ganzen Tag unter dem Halbschatten eines benachbarten Waldgrundstückes und gaben sich mit dem Verstecken der Eier redlich Mühe. Wir fanden sie entweder gar nicht oder per Zufall - durch unbeabsichtigtes Hineintreten oder -setzen beim Spielen im Wald - und selten vor Ablauf des Mindesthaltbarkeitsdatums.

Also mieteten wir spontan den auf dem Grundstück schon vorhandenen und leer stehenden, alten Schweinestall dazu und gaben den Hühnern dort ein neues Heim. Hühner waren sehr ortsgebunden und mit unseren Umsiedelungsplänen überhaupt nicht einverstanden. Vom neuen Ambiente mussten sie erst einmal überzeugt werden. Dies gestaltete sich folgendermaßen in einer nächtlichen Aktion: Wir pflückten die Kratzfüße im Stockdunklen aus dem alten Stall einzeln von der Stange. (Ein ‚blindes' Huhn zappelte und pickte nicht, bei Tageslicht und freier Sicht waren diese Vögel in einer Situation des Missfallens mitunter äußerst wehrhaft!) Mit jeweils einem Federvieh unter dem Arm huschten wir in den umgebauten Teil des Schweinestalls und setzten sie dort behutsam auf die neuen Sitzgelegenheiten. - Ich fand es faszinierend, wie man auf einer Stange sitzend schlafen konnte, ohne herunter zu purzeln, aber Hühner hatten noch ganz andere Talente.

Nachdem sie sich an ihr neues Zuhause durch eine Woche gnadenloser Gefangenschaft im neuen Stall gewöhnt hatten, entließen wir sie wieder in die Freiheit. Allerdings nicht in das ihnen bekannte Wäldchen, sondern auf die dem Stall angeschlossene Wiese. Dort bildeten sie spontan zwei separate Familien, die eine Hälfte scharrte sich um den Gockel mit den grünen Schwanzfedern, die andere rannte dem buntgefiederten Kollegen hinterher. Das wäre soweit noch ganz spaßig zu beobachten gewesen, hätten die beiden Hähne nicht den ganzen Tag damit verbracht, lautstark miteinander zu telefonieren. Krähte der eine, antwortete der andere.
Nun mochte man meinen, wenn man auf dem Land lebte, gehörte das dazu. - Mochte sein. Aber morgens um vier konnte man bei dem Krach schon einmal an ‚Grillhähnchen Provencial' oder ‚Chicken Teriyaki' denken, wenn die beiden Plusterheinis mal wieder um die Wette schrien.
Offenbar hatte irgendjemand mit schlaflosem Flugpersonal ein Einsehen: Eines Tages war der grün gefiederte Hahn spurlos verschwunden. Ob nun durch Mitwirkung eines ansässigen Fuchses oder durch göttlichen Eingriff, haben wir nie

erfahren. Fortan krähte nur noch einer auf dem Hof.

Hans, so hieß der Held, nahm seine Aufgabe als Chef sehr ernst und verbrachte den Tag - wenn nicht krähend oder Körner pickend - mit dem Beglücken der Hühner. Dieser Aufgabenbereich wurde im Fachjargon als ‚Treten' bezeichnet und sah auch nicht viel romantischer aus. Der Hahn hopste von hinten energisch auf das Huhn, biss sich kurz in den Nackenfedern der Dame fest und waltete seines Amtes. Die meisten Hühner hielten geduldig still, nach ein paar Sekunden war der Zauber ja vorbei und dann wurde im Nachhinein mit gebührendem Abstand zum Gockel lautstark protestiert. Vergriff sich Hans aber versehentlich an einer Glucke, die nur kurz den Bürzel lüftete, wurde er mit großem Federschlag und wütendem Gegacker von ihr in die Flucht geschlagen.

Vor den Glucken hatten die Kinder am meisten Respekt. Hatte ein Huhn beschlossen, Mutter zu werden, legte es in etwa eine Handvoll Eier, die übrigen Hühner gaben noch das eine oder andere freimütig dazu und so saß eine Henne nicht selten auf einem runden Dutzend. Und da saß sie dann, drei Wochen lang. Sie gestattete sich nur ganz kurze Ausflüge zum Fressen, zum Wassernapf und zu einem schnellen Austritt und –schwupps - saß sie dann wieder auf den Eiern. Diese wurden im Verlauf des Brütens immerzu liebevoll mit dem Schnabel gewendet und ansonsten mit dem Leben verteidigt. Sollte ich jemals in die Verlegenheit kommen, auf Huhn oder Katze zu wetten: Die Mieze hätte keinerlei Chance gegen eine aufgebrachte Glucke.

Nun gluckten Hühner öfter, als man Küken haben wollte - Jahreszeit zu kalt, zu heiß, genug Hühner vor Ort, tägliche Eierausbeute zu gering, Katzen zu dick - dann galt es, die Eier jeden Abend todesmutig unter dem vermehrungswütigen Tier heraus zu angeln. Lederne Gartenhandschuhe und langärmelige Pullover konnten dabei nicht schaden.

Hatte eine Henne nun erfolgreich ihre Küken ausgebrütet, waren die gelbplüschigen Federkugeln eine Wonne fürs Auge. Leider wurden diese piependen Minihühnchen selten alle groß, der Schwund durch naschhafte Katzen und räuberische Vögel war immens. Ein paar schafften es dennoch, kämpften sich durch die Metamorphose vom Flauschknäuel zum braun befederten Junghuhn und stellten sich der Hackordnung, die die Gesetze in der Hühnerherde regelte. Einer der Junghähne sah von Geburt an aus, als hätte er Bekanntschaft mit einer elektrischen Leitung gemacht, sein gelbes Federkleid stand struppig in allen Richtungen vom Körper und er trippelte nicht Würmer suchend in kleinen Schritten in der Wiese herum, sondern hopste hektisch durch das Gras. Sein Kommunikationsmittel war kein zaghaftes Piepen, sondern schrilles Kreischen und um sich gegen schattenartige Feinde zu verteidigen, drehte er sich wild flatternd und hüpfend um sich selbst. Wir nannten ihn Django und hofften inständig, dass er sich irgendwann noch einmal auf sein Dasein als Hahn einlassen würde. Offenbar hielt er sich im Moment für Bruce Lee, so wie er stellenweise um sich trat.

Django fand jedoch ein trauriges Ende, kaum hatte er sich das komplette Gefieder eines ausgewachsenen Hahnes ermausert, hing er eines Morgens tot über dem Gartenzaun. Wir dachten zuerst an Selbstmord, aber, typisch für dieses wirre Tier, er hatte sich nicht auf einer Zaunlatte aufgespießt, sondern hing – die Flügel theatralisch weit ausgebreitet- genau dazwischen. Wir würdigten seine kurze Lebensfreude mit einem anständigen Begräbnis.

Nun waren zum Glück nicht alle Hühner so wirr wie Django, ließen sich aber zu ‚nicht-hühnerhaftem' Handeln durchaus verleiten. So hatten wir zum Beispiel auf dem Hof noch einige Laufenten. Diese Tiere, aufrecht wie ein Spazierstock auf zwei Plattfüßen watschelnd, waren possierlich anzusehen, doch meist recht hektisch und nicht immer willig, sich vier Wochen geduldig um die Herstellung von Nachkommenschaft zu kümmern. So hatte unsere Ente ‚Frau Meier' zwar Lust, jeden Tag ein schönes, grünes Ei zu legen, aber leider überhaupt kein Interesse, dieses auch zu bebrüten. Viel lieber schwamm sie laut quakend in der hofeigenen Badewanne herum oder döste im Schatten unter der alten Weide. Nun hatten wir eine Henne, deren Tage als Legehuhn schon längst gezählt waren, was sie aber nicht im Mindesten davon abhielt, regelmäßig Glucken zu wollen. Also wagten wir folgendes Experiment: Wir nahmen zwölf grüne, frische Enteneier und schoben sie unserem brutwütigen Huhn ins Nest.

Nach einem knappen Monat stakste die frischgebackene Mutti noch etwas steif, aber mit Stolz geschwollener Brust über den Hof, mit zehn kleinen quietschgelben Entenküken im Schlepptau. Adoptionsprobleme? Überhaupt keine! Im Gegenteil, die Henne verteidigte ihre Kinderschar mit Leib und Leben, sie wuchsen und gediehen und rannten immer brav ihrer Hühner-Mutter hinterher. Problematisch wurde die Familienbeziehung erst, als die Küken pfiffig genug waren, um sich nach einem heftigen Regenguss, der die halbe Wiese unter Wasser gesetzt hatte, freudig aufgeregt in die Fluten zu stürzen, während Mutter Huhn wild mit den Flügeln schlagend und verzweifelt gackernd am Ufer rauf und runter rannte …

Nach unserem Umzug auf den neuen Hof segnete Hans das Zeitliche und wir lebten eine Weile ohne Hahn. Irgendwie fühlte sich ein Hof ohne Schreihals aber nicht komplett an, und so trat Caruso in unser Leben. Caruso war nicht halb so schön wie Hans, blassgelb und immer ein bisschen zerzaust, aber er konnte genauso krähen, wie es in einem Kinderbilderbuch stand: **Ki-ke-ri-ki**! Hans war entweder kein Sprachtalent oder kümmerte sich nicht so sehr um korrekte Aussprache, sein Krähen war kaum mehr als ein lautes Krächzen gewesen.

Caruso schmetterte aus voller Brust sein tadelloses Kikeriki. Das erste Mal morgens um vier. Manchmal schlief er gnädiger Weise auch bis halb fünf. Hätte er dann nur ein bis drei Mal gekräht, wäre es noch zu ertragen gewesen, Caruso jedoch schmetterte seinen Hahnenschrei in den Himmel, als würde er dafür bezahlt bekommen. An einem Morgen hatte ich 35 Mal hintereinander gezählt. Warum tat er das? Einmal Krähen für jedes Huhn im Stall? Dann hätte spätestens bei zwei Dutzend Schluss sein müssen. Vielleicht hätten wir ihm einen anderen Namen geben sollen. Unser gefiederter Entertainer brachte mich so manches Mal zur Weißglut und ich hatte mehrfach versucht ihn … zu verschenken. Schlachten kam nicht in Frage, an Legehühnern oder Herdenaufsichtsgockeln war so gut wie nichts dran und blankes Um-die-Ecke-Bringen brachte ich nicht übers Herz. Wir hatten ein einziges Mal probiert, aus altgedienten Legehühnern eine Suppe zu kochen. (Die Lebenserwartung eines Huhnes konnte bis zu acht Jahre betragen, die aktive Legephase beschränkte sich aber auf die ersten zwei.) Fünf der ehemaligen Eierleger passten problemlos in einen zehn Liter Topf – frisch gerupft sahen sie alle aus wie Twiggy - und die Fleischausbeute war mehr als dürftig.

Caruso verletzte sich nach fünf durchkrähten Jahren und einem heftigen Disput mit einem Ganter irreparabel am Fuß. Inzwischen lebten wir sehr glücklich ohne Hahn. Auch wenn das ranghöchste Huhn ab und zu mal meinte, krähen zu müssen, so beschränkten sich unsere Federfreunde zumeist doch auf zufriedenes Gackern nach dem Legen eines Eis. Und dies geschah zum Glück nie vor Sonnenaufgang.

Nun mochte die bisherige Beschreibung der Vorfälle mit dem Geflügel negativ anmuten, das wäre aber ein komplett falscher Eindruck. Ein Huhn auf dem Arm zu haben, war eine flauschige Angelegenheit und die Art und Weise, wie sich die Klauen bewerten Füße Halt suchend um die eigenen Finger ringelten, erinnerte doch sehr an einen übergroßen, zahmen Wellensittich. Hatten die Hühner erst einmal raus, wer wann mit dem Futtereimer kam, liefen sie einem bedingungslos und flink hinterher, zur Not bis in die Küche. Spannend waren Szenen zu beobachten, wie sich ein Huhn etwa beim Blick in die Fensterscheibe selbstverliebt betrachtete, einer vorwitzigen Katze, keck auf Schwanz oder Nase pickend, massiv die Meinung verdeutlichte, oder vor einem zu aufdringlichen Hund laut gackernd, aber blitzschnell über den nächsten Zaun entfleuchte.

Nicht so amüsant war es, wenn die großen Schwungfedern der Hühnerflügel schneller Nachwuchsen, als erwartet. (Sie waren alle einseitig beschnitten, damit ruinierte man die ohnehin etwas plumpe Aerodynamik des Federviehs komplett. Uns bewahrte diese - für das Huhn völlig schmerzfreie Maßnahme – vor der Verlegenheit, die Eier auf dem Stalldach oder in der Regenrinne suchen müssen.)
Sollte sich die Flugfähigkeit also unbemerkt wieder eingestellt haben, oder ein sorgloses Kind hatte praktischer Weise die Tür zum Hühnerstall aufgelassen, dann

waren alle Viecher mit viel Energie dabei, die Gartengestaltung aktiv in die Hand, will sagen, in den Fuß zu nehmen. Nichts tat ein Huhn lieber, als in lockerem Mutterboden nach Krabbeltieren und Würmern zu scharren oder zwischen Stiefmütterchen und Tulpen ein erfrischendes Sand-Bad zu nehmen! Gott sei Dank ließen sich diese gutmütigen Tiere mit einer Schippe goldgelber Maiskörner wieder leicht auf die Wiese locken. Zu dieser Maßnahme griff man tunlichst bald, denn hatten die Hühner auf freiem Fuß erst einmal den Napf mit dem Trockenfutter der Katzen für sich entdeckt, dann waren die Eier auf Tage hin ungenießbar.

Der Geschmack der Eier hing nämlich vom Futter ab, die Optik zwar auch, allerdings nur die inwendige. So hatte zum Beispiel die Produzentin eines quittegelben Eidotters sehr wahrscheinlich viele Maiskörner beim Picken ergattert, das dort enthaltene Karotin färbt das Eigelb bis zu orange-rot. Da große, runde Körner hoch im Kurs standen - sie machten schneller satt und waren leichter zu schlucken, ein Huhn konnte ja nicht kauen – verschwanden Maiskörner immer weit vor Hafer, Hirse und Weizen im Kropf. Katzenfutterbröckchen waren nun noch ein Vielfaches größer als ein Maiskorn und standen damit auf der Hühnerfutter-Hitliste auf Platz 1. Leider schmeckten die Eier nach Genuss desselben tagelang nach Fisch, Maggi oder nassen Socken, oder auch einer wilden Kombination der drei – abhängig von der vertilgten Sorte. Die Farbe der Eierschale hatte hingegen überhaupt nichts mit dem Futter zu tun. So hatten wir weiße Hühner, die weiße Eier legten und braune Hühner, die braune Eier fabrizierten. Es gab aber auch ‚Grüneierleger', deren Gefieder lackschwarz in der Sonne glänzte, während die Eier zartgrün aussahen. Die Favoriten der Kinder waren sogenannte ‚Schokoeierleger'; diese Damen stellten dunkelbraune Eier her, oft mit noch dunkleren, braunen Punkten verziert. Obwohl ich mir ziemlich sicher war, dass die Kinder beim Kauf dieser Hühner noch andere Erwartungen gehabt hatten.

In den letzten Jahren unserer eigenen Hühnerhaltung hatten wir viel über diese komischen Vögel gelernt. Warum sie allerdings ausgerechnet immer zu Ostern in den Legestreik traten, uns zu anderen Jahreszeiten dagegen mit bis zu zwanzig Eiern täglich fluteten, konnte ich noch nicht herausbekommen. Ich war mir aber sicher, dass Strategie dahinter steckte. Da half dann nur ein Schild an der Straße:

‚Glückliche Eier von frischen Hühnern - im Dutzend billiger!'

Wolkentrolle und andere Überraschungen

Heute war wieder so ein *Standby*-Tag. Als ich eigentlich schon damit rechnete, dass an diesem Tag nichts mehr passieren würde, suchte ein Deutschlandrundflug noch eine ‚Reiseleitung' und der *Crewkontakt* meldete sich anderthalb Stunden vor geplantem *Check-In*. Die Reiseroute sollte Düsseldorf-München-Berlin-Düsseldorf sein und ich sprang in Windeseile in Uniform und Schminke, denn zum Nachmittag verdichtete sich im Ruhrgebiet ja gerne der Verkehr, bis überhaupt kein Durchkommen mehr war. Ich hatte Glück, der Stau bei Bochum war nur kurz, die Feuerwehr hatte einen Einsatz nicht auf meiner, sondern auf der gegenüberliegenden Fahrbahn und auf dem Parkplatz war noch ein Plätzchen in der Nähe des Ausganges frei. So kam ich rechtzeitig in die Firma, konnte in Ruhe einchecken und dann noch einen Kaffee auf den Schreck trinken.

Bei der Durchsicht der *Briefing*sunterlagen fiel mir auf, dass wir zu fünft in der Kabine waren. Hatte der *Crewkontakt* nicht von einem A 320 gesprochen? Fünf Leute wären aber eine Besatzung für einen A 321. Und ich hatte nicht die Anleitung für die spezielle Videoanlage des A 321 dabei, die ich bis dato auch noch nie in ‚Natura' gesehen hatte. Mir schoss schon mal die Ansage für das ‚Wasserballett' durch den Kopf, bis ich sah, dass der jüngste Kollege eine Seniorität von genau einem Tag hatte. Ach so, ein ‚Neuer' zur Einweisung, dann war ja alles gut.

Unser Flugzeug stand auf einer Außenposition, mit 169, 163 und 174 Gästen waren wir auf jeder Strecke fast, bzw. komplett ausgebucht und wir krempelten im Geiste schon mal die Ärmel hoch. Über zwei Treppen ging das *Boarden* der Gäste relativ zügig, lediglich fünfzehn fehlten noch, weil am *Gate* zurzeit kein Bus zur Verfügung stand. Während wir uns so wartend die Füße platt standen, merkte ich, wie die Gäste auf einmal unruhig wurden. Das übliche Gebrabbel wurde lauter, manche sahen sich nach hinten in der Kabine um oder schauten fragend zu uns noch vorne. Als ich einen Schritt von der vorderen Tür weg trat, wusste ich auch sofort den Grund: es roch irgendwie angeschmort, so als hätte jemand gerade fünf Streichhölzer gleichzeitig entzündet und wieder ausgepustet. Ich ging weiter in die Kabine, um die Ursache des Brandgeruches zu lokalisieren, stellte aber fest, dass es überall gleich stark roch, selbst ganz hinten. Inzwischen waren alle Kolleginnen und der Kollege damit beschäftigt in sämtliche Klappen und Fächer zu schauen und das Cockpit wurde informiert. Als erste Maßnahme beschlossen wir daraufhin, das Videosystem als mögliche Fehlerquelle auszuschalten.

Mittlerweile wurde die Luft in der Kabine schon blau. Da wir uns am Boden befanden, noch dazu mit zwei weit geöffneten Türen, fanden wir als Besatzung die Situation zwar ungewöhnlich, aber nicht lebensbedrohlich - ein Gast in der letzten Reihe sah das jedoch ganz anders. Er sprang aus seinem Sitz, stand Schweiß überströmt in der *Galley* und diskutierte wild mit den Flugbegleitern über den Grund des Gestankes. Ich kam gerade dazu, als er proklamierte, dass er und seine Geschäftspartner augenblicklich aussteigen würden, wenn man ihm nicht **sofort** plausibel erklären könnte, was da denn wohl Ungewöhnliches vor sich ginge.

Inzwischen hatte sich der Brandgeruch komplett verzogen und ich wusste noch immer nicht, was ihn verursacht hatte. Wir versuchten, den Gast zu beruhigen, und ich versprach ihm eine erklärende Ansage vom Kapitän. Da in der Maschine ausnahmslos alle Gäste das Problem mitbekommen hatten, erschien mir dies als die sinnvollste Lösung. Also sprintete ich wieder nach vorne und bat unseren Chef um eine passende Information. Als *Purser* kann ich mich schlecht in technische Details einmischen. Die beiden Piloten steckten aber beide mit der Nase im Laptop, um mögliche Fehlerquellen bzw. Ursachen des Brandgeruches zu eruieren und so mussten wir uns alle noch ein wenig gedulden. Zwischenzeitlich kamen noch zwei angeforderte Techniker an Bord und verschwanden ebenfalls im engen Cockpit. Ich ging wieder durch die Sitzreihen, fragte die Gäste nach ihrem Befinden und auch nach ihrem Empfinden, denn es war mir wichtig, sie mit einzubeziehen, wenn ich schon keine konkreten Auskünfte geben konnte. Man sah, dass wir uns bemühten, und, bis auf den Herrn mit dem Schweißausbruch in der hinteren Küche, blieben alle Gäste ruhig.

Endlich kam ein Lebenszeichen aus dem Cockpit, leider nur eine ganz gewöhnliche Begrüßungsansage ohne jegliche Erklärung in Bezug auf den Brandgeruch, was mir sagte, das die Jungs noch keinen Millimeter weiter waren, die Gäste aber anscheinend doch ein Stück weiter entspannte. Zu mindestens die meisten, der Herr von ganz hinten war noch nicht sicher, ob er nun bleiben oder gehen sollte. Schließlich erbarmte sich der Copilot und erklärte den Gästen, dass angesammelter Staub in der *Air-Condition* schon einmal zu solchen schwefeligen Gerüchen führen könnte. Dieser Umstand sei aber bekannt und vor allem nicht gefährlich, und wir würden in Kürze unsere Triebwerke anlassen, um die Reise nach München anzutreten. Die hintere Tür wurde geschlossen und der Gast blieb an Bord, wenn auch mit etwas gequältem Gesichtsausdruck. Nach weiteren zehn Minuten kamen auch die Techniker aus dem Cockpit, wünschten uns einen schönen Flug und verschwanden auf dem Vorfeld. Ich schloss die letzte Tür und die Reise ging los.

Vom Chef erfuhr ich, dass in der *Air-Condition* ein Fan, also ein kleiner Ventilator, heißgelaufen war und diesen Geruch verursacht hatte. Die Technik hatte ihn stillgelegt, er war nicht unverzichtbar, also konnten wir beruhigten Gewissens Fliegen. Ich informierte die Crew, bat sie aber, auf Wunsch des Chefs, den Gästen gegenüber bei der ‚Staubversion' zu bleiben. Natürlich war es immer besser, die komplette Wahrheit kund zu tun, nur so blieb man glaubwürdig und die Fachkompetenz unserer Gäste war nicht zu unterschätzen. So wurde eigentlich auch immer verfahren – in diesem Falle war es nur eine klitzekleine Notlüge, verschiedene Versionen hätten unsere Gäste vielleicht noch mehr verunsichert.

Wir erreichten München nach schnellen fünfundvierzig Minuten, unsere Jungs waren wahrhaft bestrebt, die entstandene Verspätung wieder hereinzuholen. Wir hatten unsere liebe Mühe, mit dem Service durchzukommen, waren aber mit allem gerade fertig, bevor das Fahrwerk ausfuhr. Und das gelang auf diesen Rennstrecken durchaus nicht immer.

Der *Turnaround* in München war für unseren kleinen Airbus mit dreißig Minuten vorgegeben, was nicht wirklich viel war, wenn man sich die Arbeitsabläufe im Einzelnen ansah. *Turnaround*, also auf Deutsch ‚Umdrehzeit', beschrieb die Zeit, die der Flieger brauchte, um erneut in die Luft zu gehen - also Gäste aussteigen lassen, Maschine Tanken, Reinigen, neu vorbereiten, Gäste wieder einsteigen lassen und losrollen, bis zum *Take-Off*. Und das alles sollte in genau einer halben Stunde passieren. Das klappte fast nie, denn entweder hatte ein Gast an Bord etwas vergessen, eine Putzfrau versäumt ein Klo zu reinigen, mussten Sitzkissen ausgetauscht werden, fehlte ein Koffer, eine Bordkarte oder ein Passgier am *Gate* oder es gab Stau in der Luft, der *Slot* ging verloren oder an der Maschine war etwas defekt. Ein einziges der genannten Probleme reichte schon, um die dreißig Minuten platzen zu lassen. Aber wir probierten es immer wieder gerne. Einen Kaffee trinken? Keine Zeit. Etwas essen? So kurze Flüge machten einen schlanken Fuß, daran brauchte man gar nicht zu denken. Zur Toilette gehen? Aber bitte nicht während der Dienstzeit! Schwuppdiwupp, standen unsere Gäste wieder vor der Tür. Schnell noch den *Security-Check* machen (es könnte ja jemand eine Bombe an Bord versteckt haben und die galt es vor jedem Abflug erneut zu suchen) und schon ging es wieder los: „Guten Tag und herzlich willkommen..."

Zurzeit lief auch noch eine Glückskeks-Aktion. Um Werbung für die noch sparsam gebuchten Flüge nach China zu machen, gab es zwei Wochen lang eine Beladung mit chinesischen Glückskeksen. Eigentlich war dies gedacht, um den Verkauf zu fördern, in ein paar von diesen Teigwaren sollte auch ein Gutschein für eine Reise nach China versteckt sein. Die Kommentare der Gäste waren zumeist:
„Braucht man jetzt schon Glück, um mit Ihnen zu fliegen?"
Es bedurfte vieler Erklärungen und nach den ersten Hundert Gästen hing die Unterlippe mal wieder in Fransen...

Auch Mirko Nontschew huschte als Gast an mir vorbei, ganz klammheimlich und inkognito mit blauer Baseballkappe tief ins Gesicht gezogen, aber ich erkannte ihn sofort. Ich habe nichts weiter gesagt, es war unverkennbar, dass er seine Ruhe haben wollte. Sehr schade, war ich doch ein glühender Verehrer von ihm, regelmäßig hatte ich RTL-Samstag-Nacht geschaut und mich über diesen tollen Komödianten krümelig gelacht. Aber Privatsphäre musste man akzeptieren, also tat ich so, als sei er einfach nur ein ganz normaler Gast. Ich hatte früher schon Kalle Pohl und Bernd Stelter von *7 Tage - 7 Köpfe*, einer Comedy-Sendung, an Bord, die total offen und lustig waren, im wirklichen Leben eigentlich genauso, wie man sie aus dem Fernsehen kannte. Auch Hans Meiser, Heino, Costa Cordalis, Gaby Köster, Reiner Calmund, Stephan Effenberg, Thomas Hermanns und Jürgen Drews habe ich schon auf Reisen begleitet, alle waren sehr unkompliziert und natürlich. (Mein Kompliment an dieser Stelle – nicht alle Promis waren so offen und einfach zu betüddeln! Mir hat es jedes Mal Spaß gemacht. Die anderen Namen lass ich einfach mal im Nähkästchen …) Aber wenn man so in der Öffentlichkeit stand, mochte man sicher auch einfach nur mal seine Ruhe haben. Wir haben es Herrn Nontschew gegönnt. Für uns war er schlicht der Gast auf 12B.

Die Zeit drückte immer noch gewaltig im Nacken, unsere Brandgeruchsverspätung war noch nicht wieder eingeholt, und der nächste *Turnaround* in Berlin war wieder dementsprechend flott. Die Gäste nach Düsseldorf stiegen ein und inspizierten ausgiebigst die restlichen Zeitungen und Illustrierten. Avisiert als ‚Besonderheiten' waren diesmal zwei *VIPs* in Reihe Zwei und der Chef, wie üblich in Reihe fünf. Eine Dame, Mitte dreißig, warf uns ihren zwanzig Kilo Koffer schwungvoll vor die Füße und meinte:
„Verstauen Sie den mal für mich!" Dann verschwand sie hüftschwingend im schmalen Gang.
Ich musste schon tief Luft holen, denn normalerweise gehörte so ein Koffer bei ausgebuchter Maschine ausgeladen, gnädige Frau! Einen Kommentar konnte ich mir an dieser Stelle sparen, die Dame herzte bereits den Chef mit Bussis auf beide Wangen und begann - zur zweifelhaften Freude aller nun nicht an ihr vorbeikommenden Mitreisenden - ein tiefschürfendes Gespräch mit ihm. Mich ignorierte sie völlig. Vielleicht dachte sie, ich gehöre zur Deko? Wir hatten leider wenig bis gar keine Zeit für Diskussionen und mühten uns, den gordischen Knoten aus Passagieren, Gepäck und Garderobe zu entwirren. Es kamen kurz darauf dann noch die Herrschaften für die Reihen eins und zwei, die anscheinend auch gegen das Gepäckband allergisch waren und uns anwiesen, jeweils einen riesigen Koffer irgendwo unterzubringen, der *Rampagent* schmiss mir die Papiere zu, offenbar froh, den Flieger so flott abgefertigt zu haben und aus dem Cockpit rief es ungeduldig:
„Endlich alle da?"

Es waren zwar alle Gäste an Bord, aber ich fühlte mich wie in einem angepiekten, wild wuselnden Ameisenhaufen. Simultan reichten wir spät entschlossenen Passagieren noch Zeitungen und Glückskekse, Decken oder Kissen an, lächelten nett, versuchten dicken Taschen und Koffern auszuweichen, die uns über die Füße gerollt wurden und bedauerten ein ums andere Mal inständig keinen Schrank für das Brautkleid, den Picasso, die Gitarre oder das Blumengesteck zu haben. Gnädige

Frau aus Reihe 18 kam dann noch mal nach vorne und wollte an ihr Gepäck. Leider konnten wir ihr den Wunsch nicht erfüllen, denn es war schon trickreich verstaut und wir waren nicht willig, alles noch mal aus dem Gepäckfach hervorzukramen, nur weil sie sich ihrer Sonnenbrille oder was auch immer entledigen wollte.
Anstatt dann unsere *VIPs* persönlich zu begrüßen, so wie es in meinen ‚heiligen Vorschriften' stand, begann der Kapitän mit seiner Ansage. Da konnte ich ja schlecht dazwischen quasseln. Gleichzeitig rollten wir los, mir blieb also mal wieder kaum noch Zeit. Ich hetzte selber durch meine Begrüßungsansage, vertüddelte prompt ein bisschen die Reihenfolge und versprach mich sogar bei meinem eigenen Namen, aber anscheinend hat es niemand bemerkt. Hörte mir überhaupt jemand zu? Die Zeit reichte gerade so für meinen *Emergency*-Film und kaum hatte ich den Rundgang beendet, heulten die Triebwerke zum letzten Start des Tages auf.

Meine Kollegin baute die Wagen nun zum dritten Mal auf und kochte uns Kaffee und Tee, um bei der kurzen Flugzeit so schnell wie möglich mit dem Service beginnen zu können. Unterdessen begrüßte ich endlich unsere *VIPs* in Reihe zwei und nahm deren Bestellung entgegen: Zwei Champagner, einer davon mit Eis, ein Wasser mit, eins ohne Kohlensäure, dafür aber mit zwei Schnitzern Zitrone und einen Tomatensaft, wenig Salz, aber viel Pfeffer. Kein Problem, kommt sofort. Wir kamen mit unserem gesamten Service dann genau bis Reihe fünf und reichten dem Chef gerade eine Cola, als es plötzlich heftig anfing zu Rappeln - zeitgleich gingen auch die Anschnallzeichen an. Ich machte den Kolleginnen Handzeichen, den Service abzubrechen und wir zogen mit den *Trolleys* zurück in die Küche.
Den Passagieren gab ich per Ansage kund, dass sie sich auf Grund der Turbulenzen bitte wieder anschnallen möchten und wir leider für einen Moment unseren Service einstellen müssen. Meine Kolleginnen checkten die Kabine und ich rief beim Kapitän an, ob er etwas über die Dauer des schlechten Wetters sagen könne. Bei ihm auf dem Radar waren die Turbulenzen aber gar nicht zu sehen, daher konnte er mir nichts Konkretes mitteilen. Ich befragte die Flugbegleiter in der *Aft-Cabin*, wie sie die Situation einschätzten, denn erfahrungsgemäß wackelte es dort immer viel stärker als vorne. Die Aussage war eindeutig, Service nicht möglich. Nun, denn. Wir warteten noch fünf Minuten, gossen vorsichtshalber die heißen Getränke schon einmal weg, sie ließen sich bei dem Gehoppel am schlechtesten im Zaum halten. Als der letzte Tropfen Kaffee gurgelnd in der Toilette verschwand, wurde es prompt ruhiger und der Kapitän rief an:
„Das Wetter wird bis zur Landung wohl so bleiben, aber wir gehen in fünf Minuten runter."

Noch mal Kaffee kochen, alles wieder aufbauen und zurück in die Kabine rollern? Wenn Kalorien kleine Monster waren, die Nachts im Schrank saßen und heimlich die Klamotten enger nähten, dann waren Turbulenzen kleine Trolle, die das Flugzeug immer dann schüttelten, wenn man es am allerwenigsten gebrauchen konnte – vorzugsweise natürlich als *Clear-air-turbulence*, die auf dem Radar immer hübsch unsichtbar blieb. Nie schuckelten sie die Passagiere mal in den Schlaf oder schreckten renitente Mitreisende durch heftiges Gewackel ab. Turbulenzen kamen immer, wenn man mit heißen Getränken, Tomatensaft, Rotwein oder Suppe hantierte und immer passend zur falschen Stelle im Zeitplan. Die verbleibende Flugzeit würde nur noch für zwei oder drei Reihen reichen. Entgegen Erlebnissen bei anderen Airlines wollte ich nicht, dass meine Crew noch mit dem *Trolley* in der Kabine stand, wenn das Fahrwerk schon ausfuhr, außerdem wackelte es hinten immer noch reichlich. Die Kollegen der *Aft-Cabin* boten mir an, wenigstens den Snack zu verteilen, schließlich konnte man sich an einem Stück Rührkuchen oder einer Tüte Chips ja nicht großartig verletzten...

Also machte ich erneut eine Ansage, nämlich das wir die Reiseflughöhe in Kürze verlassen würden, die Gäste daher bitte angeschnallt bleiben müssten und wir jetzt noch schnell mit den Snacks durch die Kabine kämen. Das Servieren von Getränken sei uns aus Sicherheitsgründen leider nicht mehr möglich. Aus dem Augenwinkel beobachtete ich den Chef. Dieser las in einer Zeitung und verzog keine Miene. Sein freundliches Lächeln war allerdings verschwunden. Alles Einbildung, sagte ich mir, wer las schon lächelnd Zeitung? Und während meine Kollegin sich mit einem mit Chips und Kuchen beladenen Korb vorsichtig zu Reihe sechs durchhangelte, entsorgte ich alles an Getränken, was noch in der vorderen *Galley* stand. Hinten verteilte unser neuer Kollege die Snacks und die beiden Mädels räumten dort die Küche auf, so dass bis zum Ausfahren des Fahrwerkes alles wieder verstaut war.

Bilanz dieses kurzen Fluges: Alle Gäste hatten zwar einen Snack erhalten, aber nur ein Drittel ein dazu passendes Getränk. Beim Aussteigen huschte der Chef eilig an uns vorbei und diesmal war kein Lächeln mehr zu sehen, nur ein kurzer, zackiger Gruß. Lag es am schlechten Wetter? Hatte er gar Flugangst oder lag es an unserem lückenhaften Service? Nun, im Wetter steckte man einfach nicht drin. Und ‚Wolkentrolle' machten leider auch vor *VIPs* nicht halt.

Aviophobie

Auf den ersten Flügen meines Lebens war die Angst vor dem Fliegen für mich überhaupt kein Thema. So flog ich völlig sorgenfrei im Sommer 1980 mit der Convair Coronado einer zweifelhaften, spanischen Charter-Fluggesellschaft nach Palma de Mallorca, zusammen mit meiner Cousine Birgit und meinen Großeltern. Unser Hauptaugenmerk lag definitiv an der persönlichen Bespaßung von zwei wild pubertierenden Teenagern in dem damals noch sehr verschlafenen, kleinen Örtchen Cala Bona an der Ostküste der Insel. Gedanken um die Sicherheit des Flugzeuges, trotz mehrerer schlimmer Pannen und Verluste in der Historie der Gesellschaft, kamen uns nicht in den jugendlichen Sinn. Oma und Opa offenbar auch nicht. Fliegen war ein blankes Mittel zum Zweck, um schnell in warme Länder zu kommen, Aviophobie ein Fremdwort.

Dies änderte sich dann schlagartig bei einer Reise nach Rio de Janeiro 1988. In meiner Lehre zur Hotelfachfrau im Hotel Atlantic hatte ich in den vergangenen Monaten jede Menge Überstunden angesammelt. Da Luxushotels viel lieber mit ihrem Namen und damit verbundenen Referenzen bezahlten, als mit barer Münze, legte man mir nahe, im Januar außerplanmäßig drei Wochen Urlaub zu nehmen, um so wenigstens einen Teil der Überstunden abzubummeln. Drei Wochen im tiefsten Winter in der Hansestadt? Kein erquicklicher Gedanke. Ich hielt Rücksprache mit meinem Sparschwein, welches sich durch die eisern gesparten Trinkgelder der letzten zwei Jahre einen nicht unbeträchtlichen Speckring angefressen hatte und entschied, irgendwohin in die Sonne zu fliegen. Eine nette Dame im Reisebüro am Hamburger Hauptbahnhof versorgte mich mit allerlei Prospektmaterial und meine Wahl fiel beim Durchblättern spontan auf Rio de Janeiro. Die Bilder der sonnigen Copacabana hatten es mir angetan, den Corcovado, den Strand von Ipanema und den Zuckerhut – all dies wollte ich live und in Farbe sehen. Schon lange frönte ich einem Faible für brasilianische Musik, Ella Fitzgerald, Astrud Gilberto und Stan Getz dudelten oft mit der typischen Leichtigkeit von Samba und Bossa Nova durch meine Junggesellenbude. Also buchte ich die billigste Hotelkategorie - zwei Sterne landestypischer Standard, also kurz vor Campingplatz - dafür aber ganze drei Wochen Brasilien. Familie und Freunde hielten mich für verrückt, alleine so lange in so eine gefährliche Stadt zu fliegen. Aber es gelang keinem, mir die Reise noch auszureden.

Am 6. Januar setzte ich mich erwartungsvoll in einen Flieger einer argentinischen Airline und freute mich auf zwanzig Tage Sonne, Sand und Samba. Trotz des Umsteigens in Frankfurt verging die Zeit an Bord wie im Augenzwinkern, am Flughafen von Rio wartete bereits ein Bus des deutschen Reiseveranstalters und beim ‚Kennenlerncocktail' – einem ‚Caipirinha', der wirklich nicht von schlechten Eltern war, lernte ich ein deutsches Geschwisterpaar in meinem Alter kennen. Mit

Kontaktaufnahme zu Mitmenschen hatte ich noch nie Probleme: zwei Tage später prallten wir auf der Copacabana bei einer Bilderausstellung in zwei ‚Cariocas', zwei Einheimische, die sogleich von uns blonden Norddeutschen fasziniert waren. Das eine Modell sah aus wie ein milchkaffeebrauner Abklatsch von Tony Curtis in seinen knackigen Zwanzigern und ich verliebte mich noch am selben Abend in diesen charmanten Brasilianer. Es folgten unvergessliche Tage in der Heimat des Zuckerhutes aus der Perspektive von Nicht-Touristen, deren Probleme nicht die Gewalt und Kriminalität vor Ort waren, sondern die wild flatternden Schmetterlinge und die bald nahende Rückkehr ins kalte Deutschland. Am Ende meines Urlaubes passte sich das bisher grandiose Wetter mit Sonnenschein, wolkenlosem, blauem Himmel und 35 Grad meinem inneren Gemütszustand an: Ein wilder Sturm mit kräftigen Schauern färbte den Äther schwarz, große Palmen berührten mit ihren Wedeln fast den Boden, lose Gegenstände wie Mülltonnen oder Gartenstühle flogen wie Spielzeug umher und es war kaum möglich, gegen den brausenden Wind anzulaufen. Mein Heim-Flug war der letzte, der noch auf der Anzeigentafel im Antonio-Carlos-Jobim-Airport stand, alle anderen Flüge waren schon gestrichen worden. Die Maschine, eine Boeing 747, kam aus Buenos Aires und pickte nur ein paar Zusteiger in Rio auf dem Weg nach Europa auf.

Der Flug, der dann folgte, war mehr ein Ritt als eine Flugreise. Schon der Start war eine fliegerische Meisterleistung des Piloten, er ließ den behäbigen Jumbo sich gnadenlos durch die dicken Wolkenmassen schieben und nach einem kurzen Weg entlang der Küste ging es ab über den Atlantik. Der 370 Tonnen schwere Flieger war ausgebucht, den Großteil der Gäste stellten Argentinier und Brasilianer, aber auch vereinzelte Europäer, die sich auf der Heimreise befanden – so wie ich. Die Turbulenzen wurden immer heftiger, der Vogel schlingerte forsch von einer Seite zur anderen, sackte ruckartig durch und kämpfte sich wieder nach oben. Einen Service gab es an Bord nicht. Die Flugbegleiter wurden über *Interphone* vom Kapitän angewiesen, sich anzuschnallen, somit fiel die Möglichkeit eines ‚Beruhigungsdrinks' auch aus. Wahrscheinlich hätte man auch nicht einen Tropfen davon trinken können, ohne sich beim Versuch alles auf Haar, Hemd oder Hose zu kippen. Das Wetter wurde immer wilder, und die Passagiere jammerten laut. Neben mir saß ein Argentinier in den Vierzigern, der in Frankfurt ein Steakhouse betrieb. Er war völlig entspannt und versuchte mich zu beruhigen. Kurze Zeit später wurde der Flieger so heftig geschüttelt und vom Wind hin – und hergeschubst, dass die Gepäckfächer aufbrachen. Handgepäck rieselte auf uns herunter, aus dem Gejammer wurden spitze Schreie, lautes Fluchen oder auch stilles Beten. Das Südamerikanische Temperament der panischen Gäste mischte sich mit dem gequälten Jaulen der Triebwerke. Das Flugzeug flog nicht mehr, es stampfte wie ein Dampfer durch Wellentäler, mit dem Unterschied, dass die Richtung der nächsten Bewegung nicht vorhersehbar war. Ich suchte schlotternd Schutz unter der Lederjacke meines unbeeindruckten Sitzplatznachbarn, mit der Gewissheit, dass nun wohl bald alles zu Ende wäre.

Alternativ hätte ich einen wunderschönen Blick aus dem Fenster auf die 25 Meter lange Tragfläche gehabt, die ab und zu in den unglaublichsten Biegungen nach oben oder unten von Blitzen draußen erhellt wurde. Eine live Demonstration von Materialbelastbarkeit, auf die ich wirklich gut verzichten konnte.

Insgesamt wurden wir neun Stunden lang durchgeschüttelt, davon über die Hälfte so schwer, dass an einen Gang zur Toilette nicht zu denken war, ohne dabei bewusst blaue Flecken, verrenkte Gliedmaßen oder auch Schlimmeres in Kauf zu nehmen. Als wir nach 7700 km über den großen Teich in Lissabon zwischenlandeten und die Piloten aus dem Cockpit kamen, wurden sie in der *Economy* Klasse von den Passagieren abgeküsst, umarmt, geknuddelt und laut bejubelt. Ich versuchte meine Extremitäten aus dem engen Sitz zu falten und den Waschraum aufzusuchen. Meine Beine schwankten immer noch, so wie es sich beim Nachschaukeln anfühlte, wenn man lange auf See war. Am liebsten wäre ich hier von Bord gegangen, mein Bedarf am Fliegen war absolut gedeckt. Allerdings musste ich ja irgendwie noch nach Hause und mein seelischer Beistand begleitete mich ja immerhin noch bis nach Frankfurt.

Ich habe die angsterfüllten Stunden an Bord des Jumbos nie vergessen, auch heute, 23 Jahre danach, erinnere ich mich gut an diese nicht enden wollende Nacht. Aber es gibt im Leben viel wichtigere Emotionen als die Angst. Hätte ich mich in diese fliegende Aluminiumkiste nicht gesetzt, hätte ich mein Brasilianisches Herzblatt nie kennengelernt. Und für eine drei wöchige Romanze konnte man doch wohl mal einen halben Tag schwitzen, oder nicht? Marcos, so hieß mein Fremdenführer, schrieb mir noch fast ein Jahrzehnt lang glühende Liebesbriefe ins kalte Deutschland und ich hoffte Jahre lang, dass die Firma endlich neue Strecken nach Brasilien aufnehmen würde, um ihn mal wieder zu sehen. Wir flogen zu der Zeit leider nur nach Recife, bis auf wenige Sonderflüge nach Rio. Auf die hatte ich als ‚Newcomer' in der Fliegerei natürlich keine Chance.

*

Immerhin plagte mich als Neue temporär keine Flugangst mehr. Obwohl nur zwei Jahre zwischen dem Brasilianischen Chaosflug und meiner Ausbildung als Stewardess lagen, bin ich unvoreingenommen auf den Lockheed Tristar geklettert und habe mich ihm anvertraut. Er wurde sozusagen mein zweites Wohnzimmer. Zu der Zeit hatten wir ganze zehn Maschinen, da fühlte man sich auf jeder ziemlich schnell wie zuhause, kannte jede Schraube, jeden Knubbel im Teppich und jede klemmende Klappe. Die Ausbildung war zwar nur sechs Wochen kurz, aber vollgestopft mit Informationen, Wissen und Arbeitsabläufen, das erste was man uns um die Ohren knallte war dieser Satz:
„Sie sind nicht hier, um die Gäste zu verwöhnen, sondern ausschließlich um in

einem Notfall die Menschen zu evakuieren!"
Zack – das saß. Es folgten Berge von Anleitungen, Instruktionen, Manuals und Auflistungen. Welche Notausrüstung gab es an Bord? Wie wurde sie gehandhabt? Was tue ich bei einer Notlandung, was bei einer Notwasserung? Wie verhalte ich mich danach im Dschungel, in der Wüste, in der Arktis, auf dem offenen Meer? Wie ist die richtige Kommunikation mit dem Gast, dem Vorgesetzten, dem Kollegen?
Die Firma gab sich redlich Mühe, uns für alle Eventualitäten zu rüsten, sie erklärte uns nicht nur, wie man einen Iglu unter einer Tragfläche baute, sondern auch haarklein, wie der Feuerlöscher eines Triebwerkes funktionierte. Mit soviel ‚Basiswissen' hatte man gar keine Zeit mehr, Angst vor etwas zu haben. Wir waren gut gerüstet, hoch motiviert und hatten für alles eine Lösung!

Wie unzureichend diese Vorstellung war, merkte ich recht schnell bei einem Start mit vollbesetzter Maschine in Düsseldorf im Sommer 1990 nach Ibiza. Die drei Triebwerke brüllten unter Volllast auf, der Tristar schob sich wie immer scheinbar in Zeitlupe und mit einem Mörderkrach in den Himmel. Bereits wenige Sekunden nach Verlassen der Startbahn drehte er eine imposante Rechtskurve. Die rechte Tragfläche klappte steil nach unten und wir hatten einen fabelhaften Blick aus den Fenstern der Passagiere auf den von der Sonne beschienenen Rhein. Ich saß auf meinem Flugbegleitersitz L3, das hieß ziemlich weit im hinteren Teil der Kabine entgegen der Flugrichtung, aber noch vor etlichen Passagieren, die einen auch immer interessiert musterten. Auf einmal verstummte das Dröhnen der Turbinen, ganz plötzlich, in der Kabine wurde es fast mucksmäuschenstill. Nur ein leichtes Rauschen begleitete noch unseren ‚Segelflug' und der Flieger sackte merklich ab. Die Gäste sahen uns erschrocken an, keiner konnte sich die Situation erklären – was war passiert? Waren alle drei Triebwerke gleichzeitig ausgefallen? Das schien unmöglich und doch habe ich mir damals vor Schreck fast in den Schlüpper gepinkelt. Dass ein moderner Düsenjet hervorragende Segeleigenschaften besaß, hatten wir selbstverständlich auch in unserem grandiosen Kursus gelernt. Wie es sich allerdings dann anfühlte, mit 358 Gästen an Bord kurz nach dem Start relativ schnell wieder zu sinken – das hatten sie uns nicht beigebracht. Wie auch? Ich weiß nicht mehr, wie lange dieser Gleitflug angedauert hatte, wahrscheinlich nur ein paar Sekunden, insgesamt vielleicht eine halbe Minute. Mir kam es vor wie eine Ewigkeit, bis endlich das sonore Gebrumm aller drei Triebwerke wieder donnernd einsetzte und sich unser Vogel mit hoch erhobener Nase weiter in den Himmel schraubte. Mir fiel kein Stein, sondern ein Fels in der Größe des Mt. Everest vom Herzen und unsere Gäste atmeten ebenfalls erleichtert auf. Sicherlich hatten sie sich nicht nur über unser verkrampftes Grinsen gewundert.
Als wir später die Herren aus dem Heiligtum befragten, warum es denn wohl so ein ‚merkwürdiger' Start gewesen war, erhielten wir die lässige Antwort:
„Wir waren beim Start zu schnell zu hoch – (kaum vorstellbar bei unserem Dick-

schiff!) – und der *Tower* wies uns an, die Geschwindigkeit zu drosseln, damit wir nicht mit einem anderen Flieger ins Gehege kamen. Darum haben wir die Gase kurz rausgezogen – war gar nichts Spektakuläres!"

Sicher nicht. Wenn man wusste, worum es ging, schon mal gar nicht. War das nicht sowieso die Lösung für sämtliche Flugangst? Wissen, warum es sich konkret handelte?

Ein anderes Mal, viele Jahre später, waren wir mit dem Airbus auf dem Weg nach Bangkok. Etwa fünfzehn Minuten nach dem Start, also kurz vor dem Erreichen der vorläufigen Reiseflughöhe von etwa 9 000 Metern gab es auf einmal einen dumpfen Schlag in der vorderen *Galley* und das ganze Flugzeug schien sich kurz zu schütteln. Was war denn das? Ich hatte mich fürchterlich erschrocken – wo zum Teufel konnte man in dieser Höhe gegen fliegen? Ich ging ins Cockpit und fand dort zwei genauso überraschte Piloten vor. Was konnte das gewesen sein? Bei einer schnellen Rücksprache mit der gesamten Kabinencrew erfuhr ich, dass der Schlag und die Erschütterung bis in die hintere Küche zu spüren war.
Der Kapitän war zunächst ratlos und verschwand für kurze Zeit im ‚Weinkeller'. Im Elektronik-Raum unter dem Cockpit befanden sich allerlei elektrisches Gedärm, Akkumulatoren für die Notstromversorgung, viele wichtige Sicherungen, sowie das Gehäuse des Bugfahrwerkes. Aber dort war alles in Ordnung und das Rätselraten ging weiter. Bei einem Funkkontakt mit der Flugbetriebsleitung an der Heimatbasis legte man uns die Möglichkeit nahe, dass wir einen Wetterballon getroffen haben könnten. Diese meteorologischen Messhilfen flogen zwar zwanzig bis dreißig Kilometer hoch, wogen aber nur knapp zweihundert Gramm, weshalb dieser Vorschlag kaum realistisch war. Was war passiert?

Wir mussten uns noch zehn weitere Stunden gedulden, bis wir nach der Landung in Bangkok endlich Gewissheit erfuhren. Schräg unter dem Co-Pilotensitz befand sich am weißen Lack der Flugzeugnase ein großer Blutfleck, an dem sogar noch ein paar Federreste klebten. Wir hatten in 9000 Metern Höhe offenbar eine Wildgans touchiert, die genau auf eine Strebe geknallt war. Allein dadurch befand sich kein größerer Schaden an der Außenhaut, denn eine Gans von vier Kilo Lebendgewicht war schon ein anderes Kaliber, als ein Wetterballon von wenigen Gramm.
Wieder was gelernt …

Ein anderes Mal bei einem Start in Richtung USA gab es beim Schwungholen auf der Startbahn so heftige Vibrationen, dass ich gedacht habe, das Porzellan pulverisiert sich in den *Trolleys* zu Feinstaub. Die Servicewagen klatschten aneinander, die Innenverkleidung der Kabine rappelte wie wild und ich rechnete jeden Moment mit einem Startabbruch – normal war das Gescheppere auf keinen Fall! Wir sind dennoch gestartet und sobald das Fahrwerk keinen Bodenkontakt mehr hatte, hörte die Schuckelei schlagartig auf. Die spätere Erklärung aus dem Cockpit: Anscheinend war nur einer der beiden Reifen des vorderen Fahrwerkes ersetzt und mit einem älteren Exemplar zusammen nicht komplett rund ausgewuchtet worden. Man kannte das von neu aufgezogenen Reifen beim Auto. Im Flieger war es ein äußerst ungewöhnliches Geräusch, ein merkwürdiges Geschaukel und sorgte für überproportionale Adrenalinausschüttung!

Das gleiche Phänomen trat auf, wenn der Feuermelder in einer der Toiletten aktiviert worden war: Ein gleichmäßiges Gedongel in tiefem, immer wiederkehrendem Ton wies die Flugbegleiter darauf hin, dass in einer der Toiletten der Rauchmelder aktiviert worden war. Vorzugsweise passierte dies natürlich nachts über dem Atlantik, mit vier Stunden Wasser unterm Kiel in jede Himmelsrichtung. Da konnte man schon mal ein bisschen nervös werden!

Insgesamt betrachtet war die Angst vor dem Fliegen ein Zweischneidiges Schwert: Manchmal hatte man Angst, weil man die Ursachen für etwas nicht kannte. In dieser Situation befanden sich zum Beispiel täglich auch unsere Fluggäste, ganz normale Gäste, denen kein Kerosin in den Adern pulste und die sich nicht irgendwie tiefgründig mit der Materie des Fliegens auseinander gesetzt hatten. Leute, die sich in das Flugzeug setzten und sich schon erschraken, wenn die hydraulische Pumpe, die für das Schließen der Frachtraumtür zuständig war, jaulte wie ein Hund, dem man auf den Schwanz getreten war, die nervös zusammen zuckten, wenn das Fahrwerk herausrumpelte oder die *Flaps* heulend im Sinkflug ausfuhren. Manch einer konnte auch den ‚Geradeausflug' ganz gut aushalten, bekam aber eine mittelschwere Krise, wenn sich die Maschine schwungvoll zu einer Seite bog, eine Tragfläche nach unten, die andere schier senkrecht in den Himmel. Ganz nervösen Mitmenschen wurde schon bei der Planung, respektive Buchung einer Flugreise übel und kämpften Tage oder Wochen lang mit Schlaflosigkeit und Reisefieber. Ich kann mich auch noch gut an unzählige blaue Flecken erinnern, die mir Passagiere liebevoll in die Finger oder in den Arm gequetscht haben, aus Angst, wir würden gleich abstürzen. Wussten diese Menschen, wovor sie Angst hatten? Oder war es bloß so ein komisches Gefühl? Das Flugzeug, das unbekannte Wesen. In Flugangstforen las man immer wieder die gleichen Argumente für Flugangst: Ausgeliefert sein, nicht wissen, was passiert, keinen Einfluss haben. Vielleicht gesellte sich noch ein bisschen Klaustrophobie dazu, in den heutigen *Economy* Klassen mit adäquater Bestuhlung für höchstens 6. Klässler sollte man diesen Faktor nicht außer acht lassen.

Aber war das Wissen nicht noch viel unerträglicher als das Nicht-Wissen? Gerade wir Crewmitglieder, die wir jedes Jahr neu geschult und mit allen Informationen gefüttert wurden, die Flugzeugunglücke, Fast-Unglücke und Zwischenfälle des vergangenen Jahres betrafen. Da wurde analysiert, spekuliert und relativiert – was konnte man besser machen? Wie ist es zu dem Unglück oder dem Unfall gekommen? Wäre dies auch bei uns möglich gewesen? Wie hätten wir uns verhalten?

Als man uns vor über zwanzig Jahren beigebracht hat, wie man eine Notwasserung auf dem Atlantik bewerkstelligte, fand ich das Ganze furchtbar spannend und aufregend. Wie besetzte man das Riesenschlauchboot, wie trennte man es vom Flugzeugwrack, ehe dieses unterging und wie verteilte man danach die Aufgaben an Bord? Wer übernahm das Kommando? Ganz klar, der jeweilige Flugbegleiter war der Schlauchbootkapitän, sorgte dafür, dass Verletzte versorgt wurden, noch Schiffbrüchige aus dem Wasser gezogen wurden, organisierte den Dachaufbau, das Reparieren von Löchern in den Luftkammern, teilte Medikamente und Fruchtbonbons zu, delegierte die Gewinnung von Tauwasser zum Trinken auf dem Bootsdach und beaufsichtigte akribisch die Verwendung aller Notsignale. Für die ganz harten Fälle konnte man sich ja noch gegenseitig etwas aus der Bibel vorlesen (war in der Notausrüstung des Bootes dabei), oder gemeinsam etwas singen – Hauptsache man hatte überhaupt etwas zu tun, beschäftigte sich aktiv mit dem Überleben und gab nicht auf. Bob der Baumeister und Barack Obama hätten stolz gerufen:
„Yes, we can!“ und ich war damals auch vollkommen von unseren Möglichkeiten überzeugt.

Inzwischen sah ich dieses ‚Abenteuer' in einem ganz anderen Licht. Mein persönlicher Obergau: Nachts über dem Atlantik ins Wasser zu fallen. Es gab nur wenige Vorfälle in der Vergangenheit, die bewiesen, dass eine Notwasserung mit einem Verkehrsflugzeug überhaupt durchführbar und überlebbar war. Auf dem Hudson in New York war sie am 15.01.2009 mit einem A 320 gelungen, weil Kapitän Sullenberger Nerven wie John Wayne bewies. Alle Menschen an Bord überlebten und an der Maschine riss lediglich ein Triebwerk ab. Diese fliegerische Meisterleistung konnte bis heute nicht im Simulator nachgeflogen werden. Aber war der Hudson-Fluss für das zweitgrößte Weltmeer überhaupt ein Parameter? Hudson und Atlantik unterschieden sich nicht nur durch den Salzgehalt des Wassers, sondern hauptsächlich durch die Bewegung desselben. Und der Wellengang, bekanntermaßen nicht unbeträchtlich auf dem Meer, war bei einer Notwasserung die größte Herausforderung. Die landende Maschine müsste mit eingezogenem Fahrwerk möglichst waagerecht aufsetzen, am besten in einem Wellental. Bei einer Anfluggeschwindigkeit von etwa 250 km/h mutierte Wasser zur Betonwand. Selbst bei spiegelglatter See und dreißig Grad Wassertemperatur erschien das Überleben einer solchen Aktion fraglich. Zweifelsfrei würden bei Kontakt mit der Wasseroberfläche zuerst die Triebwerke abgerissen werden, denn ihre Aufhängung unter den Tragflächen könnte einer solchen Belastung nicht standhalten. Wünschenswert wäre bei der Landung auch ein Schwerpunkt am Heck, damit sich das Flugzeug, plötzlich abgebremst und seiner Stabilität beraubt, nicht überschlug. Spätestens dabei würde es dann auseinanderbrechen. Aber selbst wenn der Rumpf intakt blieb und es schaffte, auf der Wasseroberfläche zu schwimmen: Im hinteren Teil der Kabine würden die Flugbegleiter auf Grund des hinten liegenden Schwerpunktes der Maschine an ihren Bullaugen die Fische vorbeiziehen sehen. Die Wahrscheinlichkeit, dass die hinteren Türen unter der Wasserlinie lagen, war groß. Waren wir alle John Wayne genug, um die Öffnung durch hysterische *Paxe* oder gar eigenen Freiheitsdrang zu verhindern? Die Flugzeugbauer hatten sogar für einen ‚Ditch-mode' gesorgt, einen speziellen Schalter, der sämtliche Klappen am Rumpf verschloss, um eine längere Schwimmfähigkeit zu erreichen. Was wieder bewies, dass so ein Flugzeug theoretisch für fast alles gerüstet war, lediglich zwei Komponenten waren nicht vorhersehbar und damit auch nicht planbar: Der Faktor Mensch und die Natur.

Wie konnte man nun vor etwas Angst haben, was man selbst noch nie erlebt hatte und aller Wahrscheinlichkeit nach auch nie erleben würde? Die Gefahr, bei einem Autounfall ums Leben zu kommen oder beim simplen Fensterputzen von der Leiter zu fallen und sich dabei den Hals zu brechen war um ein vielfaches größer, als in einen Flugunfall verwickelt zu werden. Und wem brach beim Einsteigen in ein Auto schon der Schweiß aus? Mehrere Quellen im Internet, z.B. ‚gamblingplanet. org' berichteten, dass die Wahrscheinlichkeit bei einem Flugzeugabsturz ums Leben zu kommen bei 0,00000007 % läge. Zugrunde gelegt wurden 1,5 Millionen Flüge pro Tag und drei bis fünf Abstürze pro Jahr. ‚Welt-online' ging sogar noch einen Schritt weiter und behauptete, dass über 95% aller Flugzeugabstürze auch überlebbar seien. Plätze am Notausgang, Gangplätze und festes Schuhwerk – damit man auf den Trümmern nicht ausrutschte - sollten die Chancen noch beträchtlich erhöhen. Im Übrigen wurde festes Schuhwerk dort auch für das tägliche Leben empfohlen, weil es zum Beispiel auch bei einem Blitzeinschlag gut isolieren würde. Und die Wahrscheinlichkeit, vom Blitz getroffen zu werden, sei ja nun wesentlich höher, als bei einem Flugzeugunglück ums Leben zu kommen.

Aha, so war das also. Sich schlau zu Lesen und Recherchen zu betreiben war die eine Sache – die Angst damit auch in den Griff zu kriegen, die andere. Wäre es so leicht, mit Wissen der Angst ein Schnippchen zu schlagen, gäbe es weit weniger aviophobiotische Menschen unter uns. Die Angst war eben nicht rational und in eine Schublade zwängbar. Interessant war es, die Ursachen zu erforschen, denn selten beherrschte uns die Angst von Anfang an. Sie war ein Lernprodukt, eine Sammlung von Erfahrungen, die uns nicht an einem sonnigen Samstagnachmittag bei Kaffee und Kuchen ereilten.

Am Anfang meiner Fliegerkarriere war ich Stammgast auf der Karibikinsel Kuba. Da alle Langstrecken in unserem Streckennetz nach einem festen Punkte-System beantragt werden konnten (wer am längsten dabei war, hatte die auch meisten Punkte und flog daher am ehesten zu seinem Wunschziel), blieb für die ‚Neuen' meistens Kuba übrig, oft sogar mehrfach im Monat. Vor gut zwei Jahrzehnten war

Kuba ein bettelarmes, unterdrücktes Land, was touristisch außer blauem Himmel, Sonne, weißem Sand und Palmen nicht viel zu bieten hatte – es sei denn man hatte genügend US-Dollar in der Tasche. Die Verpflegung in den Hotels bestand zumeist aus äußerst bissfestem Weißbrot, Gummikäse, blau gekochten Eiern und knallroter, fettiger Salami, zu trinken gab es Westernkaffee – so stark, das ein Hufeisen ohne Probleme drauf schwimmen konnte – oder kubanischen Rum. Natürlich gab es auch frischen Hummer und Fisch in allen Variationen aus dem Meer und auch die berühmten Zigarren. Dafür brauchte man aber schon die eine oder andere Beziehung. Kam man öfter, wurde gleich alles bei der Ankunft organisiert: Frisch gefangenes Meeresgetier, ‚7 años'-Rum und eine ‚besame-mucho' trällernde Combo. Manchmal grillten wir auch ein Spanferkel am Strand, saßen unter Palmenwedeln an einer Strandbodega und feierten fröhlich zu karibischen Klampfenklängen bis zum Morgengrauen. Trotzdem alles so romantisch schien – in Kuba war die politische Unterdrückung des Volkes immer zu spüren und hinterließ einen schalen Nachgeschmack.
Ganz besonders blieb mir diese bei unseren innerkubanischen Flügen in Erinnerung, die ich gehasst habe, wie der Teufel das Weihwasser. Ich flog gern, weil ich großes Vertrauen in unsere topp gewarteten Maschinen hatte und die Kompetenz unserer Piloten nie in Frage stellte. Hier mussten wir mit einer Jakowlew Jak 40 fliegen und wenn die gerade kaputt war, steckte man uns in eine Antonov AN 24. Die Jak, ein freitragender, dreistrahliger Tiefdecker aus sovietischer Produktion, wurde Anfang der 60er Jahre entwickelt. Es handelte sich um ein Kurzstreckenflugzeug mit Platz für zwei bis drei Besatzungsmitglieder und maximal 32 Passagiere. Dieses Flugzeug wurde extra von unserer Firma gechartert, um unsere elfköpfige Crew von Havanna nach Holguin zu fliegen. Neben den beiden Piloten befanden sich stets noch zwei Stewardessen mit an Bord, sowie zwei uniformierte und bewaffnete ‚Aparatschiks', die aufpassten, dass das Flugzeug von uns nicht nach Amerika entführt wurde. Serviert wurden Wurst- oder Käsesandwiches, dazu gab es Wasser, Softdrinks oder Hufeisenkaffee. Unser Kapitän erhielt außerdem eine Flasche kubanischen Rum, die zumeist großzügig mit der gesamten Crew geteilt wurde. Das war nicht nur eine nette Geste, sondern taktisch klug – den meisten von uns standen in dieser Höllenkiste die Haare zu Berge. Die Tür zum Cockpit blieb während des gesamten, knapp zwei stündigen Fluges offen. Kaum hatte die Maschine ihre Reiseflughöhe erreicht, wurden unsere Jungs von den kubanischen Piloten eingeladen, doch mal auf dem Kapitänssitz Platz zu nehmen und dieses russische Schmuckstück zu fliegen. Im Cockpit tummelten sich antiquierte Instrumente, das Wetterradar hatte seine beste Zeit in den 50ern. Trotzdem waren die Kubaner stolz wie Bolle und freuten sich wie kleine Kinder, wenn sie unsere Jungs in die Geheimnisse der Jak einführen konnten. Natürlich gab es dabei das eine oder andere unvorhergesehene Flugmanöver, sehr zur Freude des aktiv fliegenden Personals – uns aus der Kabine blieb da nur noch der Rest aus der Buddel Rum.
Die Flugstrecke führte komplett über Land, aus dem Fenster sahen wir zumeist

Dschungelartiges Grün. Leider kam es über der karibischen Insel immer wieder zu heftigen Wärmegewittern, um die die Jak dann herummanövrieren musste. Bei einer maximalen Flughöhe von 7000 Metern war ein Überfliegen nicht drin. Wie sehr karibische Unwetter ein Flugzeug durchschütteln konnten, ist mir auch nach all den Jahren noch gut in Erinnerung geblieben- selbst einer unserer hart gesottenen Piloten-Jungs fing bei einem besonders heftigen Sturm an, laut zu beten und stellte energisch beim lieben Gott klar, dass er doch noch zu jung zum Sterben sei und im übrigen noch einmal seine Familie sehen wollte!
Vielleicht hätten die Kubaner bei schlechtem Wetter generell zwei Flaschen Rum an Bord liefern lassen sollen?

Wenn ich schon der kleinen Jak 40, diesem Düsendackel, nicht traute: schlimmer ging's immer: Ein paar Jahre später bestellte die Firma für uns eine LET 410 in Jamaika, um uns damit in die Dominikanische Republik zu befördern. In diese Miesmurmel passten nur siebzehn Passagiere – ich hasste kleine Flugzeuge! Hier war der Vergleich zwischen einem Ozeanriesen – musste ja nicht gleich die Titanic sein – und einem Ruderboot angebracht. Na, gut, vielleicht eher einem kleinen Motorboot. Aber mehr nicht! Und nun stelle man sich vor, wie man sich darin bei mächtigem Wind fühlte... Verdammt, ich war wirklich nur Großraumflugzeugkompatibel!

Über die Jahre hatte ich mich ganz gut gerettet – *Proceeding* in kleinen Rumskisten war selten geworden, ab und zu kam neuerdings mal eine Dash 8-Q 400 ins Programm, eine irre laute Turboprop, die immerhin 78 Gäste durch die Luft kutschieren konnte. Böse Zungen sprachen hier vom ‚fliegenden Heuwender'. Wenn mich auch der sechsblättrige Propeller nicht wirklich überzeugen konnte – so emotional aufwühlend wie in der Jak oder der LET war das Reisen in der Dash nicht. Trotzdem waren mir die großen Vögel am liebsten – je dicker und behäbiger, desto besser.

Natürlich war Masse allein kein Allheilmittel gegen Flugangst, zumal diese mit den zunehmenden Jahresringen auch proportional zu wachsen schien. Mein bisher schlimmstes Erlebnis war ein wilder Ritt auf dem A 330-300 durchs Bermuda-Dreieck, im Detail nachzulesen in ‚387 Könige an Bord', im Kapitel 14. Hier half dann nur noch Trick siebzehn mit Selbstüberlistung, wenn man zugunsten temporärer, emotionaler Anfälle den Job nicht an den Nagel hängen wollte.

*

„Tu das, wovor Du Dich fürchtest und die Angst stirbt einen sicheren Tod!" William James, amerikanischer Psychologe aus New York, hatte es mit diesem Satz Anfang des 20. Jahrhunderts auf den Punkt gebracht. Sich selbst zu überwinden, dem Schweinehund das Messer an den Hals zu setzen und weiter zu machen, wie bisher - das scheint der einzig sinnvolle Weg zu sein, der Angst doch ein Schnippchen zu schlagen. Und das fühlt sich dann ziemlich gut an!

Willi das Reiseschwein

Auf einem weiteren Nachtflug nach Dubai war es an Bord sehr ruhig. Unsere Gäste befanden sich in einem frisch gesättigten Stadium, die meisten schliefen oder schauten einen Film. Für uns ergab sich die Gelegenheit für einen Moment auszuruhen, Kaffee zu trinken oder Zeitung zu lesen. Ich hatte meine Abrechungsunterlagen bereits vorbereitet, die Hotelliste und das ‚Gen Dec' waren ebenfalls ausgefüllt. Die Jungs im Cockpit hatten wir auch schon gefüttert und der Airbus schraubte sich mit nur leichtem Geschuckel durch den Nachthimmel über dem Persischen Golf – die Vereinigten Arabischen Emirate waren nicht mehr weit. Ich machte es mir auf meinem Crewsitz gemütlich und schnappte mir die Bildzeitung. Gleich auf der ersten Seite fand ich folgende ‚Schlagzeile':

> Polizei verhaftete Schwein – Ferkel ‚Manfred' war aus dem heimischen Stall ausgebüxt und suchte neue Wirkungskreise im Garten der nahegelegenen Kindertagesstätte. Er ließ sich nur ungern von den Beamten wieder einfangen und zurück auf den heimischen Hof verfrachten.

Beim Lesen dieser Zeilen musste ich Schmunzeln. Mir fielen die Eskapaden meines eigenen Schweins ein, welches bis vor einer Weile noch bei uns mit auf dem Bauernhof lebte und stets für Aufregung sorgte. Dieses hieß nicht ‚Manfred' sondern ‚Willi' und hatte neben unbändiger Wühl- und Fresslust auch noch einen ausgeprägten Freiheitsdrang. Vielleicht ein direkter Vorfahr von ‚Manfred'?

*

Wir hatten damals einen alten Schweinestall gepachtet, um einer Herde Hühner ein neues Heim zu geben. Nun nahmen diese Federtierchen gerade mal ein Fünftel der zur Verfügung stehenden Fläche ein, neben der Chickeria wohnte Heini, das Grautier und trotzdem war noch jede Menge Platz. Meine bessere Hälfte liebäugelte mit der Anschaffung einer kleinen Schafherde und kaum hatte ich mich versehen, wohnten ein Kamerunschafbock mit drei Weibchen und zwei Lämmern neben dem Esel. Kamerunschafe sahen eigentlich aus wie Ziegen, hatten dunkelblaue Kulleraugen, eine blaue Zunge und kurzes, drahtiges, kaffeebraunes Fell. Sie waren ganz niedlich anzusehen, machten aber jede Menge Krach und waren zudem noch äußerst scheu. Ein Kamerunschaf in Panik sprang ohne Probleme aus dem Stand über einen Erwachsenen hinweg und war schnell wie der Wind aus dem Blickfeld. Es dauerte lange, bis ich mit ihnen warm wurde.
Mein heimlicher Wunsch war: ein Schwein. Am liebsten eines von diesen Minischweinen, die zurzeit sehr angesagt waren und damit das arme Tier sich nicht langweilte, natürlich am besten ein Schweinepärchen.

So kam es, dass ich mal wieder den Tieranzeiger studierte und spähte, wer uns denn wohl so eine süße Schweinerei verkaufen könnte.
Egal, wo ich anrief, überall waren die Rüsseltiere entweder schon vergriffen oder aber bereits ein paar Jahre alt. Ich wollte jedoch am liebsten zwei Ferkel und so suchte ich weiter. Schließlich wurde ich fündig, verfrachtete die Familie in den VW-Bus, ausgerüstet mit zwei Pappkartons und gab die Adresse in das Navigationsgerät ein: 278 km eine Strecke, au Backe, das mussten aber nun auch Glücksschweine sein, bei der weiten Anreise! Nun denn, wir waren verabredet und die Kinder und ich voller Vorfreude auf die kleinen Viecher.

Endlich am Ziel der langen Reise, befanden wir uns auf einem völlig heruntergewirtschafteten Hof, der laut des Besitzers aufgelöst und verkauft werden sollte. Wir wurden kostenfrei herum geführt, durften ein paar magere Kühe, zwei alte Pferde und ein jämmerliches Ziegenpärchen bestaunen, bis wir endlich zu den Schweinen stießen. Muttertiere waren weit und breit nicht so sehen. Wie dumm wir waren! Aber als Großstadtpflanze musste man eben das eine oder andere landwirtschaftliche Lehrgeld zahlen und so glaubten wir gerne die Geschichte von den bereits verkauften Elterntieren. Etwa fünfzehn knuffelige Ferkel sprangen in einer Stallbox herum, als sie uns sahen, schossen sie quiekend unter das Stroh und versuchten, sich darin unsichtbar zu machen.
So kurz vorm Ziel wollten wir nun aber nicht aufgeben, wir kaperten die Box und hechteten den flitzenden Tierchen hinterher. Nach einer Viertelstunde hatten wir ein schwarzes und ein braunes Ferkel in unseren Pappkisten verstaut und, weil wir so ein weiches Herz hatten, fuhr das Ziegenpärchen auch noch mit uns auf den Hof - ihre Hufe waren bereits wegen mangelnder Pflege zu Schnabelschuhen mutiert. Für lächerliche zehn Euro mehr waren wir um zwei Wiederkäuer reicher. Zum Dank verzierten sie den Kofferraum des VW-Busses mit schwarzen Liebesperlen und meckerten die ersten hundert Kilometer ununterbrochen, bis sie vor Erschöpfung einschliefen. Nun hatten wir Ruhe, uns für unseren Neuzugang Namen auszudenken. Die Schweinchen sollten Sally und Speedy heißen und die Ziegen Artur und Amelie.

Als wir endlich unseren Hof erreicht hatten, war es bereits dunkel. Wir schleppten die Kartons mit den Ferkeln in den frisch eingestreuten Stall und… bemerkten bei genauerer Hinsicht, dass wir mitnichten ein Schweinepärchen gekauft hatten, sondern zwei Schwestern. Speedy, der vermeintliche Eber, konnte auch nur mit einem Schwänzchen aufwarten. Zu müde, um sich noch weiter über die eigene Blödheit aufzuregen, verfrachteten wir die Kinder ins Bett und saßen gerade bei einem Schlummertrunk am Küchentisch, als das Telefon klingelte:
„Hallo?"
„Guten Abend, ich habe gehört, Sie suchen ein Schwein?" fragte eine angenehme Männerstimme.

Nein, ich hatte keine Anzeige in der Zeitung, aber nach einer geraumen Zeit des Landlebens wunderte es mich nicht, dass auch fremde Leute meine geheimsten Wünsche kannten.
„Nun, eigentlich haben wir seit einer Stunde schon ein Schwein, genauer gesagt sogar zwei."
„Och, wie schade. Sind Sie sicher, dass Sie nicht noch ein Schwein gebrauchen könnten?"
„Nein, tut mir leid, unsere Schweinerei ist komplett."
„Aber es ist ein Notfall-Schwein!"
„Wie bitte?"

Das hätte ich besser nicht gefragt. Nun bekam ich nämlich in atemberaubender Geschwindigkeit erzählt, dass er - nebenbei aus Münster, wir waren also quasi Nachbarn - ein Minischwein hätte, welches superlieb und total zahm wäre, leider aber mit der blöden Angewohnheit ausgestattet war, täglich den Wintergarten der Gattin neu zu gestalten. Nun hätte sie – die gnädige Frau - ihn mit folgenden Worten vor eine schwere Wahl gestellt: ‚Das Schwein oder ich!'
Wenn man es so betrachtete, handelte es sich also sogar um zwei arme Schweine in Nöten.

Meine bessere Hälfte fragte:
„Mit wem telefonierst Du denn da?"
„Mit einem armen Schwein, äh, ich meine es geht um ein armes Schwein…"
„Er heißt Willi!", rief der Mann derweil aus dem anderen Ende der Leitung.
„Also, es geht um Willi…"
„Was denn für einen Willi?"
„Und er ist absolut stubenrein! Willi hat ein eigenes Katzenklo und am liebsten frisst er Hasenfutter ….wollen Sie ihn nicht wenigstens mal kennenlernen?"
„Willst Du Willi mal kennenlernen? Er wohnt in Münster…"
Während mein Mann sich noch verwundert den nicht vorhandenen Bart rieb, tönte es weiter aus der Leitung:
„Ich mach Ihnen einen Vorschlag, wir kommen Sie mit Willi besuchen, dann können Sie ja selbst entscheiden, ob er etwas für Sie ist…"
„Na ja, warum nicht. Wie wäre es mit Morgen Nachmittag?"
Inzwischen war es gut 22 Uhr.
„Wir sind in zehn Minuten bei Ihnen, wir sind ja fast aus der Nachbarschaft, meine Tochter nimmt den Willi auf den Schoß und wir kommen eben mal rum. Wie war doch gleich die Adresse…?"

Du lieber Himmel, dieser Mensch verkaufte mit Sicherheit Staubsauger oder Versicherungen, noch nie hatte ich mich so überrumpelt gefühlt.
Aber ich war neugierig auf den kleinen Eber, Willi sollte ja ein Minischwein sein,

acht Monate alt und etwas größer als eine Katze.

Etwa zwanzig Minuten später stand ein Ford Kombi vor unserer Haustür. Etwas befremdet beobachteten wir, wie ein Mann und ein halbwüchsiges Kind einen Fernsehkarton aus dem Heck hievten und mit vereinten Kräften zu Tür schleppten. „Guten Abend!", wurden wir freundlich begrüßt, „Willi wollte doch nicht auf den Arm, wahrscheinlich, weil es schon so spät ist und er sonst um diese Zeit schon schläft. Aber schauen Sie doch mal!"
Er zupfte an der Pappe und der Blick fiel auf ein schwarzes Borstentier, weitaus größer als eine handelsübliche Katze, vielleicht so lang wie ein Fuchs, aber etwa zwanzig Mal so rund. Willi hob den Rüssel, schaute uns aus feuchten Knopfaugen an und grunzte erfreut. – Ich war sofort verliebt.

„Das ist doch nicht Dein Ernst!", rief mein Mann, völlig überrumpelt, als ich Anstalten machte, Willi aus dem Fernsehkarton zu pellen. Er fühlte sich darin sichtlich unwohl, ein paar Ecken hatte er schon beknabbert und, als seine vier Füße auf unserem Kachelboden zu stehen kamen, grunzte er glücklich und ging mit dem Rüssel immer kurz über dem Boden auf Erkundungstour durch unsere Diele. Offenbar hatte ihn die lange Reise hungrig gemacht.
„Was soll Willi denn kosten?", fragte ich vorsichtig. Für unsere beiden Ferkeldamen hatten wir gerade ein kleines Vermögen hingeblättert und weitere Ausgaben bezüglich unserer Landwirtschaft waren eigentlich nicht geplant.
„Wissen Sie was? Mir reicht ein Dankeschön! Der Willi hat ja so sehr ein gutes Zuhause verdient! Wir wollen nun nicht länger stören, sicher sind Sie auch schon müde, es ist ja auch schon spät…"
Nach einem hastigen, aber herzlichen Handschütteln standen wir mit Schwein alleine in der Diele.

Zehn Minuten später saßen wir wieder am Küchentisch und überlegten, ob wir gerade gemeinsam eine Erscheinung hatten oder ob Willi Wirklichkeit war. Ein sattes Grunzen aus der Garderobenecke brachte uns auf den Boden der Tatsachen zurück: Willi war unser Neuzugang! Da wir uns nicht trauten, die Ferkel und den Eber, der immerhin viermal so groß war wie sie, ohne große Eingewöhnungsphase in einen gemeinsamen Stall zu verfrachten, musste Willi die erste Nacht bei uns in unserer Küche verbringen. Wir stellten ihm eine Kiste mit Katzenstreu als Toilette hin und ein Nachtmahl aus Getreide, damit er vor lauter Hunger nicht auf die Idee kam, meine kostbaren Kochbücher über Nacht anzuknabbern.

Am nächsten Tag wurden wir von dem Gekreisch der Kinder geweckt:
„Och, ist der süß!"
„Wie konnte der denn über Nacht so wachsen?"
„Nee, was hat der für eine nasse Nase!"

„Wie kommt das Ferkel denn jetzt ins Haus?“

Wir klärten die Kinder über unseren neuen Chef in der Schweinefamilie auf und beschlossen, Willi sofort in den Stall umzusiedeln. Obwohl er absolut brav die Katzenstreukiste für sein Morgengeschäft benutzt hatte, roch das ganze Untergeschoss intensiv nach Schwein. Willi zog noch vor dem Frühstück zu Speedy und Sally in die Box um.

Die drei Schweine verstanden sich großartig, man gewann den Eindruck, Willi hätte die beiden Ferkel ad hoc adoptiert. Sie gingen gemeinsam durch dick und dünn, dösten vereint, fraßen zusammen und waren sich auch sonst sehr nah. So nah, dass wir noch vor Ende des Jahres zwei schwangere Sauen hatten, die insgesamt zwanzig Ferkel produzierten.

Im Übrigen stellten wir fest, dass unsere ‚Minischweine‘ nur recht kurze Zeit ihrer Rassebeschreibung entsprachen. Sally und Speedy erreichten im nichtschwangeren Zustand ein geschätztes Lebendgewicht von fünfzig Kilo, Willi entpuppte sich als ganz klassisches Hängebauchschwein und wuchs zu einem leibhaftigen Doppelzentner heran.

Während unsere Damen uns nur mit ihrer Nähe beglückten, wenn wir etwas Verzehrbares in den Händen hielten, so kam Willi auch auf Zuruf. Gerne legte er sich dann auf den Rücken, reckte die Haxen in die Luft und ließ sich die Schwarte kraulen. Ein Kostverächter war er natürlich auch nicht, aber Schweine waren als geborene Allesfresser relativ einfach kulinarisch zu befriedigen. So fraßen sie neben ihrem Standardschweinefutter aus geschrotetem Mais gerne Küchenabfälle in Form von Möhren-, Apfel- oder Kartoffelschalen, aber auch übrig gebliebene Nudeln oder Reis verschmähten sie nicht. Wollte man Willi in höchste Verzückung setzen, kredenzte man ihm die Schalen und den Puschel einer frisch aufgeschnittenen Ananas.

Nun hatte Willi an unserer Fütterung nichts auszusetzen, anscheinend aber an der Größe der ihm zur Verfügung stehenden Wiese. Vielleicht ging ihm auch die plötzlich zustande gekommene Großfamilie auf die Nerven? Willi beschloss eines Tages, das Leben auf der anderen Seite des Zaunes zu erkunden, wühlte sich kurzerhand unter ihm hindurch und verschwand im nahegelegenen Wäldchen. Zu seinem Verdruss wurde die Ausbruchsaktion von unserem Au-pair-Mann beobachtet und es gelang uns, nach einem Nachmittag mit viel hin und her Lauferei, das freiheitsliebende Tierchen mit vereinten Kräften wieder eingefangen. Unglaublich, wie schnell so kurze Schweinebeinchen unterwegs sein konnten. Willi war unterdessen wohl auf den Geschmack gekommen und probierte es in den nächsten Tagen gleich noch einmal zu entwischen, diesmal mit mehr Erfolg. Niemand hatte die Aktion beobachtet und Willi war spurlos verschwunden - wenn man das kugelrunde Loch in der Hecke mal außen vor ließ.

Wir hatten zuerst die Hoffnung, nachdem wir die umliegenden Felder, Wälder, Wiesen und Wege abgesucht hatten und Willi nirgends finden konnten, dass ihn der Hunger zurück an den heimischen Trog führen könnte. Offenbar wurde unser Reiseschwein aber im Wald genug fündig; Frösche, Käfer, Eicheln, Gras, Pilze, Schnecken, Wurzeln, all das waren vielleicht ganz neue Köstlichkeiten, so dass er auf seinen gewohnten Maisbrei gut verzichten konnte. Willi blieb tagelang verschwunden. Nun mussten wir selber auf eine längere Dienstreise und überlegten eine Anzeige in die Zeitung zu setzen, für den Fall, dass Willi sich in der Zwischenzeit von jemand finden ließe. Ich wollte gerade zum Telefon greifen, da rief eine Nachbarin an:
„Euer Schwein steht in der Zeitung."
In der Nachbarschaft, die zum größten Teil aus professionellen Schweinehaltern und einigen Rinderwirten bestand, wurden unsere Schweine teils mit Skepsis, teils mit Belustigung betrachtet.
„Unter Fundsachen steht: ‚Schwarzes Hängebauchschwein zugelaufen.'
Das könnte doch Euer Eber sein?"
Ich dankte der aufmerksamen Nachbarin für den Tipp und rief sofort im Fundbüro an.
„Guten Morgen, ich habe gehört, Sie haben ein Schwein zu viel?"
„Wie meinen?"
„Ich rufe an wegen dem zugelaufenem Schwein aus der Anzeige. Das könnte unser Willi sein. Wo kann ich es mir mal ansehen?"
„Ja, glauben Sie denn, ich habe das hier im Büro?"
Nein, glaubte ich nicht – obwohl die Vorstellung spaßig war: Willi fröhlich grunzend in einem Chaos aus Fundsachen und Aktenordnern. Der freundliche Beamte gab mir dann aber die Adresse und Telefonnummer von dem Ort, an dem sich Willi nun angeblich aufhalten sollte. Es war gar nicht weit von unserem Hof entfernt.

Wir fuhren mit dem Auto keine fünf Minuten, bis wir die Anschrift erreicht hatten und staunten nicht schlecht: Auf einer Wiese vor einem großen alten Bauernhof mit schönem Fachwerk befand sich eine Herde rosafarbener Hausschweine. Im Vergleich zu unseren Willi waren diese Tiere riesig. Sie lagen in der Sonne, nahmen in einer Ecke der Weide ein Sandbad oder … verschwanden durch eine schweinsgroße Klappe im Stall. Sollte Willi Gesellschaft gesucht haben? Wir klingelten an der Haustür und ein riesiger Mann mit Vollbart, Bauch und breiten Schultern, in Kittelschürze und Gummistiefeln, öffnete uns.
„Ja?", herrschte er uns an.
Ich fühlte mich trotz meiner 1,81 m auf einmal recht klein und fand auf Grund des unfreundlichen Empfanges auch so schnell die passenden Worte nicht, doch mein

Gatte war wenig beeindruckt und teilte unserem Gegenüber unverblümt mit:
„Guten Tag, wir suchen unser Schwein Willi. Haben Sie es vielleicht gesehen?"
„Wenn Sie damit diesen kleinen, schwarzen Flegel meinen, dann ist das wohl so", brummte der Mann. Er beäugte zuerst meinen Mann, dann unser Auto und zuletzt mich. Auf Grund dieser Reihenfolge beschloss ich insgeheim, die weitere Konversation meiner besseren Hälfte zu überlassen.
„Kommen Sie mit!" Mit großen Schritten ging der Mann zur gegenüberliegenden Scheunentür, stieß sie auf und hakte sie fest. Wir befanden uns in einem großen, sauberen Stall nebst Futtertrog und Tränke, der offenbar die Heimat der Schweine war, die sich zurzeit draußen in der Sonne aalten – kein Schwein in Sicht. Aus einer abgetrennten Box hörten wir jedoch vertrautes Grunzen.
„Willi, was machst Du denn hier?" Die Wiedersehensfreude meines Ebers hielt sich in Grenzen, er würdigte mich keines Blickes, sondern schien zu überlegen, wie er den Riegelmechanismus seines 1-Zimmerappartements überlisten könnte.
„Ist das Ihr Viech? Dann sehen sie zu, dass der hier wegkommt, der macht mir die ganzen Sauen verrückt!"

Nach einem Gespräch von Mann zu Mann – ich war ja irgendwie gar nicht vorhanden – stellte sich heraus, dass Willi es irgendwie geschafft hat, sich auf die Wiese mit den Sauen zu pfuschen. Wie genau, war bislang nicht bekannt, hatte der Eigentümer doch angenommen, jemand hätte ein ihm ‚lästig gewordenes Schwein' über den Zaun auf seinen Hof entsorgt. Willi fühlte sich trotz seiner minderen Körpergröße offenbar wie im Paradies, als einziger Eber unter einem guten Dutzend Sauen, und er versuchte sein Möglichstes, seine Freude und Lebenslust mit den Schweinedamen zu teilen. Im Klartext bedeutete das, Willi hing den ganzen Tag am Hinterteil der Ladies und versuchte aus Leibeskräften, ihnen das Mutterglück zukommen zu lassen. Dies geschah sehr zum Ärger des Schweinebesitzers, der mit dem Hegen der Tiere überhaupt nicht die Zucht im Sinn hatte, sondern den Verkauf – vorzugsweise als verbraucherfreundliches, nichtschwangeres Endprodukt. Er war nämlich Metzger!

Willi, wohin bist Du da geraten? Himmel und Hölle zugleich? Der Metzger wurde im Verlauf des Gespräches etwas versöhnlicher und als er feststellte, dass wir auch noch - bisher unbekannte - Nachbarn waren, gab es erst mal eine Runde Schnaps: Auf die Schweinefindung! Und auf die Nachbarschaft! Und auf … den dritten Selbstgebrannten konnten wir höflich mit dem Argument ablehnen, dass wir Willi ja noch sicher nach Hause chauffieren mussten, damit bei seinen Schweinedamen wieder Ruhe einkehrte. Dieses Argument war einleuchtend. Doch wie bekam man nun einen Eber mit Herzchen in den Augen und enormen Testosteronüberhang, der auf Grund der vielfältig vor Ort vorhandener Damenschaft nicht im geringsten willig war, uns freiwillig zu folgen, wieder zurück in heimatliche Gefilde?

Den nun folgenden Stunt hätte man eigentlich filmen müssen: Zwei gestandene Kerle schnappten sich das laut protestierende Schwein im wahrsten Sinne des Wortes an den Haxen, und zwar an jeweils zweien, und hievten ihn in den Kofferraum des VW-Busses. Mein Mann blieb dort direkt mit ihm in enger Umklammerung sitzen, denn hätte er Willis Vorderpfoten losgelassen, wären wir niemals in der Lage gewesen, so schnell die Klappe des Kofferraumdeckels zu schließen, ohne dabei dem Schwein die Gelegenheit zu geben, erneut zu entfleuchen.
Auf dem heimischen Hof angekommen, holte ich zuerst den Au-pair-Mann vom Computer weg, instruierte die Kinder und parkte dann den Bus mit dem Heck direkt vor dem Stall. Die Tür war weit geöffnet, links und rechts blockierten wir den Weg mit zwei alten Holzpaletten und Henry öffnete vorsichtig die Klappe des VWs. Endlich konnte mein Mann das schnaufende und zappelnde Borstentier loslassen, Willi sprang aus dem Auto, rannte schnurstracks in seine Box und grunzte dabei entrüstet vor sich hin. Nun war er wieder da, der Globetrotter.

Ob die Damen beim Metzger ihn vermissen würden?

Fernweh

Wenn ich spätabends die Hunde lüfte, ist die Nacht rabenschwarz. In sternenklaren aber mondscheinlosen Nächten kann man den Weg, die Bäume und das Feld gerade noch schemenhaft erkennen, die nächste Straßenbeleuchtung ist weit.

Hier am Ärmel der Welt mitten in Deutschland bietet der Sternenhimmel zwar nicht ganz so viel wie in der Wüste Gobi, wo es wirklich stockfinster ist, aber auch im Münsteraner Landprogramm gibt es eine noch immer beachtliche Zahl an glitzernden Himmelskörpern, die man in einer Stadt so nie sehen würde. Und zwischen dem großen Wagen, dem Orion und der Kassiopeia tummeln sich stets auch noch winzige, pulsierende Leuchtobjekte. Sie blinken abwechselnd rot und weiß und sind nicht temporär am Abendhimmel fest getackert wie ihre Sternbildbrüder, sondern bahnen sich beharrlich ihren Weg - manchmal sind es mehrere hintereinander, wie glühende Perlen auf einer Schnur.

Ich weiß nicht, was mir mehr das Fernweh in die Knochen treibt: der Anblick der funkelnden ‚Sterne', die bei Nacht über den Himmel krabbeln oder die weißen Kondensstreifen, die tagsüber von Flugzeugen an den strahlend blauen Himmel gemalt werden. Oft erwische ich mich bei dem Gedanken: wohin geht wohl deine Reise? Spätestens nach vier Wochen erliege ich dem heimischen ‚Hofkoller' und muss wieder raus, dabei ist es eigentlich egal, ob der Trip nach Afrika, Asien oder Amerika geht oder vielleicht nur einen Kringel um irgendeinen Kirchturm in Deutschland dreht: der Weg ist das Ziel. Gegen Pubertät und *Jetlag* helfen keine Pillen, nur tapfer aussitzen, bis es von selbst verschwindet. Gegen Fernweh gibt es auch keine Medizin, aber immerhin temporäre Linderung.

Bald wartet wieder ein Flieger auf mich, mit einer neuen Crew, neuen Gästen und einem neuen Ziel – ich freue mich schon jetzt auf die neuen Geschichten! Tomatensaft? Aber natürlich! Salz und Pfeffer dazu?

Fliegerchinesisch

Die Fliegerei funktioniert nicht ohne englische Begrifflichkeiten. Wo es irgendwie ging, habe ich im Text deutsche Termini verwendet, so ganz war das Fachchinesisch jedoch nicht zu vermeiden. Leser des ersten Buches erkennen sicher das eine oder andere wieder, für Teil zwei habe ich die Sammlung angepasst und ergänzt. Hier nun die Liste, um auch die allerletzten Geheimnise zu lüften:

Accommodation List:
(dt.: Unterkunftsliste) Wird vom *Purser* bei Ankunft im Hotel zusammen mit einem Rezeptionisten ausgefüllt, damit man die Crew schnell wiederfindet oder ein verschlafendes Crewmitglied schnell per Telefonanruf oder beherztem Trommeln gegen die richtige Zimmertür wecken kann. Selbstverständlich werden Sonderwünsche (Raucher- oder Nichtraucherzimmer, Kingsizebett, Badewanne statt Dusche, Blick aufs Meer, Blick auf den See, Blick auf die Kollegin oder nicht in der Nähe des Fahrstuhles) gerne berücksichtigt.
Airborne:
Der Moment, in dem das Fahrwerk keinen Bodenkontakt mehr hat.
Air-Condition:
(dt.: Klimaanlage) Sorgt für die angepasste Luftzufuhr im Flugzeug, kann sowohl kühlen als auch heizen. Produziert in Ländern mit hoher Luftfeuchtigkeit und großen Außentemperaturen unter Volllast weißen Nebel in der Kabine, der von den Gästen ab und zu mit Feuer an Bord verwechselt wird.
Airshow:
Reiseroutenkarte, zeigt während des Fluges an (sofern kein Film läuft), wo wir uns gerade befinden, wann wir wo losgeflogen sind und wo wir ankommen werden.
Aft-Cabin:
Der hintere Teil der Kabine.
After-Landing:
Fröhliches Beisammensein der Crew nach dem Flug, war früher Standard, ist heute eher selten.
ATC:
Air Traffic Control, (dt.: Luftverkehrskontrolle) hier sitzen die Götter, die den Himmel unter allen Flugzeugen in Europa aufteilen, Startfenster vergeben und in den Sommerferien auch gerne mal mit Bummelstreiks auf sich aufmerksam machen.
AVIH:
‚alive animals in hold', Tiere, die als Passagiergepäck im vollklimatisierten Frachtraum mitfliegen dürfen. Anzahl ist auf zwei Tiere pro Passagier und auf sechs pro Flugzeug insgesamt begrenzt (A 330). Hingegen vieler Anfragen von Gästen ist es leider nicht möglich, die Tiere über eine Kamera während der Reise zu beobachten oder sie sogar zum Füttern oder Streicheln zu besuchen.

Boarden:
Das Einsteigen und platzieren der Gäste mittels Bordkarten. (Die spannende Variante nennt sich ‚Free-seating', da heißt es dann, wer zuerst kommt, sitzt zuerst.)
Boarding completed:
(dt., frei: alle an Bord) Liebster Satz der *Rampagenten*, zu diesem Zeitpunkt sollten alle Gäste an Bord sein, die Zahl der Gäste mit der Anzahl der Koffer übereinstimmen und das Flugzeug dann möglichst schnell die letzte Tür schließen. Für ihn ist die Arbeit an diesem Flug beendet, für uns geht es nun richtig los.
Business(class):
Gehobene Sitzklasse auf unseren Langstreckenmaschinen.
Briefing:
Vorflugbesprechung, vorzugsweise mit der kompletten Crew. Man bespricht die Flugdetails, (Strecke, Dauer, Service), die Themen *Emergency*, 1.Hilfe und Passagierbetreuung. Bei genügend Zeit werden auch noch Shoppingtipps und Adressen von Insider- Restaurants am Zielort ausgetauscht.
Cabin Crew:
Der Teil der Crew, der sich während des Fluges nicht hinter einer gepanzerten Tür verstecken kann.
Cabin OK:
Wenn alles so ist, wie es zu Start oder zur Landung sein soll, dann geben die Flugbegleiter das *Cabin OK* nach vorne durch zum Kabinenchef, damit dieser dann das
Cabin Ready:
mittels Knopfdruck am *Masterpanel* an das Cockpit weiterleiten kann. Ohne *Cabin Ready* darf nicht gestartet, bzw. gelandet werden. Ungeduldige und nicht teamfähige Piloten spielen daher schon mal mit dem Gedanken, lieber Fracht zu Fliegen.
Catering:
Die gesamte Beladung des Flugzeuges, die dem Wohl von Gast und Crew dient, also alles vom Klopapier bis zum Champagnerfläschchen.
Check In:
Der Zeitpunkt, an dem der Dienst beginnt -> *check out*.
Checklist:
(dt.: Kontroll-Liste) Es gibt offizielle Kontroll-Listen für die standardisierten Arbeitsabläufe im Cockpit, sowie für die Notausrüstung in der Kabine oder für besonderes Verhalten im Notfall. Manchmal trifft man auch auf eine persönliche *Checklist* – was muss alles in den Koffer für die Langstrecke? - oder ortsbezogene – was kaufe ich alles in Bangkok, Miami, New York …?
Check out:
Feierabend. Wichtiger Zeitpunkt zum Errechnen der geleisteten Dienstzeit. Im Normalfall sollte diese vierzehn Stunden nicht überschreiten. Kann durch einen ‚Kapitänsentscheid' auf fünfzehn Stunden verlängert werden, dann ist aber endgültig Schluss.

Cleaning:
Reinigung des Flugzeuges, Intensität je nach Flugdauer und *Turnaround-Zeit*. Personalvolumen entspricht dem Landesstandard, in Asien kommen gerne an die dreißig Mitarbeiter und wuseln in Windeseile kreuz und quer durch den Flieger, in der Karibik sind es die Hälfte, die dazu beim Fegen fast einschlafen, in Deutschland sind es am wenigsten, die aber am effizientesten putzen. Insgesamt ist es immer wieder ein Wunder zu sehen, wie man es in kürzester Zeit schaffen kann, aus einem fliegenden Mülleimer wieder ein sauberes Flugzeug zu machen. (Genauso erstaunlich ist es, wie schnell dieser Zustand auf dem nächsten Flug wieder zunichte gemacht wird.)
Clear air turbulence (CAT):
(dt.: Klarluft Turbulenz) Sehr schneller Wechsel von Luftrichtung und Luftgeschwindigkeit, der nicht visuell per Radar vorhergesagt werden kann. Wird im Allgemeinen als ‚Luftloch' von den Gästen bezeichnet und so empfunden, da das Fluggerät unvorhergesehen und schlagartig an Höhe verlieren kann. Wer neugierig und flugangstfrei ist, liest unter Wikipedia einmal nach, was solche Turbulenzen anrichten können. Alle anderen beachten einfach den gutgemeinten Hinweis der Crew, während des gesamten Fluges angeschnallt sitzen zu bleiben. (Machen die Piloten übrigens auch…)
CML:
Abkürzung für Cabin Maintenance Log: Hier trägt der *Purser* alles ein, was in der Kabine kaputt, nicht mehr vorhanden oder nicht zufriedenstellend bedienbar ist. Dies geschieht auf Wunsch des Leasinggebers des Fluggerätes ausschließlich in Englisch und fordert trotz angehängtem Wörterbuch täglich die Sprachkenntnisse heraus. (Wie hieß doch noch einmal „eingedrückter Gardinenstangenstopper", „schlackerndes Klapptischgestänge" oder „nichtarretierender Schultergurt"…?)
Cockpit permission:
(dt.: Flugkanzelerlaubnis) Notwendig, wenn sich hier jemand während des Fluges aufhalten möchte, der nicht zur diensthabenden Crew gehört. Muss umständlich beim Flugbetrieb beantragt, personifiziert und abgesegnet werden, natürlich hat der Kapitän des betreffenden Fluges das letzte Wort. Auf Flügen über und in die USA, Canada, GB und Israel gibt es seit dem 11.09.2001 keine erlaubten Gäste im Cockpit mehr.
Coffeemaker:
Kaffeemaschinen an Bord, die zur Herstellung von Kaffee, Tee und Kakao heißes Wasser in Metallkannen tröpfeln lassen. Dieses wird dann in die blauen Servicekannen aus Kunststoff umgefüllt. Auf Grund einer fehlenden Mikrowelle wird in den Silberkannen auch Babynahrung im Glas oder Milch in Flaschen erwärmt (für Babys oder auf langen Flügen für den Café Latte der Crew). *Coffeemaker* treiben Flugbegleiter in schöner Regelmäßigkeit zum Wahnsinn, da sie entweder Ewigkeiten zum Brühen benötigen, überlaufen, auslaufen, das Wasser nicht genug erhitzen, das Wasser gar nicht erhitzen oder den Dienst komplett verweigern. Eine beliebige

Kombination der vorgenannten Probleme ist jederzeit möglich. Beim Start läuft aus *Coffeemakern*, die entgegen der Flugrichtung eingebaut sind, auch gerne schon mal schwallartig das Wasser, was den Eindruck von Niagarafällen in der Küche erweckt und besonders auf Kunststoffboden nicht unerhebliche Rutschgefahr produziert. Wird dann ein *Coffeemaker* mit dieser oder einer anderen entsprechenden Beschreibung ins *CML* eingetragen, heißt es meistens von der Technik: >checked on ground and found ok<
Die dünne Luft ist offenbar schuld.

Cold meal

Kalte Mahlzeit, früher auf dünnen Plastiktabletts in Wegwerfgeschirr. Dazu gab es häufig ein Brötchen, welches die Tendenz hatte, von der glatten Plastikabdeckung zu rutschen und damit eher beim Gast zu landen als das *cold meal* selbst. (Konnte verhindert werden, in dem man es energisch in die Kaffeetasse hinein drückte oder mit der Brötchenzange aufpiekste.) Heutzutage werden sowohl Tabletts als auch Geschirr wiederverwendet, was beim Wiedereinräumen der abgegessenen Tabletts in den Wagen eine gewisse Disziplin und Sorgfalt erfordert, damit auch alles wieder dort hinein passt. Energische Maßnahmen mit bloßer Körperkraft bleiben bei Hartplastik erfolglos und führen lediglich zum Verkanten des Geschirrs, Abbrechen von Fingernägeln und Schnappatmung. Heutzutage gibt es *cold meals* nur noch auf der Langstrecke. Innereuropäisch gibt es stattdessen ein schmuckes Sandwich: Wurst oder Käse?

Complimentaries:

(dt.: Freiabgaben) Hiermit versüßt man etwa *VIPs* den Flug.
Können jedoch auch psychologisch wertvoll eingesetzt werden, etwa als nette Geste, wenn man sich bei einem Gast bedanken oder entschuldigen möchte. (Reservierten Platz nicht bekommen, vorbestelltes Essen nicht an Bord, Saft über den Anzug gekleckert, *Trolley* vor die Kniescheibe geknallt o. ä.)

Crew Cargo Compartment:

Hier werden die Koffer der Crew verstaut, damit sie nach dem Flug schnell auffindbar sind. Sorgt für ungewollte Unterhaltung, wenn es im Winter einfriert und sich nicht öffnen lässt, aus Versehen bei einem Zwischenstopp geleert oder überhaupt nicht beladen wurde. Nette Piloten werfen beim *Outside-check* der Maschine hier einen Blick hinein und zählen die Koffer nach.

Crewkontakt:

Abteilung, die für den Einsatz der Crews auf den Flügen der laufenden Woche zuständig ist. Sie aktivieren die *Standbys* oder informieren über kurzfristige Planänderungen. Der *Crewkontakt* ist oft der direkte Ansprechpartner, für alle möglichen Fragen wie: „Wo ist meine Crew“, „wann landet die Maschine“, „wie lange ist die Ruhezeit“, „wo finde ich den Crewbus“ etc. Steht zwar fast alles in unseren Handbüchern, aber es ist doch schöner, noch einmal mit jemanden darüber zu reden, vor allem wenn es zeitlich brennt. Manchmal ruft der *Crewkontakt* auch auf dem Handy an, morgens um 4.30 h, wenn man schon 20 km auf der Autobahn auf dem

Weg zu Arbeit gefahren ist und trällert:
„Guten Morgen, der Flug nach Dresden fällt leider aus. Aber den Salzburg heut Mittag kannst Du noch fliegen.“ Dann ist es gut, dass die Leitung in die Firma so lang ist.

Dead Head:
Beförderung von Crewmitgliedern außer Dienst, kann je nach Einsatz in Uniform oder in Zivil sein. Dann muss die Uniform aber im Handgepäck mitgeführt werden, da die Gepäckbeförderung im Frachtraum immer mal wieder für Überraschungen sorgt.

De-Boarding:
Das Aussteigen der Gäste, immer verbunden mit vielen, vielen “Auf Wiedersehen”, “Schönen Aufenthalt”, „Schönen Urlaub“ etc.
Auf kurzen Flügen, wenn wir nur 30 Minuten Bodenzeit haben, antworten viele Gäste mit „Danke, gleichfalls“, auf Langstrecken mit zwölf Stunden Flugzeit wird man gern gefragt, ob es denn gleich wieder zurück geht…

De-Briefing:
Wenn auf dem Flug etwas Ungewöhnliches passiert ist, bespricht man es nach dem Flug bei einem *De-Briefing*. Meistens geht es dann darum, ob alles richtig gelaufen ist, oder ob man etwas verbessern könnte. Man kann aber auch ein *De-Briefung* einfach nur machen, weil man sich für die nette Zusammenarbeit bedanken möchte.

Delay:
(dt.: Verspätung) Kann vielschichtige Gründe haben, schlechtes Wetter, viel Verkehr am Himmel, Stau am Airport, bummelnde Lader, defekte Gepäckbänder, verlorengegangene Gäste (im Duty-Free, in der Bar oder im Parkhaus), fehlende Papiere, Zubringermaschine noch nicht gelandet, Flieger defekt, Crew aus dem *Standby*, Enteisungsmittel alle, Schneepflug auf der Startbahn im Schnee stecken geblieben …

Demopack:
Ist je nach Flugzeugtyp ein kleiner, roter Kunststoffbeutel oder ein hellbraunes Jutesäckchen. Es enthält alles, was man braucht, um eine *Lifevest-Demo* zu zaubern: Eine tote/unscharfe Schwimmweste, eine Sauerstoffmaskenattrappe, einen Demonstrationsanschnallgurt und eine stets völlig zerknitterte Papptafel (*Emergency*-Karte) mit den Notfallanweisungen.

Economy(class):
Standard Touristenklasse, böse als ‚Holzklasse' bezeichnet. Die Körpergröße sollte 1,65 m idealer Weise nicht überschreiten, wenn man nach der Landung noch Gefühl in den Kniescheiben haben möchte. Der Sitzabstand ist allerdings bei den meisten Airlines in dieser Klasse gleich. Etwas großzügiger sind die Plätze an den Türen, am Notausgang, oder in der Reihe im hinteren Bereich, wo sich der Flieger von acht Plätzen pro Reihe auf sieben verjüngt. Aber Vielflieger wissen das längst.

Emergency(- Equipment):
(dt.: Notfall, bzw. Notfallausrüstung) Wird in der Kurzbeschreibung für die Not-

ausrüstungsgegenstände an Bord verwendet. Vor jedem Flug werden diese auf Vorhandensein, Vollzähligkeit und Unversehrtheit von den *FBs* überprüft. Am meisten Schwund erleiden neben den *Emergency*-Karten mit den klassischen Piktogrammen nach wie vor die Schwimmwesten, aber auch Baby- und Verlängerungsgurte finden öfter neue Wirkungskreise. Was im Einzelnen alles von Bord als Souvenir dienen kann, stellt man am einfachsten fest, wenn man den Namen der entsprechenden Airline bei eBay eingibt. Dort kann man sich ein (fast) komplettes Kabineninterieur zusammen kaufen.

Emergency-Film:
Zeigt die Handhabung der Notausrüstung, der Rutschen und Notausgänge mittels niedlicher Animationen von genau drei Männekens: Vater, Mutter und Kind. Würde bei realistischer Darstellung und entsprechendem Sound mit Sicherheit viel mehr Aufmerksamkeit erlangen – aber wir wollen ja niemandem Flugangst einflößen.

Entertainment Anlage:
Technisches Gerät, welches für die optische und akkustische Unterhaltung der Gäste verantwortlich ist. Birgt oft zahlreiche Tücken, die ich als schlichte Arbeitsverweigerung bezeichnen möchte. Sorgt bei den *FBs* im Fall des Nichtfunktionierens für einen höheren Blutdruck und eine gesunde Gesichtsfarbe, vor allem, wenn die Schwimmwesten- und Sauerstoffdemonstration nach fünfzehn Jahren Film wieder live dem Gast vorgeführt werden muss. (Siehe *Lifevestdemo*)

Equipment:
(dt.: Ausrüstung) Bezeichnet im Groben alles, was an Bord gebracht wird und notwendig ist, den Flug XY von A nach B durchzuführen. Manchmal fliegt man auch noch nach C, D und E, dann wird es oft knapp. Im Gegensatz zum *Catering* gehören zum *Equipment* auch Aspirin, Ohrstöpsel, Toilettenduft der Marke wilde Orchidee, Mülltüten und ähnlich praktische Dinge. Bezeichnet im Text zusätzlich das persönliche *Equipment*, siehe auch -> *Survival kit*

Fasten Seatbelts:
Anschnallzeichen. Wenn diese während des Fluges aufleuchten, verheißt es oft nichts Gutes. Gegen Endes des Fluges schon, dann ist bald Feierabend.

FB:
Schlichte Abkürzung für Flugbegleiter.

Flaps:
(dt.: Klappen) Sitzen am hinteren Ende der Tragflächen und vergrößern im ausgefahrenem Zustand den Auftrieb des Flugzeuges, damit man langsamer fliegen kann.

Forward Cabin/Galley:
Vorderer Teil der Kabine bzw. vordere Küche. Hier wackelt es am wenigsten. (Kein Witz.) Fliegt in blöden Witzen aber schon mal woanders hin als der Rest des Flugzeuges. Aber bleiben wir ernst.

Full House:
Salopp: volle Hütte. Bedeutet im Detail, dass man kein Sandwich übrig hat, kei-

ne Möglichkeit besteht, jemanden bei suboptimaler Platzvergabe umzusetzen und dass das korrekte Verstauen des großzügig bemessenen Handgepäcks zur Herausforderung wird. Welcher Kabinenkoffer passt heutzutage denn noch unter den Vordersitz?

Galley:

Bordküche. Hier werden auf kleinstem Raum alle kulinarischen Köstlichkeiten und Getränke verstaut, die man während des Fluges benötigt. Hauptaugenmerk liegt hier beim Vorhandensein und dem reibungslosen Funktionieren aller Hebel und Bremsen, damit bei Start, Landung oder Turbulenzen alle Container und *Trolleys* sicher an ihrem Platz bleiben. In der *Galley* gibt es noch die bereits beschriebenen *Coffeemaker*, Öfen, zahlreiche Staufächer, sowie eine praktische Müllpresse. Trotzdem ist bei einer Langstrecke das Fassungsvolumen von Müllpresse und Müllwagen immer am Limit. Was uns früh lehrt, Dinge, die ihren Daseinszweck erfüllt haben, wieder genau dahin zurück zu Stauen, wo sie hergekommen sind. (Gilt natürlich nur für Leergut, Gläser, Porzellan und Mehrweggeschirr.)

Gate/ Gateposition:

Haltestelle für Flugzeuge am Flughafen. Manchmal stehen die Flieger direkt am *Gate*, dann können die Gäste problemlos über eine Fluggastbrücke einsteigen. Steht das Flugzeug an einer Außenposition, fahren am *Gate* die Busse zur entsprechenden Maschine ab.

Gegroundet:

‚denglisch': bezeichnet ein Crewmitglied, welches sich aus bestimmten Gründen am Boden (on the ground) befindet und nicht fliegen darf. Es gibt relativ harmlose Gründe, z.B. ein fehlendes Visum oder ein abgelaufener Pass und ‚böse' Gründe: Man kann jemanden grounden, weil sein fliegerisches Können, bzw. der Wissenstand, die Teamfähigkeit oder das allgemeines Verhalten nicht den Vorgaben entsprechen. Eine Rückkehr in den aktiven Dienst ist dann oft nur durch eine erneute Schulung möglich.

Handlingsagent:

Firmenrepräsentant im Ausland, Ansprechpartner der Crew vor Ort

Hatrack:

(dt.: Hutablage) Gepäckfächer über den Sitzen. Egal, welches Modell wir fliegen, sie sind immer zu klein, besonders im Winter. Manchmal lassen sich auch merkwürdige Dinge hier finden, vom dort schlafenden Kleinkind bis zur ausgebüchsten Schlange war schon fast alles dabei.

Homebase:

Heimatflughafen. Hier parkt das Auto.

Hot meal:

Heißes Essen an Bord. In der *Economy* mit Auswahl: Nudeln mit Hühnchen, oder Nudeln ohne Hühnchen (= vegetarisch). So schlecht ist das Essen an Bord nicht. Nicht, wenn man bedenkt, wie lange es schon reist, wie mühsam es in kleine Schalen mit bombenfest sitzendem Deckel verpackt wird, wie oft man es hin und her

räumt und wie satt so eine kleine Portion machen muss! Pfiffige Gäste verzichten trotzdem und haben ein eigenes Lunchpaket dabei. Gestorben ist von unserem Essen aber noch niemand. In all den Jahren habe ich auch nur einen Gecko im Grünzeug und einen winzig kleinen, schwarzen Sechsfüßler im Dessert erlebt. In großen Hotels rennen nachts auch die Schaben fröhlich durch die Küche und in einem bekannten Steakhouse fand ich mal einen ganzen Radiergummi im Salat. Also nicht weiter spektakulär. Richtig spektakulär ist die Anrichteweise der *Business-Hot-meals*. Diese werden in kleinen Plastiktöpfen im Ofen erhitzt, dann auf schönes Porzellan mit Schwung über Kopf gestürzt. Leider sind die Töpfchen oftmals so heiß und so glitschig, dass das Stürzen einem akrobatischen Akt gleicht - oder die Garnitur will nur mit Hilfe von energischem Gabeleinsatz aus ihrer Verpackung. Aber frische Kräuter links und rechts drapiert versöhnen dann das Auge. Und der *FB* freut sich, wenn 24 Businessgäste herzhaft schmausen, da sind verbrannte, schmierige Finger, eine versaute Uniform und eine klebrige Küche doch wohl Nebensache.
(Neuestes Highlight in der Business: ein Suppenservice als Zwischengang. Hierzu wird Suppe in vier flachen Aluportionsschälchen à sechs Portionen im Ofen erwärmt und mittels Kelle in vorgewärmte Schüsselchen nebst Einlage und Baguette Brot verteilt. Dies ist auch gänzlich ohne Turbulenzen eine ziemlich rutschige Angelegenheit, schon bei leichtem Gewackel wird es zur Artistiknummer. Muss es im Flugzeug eigentlich unbedingt Suppe geben?)
Infant:
Babys und Kleinkinder an Bord unter zwei Jahren ohne Anspruch auf einen eigenen Sitzplatz. Müssen zu Start und Landung auf den Schoss, können bei geeigneten Sitzplätzen vor einer Trennwand den Flug in einem Babybettchen genießen, tun dies in der Regel sehr ungern, sondern fordern Eltern und *FB* immer wieder lautstark zur Unterhaltung heraus. Umliegende Gäste lassen sich meist in zwei Kategorien einteilen: Jene mit Großelterninstinkten, die mit vollem Einsatz mithelfen, die kleinen Monster zu bespaßen und damit zum Schweigen zu bringen und diejenigen, die Kinder hassen und sie am liebsten in ein abgetrenntes Abteil oder in die Müllpresse verfrachten würden. Selbstverständlich sind sie alle schon erwachsen auf die Welt gekommen. Ich muss zugeben, auch als vierfache Mutter kann man leicht zum Kinderhasser werden, vor allem wenn sich die kleinen Wundertüten im lauffähigen Alter befinden und den unkontrollierten Drang haben, an allen Knöpfen, Hebeln, Riegeln und am Bordtelefon herum zu fummeln oder einem mit klebrigen Patschhändchen von hinten an die Nylonstrümpfe packen. Da tröstet auch die Erfahrung wenig, dass sie spätestens im Landeanflug süß und selig schlafen. Dabei ist es völlig schnurz, ob man zwei Stunden nach Palma oder zwölf Stunden nach Kapstadt fliegt. - Schon komisch, oder?
In the middle of nowhere:
Weiß-ich-nicht-wo-Hausen. Oder, weniger elegant: am A … der Welt.
Interphone:

Siehe *Pink-Line*

Jetlag:

(dt., frei: Zeitzonenkater) Gefühlter Zustand nach einem Langstreckenflug auf Grund des durch die Zeitverschiebung verwirrten Schlaf-Rhythmus. In jungen Jahren kurz andauernd, im fortgeschrittenen Alter hat man tagelang etwas davon.

Jetstream:

(dt.:Strahlstrom) Atmosphärische Starkwindbänder mit Windgeschwindigkeiten bis zu 540 km/h, bilden sich zwischen Hoch- und Tiefdruckgebieten und stellen die stärksten natürlichen Winde dar. Im Vergleich zu anderen Wetterphänomen sind sie sehr verlässlich und gut vorhersehbar. Besonders auf Flügen über größere Entfernungen ist der Effekt des *Jetstreams* deutlich spürbar, man gewinnt oder verliert viel Flugzeit je nach Richtung des Jetstreams. Bei geschickter Routenplanung kann man ihn nutzen, um eine höhere Geschwindigkeit und einen niedrigeren Treibstoffverbrauch zu erreichen. Sowohl Flughöhen als auch Reiserouten werden deshalb an den Verlauf des *Jetstreams* so angepasst, dass man ihn als Rückenwind nutzen oder als Gegenwind meiden kann. Leider muss man während eines Fluges auch mal öfter quer durch einen *Jetstream* hindurch – und dann kann es ganz ordentlich rappeln. Aber es ist ja nur der Wind ...

Jumpseat:

Sitz mit Schulter- und Beckengurten, wo sich die *FBs* anschnallen müssen. Wird in der *Aft-Cabin* auch gerne für Skatrunden zweckentfremdet, weil sie jeweils zwei Fluggastsitzen gegenüberliegen.

Leg / Doppelleg:

Ein *Leg* ist ein Flug von A nach B. Früher flogen wir zwei *Legs*, nämlich hin und zurück, zumindest bei allen Flügen bis maximal fünf Stunden Flugdauer. Heute schiebt man auch gerne *Doppel-Legs*, damit sind dann vier Flüge gemeint. Bis zu sechs Landungen pro Tag gestattet der Gesetzgeber. Dann ist man aber auch wirklich genug durchgeschüttelt worden. Wie hieß noch gleich der Airport da draußen?

Life Vest Demo:

Wasserballett mit Schwimmweste und Sauerstoffmaske, heute nur noch selten nötig, etwa wenn die *Entertainmentanlage* den Dienst verweigert oder sowohl *Emergency*-Film als auch Ersatzkassette nicht vernünftig laufen wollen. Wird dann oft zur Herausforderung, weil die alten Demo-Westen im Brustbereich aufgeschnitten waren, damit man sie auch mit Pferdeschwanz oder Brille einigermaßen seriös über den Kopf ziehen konnte. Die alten Schätzchen sind längst neuen Modellen gewichen, nun kann man schon einmal beim Überziehen stecken bleiben, sich die Brille von der Nase ziehen, einen Ohrring rausreißen oder die Frisur ruinieren. Aber immerhin hat man dann mal wieder die 100%ige Aufmerksamkeit der Gäste.

Loadsheet:

Ladepapier, welches die Piloten benötigen, um fest zustellen, ob das Flugzeug korrekt be- und nicht überladen ist und um sicher zu gehen, das der vordere und hintere Schwerpunkt stimmt, damit das Flugzeug im weiteren Verlauf des Fluges nicht einfach vom Himmel fällt.

Local:

Hier: Ortszeit. Piloten rechnen grundsätzlich nicht in *local* sondern in GMT, das entspricht der Greenwich Mean Time, zu deutsch mittlere Greenwich-Zeit. War von 1884 bis 1928 Weltzeit, wurde abgelöst von UTC, Universal Time Coordinated. In dieser Zeit werden die Dienstpläne geschrieben, im Winter rechnet man für deutsche Winterzeit eine Stunde dazu, im Sommer zwei. Für *FBs* wird die Zeit vom *Crewkontakt* bei Aktivierung aus der Bereitschaft immer in *local* angegeben, offenbar traut man unseren Rechenkünsten nicht. Sorgt bei Umstellung von Sommer- auf Winterzeit gerne für Verwirrung und nicht eingeplante Schweißausbrüche. Siehe auch -> *Zulu*

Location:

Ort, Adresse, Standort

Masterpanel:

Schaltzentrale in der vorderen Kabine. Hier kann man fremdländische Ansagen programmieren, die Bordmusik anschalten, das Licht und die Temperatur in der Kabine regeln, aber auch das Evakuierungssignal und die Notbeleuchtung einschalten, den Frisch- und Brauchwasserstand abrufen, sowie noch diverse andere, interessante, technische Details erfahren, etwa Informationen über eine verstopfte Spülung oder einen Brand in der Toilette.

Minimum rest:

Mindest-Ruhezeit. Im schlimmsten Fall beträgt sie nur zehn Stunden, gemessen von *check out* bis *check in*, dabei ist es dann unerheblich, zu welchem Zeitpunkt man nach der Landung den Crewbus findet, wie lange der dann im Stau steht und ob das Zimmer im Hotel schon fertig geputzt ist. Merke: Ruhezeit ist nicht gleich Schlafenszeit.

Nach der Langstrecke wird der Zeitunterschied mal Faktor acht genommen, die errechnete Zeit ist dann die Stundenanzahl der Ruhezeit, z.B. Rückkehr aus Miami, sechs Stunden früher als bei uns, 6 x 8 = 48 Stunden frei, bis man wieder losdüsen kann.

Night Stop:

Übernachtungen auswärts. 1-3 sind Standard, 4-6 gut möglich, bei 10 Night Stops am Stück sollte man alle Pflanzen abschaffen, auf Kakteen ausweichen oder auf Hydro-Kultur umstellen und den Goldfisch vorher zum Nachbarn rüber bringen. Er langweilt sich sonst. Nicht geplante *Night Stops* sind zumeist auf ein defektes Flugzeug, manchmal auch auf schlechtes Wetter zurückzuführen und können jederzeit passieren. Wohl dem, der eine gut sortierte Notausrüstung mit sich führt. Siehe auch Stichwort *Survival kit*.

Observer:

(dt.: Beobachter) Die beiden nicht besetzten Sitze im Cockpit sind für *Observer* gedacht, hier sitzen Checker, die den Piloten in regelmäßigen Abständen auf die Finger kucken, oder in seltenen Fällen auch mal Passagiere, bei überbuchter Maschine. Seit dem 11.09. sind dies zumeist Firmenangehörige oder Angestellte anderer Airlines. Es gibt aber auch *Observer*-Flüge für Neuzugänge, die gerne in der Kabine arbeiten möchten. Diese geben die Möglichkeit, einen Flug von A nach B und wieder zurück live und in Farbe an Bord mitzuerleben – von einem sicheren Fluggastsessel aus.

On duty:

(dt.: im Dienst) In Uniform und in der Öffentlichkeit ist man **immer** im Dienst. Also bitte darauf achten, was und vor allem, wie laut man etwas sagt. Wir repräsentieren schließlich die Firma. Während es in Düsseldorf möglich ist, ohne großes Aufsehen zu erregen, im blauen Frack kurz bei einem Discounter reinzuhuschen, ist dies bei uns auf dem Land unmöglich. Hier ist man doch noch anders, als andere - fremd. Aber anscheinend ist das hier jeder Zugereiste, nicht nur die Uniformierten.

Outside Check:

Visueller Kontrollgang des ‚nichtfliegenden' Piloten vor dem Abflug um das Flugzeug herum. Hierbei ist eine neongelbe Warnweste zu tragen. Ist auch gut so, wir fliegen nur mit Minimum Crew.

Passenger Disturbance Report:

Manche Gäste vertragen die dünne Luft nicht an Bord. Sie werden laut, sie werden frech, manchmal drohen sie oder schlagen gar um sich. Da man sich nicht alles bieten lassen muss, aber auch nicht gleich beim ersten Wutausbruch zwischenlandet, gibt es dieses schöne Formular. Es wurde entwickelt zum Schutz aller Mitreisenden. Auf einem Flug nach Amerika kam ein Passagier in die Küche:
„Ich will sofort einen neuen Sitzplatz. Mein Hintermann droht, mich umzubringen!" Der Gast hinter ihm saß mit erhobener Hand, ausgestrecktem Zeigefinger und rief immerzu laut in alle Richtungen „Peng, Peng" - Hier brauchte man eher einen guten Therapeuten, als ein Formular. Es gibt aber auch andere Situationen an Bord, die manchmal nahtlos ineinander übergehen:
Schritt 1) Passagier vergreift sich massiv im Ton. Er erhält eine schriftliche Verwarnung durch die Crew. Ein Abschnitt des Formulars wird dem Gast ausgehändigt, weitere Schritte, gegebenenfalls eine Zwischenlandung bei Nichteinstellen des störenden Verhaltens, werden angekündigt.
Schritt 2) Passagier droht auch physisch / körperlicher Angriff.
Schritt 3) Passagier droht / handelt lebensgefährdend.
Schritt 4) Passagier versucht, sich Zugang zum Cockpit zu verschaffen
Punkt drei und vier habe ich zum Glück noch nicht erlebt, hysterische und prügelnde Gäste schon. Diese nennt man dann *Unruly*. Weiter siehe dort.

Pax:

Hat in diesem Zusammenhang nichts mit dem Wort >Frieden< zu tun, auch nicht mit >Himmelskörper<, >Gottheit< oder >Spinnentier<, sondern mit >Persons approximately<, wörtlich übersetzt: ungefähre Anzahl der Passagiere an Bord. Kommt noch aus dem letzten Jahrhundert, wo die Zahl der Passagiere an Bord von

Schiffen grob geschätzt wurde. Heutzutage achtet man peinlich auf eine genaue Übereinstimmung von *Paxen* und Anzahl der aufgegebenen Gepäckstücke.

PETC:

Pet in cabin, Haustiere bis sechs Kilo Körpergewicht können in der Passagierkabine in einem geeigneten Behältnis, welches während des gesamten Fluges nicht verlassen werden darf, mitreisen. Betrifft zumeist Katzen und kleine Hunde, es gab aber auch schon einmal einen Leguan im Karton, eine zahme Vogelspinne namens Klaus und einen Goldfisch im Plastikbeutel zu bestaunen. Nagetiere aller Art sind an Bord von Flugzeugen nicht gestattet.

Pick Up:

Die verabredete Zeit für die Abfahrt zum Flughafen. Üblicherweise eine Stunde nach *wake-up*

Pink Line:

Name des Bordtelefons. Eigentlich heißt es nun >*Interphone*<, aber *Pink Line* ist hängen geblieben. Die Lämpchen an der Kabinendecke, die bei der angewählten Station aufleuchten, waren früher pink. Heute sind sie Feuerrot. Mit dem Begriff >Feuer< möchte man das Telefon aus nachvollziehbaren Gründen aber nicht in Verbindung bringen. Man kann die verschiedenen Bereiche der Kabine anwählen, oder direkt die Damen und Herren im Cockpit. Bimmelt mit dem klassischen Bing-Bong, welches man aus Film und Fernsehen kennt. Dient aber auch für Ansagen und für Notfallkommunikation, sollte daher immer mit Bedacht benutzt werden. Kann auch in einem Dreiklang bimmeln, dann wird der Kabinenchef vom Kapitän verlangt. In 90% der Fälle hat er vergessen, den *Cabin Ready* Knopf zu drücken, siehe dort. Oder der Chef braucht dringend noch einen Kaffee.

PIL/ Purser Information List:

Schlauer Zettel, der dem Kabinenchef alles Wichtige zutragen soll: Wo sitzen die vorbestellten Essen, welche *VIPs* sind an Bord, gibt es *UMs*, Rollstuhlfahrer, Vielflieger, wer hat Tiere, medizinisches *Equipment* oder Sportgepäck dabei, gibt es Anschlussflieger usw. Diese Liste überreicht eigentlich der *Rampagent*, vor allem, wenn nix drauf steht. Sie fehlt allerdings oft, z.B. bei Zeitdruck, suboptimaler Kommunikation oder wenn es wirklich wichtige Dinge zu beachten gilt …

Pre-Boarding:

Passagiere, die vor allen anderen einsteigen dürfen, zumeist Gäste mit (Geh-)Behinderungen oder Familien mit Kleinkindern, weil das Aufsuchen des Sitzplatzes einfach mehr Zeit in Anspruch nimmt.

Pre-Check:

Kontrolle der Zollwagen an Bord auf korrekte Bestückung in Art und Anzahl. Kann bei großen Artikeln mit geübtem Blick schnell erledigt werden (Zigarettenstangen oder große Flaschen Alkohol). Bei Schubladen mit Kleinkram wie Ringe, Ohrringe, Ketten, Anhänger, Ohrstöpsel, Seidentücher und allerlei anderen Waren kann es in eine Geduldsprobe ausarten. Jeder Karton und jedes Kästchen muss einzeln hochgezogen und beäugt werden. Und wehe, man lässt aus Versehen eine Schublade fallen. Das Packschema ist nie wieder hinzukriegen! Die Mitarbeiter des *Catering* bekommen mit Sicherheit einen Speziallehrgang für: ‚Wie packe ich eine Schmuckschublade.' Rubics Cube, der Zauberwürfel, ist ein Spaziergang dagegen!

Proceeding:

Reisen von A nach B, entweder um einen Dienst irgendwo anzutreten, oder um nach einem Dienst wieder an die *Homebase* zu gelangen.

Purser/ Purserette:

Hier: Chef(-in) der Kabine, wird abgeleitet von dem englischen Wort *purse*, auf Deutsch: Geldbörse. Früher war derjenige mit dem Geldtäschchen die Nummer eins an Bord. Das *Cleaning* fragt heute noch nach *Numero uno*. Im Firmenjargon heißt es aber nur noch SCCM (Senior cabin crew member).

Qualitytrainer:

Werden zusätzlich auf die Flüge eingeteilt, um den korrekten Ablauf des Service, die richtigen Beladung und die Durchführbarkeit des Servicekonzeptes zu kontrollieren, unter Berücksichtigung von Flugzeit, Crewstärke und Passagierzahl.

Rampagent:

Bindeglied zwischen der Crew des landenden Flugzeuges und dem jeweiligen, angeflogenen Flughafen. Spricht unter anderem den Zeitpunkt des *Boardens* mit uns ab, am liebsten fünf Minuten, nachdem der letzte Gast von Bord gegangen ist. Zeit ist irgendwie immer ein Problem.

Ready (for)...

Fertig für... *boarding, take off, After-Landing*. Ja, ich denke, das ist die richtige Reihenfolge.

Request / requesten:

Beantragung eines bestimmten Fluges, geregelt durch eine Punktzahl, die sich aus der Dauer der Betriebszugehörigkeit in Monaten und dem Lebensalter errechnete. Man erhält pro Monat des laufenden Kalenderjahres eine ‚Requestkarte' mit seiner individuellen Punktzahl, mit der gewünschte Langstreckenflüge zu beantragen sind. Der Einsatz von mehreren Karten gleichzeitig erhöht die Wahrscheinlichkeit, für einen begehrten Flug erfolgreich zu sein. Hat man alle ‚verbraten', fliegt man das, was übrig bleibt (Karibik), bis es im nächsten Jahr dann neue Karten gibt.

Re-set:

(dt.: Zurücksetzen zum definierten Anfangszustand) Meist in Verbindung mit Sicherungen für einzelne elektrische Geräte zu verstehen. Manchmal kann es helfen, die gesamte *Entertainmentanlage* zu resetten, wenn hier oder da ein Monitor, ein Kopfhöreranschluss oder ein Musikkanal während des Fluges den Dienst quittiert. Im Cockpit gibt es noch viel weitreicherende Möglichkeiten, etwas zu resetten. Aber da sollte man besser einen Piloten befragen.

Roomservice:

(dt.: Zimmerservice) Oftmals die einzige Möglichkeit, noch etwas zu essen zu bekommen, wenn man nach einem langen Flug zwar mächtig Kohldampf schiebt, aber zu faul ist, sich nach dem Duschen noch einmal anzuziehen. Sollte nie unbedarft nackt entgegen genommen oder vor die Tür geschoben werden, Hotelzimmertüren sind mitunter trickreich mit Schnappschlössern ausgestattet. Und dann steht man da …

Security:

(dt.: Sicherheit) Es wird viel Aufhebens darum gemacht, kennt sicher jeder, der schon einmal geflogen ist. Für uns bedeutet der *Security check* an Bord, die Kontrolle der Kabine vor dem Flug. Dazu gehört die Inspektion der Gepäckfächer, Sitztaschen, Schwimmwestenhalterungen, Mülleimer, Staufächer, stichpunktartig und ohne Fremdpersonal an Bord. *Security check* ok, heute keine Bombe gefunden.

Selfservice:

Selbstbedienung

Slot:

(dt.: Schlitz) In der Praxis auch nicht viel breiter, ein *Slot* ist ein kleines Zeitfenster von etwa zwanzig Minuten, welches die *Slot*-Koordination in Brüssel für alle europäischen Flughäfen einem Flugzeug zuteilt. Ist man in der zugeteilten Zeitspanne dann nicht startbereit, hat man den *Slot* verloren und muss sich wieder hinten anstellen. Bei großem Verkehrsaufkommen kann das schon einmal Verspätungen von ein bis zwei Stunden verursachen, besonders ärgerlich, wenn die Gäste schon an Bord sind. Aussteigen ist dann meist nicht mehr möglich, in der Hoffnung, dass sich der *Slot* doch noch verbessert. Und dann muss es wieder schnell gehen. Neue Kollegen wurden früher auf den Arm genommen und mit einem 5-Mark Stück zum Nachbarflieger geschickt, um deren *Slot* abzukaufen. Warum machen wir das eigentlich heute nicht mehr?

Specials:

Sonderwünsche oder Abweichungen vom Standard. *Specials* können *Pre-Boarder* sein, *VIPs*, Tiere an Bord, besondere Essenbestellungen, Reisegruppen oder ähnliches.

Standby:

(dt.: Bereitschaft) Man hat seinen Wohnsitz so zu wählen, dass man innerhalb von sechzig Minuten geschniegelt und gebügelt samt kleinem und großem Gepäck am Flugzeug erscheinen kann. Man unterscheidet zwischen Kurzstrecken *Standby*, für Einsätze mit Rückkehr am selben Tag, und Langstrecken *Standby* für weltweite Einsätze. Wohl dem, der nicht lange überlegen muss, welche Klamotten er für einen Neun-Tage Umlauf in die Karibik braucht. Kollegen, die shutteln, haben in der Regel ein *Standby* Zimmer - oder gute Freunde in der Nähe vom Airport.

Stop:

Dienstlicher Aufenthalt in einem Hotel. Die kürzeste Variante ist ein Day-Stop, bei dem man den Hin- und Rückflug aktiv gestaltet, die Stunden dazwischen in einem Hotel verbringt. Wird die Datumsgrenze überschritten, handelt es sich um einen *Night Stop*, siehe dort.

Stretcher:

(dt.: Krankentrage) Wird in den letzten drei Sitzreihen auf der rechten Seite in

Flugrichtung eingebaut, um erkrankte Passagiere liegend nach Hause zu befördern.
Survival-kit:
Überlebenspäckchen an Bord von Langstreckenflugzeugen. Sie befinden sich am Boot bzw. der Rutsche und enthalten so wichtige Dinge wie Notfallsignale, Blendspiegel, Wasserentkeimungstabletten, Reparaturklemmen, Verbandsmaterial und ein Überlebenshandbuch.
Mindestens genauso wichtig: das persönliche *Survival-kit,* welches bei unvorhergesehenen Übernachtungen auf Grund von schlechtem Wetter, defektem Flugzeug, Fluglotsenstreik, Aschewolke oder anderer widriger Umstände zum Einsatz kommt und daher stets im Handgepäck mitzuführen ist. Enthält neben Deo, Zahnbürste, Schlüpfer und Ersatzbluse spätestens nach der ersten am eigenen Leib erlebten, unplanmäßigen Übernachtung auch noch so nützliche Dinge wie Ohrstöpsel, Einschlaflektüre, Glückssocken, Handyaufladekabel, Taschenlampe, Wärmflasche und ein Schmusetier
Take Off:
Start des Flugzeuges
Taxiway:
Rollwege von der Parkposition zur Startbahn. Manchmal hat man das Gefühl, man rollt länger als man fliegt, vor allem auf großen Flughäfen wie Frankfurt oder New York.
Tower:
(dt.: Turm) Es gibt den Dubai Burij al arab *Tower*, den Eiffel Tower, den *Tower* of London, den Tokyo *Tower*, den Sears *Tower*, den Commerzbank *Tower*– sie interessieren uns alle nicht – wir wollen Kontakt nur zu dem *Tower*, auf dem gerade angeflogenen Flughafen, der uns hoffentlich bald die Startfreigabe gibt – bei nicht wohl gesonnenem *Tower*personal wird sonst aus einem Flugzeug schnell ein ‚Stehzeug'.
Trolley:
Wohl das am besten bekannte Arbeitsgerät der *FBs*, wenn man von der Plastikkaffeekanne mal absieht. *Trolleys* gibt es als Essens- oder Getränkewagen, einige bergen auch Zeitungen oder all die kleinen Kleinigkeiten wie Teebeutel, Zahnstocher, Servietten, Salz und Pfeffertütchen, Milchtöpfchen, Zucker, Besteck, Feuchttücher, Babywindeln, Plastiktüten, Cocktailquirle und vielerlei mehr. Es spart viel Zeit, wenn man weiß, welche Schublade man ungefähr wofür aufziehen muss. Leider ändert sich die Packweise sehr oft. Da hilft nur eins: Suchen.
Turnaround:
(Dt.: dreh dich um) Die *Turnaround*-Zeit bezeichnet die Zeit von der Landung bis zum nächsten Start. Beim kleinen Airbus plant man 30 bis 45 Minuten, beim großen eine Stunde. Auf Flügen mit *Turnaround* sieht man also wahnsinnig viel von Land und Leuten.
UM's /Unaccompanied Minors:
(dt.: unbegleitete Minderjährige) Kinder ab fünf Jahren, die alleine reisen. Geht

eigentlich nur bis zwölf, auf ausdrücklichen Wunsch der Eltern auch länger.

Unruly:

(dt.: Nicht den Regeln folgend) Ein Passagier, der sich nicht an die Regeln hält und durch sein Verhalten Gefahr läuft, zwischendurch ausgeladen zu werden. Passiert gern auf Flügen nach Bangkok, wir haben aber auch schon einmal jemanden auf den Malediven der Polizei übergeben, weil er einer Kollegin mehrfach in den Ausschnitt gelangt hat. Seine Freundin ist mit uns weiter zum Zielort nach Colombo/Sri Lanka geflogen. War dann wohl nichts mit dem Traumurlaub.

Upgrade:

(dt.: Aufrüstung, Verbesserung) Wenn die Holzklasse überbucht ist, bekommt man schon mal für lau ein *Upgrade*, dies entscheidet dann das Bodenpersonal, im günstigsten Fall nach Optik und Auftreten. Pfiffige Gäste versuchen schon mal an Bord ein *Upgrade* zu erheischen, die Ideen sind da zahlreich: Ich habe Thrombose, Klaustrophobie, eine ansteckende Krankheit, der Sitz ist zu eng, mein Sitznachbar schnarcht/stinkt/nervt/beißt um sich, ich habe zu viele Meilen gesammelt, die bald verfallen, mein Knie/Rücken/Kopf/Herz schmerzt, ich fliege sonst immer in der Business, meine Agentur hat mir gesagt, es gäbe keine freien Plätze mehr vorne… ich bin Vielflieger…

VIP/Very Important Person:

(dt.: sehr wichtige Personen) Diese speziellen Gäste werden auf der *PIL* namentlich aufgeführt und erhalten einen besonderen Service. Wirklich wichtige, prominente oder reiche *VIPs* verhalten sich meist eher gedeckt, unauffällig, natürlich und freundlich. Möchte-gern-*VIPs* brüllen schon mal am Schalter: „I'm the second most important man of this company!“ und fordern gerade zu Kopfschütteln, Stoßgebete und Lachanfälle beim Personal heraus. Aber bei uns sind doch sowieso alles Könige an Bord!

Wake up:

Der Weckruf. Tritt oft zu den unmöglichsten Zeiten in Erscheinung, beginnend ab 1.30 h morgens, zum Beispiel für ein Dreier *Leg* nach Palma ex Köln. Spätestens dann wünscht man sich inbrünstig, etwas anderes gelernt zu haben.

Zulu:

Englische Buchstabierform für den Buchstaben Z. Beschreibt hier keinen japanischen Offizier aus Star Trek, sondern die Abkürzung ‚z' bei der Zeitangabe auf dem Dienstplan. Siehe auch *local/GMT.*

GMT und ‚z' sind das Gleiche, aber ‚zulu' klingt irgendwie schöner – finden zumindest die Piloten.

Danksagung

Am Anfang oder Ende eines Buches bedankt sich der brave Autor zumeist bei seinem Verlag, seinem Lektor und/oder seinem Agenten bzw. Manager für die Hilfe und Unterstützung beim Umsetzen der Idee zum fertigen Projekt.

Dieses Buch ist wieder ohne all diese Fachkompetenzen zustande gekommen, daher möge der geschätzte Leser mir den einen oder anderen Fehler grammatikalischer oder orthografischer Form großzügig verzeihen.

Natürlich habe ich wieder meine fleißigen Helferlein gehabt, die sich tapfer mit mir zusammen durch die Texte geackert haben. - Leider wird man als Autor für das eigene Geschreibsel relativ schnell betriebsblind und sieht dann selbst die einfachsten Tipppfähler nicht meer...
Tatkräftig unterstützt wurde ich bei der Fehlerjagd von meiner Mutter Marion, meiner Freundin Andrea und meinem Mann Jürgen, der auch in ungeklärten technischen Fragen stets eine passende Antwort parat hatte.

Bedanken möchte ich mich auch bei meinen Kindern Hannah, Henry, Helen und Hardy, die des Öfteren für mich eingesprungen sind, wenn es darum ging, die Hunde zu lüften, den Stall auszumisten oder zu kochen, damit ich den Satz oder den Gedanken noch mal eben zu Ende schreiben konnte. Bei pubertierenden Teenagern ist das durchaus keine Selbstverständlichkeit und ich weiß diese Großzügigkeit zu schätzen.

Danke schön auch an Claus, der mir die Druckerei vermittelt und das Layout umgesetzt hat.

Und ganz besonders möchte ich mich bei all meinen Leserinnen und Lesern bedanken, die mir durch zahlreiche positive und teilweise sehr persönliche Feedbacks per E-Mail, Post, Telefon oder auch mal im Flieger bestätigt haben, dass es sich lohnt, manchmal ungewöhnliche Wege zu gehen.

Herzlichst,

Kathrin Leineweber

Darup, Mai 2011

Titel für dieses Buch …
… die es dann aber doch nicht geworden sind:

Gegen Jetlag und Pubertät gibt es keine Pillen

Bonusmeilen

Alles inklusive

Zwischen Himmel und Erde

Fliegen Sie gleich wieder zurück?

Über den Wolken

Milch und Zucker dazu?

Gott sei dank, sie fliegen wieder!

Wir hätten da einen Flug für Sie …

Ach, Sie sind Vielflieger?

Willkommen in meinem Universum

Bunt geschüttelt, nicht gerührt

Alle an Bord

Fliegen ist wie Fahrrad fahren

Spagat zwischen Himmel und Erde

Zwischen Großraumjet und Großfamilie

Wohin der Wind mich weht

„Boarding completed“

Pusteblume

Imbiss mit Flügeln

Wurst oder Käse – kulinarische Köstlichkeiten über den Wolken

Wurst oder Käse – Traumberuf über den Wolken/in 12 000 Metern

Mein Restaurant hat Flügel

Wurst oder Käse –
Kulinarische und zwischenmenschliche Kuriositäten über den Wolken

Zeitzonenkater

387 Könige an Bord

Stewardess zu sein bedeutet, auf schwindelerregend hohen Pumps mit kleinem Zieh-Köfferchen und in schicker Uniform durch die Flughäfen dieser Welt zu stolzieren, in Weltmetropolen shoppen zu gehen, in der Karibik sich die Sonne auf den Bauch scheinen zu lassen, in Afrika auf Safari zu gehen und in Asien die Geheimnisse Buddas zu ergründen? Den Zahn bekamen wir in der Flugbegleiterschulung schon am ersten Tag gezogen. Die Firma suchte keine Püppchen sondern Fachleute im Service, in der Gastgeberrolle, als Krankenschwester, Firmenvertreter, PR-Repräsentant, Kindergärtner, Blitzableiter, Psychologe, Sicherheitsbeauftragter, Wetterfrosch, Zollbeamter – all in one. Deshalb erlernten wir nicht nur den Umgang mit der berühmten Kaffeekanne, sondern auch Erste-Hilfe-Maßnahmen, die Handhabung der Notausrüstung an Bord und diverse Evakuierungstechniken. Man zeigte uns darüber hinaus, wie man in der Arktis nach einer Notlandung unter einer Tragfläche eine Schneehöhle baut und sie anschließend beheizt. Wie gewinnt man in der Wüste Wasser, wie lassen sich giftige Schlangen von harmlosen unterscheiden und welche tropischen Fische eignen sich für den Speisezettel von ein paar hundert gestrandeten Passagieren nebst Crew? Wir wurden im Grundkurs auf die unglaublichsten Dinge vorbereitet, allerdings nicht auf das tägliche turbulente Leben in einem eigenen, ganz speziellen Universum: dem Flugzeug.

Das Buch berichtet über zwei Jahrzehnte in der Fliegerei, von der Ausbildung über die ersten Einsätze und anschließende Langstrecken in die ganze Welt. Wie man als neue Kollegin auf den Arm genommen wird, was für zoologische Begegnungen im Hotelzimmer lauern können und wie man mit der Problematik einer verpassten Currywurst in 12 000 Metern Höhe umgeht? Was ‚Strumpfhosentage' sind, wie man vier Stunden mit vollbesetzter Maschine in New York zum Start Schlange stehen kann und wie ein holländischer Männerchor einen A320 in einen Konzertsaal verwandelt? Das muss man schon selbst erfahren haben. Oder lesen in

387 Könige an Bord

von Kathrin Leineweber

erschienen im Happy-Airways Verlag

ISBN 978-3-9814402-0-1

13,95 €

www.happy-airways.de

info@happy-airways.de